DAODE JIAOYU
PINGLUN
2010

朱小蔓　金生鈜　主编

道德教育评论 2010

教育科学出版社
·北京·

编 委 会

目　录

心灵与道德教育

学校德育问题研究

博士生论坛

德育研究述评

德育理论研究

教育如何面对个体人的膨胀与公共人的衰落

南京师范大学道德教育研究所　高德胜

内容摘要：现代人享受着加速的"解放"，不但摆脱了物质匮乏的束缚，也抖落了家庭、政治与公共生活、道德与人情等阻碍和负担。但这加速的"解放"造就的是三副面孔，即"消费者"、"自恋者"、"旁观者"的"个体人"，而作为"公共人"的人之维度则快速萎缩，"解放"成了剥夺方式，即"解放的剥夺"。面对现代人的这种境遇，现实的教育实际上起着助推的作用，也在制造贪婪、自恋、冷漠的个体人。但教育作为超越性的人类活动，不能只是顺流而下，而要适当"逆流而上"，给这加速的"解放"以适当的反拉力。

关键词：解放　剥夺　个体人　公共人

近代以来，"解放"一词光辉灿烂，关于"解放"的呐喊、奋斗、欢呼一直是那样美丽而动人。让我们心花怒放的解放本身包含价值预设：只要是解放，就是善的、美的。那么，何谓解放呢？所谓解放，就是"从某种阻碍或阻挠运动的羁绊"中解脱出来，"感觉到运动或行动的自由"①。从解放的含义中，我们可以发现，这种价值预设之逻辑并不严密：什么是阻碍或阻挠？一切阻碍和阻挠都是恶吗？感到自由就是真的自由吗？感到自由的同时有没有可能已经滑入一种新的不自由或者被剥夺状态？由此看来，解放本身也是一个问题。

一、"解放"的加速

几千年来，物质条件始终对人构成阻碍和阻挠。现代人的解放，首当其

---

① ［英］齐格蒙特·鲍曼. 流动的现代性［M］. 欧阳景根，译. 上海：上海三联书店，2002：24.

冲的任务就是解除物质条件对人的限制，使人不再饱受物质匮乏所带来的种种束缚。现代人的物质解放是从两个方面着手的：一是思想解放，为物质欲望的满足正名；二是发展生产，为现代人提供无限丰富的消费品。现代以前，几乎所有的社会都倡导节俭，意在为人可怕的"欲望之口"套上"口罩"，而现代社会则反其道而行之，不仅不约束人的欲望，还对其大加赞赏，甚至还要用欲望激发、创造新的欲望。"现代文明以金钱为最通用的价值符号，以不同等级、不同档次的商品符号来标识人生意义。它要人们相信，你的人生有没有意义，成不成功，你的个人价值是否得到实现，就看你能赚多少钱，你的消费档次、消费品位是怎样的。现代社会就以这样一种方式来引导人们的价值追求。"① 也就是说，在现代社会，物质欲望不但无罪，反而有功。消费，即物质欲望的满足已经彻底除罪化，成了衡量一个人是否成功的标志。甚至"欲望不希望得到满足。相反，欲望只希望得到欲望"②。因为欲望一旦得到满足，也就失去了意义，必须有新的欲望，这样生活才不会停滞，才不会失去意义。

现代社会围绕着人的贪欲，有一套完善的制度设计，激发它、利用它、制造它。什么构想有利于激发欲望、满足欲望，什么构想就能够大行其道。可以说，贪欲由过去时代令人警惕的魔鬼一跃而成为现时代发展的"永动机"。之所以能够做到这一点，是因为我们有现代科技。在我们这个时代，科技成了希望的源泉，成了信仰，成了"上帝"："我们的社会已经变成了一个以专门的非个人性的知识为基础的世俗社会，这个社会赋予科学家和科学知识的地位，如同我们的前辈承认牧师和宗教教义所拥有的地位。"③现代科技的发展极大地满足了我们的物质欲望，消除了我们对世界的恐惧，使我们在自然面前成为"说一不二"的主人。现代人借助现代科技，甚至找到了一点做上帝的感觉。物欲无罪，物欲不再有压抑的必要，现代科技又能保证创造不断升级换代的物品，现代人已经前所未有地摆脱了物质匮乏所带来的种种束缚，获得了极大的物质解放。

与物质解放相伴随的是性解放，这当然不是巧合，而是同一逻辑使然。性欲与物欲一样，都是人的"生理"和"自然"欲望。既然物欲是无罪的，

---

① 杜维明，卢风. 现代性与物欲的释放——杜维明先生访谈录［M］. 北京：中国人民大学出版社，2009：7.

② ［英］齐格蒙特·鲍曼. 个体化社会［M］. 范祥涛，译. 上海：上海三联书店，2002：291.

③ ［英］巴里·巴恩斯. 局外人看科学［M］. 鲁旭东，译. 北京：东方出版社，2001：1.

那性欲自然也是正当的。在前现代以前，性总是与生殖和情爱联系在一起，也就是说，脱离了生殖和情爱的性是非法的、不道德的。现代的性解放运动，将性从生殖目的和情爱关联中剥离出来，"它没有与有性生殖或情爱结成联盟，而且宣称独立于两者之外，断然拒绝对可能给两者的命运造成的影响负有任何责任；它自豪而又大胆地宣布自己就是自身存在的惟一并且充分的理由和目的"①。在摆脱生殖负担的过程中，科技再一次发挥了关键作用：避孕药具的发明与推广可以让现代人充分享受性欲而不用为受孕的可能性分心。而以弗洛伊德为代表的心理学及由此而衍生的现代性文化则帮助现代人摆脱了"附加"在性上的"情爱包袱"。如今性的自足性，即为性而性，或者说性爱不需要其他理由的观念，已经深入人心，成了文化常规，任何批评和质疑都是徒劳无益的，只能证明批评者的保守和落伍。

与性解放同时发生的是家庭的衰退。家庭衰退既表现在家庭规模变小、结构越来越简单，也表现在家庭的脆弱上。过去的大家庭已经衰亡，取而代之的是核心家庭。但核心家庭也不是终点，"丁克家庭"、单亲家庭、单人家庭的比例正在上升。不仅如此，作为家庭自然延伸的邻里基本上已经消失，家庭的边界内缩到家门之内。如今，家庭比任何时代都容易解体，已经由过去稳如磐石的"石器时代"进入了精美易碎的"瓷器时代"。对很多人来说，从结婚的那天起就已经有了离婚的心理准备，行走在婚姻之间，即结婚、离婚、再结婚、再离婚，已经变成了婚姻生活的一种常态化趋势。家庭的衰退与性解放的关系相当复杂，不是能够轻易说清楚的，但有一点是肯定的，即家庭不再是性行为唯一合法的场所，家庭的重要性也因此降低。当然，更重要的是，家庭——尤其是结构复杂的大家庭，对个体也是一种障碍和束缚，也需要为个体解放让路。

从专制枷锁下摆脱出来是"解放"的本意之一，这是步入近现代以来人们坚持不懈、力求实现的目标。应该说，现代人的努力取得了扎扎实实的成效，人权得到了前所未有的彰显和公认，一个指标性的现象就是：很少有政府和机构敢于明目张胆地践踏人权、鼓吹专制统治。在现代社会，封建专制的残余不能说已经完全清除，但起码已经不再是现代人的主要束缚。也许是受专制毒害太久、太深，现代人似乎对大型机构和集体生活都有高度敏感和戒备之心，竭力摆脱这类机构和生活形态的控制，走向更为彻底的个体解放。

---

① ［英］齐格蒙特·鲍曼. 个体化社会［M］. 范祥涛，译. 上海：上海三联书店，2002：291.

现代社会特别强调隐私权（privacy），杜维明认为强调隐私权是"资本主义的特色"，"每个人有一个个人自我活动的空间，这个空间不能受政府、家庭、父母的干扰。这个空间不能保住，那么人的尊严、人权就要受到限制"①。在隐私权问题上，连国家都要让路，或者说国家的存在就是为了保护个体的隐私权的。脱胎于反对封建专制过程中的现代国家，很"知道"节制自己的权力，多标榜自己是"有限政府"，否则就有专制主义的嫌疑。为了维护自己统治的合法性，现代国家最关注两件事：发展经济和保障人权。发展经济是为了满足人们的物质欲望，保障人权是为了使个体免遭侵犯，至于其他事情，遵循不干涉的原则，都由个体自己去解决。与此遥相呼应的是，如今人们对政府和政治的依赖与期望都低于以往，"对大写'政治'的兴趣（换言之，对直接的政治运动、政党、政府的构成和方案表现出的兴趣）、强烈的政治信念，以及对所谓的传统政治活动的积极参与，所有这些都在越来越快地消失"②。参与政治，对现代人享受物质生活、对维护个人自我活动空间来说，都是威胁和负担，所以也成了个体解放需要克服、摆脱的阻碍和束缚。

个体解放加速的另一个标志是，公共生活也被视为个体生活的障碍进而被抛弃了。鲍曼指出，从古希腊开始，人类生活就开始区分"私宅客厅"（私人空间）和"国民大会厅"（政治空间），后来又出现了"集会广场"（公共空间）。而"集会广场"是"民主的家园"，因为在这里可以完成"私宅客厅"与"国民大会厅"之间的连通和转变。换句话说，正是公共空间的存在，在私人生活和国家政治生活之间架起了桥梁，使二者有机联系起来。但如今"对于关心个人利益的任何一个人而言，在集会广场上聚会以磋商共同利益，促进并保护这些利益，越来越显得是在浪费时间与精力"③。于是，过去时代的公共空间也开始商品化，变成了商业场所和快速道路。正如桑内特所言："现代市民所聚集的地方是购物中心，而它不具有任何生活共同体的意义，聚集也不是为了追求政治权力。"④购物中心鼓励的是消费而不是交谈与讨论，更谈不上公共利益的磋商。而作为"城市血管"的街道提供给人的，也仅仅是

---

① 杜维明，卢风. 现代性与物欲的释放——杜维明先生访谈录 [M]. 北京：中国人民大学出版社，2009：180.

② [英] 齐格蒙特·鲍曼. 被围困的社会 [M]. 郇建立，译. 南京：江苏人民出版社，2005：61.

③ [英] 齐格蒙特·鲍曼. 个体化社会 [M]. 范祥涛，译. 上海：上海三联书店，2002：266.

④ [美] 理查德·桑内特. 肉体与石头——西方文明中的身体与城市 [M]. 黄煜文，译. 上海：上海译文出版社，2006：8.

一个通道，唯一的目的就是让人快速通过，结果是"公共空间变成了流动的通道，从而失去了它原本固有的任何意义"①。就连社区也在衰亡，房门外都是老死不相往来的陌生人。雅各布斯认为社区的"头号杀手"是汽车，"高速公路及道路其实反而灭绝了它们本应该服务的社区"②。这样的指责，对汽车来说并不公平，其实归根结底，不是汽车，而是驾驶汽车的现代人将社区生活作为一种负担和障碍，不愿意过具有公共性的社区生活，才导致了社区的萎缩。

"我们试图生活在私人领域中，我们只要生活在这样一个由我们自己和亲朋好友构成的私人领域之中就够了。"③在这种逻辑下，公共空间成了妨碍我们自由的存在，成了个体解放需要克服的对象，除了灭亡或被改造之外，别无他路。当然，现代人也有自己的替代性"公共空间"，比如仿真空间和赛博空间。以电视为核心的电子媒介以快速闪动的图像对世界进行模拟与再造，为现代人建筑了一个仿真（simulacrum）世界。全球几十亿人每天同时暴露在电视荧屏之下。但仿真空间不是原来意义上的公共空间，它更多地向人们展示的是私人生活叙事，尤其是名人的个人生活甚至隐私和丑闻，而不是公共问题和公共利益。实际上，仿真空间是一个娱乐空间，人们进入仿真空间是为了"找乐"，是为了摆脱现实世界的沉重负担，正如桑内特所言，"电子媒介所满足的需求是过去一百五十多年以来人们更好地了解和感知自己的人格而从社会交往中退缩的需求"④。换句话说，仿真空间不但自身不是公共空间，还是抽空现实公共空间的手段。赛博空间的逻辑也大体类似：网络虽然给予了我们更多虚拟交往的机会，但也降低了我们在公共空间不期而遇的机会，使我们过上在虚拟空间里"乐群"、在现实生活中"索居"的矛盾生活。更重要的是网络在方便我们沟通的同时，也为我们"脱离沟通"（out communicate）提供了技术支持，使我们可以随时将他人"剔除"或"拒之门外"，而不至于成为我们个人生活的负担。

解放加速的另一个表现是对道德与人情的摆脱。道德与人情可以给人以温暖和归属，但也是约束和负重，所以也成了"解放"的对象。"不要与陌生人说话"是现代人的一个基本生活准则。在不得不"说话"的时候，则将交

---

①③④ ［美］理查德·桑内特. 公共人的衰落［M］. 李继宏，译. 上海：上海译文出版社，2008：16，4，359.

② ［美］简·雅各布斯. 集体失忆的黑暗年代［M］. 姚大钧，译. 北京：中信出版社，2007：42.

往关系建立在职业角色的范围内，避免更深的彼此卷入，每个人都可以躲在"角色防弹衣"里面安享自由。用托克维尔的话说就是，"这些人无所负于人，也可以说无所求于人。他们习惯于独立思考，认为自己的整个命运只操于自己手里"①。在这种竭力避免彼此生命交结的生活方式下，规则和法律的地位前所未有地突出，甚至遵守规则和法律就是人与人之间关系的全部：只要我遵守规则、按法律办事了，我的义务也就到了头，我可以毫无心理负担地昂首走自己的路，其他一切都与我无关，哪怕别人正在经历生死考验。为了配合这种"解放"，我们时代的道德观念也发生了重大转变："过去的好人通常是指关心别人的人，与之相对的则是那些只关心自己的人；而现代的好人却是指知道如何关心自己的人，与之相对的则是不知道怎样关心自己的人。"②

二、"解放的剥夺"

在"解放列车"高速奔驰的过程中，现代人的未来面貌越来越清晰："消费者"、"自恋者"、"旁观者"。现代人加速的"解放"，实质上是使个人从物质、空间、关系等外在束缚中解脱出来，"全世界都会为你让路"，以便让现代人过上更加个人、更加自我、更加私人的生活。阿伦特指出，在古希腊人那里，私人生活具有被剥夺性质，"它依其字面意义代表着一种被剥夺了某种东西的状态，……一个人如果仅仅去过一种私人生活，如果像奴隶一样不被允许进入公共领域，如果像野蛮人一样不去建立这样一个领域，那么他就不能算是一个完完全全的人"③。也许绝大多数现代人都无法认同这样的观点，以为这是别有用心的扫兴之言，但如果解放只意味着放任与张扬丰富人性的一个侧面、一个维度，而另外的侧面和维度则被压抑、毁灭，也是一种剥夺，"解放的剥夺"。

（一）"消费者"

这里的"消费者"，不是从法律意义上讲的，不是指在法律上有特定权利和义务的人，而是从人的存在形态上讲的，指的是"以消费物品为生活方式

---

① ［法］托克维尔. 公共参与和爱国主义［M］//谭安奎. 公共性二十讲. 天津：天津人民出版社，2008：137.

② ［美］艾伦·布卢姆. 美国精神的封闭［M］. 战旭英，译. 南京：译林出版社，2007：134.

③ ［美］汉娜·阿伦特. 公共政治生活：行动、言语与自由［M］//谭安奎. 公共性二十讲. 天津：天津人民出版社，2008：231.

的人"。人有基本的物质需要，如果不能得到满足，则是对人的剥夺；如果被物质欲望所虏，受制于物质，变成了单纯的"消费者"，同样是对人的剥夺。阿伦特指出，在古希腊，一定的物质条件只是保证公民不再为满足消费所累，以获得参与公共活动的自由，"在这里，占有财产意味着握有一个人自身生活的必需品，因而潜在地成为一个自由人，自由到超越个人的生活，进入所有人共同拥有的世界"①。也就是说，那时物质财产只是人们获得自由的手段，现在则成了孜孜以求的终极目标，这难道不是对人的一种剥夺吗？

"消费者"的剥夺，表现在多个方面。第一，受制于必然性本身就是一种剥夺。人类脱胎于自然，既有动物的本能、动物性的需要，也有超动物的驱力、人所特有的需要。前者是人和动物共有的"非特异性需要"，后者是人所独有的"特异性需要"。两者相比，"特异性需要高于非特异性需要"②，因为后者是人之所以为人的特有标志。因此，人要成为人，就要在满足本能需要的前提下，节制动物性需要，否则，就是对"特异性需要的剥夺"。第二，"消费者"以物质为追求，一个显而易见的后果是受到物的包围。"正如狼孩因为跟狼生活在一起而变成了狼一样，我们自己也慢慢变成了官能性的人了。"③因为人将自己的力量对象化的同时，对象的力量也会投射到人身上。物性也会向人性渗透，通俗地说，就是人在拥有每一件东西的同时，也被每一件东西所拥有。受到物包围的人不可避免地要根据物的节奏和特性而生活，人性物化在一定意义上是注定的。第三，"消费者"受物质欲望支配，而欲望是无底的，被欲望支配的生命一刻也无法停息，满足欲望的暂时快乐必然被更大欲望的不满足所淹没，麻木、焦虑、痛苦是必然的伴生物，这正是现代人精神不健康、心理疾病丛生的根源。另一方面，为欲望所累所苦的人，对真善美等一切美好的事物的感受力下降，甚至消失，结果是人性中本应该有的美与善、情与爱、精神与灵魂、超越与创造等优秀品质都没有了位置。第四，"消费是一项孤独的行为，这是一种普遍的、无可救药的孤独，甚至在这一行为是和他人一起进行的时候，也是如此"④。无论我们消费的是什么，消费行为总是个体的，这一特性，即使在一个人声鼎沸的公共餐厅也无法更改。

---

① [美] 汉娜·阿伦特. 人的条件 [M]. 竺乾威，译. 上海：上海人民出版社，1999：49.
② 张岱年. 文化与价值 [M]. 北京：新华出版社，2004：49.
③ [法] 波德里亚. 消费社会 [M]. 刘成富等，译. 南京：南京大学出版社，2000：1.
④ [英] 齐格蒙特·鲍曼. 流动的现代性 [M]. 欧阳景根，译. 上海：上海三联书店，2002：256.

因此，以消费为存在方式和生活形态的人，割断了与他人的联系，也就是说，"消费者"注定是孤独的。

（二）"自恋者"

国家的后缩、公共领域的消逝、人际关系的松散使得现代人获得了充分的"解放"，可以几乎没有任何负担地"顾盼自爱"，催生了"自恋者"。正是在这个意义上，桑内特说"自恋是当今时代的新教伦理"①。自恋就是对自我的迷恋，就是将自己作为衡量万事万物的尺度和标准。"自恋者"挥之不去、萦绕心头的问题是："这人、这事与我有什么关系？""对我有什么意义？"也就是说，他唯一关心的是自己的安逸与舒适，关注的是自己的主观体验和感受，除此之外，一切都不在自己的考虑之内，"我关心的既不是神性，也不是人性，更不是真理、善恶、权利和自由，我只关心我自己……而且，我的关心不会多于我自己"②。在这种逻辑支配下，"自恋者"总是觉得外部世界不够完美，总觉得整个世界都对不起自己，"全世界都亏欠自己"，都在与自己为难。

"自恋者"的剥夺，同样是多维度的。第一，"自恋者"的天空"塌了一大片"。"自恋者"迷恋自我，以及以自我为圆心的亲密小圈子，将自己封闭于私人天地或者将公共空间洇透私人气息，导致公共空间的死亡。这样的结局，一方面是解放，另一方面也是剥夺，因为只有在公共领域，人才是真正自由而有个性的。"自由意味着既不受制于生活的必然性或他人的命令，也不对其他人发号施令。它既不意味着统治，也不意味着被统治。因此，在家庭，自由是根本不存在的。仅当一家之主，即家庭的统治者有权离开家庭，进入人人平等的政治领域时，他才被认为是自由的。"③ 不是一定要贬低家庭生活的重要性，而是家庭确实与人的直接需要和欲求相联系，只能反映人类的一部分经验。而公共空间则与人的直接经历、需求保持一定距离，是人类的另一个世界，包含着不一样的人类经验。"自恋者"的天空塌了一大片，已经没有了政治和公共空间，只能在狭小的家庭空间中自我顾盼，也就意味着受生

---

① ［美］理查德·桑内特. 公共人的衰落［M］. 李继宏，译. 上海：上海译文出版社，2008：418.

② ［德］沃夫冈·布雷钦卡. 信仰、道德和教育：规范哲学的考察［M］. 彭正梅，张坤，译. 上海：华东师范大学出版社，2008：16.

③ ［美］汉娜·阿伦特. 公共政治生活：行动、言语与自由［M］//谭安奎. 公共性二十讲. 天津：天津人民出版社，2008：227.

活必然性支配，失去了在公共空间"行走"的自由，被剥夺了在共同世界中一起行动和言说的机会，被剥夺了只有在他人在场才能展现的人类能力。另一方面，"如果说生的欲望和生活必需品的获得发生在私人领域范围内，那么，公共领域则为个性提供了广阔的表现空间"①。因为公共空间是一个为所有人所见所闻的地方，在这样一个空间里，每个人力求显示的不是自己庸常的一面，而是与众不同的一面。"自恋者"以"解放"为名缩回家庭这样的私人领域，以俗常代替了公共领域的功绩与卓越，个性展现的机会被剥夺，成了耽于俗事的"大众人"。正如加塞特所言，"我们现在到处都可以看到：每一个人终其一生都在以一种自由而简易的风格，运用自己的精力和坚毅来追求一切转瞬即逝的快乐和幻想，强制实现他个人的意志"②。

第二，"自恋者"是公民的敌人。公民是一个含义丰富且有歧义的概念，有时候是指活跃于公共领域的"公共人"，有时候又指相对于国家而言的"国民"。在全球化时代，民族国家的神圣和权威在降低，在与个人打交道的过程中，国家也在收敛自己的阵线，"国民"身份虽然依然有效，但已经不那么坚硬。如果"国民"意义上的公民还有一定的生命力，那么"公共人"意义上的公民已经是苟延残喘、行将消亡了。公民作为人的一种存在形态，是要依托公共领域的。如前所述，在我们这个时代，公共领域成了"解放"的牺牲品，已经伴随着个体的膨胀走向了死亡。没有了舞台，没有了活动空间，公民衰亡的命运是注定的。"个体是'公民'最坏的敌人"③，原因在于公民与"自恋者"（膨胀的个体）有不同的价值取向。公民是通过公共领域的健康运行来寻求自己幸福的人，对公共事业、公共善、美好社会充满关心。而"自恋者"对公共利益没有兴趣，只关心自身的需要和利益，与公民恰好反向而行。这就是我们这个时代有"大众"没有"公众"、有个人自由没有集体能力的深层原因。公众与大众相同的地方在于"众"，即人的群集，不同的地方在于公众是由共同意见、共同利益、友爱与团结联系在一起的。公共意见是经过详细的辩论和讨论而被大家所共同承认。而大众是孤独、敏感、有消费力、自我中心的人的简单集合，有的只是杂乱无章的个人意见，无法形成共同意见，更没有友爱和团结。与此同时，个人自由成了超级意识形态，结

① [德]哈贝马斯.公共领域的结构转型[M].曹卫东等,译.上海:学林出版社,1999:4.
② [西]奥尔特加·加塞特.大众的反叛[M].刘训练,佟德志,译.长春:吉林人民出版社,2004:18.
③ [英]齐格蒙特·鲍曼.流动的现代性[M].欧阳景根,译.上海:上海三联出版社,2002:55.

果是团结起来共同面对困难、解决问题的能力就下降了，个人自由与集体无能同步增长。问题是，在我们这个时代，各种艰难险阻都是个体所无法解决的，让个体孤独地去面对时代的风暴，犹如让个人去抵挡决堤的洪水，这与其说是"解放"，不如说是真正的剥夺。

第三，"自恋者"不可避免地滑向利己主义者。托克维尔指出："利己主义是对自己的一种偏激和过分的爱，它是人们只关心自己和爱自己甚于一切。"①从利己主义的这一界定看，自恋与其差别非常小，或者说利己主义是以自恋为基础的，是自恋的深化、恶化。换句话说，自恋与利己主义只有程度上的不同，没有性质的差别。自恋是爱自己，却不一定要损别人；而利己主义则一定是既爱自己，又损别人，或者以损别人的方式来爱自己。在真实的生活中，因为资源的有限性、他人存在所造成的威胁等原因，单纯的自恋很难存在，都是与利己主义结合在一起的。利己主义者将他人都"解放"、排除掉了，但得到的却是剥夺，因为"纯粹的自我中心是一个迷宫，一条哪里也不能通向的死路，于其中，除了围着自己打转之外，一事无成"②。不仅如此，"利己主义可以使一切美德的幼芽枯死"③，因为道德是人际关系的一个特征，关注他人及其需要，是道德的内在特性和要求，没有他人，或者说他人不被纳入视野，道德也就没有了存在的前提。另外，利己主义也是反人性的，用弗洛姆的话说就是"要求实现人与人的结合是人内心最强烈的追求。这是人类的最基本的要求，是一股把人类部落、家庭和社会集合在一起的力量。没有实现这一要求就意味着要疯狂或者毁灭——毁灭自己或毁灭他人"④。现代人追求"解放"，结局却是可能而又现实的毁灭，真是莫大的讽刺。

（三）"旁观者"

"解放"的过程将每个人从与他人的命运纠葛中解脱出来，使每个人都能理直气壮地只关心个人的生命和生活，成为他人命运的旁观者。电子媒介的发达，强化了现代人作为旁观者的角色。因为电子媒介通过信息的消费化，

---

①③ ［法］托克维尔. 公共参与和爱国主义 ［M］//谭安奎. 公共性二十讲. 天津：天津人民出版社，2008：136.

② ［西］奥尔特加·加塞特. 大众的反叛 ［M］. 刘训练，佟德志，译. 长春：吉林人民出版社，2004：142.

④ ［美］E. 弗洛姆. 爱的艺术 ［M］. 李健鸣，译. 上海：上海译文出版社，2008：16.

割断信息与行动的关系、将他人的遭遇作为娱乐的作料、苦难的饱和曝光等①，时时刻刻锻造着这个时代所需要的旁观者。作为旁观者，现代人确实摆脱了人情和道德的种种"包袱"，一身轻松。但从古到今，旁观者始终不是人的正派形象，是对人的一种剥夺。

"旁观者"的典型特征是对自己道德责任的否定。旁观者之所以可以"心安理得"地袖手旁观他人的苦难与悲惨，就在于旁观者"理直气壮"地对道德责任的否定：他人的苦难与悲惨与我何干？我不恶意伤人已经很不错了，你还要我怎么样？人是道德存在，也就是说，只要一个人还认为自己是人，就必然为自己做道德辩护，公然放弃道德，实际上就是公然放弃做人的资格。"旁观者"公然宣称他人的苦难和悲惨与自己没有任何干系，可以作为娱乐自己的谈资和笑料，这是"解放"呢，还是对人性的剥夺？任何一个人都不是孤悬于世的生命，而是融他人于自身的关系性存在，旁观者否定的恰恰是人的这种本性。由于温室气体排放等多种原因，全球气候变暖的趋势正在加剧，但从人间感情的角度，"人类居住的星球正在冷却"。"人们是如此的冷漠，他们早已忘记了人与人共同相处时的温暖，忘记了与他人分享自己的好运与希望所获得的慰藉、舒畅、鼓舞甚至只是平常的愉悦。"②

我们在旁观他人的命运起伏，反过来，别人也在旁观我们的命运波折，旁观是相互的、普遍的，结果是"旁观者"无可救药地孤独。有一句广告似乎道尽了现代人的骄傲与悲哀："如果你知道要去哪里，全世界都会为你让路。"问题是，你真的知道要去哪里吗？全世界都会为你让路，也意味着全世界都会对你不理不睬！我们生活在茫茫人海中，但这人海是沉默不语的，既不干预你，也不关心你。"无论你兴奋也好，忧伤也罢，生也好，死也罢，都无法在这浩大的人海中激起一点涟漪！这是一种无边无际的孤独，一种透彻骨髓的孤独。"③就连被个体当做负担"解放"掉的国家和社会也反过来抛弃个体了。在全球化时代，"国家愈缺乏经济、军事与文化的独立基础，其代言人就愈会不厌其烦地指出，个体必须依靠自己，只能依靠自己的资源，维持个人收支平衡。简言之，个体只能立足于自身，这被认为不仅必需，而且是

①③ 高德胜. 道德教育的时代遭遇［M］. 北京：教育科学出版社，2008：5-8，96.
② ［英］齐格蒙特·鲍曼. 寻找政治［M］. 洪涛等，译. 上海：上海人民出版社，2006：43.

· 11 ·

个体义不容辞的责任"①。更不要指望社会，撒切尔宣称"并就不存在叫做社会的东西"②，存在的是作为个体的男人、女人以及由男人和女人组成的家庭。当然，电子空间成了我们新的依靠，但在这一"伪公共空间"里讲述的依然是私人故事，无非是"告诉"我们有大批同样的孤独者每天都在忍受同样的孤独折磨。在这样一个时代，喜悦无人分享，困厄无人共度，我们也许只能向宠物诉说，从宠物那里取暖，无怪乎宠物盛行！

"消费者"、"自恋者"、"旁观者"不是三种人，而是一种人，即"个体人"。或者说，"个体人"有三副面孔，每副面孔都有两副表情，一副表情是"解放"的快意，一副表情则是"剥夺"的悲苦。人从诞生之日起就既是个体的，又是"群体"（公共）的，如今"个体人"如此膨胀，而"公共人"却奄奄一息，人失去了一个向度，成了"单向度的人"，"解放的剥夺"何其大矣！

三、教育：助推还是反拉

面对加速的"解放"及其带来的剥夺，或者说，面对个体人的膨胀和公共人的衰落，教育该如何选择？是为已经加速的"解放"添把火，还是勇敢地给这种带着剥夺性的解放以必要的反拉力？从实然的角度，学校教育正在忘情地投入这场"解放"的狂欢，助推着"解放"及其剥夺的过程，因为学校不是为社会而办的，它的主要任务不是培养公民，而是制造和生产贪婪、冷漠、自恋的个体。

现代学校对"解放"的助推是显而易见的。第一，公立学校的"私利化"。很多人对公立教育寄予了无限希望，比如布雷钦卡，"思想方式和生活方式越是个体化，确保共同的基本理想的公立教育就越是重要"③。但我们观照现实，这样的希望已渐落空。现在的学校，对名利的追逐甚至不啻纯粹的商业机构，逐利欲望越来越膨胀、越来越无所顾忌。一些所谓名校，一方面通过举办名不副实的"民办分校"进行扩张，学校变成了商业连锁店，大肆敛财；另一方面，压缩计划内招生名额，扩大计划外收费名额，赚了个钵满盆盈。正如汤因比所说，"在现代技术文明的社会中，不能不令人感到教育已成

---

①② ［英］齐格蒙特·鲍曼．寻找政治［M］．洪涛等，译．上海：上海人民出版社，2006：31，21.

③ ［德］沃夫冈·布雷钦卡．信仰、道德和教育：规范哲学的考察［M］．彭正梅等，译．上海：华东师范大学出版社，2008：16.

了势利的下贱侍女，成了追逐欲望的工具。"① 这样追逐私利的学校，一方面暗示甚至怂恿受教育者理直气壮地将各种社会和公共责任"解放"掉，明目张胆地追逐个人私利，使学校蜕变为制造追逐私利者的机构；另一方面，这样的学校，放弃了作为教育机构的公共性，"学校和教育的公共意识和公益意识日渐薄弱，使得教育和学校失去了公共价值的规范"②，使公共人失去了在学校场域生长的可能空间，加剧着现代人的剥夺和人的公共性衰亡。

第二，学校变成了"消费场所"。学校许诺给受教育者及其家长的是利益。现代学校已经无可置疑地代替了过去时代的血统和出身，成了分配社会地位的新依据。对自己的这一优越功能，学校无时无刻不在明示和暗示，甚至以此来要挟家长和学生。学校及与其同谋的媒体反复向社会大众灌输的是：没有学历就没有未来。也就是说，学校将自己当成了通往财富和地位的阶梯，学生和家长无论认可与否，都得全盘接受。对学生和家长来说，学校在很大程度上就是一个投资场所，上学就是投资，渴望得到的回报则是获得一个良好的职业前景、一个较高的社会地位。当然，学校在物质许诺之外，也会唱唱高调，比如培养献身国家、社会的人才等。但这些都是"消费场所"的装饰，因为"任何超越个体的教育目的，哪怕是有法律效力的教育目的，也要拿到个人理性的法庭上接受审判"③，而个人理性为自我利益所主导，或者说是个人利益的理性审判的结果不言而喻：一切超越个体的教育目的要么得为个体目的让路，要么被无情地抛弃。作为"消费场所"的学校成了欲望的工具，造就的多是自我扩张、欲望无限的"消费者"。或者说，现代学校在很大程度上已经成了生产"消费者"的基地、工厂。

第三，学校变成了"个人奋斗的场所"。"以个人升迁和利益为基础的教育，只能建造出一个竞争、对立与残酷无情的社会结构。"④这种"社会结构"包括学校的等级化或差别化使受教育者及其家长从一开始就为获得高等级的学校入门券而竭尽全力；班级的差别化，比如重点班和非重点班的区分，使学生在学校始终处在由等级落差所导致的紧张和竞争之中；优胜劣汰、考试

① ［英］A.J.汤因比. 展望21世纪——汤因比与池田大作对话录［M］. 荀春生等，译. 北京：国际文化出版公司，1985：61.
② 金生鈜. 保卫教育的公共性［J］. 教育研究与实验，2007（3）：7-13.
③ ［德］沃夫冈·布雷钦卡. 信仰、道德和教育：规范哲学的考察［M］. 彭正梅等，译. 上海：华东师范大学出版社，2008：17-18.
④ ［印］克里希那穆提. 一生的学习［M］. 张南星，译. 北京：群言出版社，2004：36.

频繁、分数决定一切的制度和文化；注重外在行为表现，忽视内心感受的量化管理制度；等等。在这样的社会结构中，竞争早早开始，无时不在，个人奋斗的弦时刻都得绷着，稍有松懈，就可能万劫不复。"不要输在起跑线上"，竞争开始得如此之早，以至于连尚未降生于世的胎儿就得接受"胎教"，就得参与这场命中注定的竞赛！学生每天一睁眼，就会面临着家长的学习督促，老师的量化考核、口头提问、随堂测验、单元测验，同学的监督，等等。我们总以为学校生活是社会生活的投影，学生竞争是社会竞争的预演，但认真观察学校，我们就会发现这种预演的竞争，其激烈和残酷程度甚至超过了社会竞争！要不然为什么起得最早的是学生，睡得最晚的也是学生，一天中精神最紧张的还是学生呢!? 在这样一个社会结构中，求学的过程犹如障碍赛跑的过程，同伴之间的生命关系被扭曲为"你死我活"的竞争关系，他人都是自己"跑道上"需要跨越的障碍，成功和出人头地的观念是如此突出、如此露骨！不可避免地，学校教育中充斥着焦虑、忧愁、恶性竞争、个人主义、利己主义等人性的黑暗面，严严实实地遮盖了人性的阳光面。

第四，学校成了"道德贫乏的地方"。教育应该是一项道德事业，学校毫无疑问也应该是社会的道德净地。但审视将道德教育挂在嘴上的当代学校，我们会发现，这是一个道德如此贫乏的地方！功利化的学校，其全部的能量与注意力都投向了那一小部分能够为自己增光添彩的学生，其他人注定是要成为被无情牺牲的陪葬品，因为只有前者才能为学校带来声誉和利益的回报。在这种逻辑的支配下，快慢分班这类"损不足以补有余"、"助强锄弱"等明显有悖道德的做法都可以大行其道。学校生活的消费化、竞争化教会学生懂得一个道理：弱者不值得同情。学校生活中的"弱者"和"差生"是失败者，他们的失败源于他们自身的缺陷，"可怜之人必有可恨之处"，所以是咎由自取，他们存在的唯一价值在于衬托优秀者的优秀、成功者的成功。所谓的成功者将自己的成功归结为自己的优秀，早早地跨入"自恋者"队伍；而那些遭到歧视和贬低的失败者要么认命，在人生早期就步入生命的阴影中，要么反抗，以自己的越轨行为来发泄仇恨、寻找自尊。这样的制度取向、人际关系和心理环境，更可能造就的是他人命运的旁观者、自身命运的孤独者。

从实然的角度看，现代学校与当今的"解放"潮流非常合拍，与社会共谋合作为每一个人锻造一个坚固的"金属外壳"，成批孵化装在套子中的"个体人"，强有力地助推着"解放"的进程。这样的进程必须缓解，必须给予必要的反拉力，否则人类将来的生活真的可能变成"每一个人针对所有人的战争"，这与下地狱有什么区别？虽然"解放"是时代洪流，非教育一己之力可以抵挡，但如果连具有超越性的教育也被这洪流裹挟而去，或者教育主动投诚，自愿汇入这洪流之中，那真是绝对的悲哀。因为"教育正是借助于个人的存在将个体带入全体之中。个人进入世界而不是固守着自己的一隅之地，因此他狭小的存在被万物注入了新的生气"①。也就是说，教育是引导人走出自我、走出个体的活动，如果反过来成了帮助人走向自我、封闭自我的工具，不正是对教育自身本性的违背吗？

实际上，如果保持清醒，坚守自身立场，逆流而上，教育还是可以有所为的，即使不能阻挡，也可给予一些反拉力，为未来做一些准备。

给"解放"一些反拉力，可以从学习共同体的建立入手。共同体有多方面的特性，而这些特性都有助于阻止人的极端个体化。"共同体的本质就是个体的关注（主体或主体性、民主、个体性、权利及尊严等）与集体的需要（团体、成员、合作、责任和共同利益等）的一种整合。"②在共同体生活中，个体与集体是相互依存的，个体总是与他人有联系的、归属于集体的个体，而集体则是由个体组成，是个体的"家"，表征的是个体的集体生命。过于强调个体，就会滋生自恋、孤僻的倾向，就会堕入弱肉强食的"丛林生活"；过于强调集体，就会压抑个性，导致多样性的死亡，可能滋生专制主义。真正的共同体生活就是在个体和集体中保持适当张力的生活，不是一方压倒另一方，而是两个基本点的动态平衡。共同体的另一个内在特征在于共同体内个体成员间的相互了解与依赖，"正是因为我们认识了身边的邻居，四周的住宅才成了街坊；而工作场所之所以成为我们所向往或者害怕去的地方，不仅因为工作本身，更是因为自己的人际关系状况。同样，只有当理解教师和同伴成了我们相互的责任后，班级才会变成一个学习共同体"③。也就是说，尝试建立学习共同体的过程，也是学生尝试走出自我、走向他人的过程，这无疑是"自恋者"的一副"解毒剂"。共同体中的成员在彼此的友爱中摆脱了个体的孤独，找到了生命扎根之所，每个成员在享受这份友爱的同时，必须适当让渡个人私利以实现团结。所以共同体的第三个特性是友爱与团结，而友爱和团结正是冷漠而孤独的现代个体所缺乏、所需要的。

---

① ［德］雅斯贝尔斯. 什么是教育［M］. 邹进，译. 北京：生活·读书·新知三联书店，1991：54.
②③ ［美］托宾·哈特. 从信息到转化：为了意识进展的教育［M］. 彭正梅，译. 上海：华东师范大学出版社，2007：47，45.

波伊尔为我们描述了作为学习共同体的学校的理想状态："一个目标明确的场所；一个相互交流思想的场所；一个充满正义感的场所；一个纪律严明的场所；一个相互关心的场所；一个欢庆聚会的场所。"①这样的学习共同体在当今的学校中是否可能呢？应该承认，在目前这种以功利、竞争为特征的教育现状下，一步到位性地建构几乎没有可能。但也应该看到，这样的学习共同体是有历史和现实依据的。第一，在学校发展史的早期，学校作为家庭功能的延伸，有着更多的家庭色彩，杜威就认为学校生活"应当从家庭生活里逐渐发展出来；它应当开展并继续儿童在家庭里已经熟悉的活动"②。学校一开始是继承了家庭的情感性的，更接近于自然共同体。只是随着工业化的到来，学校与家庭渐行渐远，一头扎进社会的海洋里，才成了众多社会机构中的一种。第二，与人接近、与人进行面对面交往是人性的深度渴求，这在任何时代都是人性定律。我们这个电子媒介时代，间接交往扩张，而面对面的直接交往却在萎缩。在这种情况下，学校作为一个相对独立的面对面交往空间，显得弥足珍贵。第三，在世界范围内，由于人口出生高峰的回落等多种原因，学校和班级规模有变小的趋势，这也为学习共同体的建构提供了微观条件。其实，学习共同体的建构，根本的问题不是可能不可能的问题，而是愿不愿意的问题。

"教育爱"也可以给"解放"一些反拉力。人脱胎、脱颖于自然，自然是人的"快乐老家"。一则广告语"混不好我就不回来了"表露出人都有"衣锦还乡"的隐蔽性本能冲动。但如今已经"混得很好"的人就是想回来也回不来了，因为超拔而出的人已经无法再与自然浑然一体了。而人最不能忍受的就是这种"与世隔绝"的境遇，必然找到新的家、新的扎根方式。回到自然的路已经断了，人只有走向人、走向自己的同胞，将根扎在"人间"。人可以通过多种方式实现与他人的联系，比如顺从和控制。但"人身上只有一种感情能满足人与世界结合的需要，同时还能使人获得完整感和个性感，这种感情就是爱。爱是在保持自我的独立与完整的情况下，与自身之外的他人或他物结为一体。爱就是体验共享与交流，它使人充分发挥自己的内在能

---

① [美] 厄内斯特·波伊尔. 基础学校——一个学习化的社区大家庭 [M]. 王晓平，译. 北京：人民教育出版社，1998：22.
② [美] 约翰·杜威. 学校与社会·明日之学校 [M]. 赵祥麟等，译. 北京：人民教育出版社，1994：7.

动性"①。也就是说，真正的爱是既爱自己，也爱他人，是自我与他人的统一，是人性的一种内在平衡。从这个意义上我们可以说，一个真正有爱、懂爱、会爱的人绝对不会是一个只顾自己的"自恋者"。

"解放"孕育的个体人，也是失去爱的能力的人。反过来，教育如果能培育受教育者爱的能力，就能给这种"解放"一些相反的拉力。要想一个人爱人，首先得被人爱过。一个人爱的能力，既来自于父母的爱，也来自于老师的爱。来自教师的爱即"教育爱"，具有类似母爱的性质，是一种"类母爱"。之所以这样说，是因为"教育爱"与母爱一样，是一种无条件的、单向给予的爱。教育者能够给予受教育者的，不是物质、权力，而是教育者身上有生命力的内涵，比如知识、信仰、情感、人生体验、美善等，而正是这些才可以激发受教育者的生命活力，使受教育的个体深深扎根人间，摆脱与世隔绝的孤立与孤独。教育本来是爱的事业，但如今却在学校中受到冷落和排斥，或者说"教育爱"实现的现实条件不充分。是"解放"把"教育爱"排挤掉了，而要想给这种无底的"解放"一些反拉力，又必须重拾"教育爱"。这二者真的是互不相容的一对矛盾，也让我们陷入一种困境。公正地讲，即使在如此恶劣的处境下，"教育爱"也没有完全消失，它依然存在于那些有良知的教师的内心和行动中。认识到这一点很重要，可以为我们重拾"教育爱"厘清思路：首先是保护这弥足珍贵的零星的、个人化的"教育爱"，"不让爱受伤"；然后再考虑如何给其提供制度和文化的土壤，促使其生根发芽和开花结果。

重构教育的公共性，同样可给这无底的"解放"以有效的反拉力。有不少学者发出"保卫教育的公共性"②的呐喊。但对中国教育来说，目前重要的不是保卫，而是重构。"保卫"针对的是教育公共性正在丧失，"重构"针对的是教育根本没有公共性或公共性已丧失殆尽。哈贝马斯意义上的公共领域，即超越私人、独立于国家政权的公共领域，在中国本来就没有发育成长起来，或者是刚有了一点苗头，很快又被商业化的大潮淹没。如果说西方资本主义国家的问题是公共领域的萎缩与结构转型，中国则是公共领域的"未诞生"。在我们国家，学校基本上就没有公共领域的特征。过去，学校是政府的附属机构，现在则直接演变成了政府意志和私人利益的混合物。因此，就

---

① ［美］E.弗洛姆.健全的社会［M］.孙恺详，译.贵阳：贵州人民出版社，1994：23.
② 金生鈜.保卫教育的公共性［J］.教育研究与实验，2007（3）：7－13.

中国教育现实而言，重要的是重构而不是保卫教育的公共性。

"无中生有"的重构，任务更为艰巨。与其他社会机构相比，学校更有成为公共领域的潜力。比如学校本来就是超个人的，或者说是帮助个人走出自我的，又与政府机构有一定的距离，不直接受政府机构的支配。但这种潜力的发挥面临着内在动力与外在许可的困难。学校作为主体，实际上追求成为公共领域，其内在动力是非常微弱的，因为这有损于学校作为一个机构的自我利益。同样，学校也面临着政府和家长的压力，因为作为公共领域的学校，既可能违背政府机构的意志，也可能抵制家长对私利的追逐，而这一特点正是政府和家长所不容的。公共领域的运作，以公共参与、公开讨论为基本方式，这样的方式在目前的学校生活中是稀有事物。其原因是，一方面在于目前的学校没有实行这样生活的文化基础，另一方面也因为这样的生活方式不见容于压倒一切的考试文化。

公民教育是重构学校公共性的重要环节，但公民教育也有无法克服的自身困难。实际上，不大可能存在与社会、政治背景相分离的公民教育，因为真正有力的公民教育是公共生活实践。如果将公民教育理解为"动员年轻人的心灵，使之不假思索地支持意识形态"①，那么这种公民教育也许是存在且有效的；如果将公民教育理解为通过公共参与、公开讨论来培养具有公共精神的人，那目前的公民教育是否有效、是否存在就令人生疑。没有社会基础的公民教育，要想发挥一定的作用，也许可以从加强学生参与学校事务和培养公共精神两方面寻求突破点。即使是在目前的环境下，开明的学校和教师还是可以让学生参与班级、学校事务的，哪怕是有限的参与，也具有公民教育的价值。而公共精神（public spirit）可以作为一种美德，依托学校德育，在道德教育中进行。

---

① ［英］德里克·希特. 何谓公民身份［M］. 郭忠华，译. 长春：吉林出版集团有限责任公司，2007：170.

与回归生活的道德教育理想的对话*

南京师范大学道德教育研究所　齐学红

内容摘要：本文从理论与实践两个维度，与回归生活的道德教育理想之间展开对话。从对生活、生活世界理念的追问，到对道德教育改革实践中现实境遇的反思，提出道德教育改革正在经历的从规范取向向伦理取向的范式转变；从知识社会学的角度对学校知识系统的差序格局进行分析，透视生活德育在学校知识系谱中的尴尬处境，进而揭示道德教育改革的艰难历程。

关键词：生活世界　规范取向　伦理取向　范式转变

"回归生活世界"作为道德教育改革的目标和理想，从理论学说到实践追求，似乎毋庸置疑地被理论界和实践领域广为接纳。从理想到现实的过程究竟是如何发生的？中间遭遇了怎样的观念困扰和现实问题？面对改革进程中出现的问题，理论自身需要做怎样的反思和应对？本文试图从理论与实践两个维度，与回归生活世界的道德教育理想之间展开对话，以期引发人们对道德教育改革的理性思考与行动自觉。

一、回归生活世界：谁的与何以可能

"品德与生活""品德与社会"新课程的基本理念是：回归生活世界，它是以生活为本，是为了生活、通过生活而进行的。新课程的基础是：儿童自身的生活经验，以期使他们得以进行有意义的学习，并经历有意义的教育生活。[1] 对于这里的关键词"生活"本身存在着多重理解，同时，儿童自身的生活经验也是各不相同的。即作为道德教育起点的儿童生活本身是千差万别、

---

　* 本文系全国教育科学规划"十一五"教育部重点课题"道德教育改革的社会学研究"阶段性研究成果之一，课题批准号：DEA060106。

　① 鲁洁. 回归生活——"品德与生活""品德与社会"课程与教材探寻 [J]. 课程·教材·教法，2003（9）.

各不相同的，而经由道德教育实现的人的归宿也是充满差异，而非千篇一律的。

回归生活的道德教育是理想，还是现实，抑或是极具号召力的道德宣言？即道德教育从政治意识形态的单一控制下解放出来，回归到普通人的现实生活中，进而成为一种解放的力量。这样的改革理想和愿景似乎先天具有价值预设和自身的合法性，似乎只要回到生活世界，学校道德教育的一切问题就解决了。这里存在着对儿童生活经验过于理想化的理解，以及经由回归儿童现实生活达成道德教育目标的现实可能性的盲目乐观倾向。君不见，现实生活中的假冒伪劣、贪污腐败、学校生活中的弄虚作假等诸多丑恶现象，给儿童造成的不良影响，已经严重影响到道德教育的实效性。儿童的生活经验既可能与生活德育的理想相一致，也可能相违背，甚至不利于教育理想的达成。于是，回归生活的道德教育不能不从本源上追问：这里的生活是谁的生活？是上层社会、精英阶层的生活，还是底层的劳苦大众的生活？还是抽离了一切现实生活要素的空洞无物的抽象概念？回归生活的道德教育实现的可能路径是什么？是简单地将现实生活引入课堂，还是高于生活、引领生活？担当引领学生道德生活的主体是谁？德育学科教师、班主任、全体教师，抑或全社会——包括家长？作为学校道德教育更广泛基础的学校、家庭、社会如何发挥其应有的作用？回归生活的道德教育如果从价值预设层面悬置了对自身存在合理性的追问，甚至被用来当做批判他人的"唯一正确"的武器，那么关于回归生活的知识便演化成为一种意识形态，而无法从实践与理论两个层面不断实现对自我的反思与超越。为此，回归生活世界的道德教育无论从理论还是实践层面都需要不断加深"自反性"或自我批判，以便真正处理好道德教育与现实生活的关系。

回归生活的道德教育理论的构成要素是：关注生活、走进生活、引领生活。道德教育的理想是回归生活，让学生过有道德的生活，即好的生活。那么，什么是好的生活？好的生活有统一标准吗？如果有，是什么？是回归什么样的生活呢？什么是道德教育要回归的理想生活？是哲学意义上的生活，还是当下充满矛盾斗争的残酷的现实生活呢？回归生活与道德教育的超越论是何关系？道德教育如何可以做到既超越现实又深深扎根于生活的土壤中？因为现实生活并不总是美好的，往往是真善美与假恶丑并存的。回归生活的道德教育旨在提高学生对社会现实问题的批判分析能力，建构学生独立的人格和道德主体，而不是给学生一个现成的答案。道德教育的目标在于引导学生的道德学习，而道德学习的路径不限于知识学习，更多更重要的是社会学习和道德实践。即学生所学的不是"关于道德的知识"，而是道德生活本身，而这个意义上的道德及道德教育，往往是不可教的。对于回归生活世界道德教育的核心追问是对于生活及其意义的不同理解。而恰恰是在这个问题上，往往是仁者见仁、智者见智，不可能达成共识。

回归生活的道德教育理论，是一元的还是多元的？是否存在一个唯一正确合理的解释？还是理论自身也存在不同的理解？回归生活的道德教育理论自身也需要不断超越。如果说回归生活的道德教育本身就是一个开放的文本——向生活开放，向一切充满差异的个体生活开放，那么道德教育的目标即让儿童学会过"有道德的生活"本身是否存在一个客观的普适性的标准呢？

回归生活道德教育的前提，是承认人的生活是存在巨大差异的，尤其是承认当下社会贫富悬殊到达临界点，社会危机一触即发的社会转型期。建立在生活论基础上的道德教育也应是存在差异的，即回归生活的道德教育并不是要回到道德教育的统一性中，而是要面对生活的丰富性、多样性、流动性。道德教育的目的不是提供一种理想的标准化的生活，而是对个体生活本身做有限的提升与超越。即基于每个人当下生活境遇的"有意义的生活"。

对于道德教育改革实践而言，最关键的制约因素是现行的教育评价制度。从唯智主义取向的道德教育（注重道德知识的获取），向生活德育的转化，导致了由显性评价（考试）向隐性评价（综合测评）的转变。所谓评价方式的变革，其中隐含的阶级阶层差异是扩大了还是缩小了？如果说记诵之术考量的主要是学生及其家庭占有的文化资本，那么综合测评考量的学生的各种获奖（从"三好生"到各种才艺展示、学科竞赛）背后，体现的则是集家庭经济资本、文化资本、社会资本于一身的显性的阶层差异；评价的重点由家庭所占有资本的多寡，到长期累积形成的惯习和阶级习性。这样一种以综合测评取代品德考试的改革举措所产生的客观结果，即在社会总体资源有限的前提下，对更多教育资源的占有背后隐含的教育公平问题，与让学生过美好生活的改革理想之间的反差该如何面对？这在改革蓝图的设计者眼里是意外还是偶然？

归根结底，回归生活的道德教育是否承认道德是有阶级性的或存在阶层差异的？道德教育要回归的生活究竟是谁的生活？"有道德的生活"的标准是什么？谁来确定？道德教育是否要直面现实生活，还是为学生刻意营造一种理想化的生活？从唯智主义的"什么知识最有价值"到生活德育的"什么生活更有意义"，如果说前者存在一个相对客观化的标准，那么后者则是见仁见智的。因为只要涉及意义和价值的问题，那就是主观的、因人而异的。道德教育改革的社会理想究竟是什么？个体生活的意义与社会理想的达成之间是怎样的关系？二者之间的矛盾冲突如何化解？

二、从规范取向走向伦理取向的范式转变

在福柯的观念中，道德有两种类型："规范取向的道德"和"伦理取向的道德"①。任何的道德其实都有两种要素：规范要素与修行要素。由于强调上的差异，而有上述两种理念。"规范取向的道德"是一种普遍性的道德，要求遵循一种普遍规则，且准备为所有人设立的一种道德；而"伦理取向的道德"则是一种"个人式的伦理"，不是为所有人而设的，或不是规范所有人的伦理道德，而是少数人自己所选择的一种生活方式。道德的两种要素通常是共同存在且相互关联、相对独立自主的，只是强调上有所差异罢了。"规范取向的道德"强调规则的遵守及规则的整理或系统化；而"伦理取向的道德"则强调同自我的关系，努力修养自我成为一个伦理的主体，其修养自我关系的方法及技艺（所谓"自我技艺"或"自我技艺学"），强调转变自己生存方式的实践（所谓"自我实践"）。从"规范取向的道德"走向"伦理取向的道德"，即从公共生活领域的道德，走向个人生活领域的道德，从强调社会生活公共秩序的建立，到关注个人生活的和谐与自我完善，从强调个人对社会规范的遵从，到提升个人的生活品质和道德水准，体现了道德教育改革的范式转变。而这种转变的背后是人的观念的转变。

道德教育改革作为教育改革总体性框架的一部分，与教育其他领域改革的区别，尤其是与政治教育改革的区别，以及人们对此的认识，经历了一个从混沌到清晰，从隐匿到彰显的渐变过程。改革作为一种社会事实，也是不断被人们发现和意义建构的过程。道德作为一种社会控制手段，区别于通过法律强制的强控制，是一种借助社会舆论的软控制。在我国道德教育甚至是国际道德教育的发展历程中，道德教育强调的重点是，告诉人们什么是不道德的，什么是不可以做的，即建立在对道德底线（规范）的遵守与执行上。如《中小学生守则》的表述方式，所用词语是全称判断，绝无例外，如"不准迟到早退"，即使是路上见义勇为，帮助他人，也无迟到的例外。从语用学

① 黄瑞琪. 自我修养与自我创新：晚年福柯的主体/自我观 [J]. 中国学术，2002（4）：110.

的角度分析，强调的是"必须"、"不许"。人与规范的关系是被动服从的关系，毫无主动性可言。随着课程改革的推进，道德教育的目标是告诉学生什么是好的生活，如何过有道德的生活，如何与他人相处、与自己相处。这样的道德教育不再只是告诉人们什么是不能做的，还要告诉人们什么是应该做的，并具体指导怎样去做，怎样与人相处，等等。

从旨在控制的道德教育，走向今天旨在建设的道德教育（主要取向是回归生活的道德教育），是社会改革开放、价值多元化、人们的生活方式多元化，价值唯一的大一统局面已经打破的社会环境变化使然。而从生活及其意义的层面看待道德教育，道德教育势必是开放的、多元的，这与学校道德教育作为一种社会控制手段的制度设计是相矛盾的。那么，这二者之间的紧张关系是怎样处理的？

从规训式德育模式（制定标准、执行标准）到指导式德育模式（谁来指导、如何指导、有无标准、谁的标准、回归谁的生活），道德教育的范式正在发生变化，与之紧密相关的教师角色也在发生转变，如教师从学生生命成长的指导者到陪伴者的主动应变，以及角色转变背后的困境与反思：谁能堪称学生的人生导师，是教师、专家还是官员，什么是理想的生活、有道德的生活，这样的生活栖身何处等本体论问题的追问，始终伴随着教师的职业生涯以及生命成长历程，也在不断拷问着教师的知识观、价值观。

当道德教育发展的思想轨迹渐渐清晰后，改革就从思想认识层面走向了具体的实践层面。这个过程首先会受到人们对道德、道德教育固有观念的束缚，同时还会受到与这样的观念相适应的一系列制度层面的制约，如管理体制、评价体制等。回归生活道德教育中的道德，体现了"由规则取向的道德"向"伦理取向的道德"的转变，转变的深层次原因是社会控制技术的发展演进，而社会控制术的演变源于人与社会之间复杂的互动关系，以及人们对于这种关系的理性认识与思考。人们越来越清醒地认识到，在社会日益复杂多变的现代社会，仅仅依靠传统道德教育的强制性规范约束已经无法调动现实生活中人的积极性、创造性，以及独立道德人格的形成。因为在任何国家的制度设计中，都存在着一定的自主设计和自我实现的空间，道德教育改革的前提就是承认人与制度之间存在着多元互动关系，以及人在社会实践活动中主体性的普遍存在，制度作为人的创造物绝不是铁板一块，而是不断被行动中的人所改造或创生的。社会转型以及教育变革的伟大实践，呼唤有独立性和创造性的道德人格的觉醒，推定社会发展进步的道德人格与其说是新的社会体制下的接班人,毋宁说是旧的体制的掘墓人,而这恰恰是学校教育的悖论。

三、"什么知识最有价值"——学校知识系统的差序格局

"新课程所反对的是:脱离、背离生活的道德规范教育、社会知识等教育……我们课程不要去传授那些与实际生活相脱节的知识和经验,不要把学习只看成是掌握某些书本知识和语言符号。这样的课程学习达不到本课程所要实现的目标;只有通过学习者自身的生活经验才能学习生活和道德。"① 即新课程的对应面或对立物是道德规范教育和道德知识教育。如果把道德规范教育和道德知识教育背后的知识观概括为学科知识观(什么知识是关于道德的知识),那么生活德育的知识观就是生活知识观(什么样的生活是有道德的生活),这两种知识观之间存在着怎样的关联?生活德育的知识内核究竟是什么?在学科知识观下,知识由人的创造物变为奴役人的手段,由工具价值上升为本体价值,进而与学生的生活世界、经验世界脱节,导致学生普遍的厌学、惧怕学习;而生活知识观则以活生生的人、人的生活为本体,一切知识都是源于生活、为了生活、服务生活,这样的知识主要是经验性知识,更多的是依赖活动体验建构起来的,而不是从外部强加的。从学科知识观向生活知识观的转变,无疑是一种进步,它改变了学生的学习方式,提升了学生道德学习的品质。

"从生活出发,还必须让它再回到生活中去,使它在与生活的其他方面不断发生动态联系和作用中,真正融入生活世界,成为其中的一个'活性因子',去改善人们的生活和生活方式,促使人们去学会过一种有道德的社会生活。这才是具有本质意义的回归。"② 通过德育课堂,实现对人们生活及生活方式的改造,这样的理想已不仅是品德这一学科所能完成的,而是涉及学校生活和社会生活的全部,进而涉及对学校生活和社会生活的改造。这样的改革理想何以实现?

在现有学校制度框架下的道德教育改革走的仍然是一条学科化(当然不同于以往的学科知识化,而是遵循着学科生活化)的发展路径,更多地依靠

---

① 鲁洁. 回归生活——"品德与生活""品德与社会"课程与教材探寻 [J]. 课程·教材·教法,2003(9).

② 鲁洁. 道德教育的当代论域 [M]. 北京:人民出版社,2005:311.

品德课程内容和教学方式方法的变革，因而不涉及整个学校体制的变革。当然这样的局部改革相对而言比较容易实施，但是从改革的效果来看往往差强人意。因为品德课在学校学科系统的差序格局中无疑处于"弱势地位"，作为非考试科目并且是由班主任兼任的科目（在多数小学尚无专任教师），品德课往往处于可有可无，经常被语数外这些"主学科"抢占的不利处境，也往往使得这门学科在课程标准以及教科书体例变革等方面取得的成就大打折扣。

课程设置及其背后的知识取向，决定了在学校场域中任何知识都只有纳入学科课程体系中才有价值。因此，尽管小学品德课教师大都由班主任兼任，而品德课对学生生活的引领本就是班主任工作的一部分，但是由于班主任工作在学校体系中并没有占据一席之地，进而被认为没有学术性，只是一些琐碎的事务性工作。而生活取向的品德课本身就是从学生现实生活中可能面对的问题出发，即本身也是问题取向的，因此与班主任工作的性质本是内在一致的，但因为分属于不同的体系中，一个属于学科知识系列，一个属于学校德育工作系列，所以在学校工作体系中是被人为分开的。

政治学科教师强调本门学科在学生做人方面的引领作用比班主任更重要、更直接，尽管他们当中有很多人同时也是班主任，但却认为，班主任的工作是琐碎的事务性工作，而自己的工作则"专业性"更强。班主任工作作为学校德育工作的重要组成部分，与学校学科化的制度设计分属不同的类型，它与党团少先队属于同一个系列。即班主任是非学科建制的，其在学校工作中实际不可或缺的重要地位，与学校学科化、知识化的制度设计的价值取向是相矛盾的，这样的制度设计强化了班主任这支特殊的教师队伍的教育功能，却弱化了学科教师的教育功能，导致了教学、教育的两张皮现象，进而大大弱化了学校德育的效果。班主任工作、品德课尽管在学校知识体系中均处于边缘地位，但由于品德课教师有学科背景，所以实际地位比班主任要高——尽管二者在工作内容和性质上有很大一部分是重叠的。

学校制度设计自身存在的矛盾冲突，导致了教师自身以及相互间的角色紧张与冲突，小学品德课教师与班主任身份的合二为一，虽然在形式上实现了教学与教育的统一，但是班主任"兼品德课教师"的特殊身份，以及品德课作为非考试科目的"小学科"的实际地位和处境，使得这门同样需要充分备课的科目因班主任本身工作量的超负荷变得实际上不重要。

品德课的学科地位与教师的角色紧张与冲突背后隐含的问题是："教会学生如何做人的知识"在学校知识系统中究竟处于何种地位？它与应试所需要

的学科知识孰重孰轻？对道德教育改革的现实考量告诉我们，道德教育改革所面对或反对的现实是，为了达到目的可以不择手段，以牺牲学生的身心健康为代价的应试教育的残酷现实。而这种现实危及的不仅是学生，还包括对教师工作状态、生存状态所造成的影响，进而成为一种异化的力量。道德教育改革不仅包括把什么知识教给学生的知识观的问题，更包括以何种方式更有效地达成道德学习的伦理观问题（教学伦理、教育伦理问题）。

从道德教育改革的发展走向来看，道德教育改革势必要走一条综合化的发展道路，需要整合学校、家庭、社会各方面的教育力量，即站在教育的高度研究道德教育，而不仅是站在品德学科的角度进行局限性的改革。而涉及整个教育体制的变革，绝不是在短时期，仅仅依靠一门学科所能完成的，往往需要整合学校各方面的教育力量，包括其他学科的教育资源。这样的道德教育改革将是一个复杂的系统工程。道德教育改革如果不能同时考虑到当下社会的政治、经济、文化结构以及学校的整体环境，包括评价制度、品德课教师的学科建制等与之配套的相关制度环境的改善，那么改革所取得的成效就会被整个制度环境所侵蚀。

从课程标准的制定，到教科书的编写，再到教师的课堂教学实践，从道德教育改革的理想，到成为学校道德教育的现实之间，是一个充满着歧义的复杂变动过程，而非人们通常想象中的众口一词、步调一致，这里也同样经历了布迪厄所说的从"逻辑的实践"到"实践的逻辑"的演化过程。这里，既有学校具体时间、空间的局限，有来自现实的各种考评和评价制度（被一线教师喻为套在脖子上的枷锁）的限制，又有课程标准制定过程中的观念冲突，教科书编写、出版、发行过程中的利益之争，教学目标实现过程中教师的个体差异性等。本来作为一项完整的课程实践过程，实际上却被人为地划分为几个不同阶段和环节。由于每个阶段或环节分别由不同的权利主体来实施，各个不同部门、环节之间出于各自利益的考量，往往是画地为牢、各自为政、相互牵制、互不衔接，从而导致课程改革的整体效果受到影响。

生活德育的知识建构过程，有别于传统的一成不变的道德知识、规范的教育。生活本身就是开放的、变动不居的，而生活的主体是处于不同年龄阶段、身心发展水平各不相同的儿童。可以假设，儿童的道德发展水平与认知发展水平之间往往是不对等的。因此，从对"教师如何教"的研究，走向对"儿童如何学"的研究，理应成为生活德育的重要课题。回归生活道德教育的课堂实践对于儿童和教师生活世界的建构起了怎样的作用和影响？课程改革后教科书中的儿童不再是被教育改造的对象，而是故事中的主角。学生作为学习者与故事主角的对话过程，即意义的生成过程，或道德学习的过程。儿童从教科书中的主角到真正成为生活主体的角色转变，还有赖于整个教育体制的变革，解放儿童的前提必先解放教师，道德教育改革作为人类文明进程的重要组成部分，势必以人的解放为最高追求，这样的深刻变革还将经历一个漫长的过程，改革还在进行中……

个性：重构本真的德育世界

陕西师范大学教育学院　龙宝新

内容摘要：个性是指个体人所特有的不可替代性和不可分性，每个个性都有具体性、自主性和创生性的三维品质。个性是德育世界的中心，德育活动是学生个性的旅程。现代德育热衷于形形色色的道德代理行径，由此导致了对学生个性的遗忘。要重建本真德育世界，我们就应该让学生个性重归其作为德育主角的位置上来，就应该让学生在走进关系、走进生活中呈现并实现其个性，加速其个性的人化。德育是以个性来奠基的生活世界的本然功能，相遇、对话、关怀是重建本真德育世界的三部曲。

关键词：个性　德育世界　生活　关系

德育不是概念的杂烩、思维的运演，不是活动的串联、理念的装潢，更非规范的堆砌、品性的滥觞，而是一个意义涌流、事件交织、心灵交感的世界。本真意义上的德育是一个个性聚会，人性灵光普照的世界，任何德育的"课程"或"工作"都难以包容它！海德格尔指出，此在的根本存在方式是"在世"，是与人"共在"，故学生是融身于"德育世界"中，而非生活在道德规范的网络中，学生是整个德育世界的内核。在其中，个性是学生参与德育世界建构、与德育世界际遇互动的能动形态，个性的存在与呈现是撑起本真德育世界的"拱心石"（康德语）。本真德育世界是守护学生个性的堡垒，是人超越实存、实现个性创构的舞台。在此，规范授受式德育、美德储蓄式德育（诺丁斯语）、知性德育、品性内化式德育将会受到深度的拷问和抨击。德育世界是个性露面的境遇，是众多个性会面的舞台，它召唤着学生为创造美好生活而不断向至善趋近。德育的立足点是学生个性的在场，是其个性不遭受任何形式的奴役和压迫。立足于个性这一基点，以个性显身、个性相遇、个性共生为基轴来创造一个丰富多彩、魅力十足、彰显人性的德育世界，体现着当代德育事业的根本旨趣。德育的终极归宿是教会学生"做人"，是交给学生在复杂的、真实的道德境遇中利用自己个性化的选择和智慧来成就其对美好生活的追求。对德育而言，"个性是原初的整体，个性在路的开端，同时在路的终结"①。因此，以个性为基点，以个性的实现与成长为使命，密切关注学生个性的建构，致力于构建一个用个性引导个性的德育世界是当代德育工作者的殷切期待。

一、现代德育世界对学生个性的遗忘

德育是一种生活，是师生共同构建的生活世界，是个性聚会的心灵场址，个性是德育世界的基本构成单位。在德育世界中，教师以众多个性"平等中的首席"身份导航着学生道德的生成方向，学生以独特的个性面孔置身其中，二者之间在和谐相处、互动交感中创建着德育生活。其中，个性与德育世界之间不是同质同构的关系，而是互助合作、交互生成的关系——德育世界是所有学生的个性共同体，整个共同体的面貌和构架是在所有个性的"碰撞"与商谈中生成的。在德育世界的每个角落和时段上，所有学生始终如一地保持着其个性的面孔和尊严，任何组织、规则、秩序都无权对之进行接管、代管、代理，这正是德育世界存在的铁律。然而，在现代德育中，对个性的托管现象普遍存在：道德认识、道德规范、道德品性、（理性意义上的）道德责任争相为学生的个性代理，极力把道德事件简化为一个利用规范、知识、理性来进行理智判断的过程，把道德发展还原为一个抽象的品性积累、体验积淀的过程，把道德行为"程序化为'计算的单元'"②。由此，个性与道德被"碎片化"（鲍曼语）了——个性异化为一种"素质拼合物"（布贝尔语），学生的个性随之隐姓埋名、隐退幕后，复杂多彩的德育生活不复存在，德育世界的魅力荡然无存。正如鲍曼所言，在现代德育世界中人是"去道德化"的，其常见的三种表现形式是"代理状态"、"抹平面孔"和"道德主体的总体性被还原为部分或者品性的集合"③。可见，复兴现代德育的关键就是打破种种个性代理行径，在德育世界中为学生个性"腾出"应有的空间和位置。所以，本真的德育与个性是共存亡的德育，不解开"个性"的秘密就难以复苏沉寂的现代德育。

---

① ［俄］别尔嘉耶夫. 论人的奴役与自由［M］. 张百春，译. 北京：中国城市出版社，2002：24.
②③ ［英］齐格蒙特·鲍曼. 后现代伦理学［M］. 张成岗，译. 南京：江苏人民出版社，2003：150，148－149.

所谓"个性",是指个体人所独有的（相对他人而言的）不可替代性和（相对自身而言的）不可分性，① 是标志个体存在的特质。进而言之，这一独特性包括三个方面：空间上的唯一性、时间上的一次性、内在世界的多变性。实际上，个性的形成根源于三个方面：人的身体在空间中的特殊存在形式；人的行为对外部世界的特殊反应形式；人的精神世界的多变性、涌现性。人的个性不能仅仅从表面上将之理解为"个人主体性的发展和差异性的发展的统一"、"人的整个精神面貌"或人作为社会关系的"个别存在和表现方式"等。人的个性是以其"身体的唯一性"② 为基础，以其独特的行为方式为外显，以其多变的精神为根源的有机体。当然，仅仅从独特性的根源来探讨个性并不足以阐明它，个性的秘密在于它的呈现，在于它在德育世界中所展现出来的"面孔"和"形象"，因而探究个性的存在方式显得更为重要。在德育世界，学生个性存在的形式是具体的，存在的状态是自主的，存在的方式是创生的，具体性、自主性、创生性是学生个性存在的象征和标记。

首先是具体性。每个学生都有一个完整而丰富的形象，它是个体独有的身体、行为与精神的本然统一，这就是学生的个性。在此，具体性意味着每个学生的个性不是一个功能集合，不是"一束性质"③，不是"事物中的一个事物"，而是有名有姓、可感可见、不可置换、"最丰富和最完整"④ 的生命体。学生自身对这种个性的感知和意识形成了"自我"，这种感知和意识往往是通过别人对自己个性的单向回馈⑤、回应来实现的，故自我只是他人对自身个性的"镜像"，它不可能是个性的全部。每个学生的个性都是完备丰盈、形神兼具的"小宇宙"，是结构功能观所难以透视的，是理性的眼光难以看穿的，个性"不能被定义为理性的载体"。在德育世界中，我们难以对个性进行各种维度的"切割"，也无法把学生的一部分品性从其完整个性中"抽取"出来再对之进行对照、归结，以发现个性间的共性。故此，对学生而言，共

① 个体的本来意思是"不可分者"。对个体而言，"唯一性、自身封闭性、绝对性是连续成立的"。参见赵汀阳. 认同与文化身份认同 [J]. 哲学研究，2003（7）：18.
② 赵汀阳. 认同与文化身份认同 [J]. 哲学研究，2003（7）：18.
③ [德] 马丁·布贝尔. 我与你 [M]. 陈维刚，译. 北京：生活·读书·新知三联书店，2002：98.
④ 别尔嘉耶夫指出，"只有个别——不可重复的东西才是最丰富的和最完整的"。参见 [俄] 别尔嘉耶夫. 论人的奴役与自由 [M]. 张百春，译. 北京：中国城市出版社，2002：89.
⑤ "自我是从他人中推论出来的，他人却不是从对自我的认识中推论出来的。"参见 [美] 菲利普·劳顿等. 生存的哲学 [M]. 胡建华等，译. 长沙：湖南人民出版社，1988：38.

性只是对个性进行的一种貌似而神非的组合，"共相是主体里的经验，而不是客体中的现实"。故此，共性难以说明个性，难以构成德育活动的出发点。个性具有内在统一性，将其"要素"抽离出来的同时个性已经"死"了，因为分割"使我们丧失了更深入地观察整体形成的因素——组成分子之间的整体互动关系"以及所形成的"动态复杂性"，"世界上没有个性可以服从的绝对统一和全面性，在个性之外，一切都是部分的"①。对个性而言，其所需要的是一种"自由的共性"，是一种创生中的共性。

其次是自主性。每个学生的个性都是自由的，即便你能束缚住它的身体，但你却无法束缚住他的心灵和精神。个性不能不自由，自由是它的义务和禀赋，选择是它的日常工作。学生个性的根本特征就是自主性。海德格尔指出，人是一种"被抛的筹划"，是被（世界）构成与被（自我）筹划的对象，面临处境、面向可能是他存在的境遇。在处境中遭遇难题既是人的家常便饭，又是其个性分娩的产床。在难题面前，个性必须对之作出回应、进行选择、负起责任，以履行人的使命和职责，对此别人无法代劳。因此，个性的存在必然是自主的，自我规定、自我决定、自我塑造是个性的宿命，向自己的个性负责、保全自己的个性是人的本体性冲动。在此，规律规范、组织系统、常模先例是难以束缚住个性的。如果硬说个性的表现有规律可循，那么这种"规律"必定是一种"事后真理"（the truth expost），一种"从根本上缺乏经验或逻辑的必然性事后的规律"②。对个性来说，一切行动法则都是其自主行动的"后像"而非依据。在德育世界中，教师尽管能向学生的身体发出命令、进行规训，但无法规限、驯服学生的个性和心灵，因为尽管"每个人都有自己的监狱，但是在他的监狱中，每个人都是自由的"③，学生个性具有本己的否决权、选择权和创造权。对学生而言，教师只能向他的个性发出邀请、表达期待，只能用自己的个性来感化它、召唤它。

最后是创生性。个性不可克隆，不可仿制，它时刻处在创生之中。个性的存在是不断超越其实存状态，是面向可能性的不断生成。个性的存在是一

---

① ［俄］别尔嘉耶夫. 论人的奴役与自由［M］. 张百春，译. 北京：中国城市出版社，2002：24，40，44.

② 赵汀阳. 中国哲学是否能够成为世界哲学的一部分［OL］. http：//www. beiwang. com，2003－11－02.

③ ［英］齐格蒙特·鲍曼. 后现代伦理学［M］. 张成岗，译. 南京：江苏人民出版社，2003：70.

个事件、一个瞬间、一次破例，而非一个循着固定模式或程式的流程，一个批量生产过程，一个恒在的实体。事件、瞬间、例外是个性的构成元素，变化是个性的自然属性。深而究之，学生个性的创生性根源于其精神内核，因为精神的实质是涌现性，"精神不是使人一般化，而是使人个性化"。换言之，"个性在主观性中被给定"，"作为主体的存在是个性的生存，是自由，是精神"①。所谓"自由"，它是各种可能性的总和，是人的存在状态。个性是面向可能性的存在，是一种"临在"，是不断的绵延和创造。个性始终处在"希望"的引领和召唤之下，可能性是个性的生存空间，个性的存在就是不断超越给定状态，从"是"走向"应该"。故此，个性每时每刻都会有新面孔。同时，个性在创生中也创造着自身的不变性，但这种不变性是个性在其变化历程中呈现出来的一种集中倾向或大致"形象"。应该说，这种"形象"越鲜明，表明个性越有生命力，它与个性的多变性之间构成了一种相互吸引关系：个性的所有面貌和历史形态向稳定的个性"形象"汇聚，而统一"形象"则牵引着个性的显现和后继变化。在此，我们将这种相对稳定的形象称之为个性的"面孔"或"面目"，它体现着个性内在的统一性和连续性。

可见，个性是具体的、自主的、创生的，它有一副独特、恒变的"面孔"。每个学生都是一个活生生的个性而非一个个人。个性不同于个人：个性的集合是人格共同体，个人的集合是社会；个性是共同体的一个中心，个人是社会的一个分子或部件；个性代表着人的存在，个人代表着人的身份或角色；个性为自身的目的而存在，个人为社会的功能而存在。总之，将个性理解为个人，将个性个人化只会使学生的个性消融在社会中，让个性受制于社会的种种规范、建制的奴役或设计。其结果，道德教育会迷失自己的方向，退掉自身的本色，学校德育的个性根基可能会塌陷，随之现代德育必将被异化为无根的建筑、无神的庙宇。找回被遗忘的个性，重构个性奠基的德育世界，让学生个性在德育生活中复苏，是现代德育回归本真、彰显本色的康庄之途。

二、本真德育世界的重建

在现代德育中，人的道德为伦理的条文和秩序所接管，学生再也无须去

---

① ［俄］别尔嘉耶夫. 论人的奴役与自由［M］. 张百春，译. 北京：中国城市出版社，2002：29，56，92.

创生做人所需的道德智慧，学校德育沦为一个个性失语、缺场的世界。"将道德从人为创设的伦理规范的坚硬盔甲中释放出来，意味着将道德重新个性化"，将人的个性复归其道德世界的中心位置。在此，让学生的个性复位，让其在生活中学会做人，在关系、交往中实现道德化是重建本真德育世界的三个支柱。

（一）让学生的个性归位

"道德是做完伦理工作和共同体工作之后所剩下的东西。"① 故此，德育的起点不是规范，不是社会意义上的个人，而是学生的个性。个性既是德育的对象，又是德育的终点，德育的全程都是个性的足迹和旅程。真正意义上的德育是始于个性、经过个性、达于个性的教育，学生的个性不被漠视、不被肢解、不被简化、不被奴役是本真德育的首要品格。任何怀有良善意愿的德育都不会以各种名义来矮化、践踏学生的个性。个性的复位要求德育世界的建构必须尊重、关怀学生的个性及其成长，必须致力于为其个性的实现和丰满而创造条件。实际上，以个性为起点，让个性成为德育世界的主角和主人，其最终目的是要着力彰显学生个性的"三性"——具体性、自主性和创生性。具体的个性要求我们尊重它，自主的个性要求我们解放它，创生的个性要求我们呵护它。以个性奠基的德育世界，其终极使命是要我们为学生个性的舒展提供足够的空间和营养。

首先是尊重学生个性的具体性。个性的具体性就是其唯一性和丰富性，就是其不可替代性和不可拆解性，这就要求德育工作者必须创新工作方式，努力为每个学生的个性打造出一种量体裁衣式的德育服务，尽力克服那种面向抽象集体、追求普遍化的德育形态。德育是"一个非常个人化的过程"②。德育工作者要和学生个性这个"你"开展道德对话，而非和"这类学生"、"你们"开展对话；要针对学生个性的道德经历、道德水平开展德育实践，而非从大多数学生的一般道德状况出发进行德育；要用具体的道德事件来影响学生个性，而非用道德的概念和知识来说服学生的个性。只有这种"一对一"的、"个性—个性"的德育才可能触及学生的心灵世界，才可能是有深度、最优化的德育方式。同时，个性的具体性也要求我们必须把德育的对象——学

---

① ［英］齐格蒙特·鲍曼. 后现代伦理学［M］. 张成岗，译. 南京：江苏人民出版社，2003：39，63.

② 联合国教科文组织. 教育——财富蕴藏其中［M］. 北京：教育科学出版社，1996：86.

生"放置"到鲜活具体的道德事件中去，尽力使其获得一种全面、"三维"的德育。相对于知识、规范而言，事件是"具体的"、"活生生的"，是"事实和价值的统一"，事件的发展具有不确定性，故道德事件对个性成长所提出的要求是最全面、最丰富的，是任何德育工作者都难以取代的。道德事件催生的是具体的个性，它是学生个性成长的沃土，事件与个性结合生成的是人的道德智慧，故全息沉入的道德事件是学生个性成长的现实道路。长期以来，我们习惯了一种班级式、课堂式的德育，德育沦落为对学生群体的一种指令，一种行为要求，德育被表面化、知识化了，完整的德育世界被肢解得七零八落。显然，这种德育是难以适应学生个性的成长要求的。构建一种师生间的个性对话关系，推动德育回归道德事件，是本真德育的必然内涵。

其次是解放学生个性的自主性。自由有两种表现形式：其一是存在论意义上的自由，它是"一种由可以通达的可能生活所定义的存在论状态"①，即人在精神空间中的自由，心灵上的自主；其二是现实意义上的自由，即人在现实生活中的自由，行动上的自主。个性的自主源自其存在论意义上的自由，源自其命定自由的禀赋。个性不得不自主，"人的生存处境迫使他做出回答和选择"②，自主是个性实现自己、学会做人的前提，一切道德代理型的德育理念，一切由规范主导的德育思维，都会剥夺个性的发展机会和空间，都可能压制学生个性的健康成长。其实，任何一种德育理念都具有两面性：一方面是对个性自主的启蒙和促成，另一方面是对个性生长方式、方向的限定，教育"是对发展的价值限定"（成有信）正是此意。因此，要真正促成学生个性的自主发展，我们需要一种反思性的理论态度，即既尊重和依靠德育理念来开展德育工作，又不断批判、解构、调适这种德育理念，使之始终处于常变常新状态中，以充分利用德育理论的积极性一面，尽可能地防止僵化德育理论对德育工作的侵蚀和危害。同时，任何个性都生活在现实的境遇中，都与这种境遇之间构成了一种若即若离的关系：学生既要从这种境遇中获得其个性发展的营养和信息，又要冲破这种境遇对其个性的限制，实现行动上的自主。每一个现实境遇都是事实与意义的胶合体。因此，在德育实践中，德育工作者的使命就是引导学生对道德境遇的意义建构，促使其感悟到道德境遇对其个性的召唤，以此来为学生从心灵的自主走向行动的自主搭建一座桥

---

① 赵汀阳. 关于自由的一种存在论观点 [J]. 世界哲学，2004（6）.
② ［美］A. I. 赫舍尔. 人是谁 [M]. 隗仁莲，译. 贵阳：贵州人民出版社，1994：14.

梁。只有这样，德育工作也才能帮助学生不断超越道德境遇对其身体的束缚，放大个性的自主空间。

最后，呵护学生个性的创生性。个性是具有自塑能力的个体，而非一种束缚个体的社会身份，它从不接受身份、义务的指令和社会关系的掌控。个性只对自身负责，"义务倾向于使个体变得相似，责任却使人类成为个体"①，学生的道德正是在其个性化的道德决断、道德行动中积淀而成的。可以说，自塑活动一旦停滞，个性和道德便灰飞烟灭。因此，尊重学生对道德问题创造性的理解和处置方式，呵护学生创造属于自己的美好生活的权利，把学生的个性从道德规范、道德义务中拯救出来，是促使学生个性不断创生的应然之路。个性的创生旅程不可回头，人的美德不可储存，正如诺丁斯所言，"我们所做之事成为我们自身的一部分，没有什么能够抹去已经做过的事②"。同时，道德问题的最高判断标准的是"善"，是"好"（virtue），但无论"善"还是"好"，它们都是一个变量而非定值，都是依赖于具体历史境遇的"功能函数"。学生在具体境遇中的选择和行动是善的还是恶的，是好的还是低俗的，这都需要他们基于自己的个性给予创造性的回答和回应。在此，任何意义上的越俎代庖思维都是行不通的。所有道德实践问题都是道德智慧的创生问题，所有德育问题都需要每个学生"道德个性"的充分参与才能完成。德育工作者呵护学生个性的创生性就是要让学生在复杂多变的道德境遇中学会用自己的"心"亲自去体悟，用自己的身体亲临去参与，用自己的头脑和智慧亲身去应对，并在忠实自己的个性、对自己个性负责的基础上创造性地回应道德境遇，切实履行自己对其个性作出的庄严承诺。

在德育世界中，个性的归位是对学生被"粉碎"的个性再度复原，对学生被围剿的个性进行拯救，对学生被阉割的个性重新发现的过程。没有个性的德育世界是一座没有主人的房屋，一幕没有主角的戏剧，一幅没有色调的彩绘。现代的德育只关注用规范来驯服学生的身体，用知识驯化学生的行为，从而构筑了一个没有个性的德育世界，德育活动由此走向了沉寂。找回被遗忘的个性是重建本真德育世界的奠基工程！

---

① [英]齐格蒙特·鲍曼. 后现代伦理学 [M]. 张成岗，译. 南京：江苏人民出版社，2003：63.

② [美]内尔·诺丁斯. 始于家庭：关怀与社会政策 [M]. 侯晶晶，译. 北京：教育科学出版社，2006：224.

（二）让个性走进关系

重构本真德育世界的基石是让个性归位，其两翼是让个性走进关系和让个性走进生活，关系和生活是重建本真德育世界的资源依托。在德育活动中，道德关系的经营是德育的内核，而相遇与交往是道德关系的实践形态。个性不是孑然独存的单子，个性间的相遇与交往是帮助学生走向道德的重要通道，是生活世界本含的重要德育因素，是一种素朴的德育资源。

个性不可能自我呈现，它必须借助其他个性的"反光"来照亮自己，故"道德的'原初'场景是'面对面'的领域"。在德育世界中，个性与个性之间"不是综合的共在，而是面对面的共在"①，是"我"与"你"的直接照面。进而言之，道德的发生源自个性间的相遇与会面，它无须道德的义务、知识、技能、功利的中介。"仅在中介坍塌之处，相遇始会出现"②，道德发生的前提是以人不放弃其个性的形象为基础的。本真的德育是以促成和引导个性间的照面为使命的，是以建构和改善个性间的良善关系为追求的，所以关系自身构成了德育的目的和手段。关系在相遇中显现，个性在关系中存活。没有对话和交往，个性就无法生存与发展，"个性所允许的只是相互关系，如相遇与交往"③，允许的只是一种"不对称的你—我关系"，在此，"我为他者负责并不是在对待互惠"④。个性相比较而存在。在德育世界中，关系既是学生个性的显影板，又是道德责任的诞生地，"在相遇中，责任感体现了出来"⑤。可以说，一切关系的建构活动——对话与交往等都是学生个性流动的展台，是学生个性走向人化，彰显人性，获致道德向度的必经之途。

首先，个性在关系中被定型。个性的存在就是关系的存在，就是存在于自身与他人的共在、相依与对立、区别中。关系是学生个性存在的唯一依托，是个性在场的唯一证明，"仅在当下、相遇、关系出现之际，现时方才存在"⑥，个性才呈现、暴露（expose）出来。在关系中，双方都以一种独立的面孔出现，相互之间的差别和边界变得日益明显，个性的形象由此而变得日

---

①④ ［英］齐格蒙特·鲍曼. 后现代伦理学［M］. 张成岗，译. 南京：江苏人民出版社，2003：43，129，83，99.

②⑥ ［德］马丁·布贝尔. 我与你［M］. 陈维刚，译. 北京：生活·读书·新知三联书店，2002：10.

③ ［俄］别尔嘉耶夫. 论人的奴役与自由［M］. 张百春，译. 北京：中国城市出版社，2002：42.

⑤ ［美］内尔·诺丁斯. 始于家庭：关怀与社会政策［M］. 侯晶晶，译. 北京：教育科学出版社，2006：50.

益清晰。舍勒指出，个性的"自我在关系中显现，并要依据这些关系来界定"①。没有他人，没有其他个性的存在，关系自然就不存在，个性也就无法呈现。因此，与其说是关系创造了关系，不如说"他人创造了自己的个性"，"通过我自己向他者的伸展，我成为如我所是的、唯一的、不可替代的自我"②。不仅如此，关系的演变还是个性发展的轨迹。在德育世界中，随着关系网络的延伸，不断会有许多其他个性跃入学生的眼帘、加入他的世界，并与其个性发生关系，对之产生影响，随之学生个性的新形象不断生成，其面孔日益清晰和趋于稳定。因此，诺丁斯指出，"自我通过相遇经历建构起来，并非建构自我的一切因素都在主体的掌控中"③。学生个性是在人生际遇其他个性的经历中成长起来的，创建学校德育世界的意图之一就是主动干预学生相遇个性的经验，努力促使其个性向"好"的、"善"的方向生成、定型。

其次，个性在关系中学会了如何善待其他个性。布贝尔指出，教育的目的是晓谕人们"如何与你相遇"。德育的实质是要让学生学会如何按照意义和价值的尺度来安排"我—你"关系，学会善待、关怀身边的其他个性，不断提高关系的质量。学生遭遇关系有其必然性，而关系的质量却不一而同：良善、负责的关系能够成为其个性发展的助推器，能够孕育出优秀的个性形象；而庸俗、功利的关系可能导致"人的关系力量衰退减弱"④，其个性形象变得渺小。可见，关系与个性之间存在着一种荣辱与共的关联。关系质量的测衡器就是价值和意义，个性间的对话与关怀是提高关系质量的积极行动，它们体现着道德的艺术性本质所在。两个个性在相遇后发生的第一件事就是对话，对话是催生个性间关系的酵素。渴望对话是个性的生存需要，"个性要求自己走向他者和其他个性，如果个性封闭于自身，那么它就没有可供呼吸的空气，因此会窒息而死"⑤。所以，追求心灵、思想的共享是所有个性的共同愿望，

---

① ［美］菲利普·劳顿等. 生存的哲学［M］. 胡建华等，译. 长沙：湖南人民出版社，1988：38.
② ［英］齐格蒙特·鲍曼. 后现代伦理学［M］. 张成岗，译. 南京：江苏人民出版社，2003：90.
③ ［美］内尔·诺丁斯. 始于家庭：关怀与社会政策［M］. 侯晶晶，译. 北京：教育科学出版社，2006：224.
④ ［德］马丁·布贝尔. 我与你［M］. 陈维刚，译. 北京：生活·读书·新知三联书店，2002：36.
⑤ ［俄］别尔嘉耶夫. 论人的奴役与自由［M］. 张百春，译. 北京：中国城市出版社，2002：45.

每一个个性都有共享欲，而且心灵、思想"要求被分享"①。正如布贝尔所言，"'你'呈现在对话里，'我'生存在与'你'的关系中"②。同时，对话就是"一种流淌在人们之间的意义溪流"，它的衍生物之一就是人际的理解和共识。这种"理解和共识"像"胶水和水泥"③一样把两个个性黏合在一起。因此，在对话中，个性间由"相遇"走向了"相知"，实现了个性间的"一体"（接触程度亲密）与"一心"，个性间的关系由此被净化、加固，道德教育的最高境界——用"心"做人得以实现。其次，关怀是优化个性间关系的又一重要武器。关系始于个性间的相遇，关系是道德生活的胶合剂，而关系需要经营和呵护，需要不断的充氧和输血，这就是关怀。关怀是对自然关系、被动关系的超越和把握，哪个学生掌握了关怀的主动权，它就在个性关系中占据了制高点，就能够自由地驾驭关系，推动关系的道德化转变。关系不是"relationship"（"正式关系"），道德关系是"relation"，是动态发展着的、需要被呵护的关系，它是"通过中止一种正式的关系而得以加强"。关怀的实质是对被关怀者的一种"接受性的关注"，而非一个个性向对方的简单"投射"。当一个个性关怀另一个个性时，它变成了"两位一体"的个性：他能"通过双方的眼睛观察，站在双方的立场上感受痛苦"④。随之，个性自身不仅被这种关怀性的相遇经历所改变，而且，它对其他个性的"在意"和"关注"（诺丁斯语）也推动了其他个性的实现，一种道德意义上的"关怀"——善待其他个性——由此发生。所以，学会关怀是帮助学生学会与其他个性相处，彰显相遇、相处的德育意义的重要环节，是师生共同创建本真德育世界的积极行动。

（三）让个性走进生活

个性的存在不是等待，而是积极地与周围个性、事物打交道，这就是生活！无论一个人生存境遇如何，他都必须去生活，生活世界是其个性存在的空间和展台。在此，个性与生活世界之间存在着一种交互生成的关系：个性是其生活世界的中心，个性向生活世界生长的过程改变了生活世界的样态；

---

① 赵汀阳. 认同与文化身份认同 [J]. 哲学研究, 2003 (7): 18.

② [德] 马丁·布贝尔. 我与你 [M]. 陈维刚, 译. 北京: 生活·读书·新知三联书店, 2002: 57.

③ [英] 戴维·伯姆. 论对话 [M]. 王松涛, 译. 北京: 教育科学出版社, 2004: 6.

④ [美] 内尔·诺丁斯. 始于家庭: 关怀与社会政策 [M]. 侯晶晶, 译. 北京: 教育科学出版社, 2006: 204, 17, 15.

生活世界是个性的底色，生活世界的丰富化为个性的充分"暴露"提供了平台和可能。学生走进生活的过程是他学会做人的过程，做人实际上就是其个性的现实生成历程。让个性在生活中生成，在做人中走向道德，进而创造出一个丰盈、和谐的生活世界是德育的本意所在。同时，"德育世界"这一独立姿态的出现并不改变其作为生活世界的本性，学校也不可能创造出另一个与生活世界共在平行的世界，德育世界只是在学生的生活世界中增加了德育工作者这一成熟个性而已。故此，德育世界不是从生活世界中分化出来的，不是生活世界的变形或异类，而是生活世界的一部分，我们无法把学校德育从生活世界中隔离出来。在此，正视德育世界的生活本性是重构本真德育世界的一个基本前设，"让个性走进生活"内在蕴涵着让学生"走进德育世界"、"走进学校德育"。

学生个性的成长不可能在生活世界之外进行，而必须在生活中并运用生活的过程来实现。"道德是生活的自然属性。"① 在生活世界中，学生的个性被呈现、被教化、被超越，从而实现了个性与生活世界之间的反思性平衡。个性在生活中是以"人"的名义去生存，以"人"的形象去生存，这就是做人。做人是个性与生活的动态结合方式，是个性成就自我、实现自我的基本路径。换言之，做人既是个性取得"人"的资格的过程，又是个性按照自己的理解和方式来展现"人"的过程。所以，做人总是体现为个性按照"人"的形象去行动、去选择、去创生的活动，就表现为人的存在走向个性化的实践，"做人就是把人的存在加于人的个性上"。显然，这个过程实质上就是德育的过程。"德育即成人"，"德育即做人"，人决定了个性的思想、行为不可能是布朗式的分子运动，而是受"人"的品格制约和限制的，"成人"是个性的所有生活方式的交汇点。

同时，作为宇宙中的精灵，个性的本性是超越自己的实存状态，走向其所希望的可能生活。因此，人是世界上唯一追求意义和价值的生物，"对有意义的存在的关切是做人所固有的"②。人的意义在于他能够利用自己的选择和行动来放大自己个性的精神形象，提升自己的精神境界，从而过上一种道德意义上的"好"生活，展示人性的卓越与光华。所以，个性的存在是一种超

---

① 鲁洁. 边缘化·外在化·知识化——道德教育的现代综合症 [J]. 教育研究, 2005 (12).
② [美] A. I. 赫舍尔. 人是谁 [M]. 隗仁莲, 译. 贵阳: 贵州人民出版社, 1994: 91, 58.

越，"只要生存着，它就包含着尚不是而将是的东西，一种亏欠的东西"①。个性存在的意义是在对其狭小世界和"所是"的超越中彰显其高尚的人性，"做人的秘密在于关心意义"②。同时，个性的价值不是人所拥有的财富的价值，也非人的生理生命的价值，"人生不是及物动词的囚徒"③，"生命只有成为追求高于生命的价值和手段时才有价值"④。个性的价值集中体现在它的选择对"被需要的需要"⑤ 的满足中所折射出来的人性之美，因此，个性的独特性还在于它是"超个性价值的载体和创造者"⑥，个性内蕴着道德的禀赋。在德育世界中，学生要学会做人就必须学会用个性化的选择来实现人的价值与意义，用人的精神来导引个性的呈现。

因此，学生走进生活、学会做人的过程与对其个性的德育过程是合二为一的。构建本真德育世界的目的就是要发挥生活世界自带的德育功能，就是要让学生在做人实践中自然承领人生的意义和价值，不断放大其个性的精神形象和人性魅力。

---

① 陈嘉映.《存在与时间》读本 [M]. 北京：生活·读书·新知三联书店，1999：161.

② [美] A. I. 赫舍尔. 人是谁 [M]. 隗仁莲，译. 贵阳：贵州人民出版社，1994：60.

③ [德] 马丁·布贝尔. 我与你 [M]. 陈维刚，译. 北京：生活·读书·新知三联书店，2002：2.

④ 赵汀阳. 赵汀阳自选集 [M]. 桂林：广西师范大学出版社，2000：21.

⑤ 赫舍尔认为，"被需要的需要"是使别人得到满足而非自己得到满足的需要，它是一种满足超越欲望的欲望。参见 [美] A. I. 赫舍尔. 人是谁 [M]. 隗仁莲，译. 贵阳：贵州人民出版社，1994：55.

⑥ [俄] 别尔嘉耶夫. 论人的奴役与自由 [M]. 张百春，译. 北京：中国城市出版社，2002：75.

公民道德教育研究

论公民教育是全部教育的转型
——公民教育意义的现代化视角分析

北京师范大学公民与道德教育研究中心　檀传宝

内容摘要：公民教育并非只有工具性的一面，就目的性而言，公民教育乃是全部现代教育的终极目标。公民教育目标的确认具有中国社会与教育转型的历史必然性和现实的迫切性。公民教育实际上应该是，也必须是全部教育的转型乃至整体社会的改造。

关键词：公民　公民教育　现代化

之所以要明确提出"公民教育是全部教育的转型"这样的命题，是因为在有关公民教育意义的研讨中，人们常常只将公民教育看做是学校德育或者学校教育的一个组成部分来理解。这样一种思路虽有利于学校公民教育任务的具体落实，但是却大大小看了公民教育的意义，也必然大大窄化公民教育实施的可能空间。公民教育并非只有工具性的一面，就目的性而言，公民教育乃是全部现代教育的终极目标，公民教育的倡导意味着教育性质的改变。公民教育实际上应该是，也必须是全部教育的转型乃至整体社会的改造。

如何从全部教育的转型和整体社会的改造的角度认识公民教育的时代价值与现实意义？本文拟基于中国社会现代化的视角，从历史必然性和现实必要性两大维度展开阐释。

一、公民教育的历史必然性

（一）社会转型与公民教育

英国学者德里克·希特（Derek Heater）在讨论到现代公民身份（citizenship）

产生的时候曾经列表说明这一历史进程①。

封建主义 ——————→ 资本主义 ——————————→ 公民身份

个人服从　　　　　　个人创造　　　　　　　　个人权利

等级社会　　　　　　可流动的（permeable）阶级结构 公民平等

地方分裂的经济形态　可自由进入的市场　　　　国家认同

希特的上述表述首先洞察到的是公民身份的实质："前资本主义社会建立在人与人从属关系——封臣对领主、学徒对师傅、臣民对王公的服从的基础之上。相反，资本主义的本质在于，个人的主动性能够自由地发挥。与之相应的是，公民身份的形成对个人权利的确认。"②而社会地位及其变革的基础经济形态等的变革却放在相对次要的位置。而从马克思主义历史唯物主义的方法论出发，次序可能需要颠倒过来。这一点在中国学者成有信教授等20世纪90年代初对现代社会与古代社会不同特征的分析中就可以得到最好的印证。

"现代社会是以机器为标志的先进生产力的社会，古代社会是以手工工具为标志的落后的生产力的社会；现代社会是社会化商品经济占统治地位的社会，古代社会是自然经济占统治地位的自给自足的社会；现代社会是等量劳动交换关系（单一劳动尺度）占统治地位的社会，古代社会是以超经济掠夺（不等量劳动交换）为人与人之间相互关系基础的社会……现代社会是承认人的独立性（即独立人格、人权）的社会，古代社会是人身依附（无独立人格、人权）的社会；现代社会是民主和法制的社会，古代社会是专制和人治的社会；现代社会是科学和理性统治的社会，古代社会是经验和情感统治的社会……相应地，在上述现代环境和关系的条件下的现代人具有人格独立、自由、平等、民主参与、知识、理性、自律、集体主义（群体意识）、责任感、创造性、开拓意识、生态意识、全球意识等对生活和社会的积极态度、价值观、思维方式和行为方式等等特征，相应地，在上述古代环境和关系的条件下，产生了古代人的下列特征：（对下）专断、（对上）唯唯诺诺、感情用事、经验主义、保守、狭隘、闭塞和无全局观念等对生活和社会的态度、价值观、思维方式和行为方式。"③

①② Derek Heater. *What is Citizenship?* London：Polity Press, 1998：8, 7–8.

③ 成有信. 现代教育引论——现代社会·现代教育·现代人［M］. 郑州：河南教育出版社，1992：7–8.

比较中西两位学者的论述不难看出，古代社会向现代社会的发展建基于经济基础（生产力、生产关系）方面的巨大变革，以"可自由进入的市场"为突出特征的市场经济必然要求整个社会全部劳动力的自由买卖。亦即在古代社会广泛存在的人身依附关系就必然、也必须被打破，因而现代社会就只能是"承认人的独立性（即独立人格、人权）的社会"、"民主和法制的社会"、"具有人格独立、自由、平等、民主参与、知识、理性、自律、集体主义（群体意识）、责任感、创造性、开拓意识、生态意识、全球意识等对生活和社会的积极态度、价值观、思维方式和行为方式"的"在上述现代环境和关系的条件下的现代人"的社会！因此，现代人最突出的自由、平等、民主参与等人格特征以及现代社会政治制度上的民主与法治等其实都是现代社会生产、市场经济形态的一体两面的必然要求，而民主与法治的建立与否则是一个社会在制度上是否实现现代化的根本标志。简言之，现代社会在自然经济向市场经济转型的同时，必须实现社会制度的民主化（由专制体制走向民主政治）和与之相应的社会主体由"臣民人格"向"公民人格"的转型。由于现代人的形成与现代社会制度的建立存在着相辅相成的关系，显然，没有人的转型的成功，制度的转型就可能由于缺乏基本条件的支持而最终落空；而没有合适的公民教育安排，当然就不可能有人之现代转型的顺利实现。

总而言之，所谓现代化其实就是经济、制度、观念的社会整体转型。而要真正实现社会主义现代化，就意味着必须发展社会主义市场经济、建设社会主义民主政治、实现人的现代化。而发展社会主义市场经济、建设社会主义民主政治、实现人的现代化这三方面时代重任在教育领域里最直接、最重要的实现途径只能是实施合适的现代公民教育。

（二）人的转型与公民教育

如果说机器大工业及市场经济、民主体制、公民人格是现代社会的三大基本特征，而物质、制度、观念的现代化中最后者最难实现一样，人的转型乃是一个社会现代化任务中的重中之重及难中之难。美国社会学家阿历克斯·英格尔斯（Alex Inkeles）在研究西方发达国家现代化进程并考察了第三世界国家经济发展问题后发现：一个国家或企业即使有先进的制度，但如果缺乏能赋予这些制度以真实生命力的广泛的现代心理基础，如果执行和运用这些现代制度的人自身还未从心理、思想、态度和行为上都经历一个向现代化的转变，那么就会导致制度的畸形发展甚至失败。再完善的现代制度和管理方式，再先进的技术工艺，也会在一群"传统人"的手中变为废纸一堆。这就是著名的"英格尔斯效应"。因此，英格尔斯断言："人的现代化是国家现代化必不可少的因素。它并不是现代化过程结束后的副产品，而是现代化制度与经济赖以长期发展并取得成功的先决条件。"①

由上可知，以培育现代人或人的现代化为根本目标的现代教育在社会现代化转型过程中举足轻重。接下来的问题是：现代人在心理、思想、态度和行为上的主要特征是什么呢？成有信教授在讨论英格尔斯及孙喜亭教授等人的有关观点之后曾经有过一个非常严谨的解释。

"人本身就是一个文化的载体。正如文化可以分为三个层次一样，现代人也可以分为三个层次。现代人的特征无非是现代文化的三个层次在现代人这个文化载体上的总汇。现代人的第一个特征是对现代物质文化如科学技术和现代生产过程这些比较直观的表层文化的掌握和理解；第二个特征是对现代制度文化如民主、遵纪守法、自律、时间观念、效率、责任感、集体主义和比较深层文化的掌握和理解；第三个特征是对现代精神文化如个性独立和人格独立（相对于人身依附）、个性自由和平等观念（相对于特权思想）、创造性和开拓精神等逆传统的革命性这些最深层文化的掌握和理解。现代人的这些特征是相互联系的，没有对浅层文化的理解和掌握就无法理解和掌握更深层的东西，但是越深层的特征越反映现代人的本质特征。"② 很显然，在上述三大现代人的特征中，第一个特征中蕴涵的理性精神，第二个特征中的民主、法制精神因素，第三个特征中的个性与人格的独立、个性自由和平等观念等最重要的现代人特性，实质上就是现代社会所普遍追求的"公民人格"。因而现代教育培育现代人的使命的核心，也就只能是培育积极的现代公民人格。

就像中国整体社会处于一个复合的现代化过程，既有经典现代化的任务也有处理后现代问题的任务一样，近年也有学者在反思人的现代转型时，一方面认为"前工业社会，人结合成以血缘、地缘为纽带的群体，人依赖人的共同体是当时人之存在的主要形态……作为独立存在的个人并不存在"，"产

① 殷陆君. 人的现代化：心理·思想·态度·行为 [M]. 成都：四川人民出版社，1985：8.
② 成有信. 现代教育引论——现代社会·现代教育·现代人 [M]. 郑州：河南教育出版社，1992：23.

业革命和市场经济的兴起,具有独立人格的个人开始出现"①,但是另外一方面又认为"在尚未充分发展的工业经济、市场经济条件下,以及以追逐金钱及物质私利为本性的资本主义生产方式中,每个人还是以一种彼此分离的、孤独的、封闭的单子式生存方式而存在着",而随着当代社会世界经济、文化的加速形成,"单子式个人正逐步丧失其存在的历史根据,作为个体的人正走向世界历史的存在,也即是走向类的存在、类主体发展的阶段"②。"从当代的现实情况出发,将世界历史性个人的生长发展作为其归旨,努力促进当代人的革命、人的转型,这就是当代教育的主题。"③也就是说,在努力实现经典的人的现代化的同时,由于当代世界的"世界性"生产与生活方式的出现,培养"世界公民"已然构成当代教育的当然使命。因此,当代公民身份就不仅意味着"国家认同"或"国民身份",而且必然延伸到"世界认同"或"世界公民"等不同的层次,上述论述可以看做是公民人格解释的当代发展。

综上所述,人的转型不仅意味着独立、平等、自由、责任等与现代民主与法治社会相适应的传统公民人格的塑造,而且意味着"公民人格"内涵本身也需要不断随着社会的发展与时俱进。而由于教育实践所具有的人的自生产、再生产的性质,要实现与社会物质、制度现代化相应的人的现代化、完成"人的转型",公民教育无疑是最为关键的能动力量。

(三) 教育的转型与公民教育

毫无疑问,一个社会的整体现代化的关键在于人的现代化,而人的现代化的关键又在于教育的现代化。现代教育的内涵虽然是丰富的,但是本质特征却是十分明确的,即"现代教育的核心就是主体性教育,就是把受教育者看成是主宰自己的人,即把他们培养成相信自己、拥有自己的权利并能尽自己社会义务的主人"④。

上述结论一方面符合马克思所言的"以物的依赖性为基础的人的独立性"⑤ 的人的发展阶段的理论,另外一方面也与现代教育民主化的史实与趋势完全一致:由于工业时代对于劳动者文化素养的要求,不仅从强迫义务教

---

①②③ 鲁洁. 超越与创新 [M]. 北京:人民教育出版社,2001:409–410,410,412–413.

④ 成有信. 现代教育论集 [M]. 北京:人民教育出版社,2002:自序9,457.

⑤ 马克思. 政治经济学批判(草稿) [M] //马克思恩格斯全集,第46卷(上). 北京:人民出版社,1979:104.

育制度建立开始，全社会的所有成员都开始获得了前所未有的、越来越多、越来越平等的接受教育的机会，而且学校教育的主要目的也从以培养神职人员、官员为主旨的统治阶级的再生产，转移到培养合格劳动者或积极的社会公民上来。不仅"把政治民主扩展到教育领域，使受教育成为每个公民的权利和义务"（即实现"教育的民主"），而且逐步"把专制的、不民主的、不充分民主的教育改造为适合公平和民主原则的教育"（即实现"民主的教育"）①，现代学校教育在制度安排、课程设置、活动设计、师生关系等几乎所有教育的微观环节，也逐步追求越来越高的民主化境界。因此，教育现代化的灵魂或者实质其实是教育的民主化。没有教育的民主化就没有教育的现代化。

由于"公民乃是一个政治社会或国家内依法享有平等权利和承担平等义务的平等的社会成员"②。"公民身份意味着伴随有责任的自由身份"③，因而在教育民主化的历史进程中，公民教育就处于特别重要的地位。这一方面是因为现代教育的全部努力都是为了培养现代社会所要求的"公民人格"，公民教育其实是全部教育工作的终极目标；而另外一方面，在全部教育体系中，专门的公民教育课程设置与活动安排等又承担着直接培养追求平等、自由、独立、责任等现代公民意识、情感、态度与行为能力的特殊重任。这就意味着：作为普遍教育目的的公民教育是推进教育民主化进程的核心任务；而作为特殊教育形态的公民教育则是教育民主化的最直接承担者。

总之，与社会转型、人的转型不可分离的就是教育的转型。教育现代化的核心或者教育之现代转型的实质无疑是教育的民主化。而民主化的教育不仅意味着平等的受教育权的落实、教育过程本身的人道化，而且意味着全部教育的终极目标是培养现代民主与法治社会的合格公民。在这个意义上说，公民教育在民主化为核心的教育转型中既是最重要的教育内容，更是最根本的教育目的。因此对中国社会而言，"作为中国教育的现代诉求，公民教育展示了中国教育发展的新方向"④。

---

① 袁振国. 当代教育学［M］. 北京：教育科学出版社，1999：411.
② 成有信. 现代教育论集［M］. 北京：人民教育出版社，2002：自序9，457.
③ 不列颠百科全书国际中文版编委会. 不列颠百科全书国际中文版（第四卷）［M］. 北京：中国大百科全书出版社，1999：236.
④ 王啸. 公民教育：意义与取向［J］. 教育研究与实验，2010（1）.

二、公民教育的现实必要性

(一) 和谐社会建设的需要

从中共十六届四中全会(2004)决定进一步提出"要适应我国社会的深刻变化,把和谐社会建设摆在重要位置,注重激发社会活力,促进社会公平和正义,增强全社会的法律意识和诚信意识,维护社会安定团结",到中共十六届中央委员会第六次全体会议正式通过《中共中央关于构建社会主义和谐社会若干重大问题的决定》(2006)以来,和谐社会建设已经成为中国社会近年来最响亮的政治口号,及中国学术界讨论最为热烈的主题词之一。而在有关为什么要建设和谐社会、我们要建设什么样的和谐社会的讨论中都不难看到,和谐社会建设与公民教育内在和必然的联系。

我们为什么要建设"和谐社会"?很重要的原因之一当然就是中国社会存在诸多"不和谐"的因素,或者"存在不少影响社会和谐的矛盾和问题","主要是:城乡、区域、经济社会发展很不平衡;人口资源环境压力加大;就业、社会保障、收入分配、教育、医疗、住房、安全生产、社会治安等方面关系群众切身利益的问题比较突出;体制机制尚不完善,民主法制还不健全……"[①]。各种矛盾的核心,其实是一些社会学学者们所特别关注的社会阶层关系的不和谐——存在社会排斥、社会剥夺和社会断裂等问题。所谓社会排斥,是指社会游戏规则没有尽量考虑所有社会成员的共同的利益,在维护部分人利益的同时,有意无意地排斥了另一部分人的利益;所谓社会剥夺,就是由于一些政策和制度设计得不周全,社会不公平地剥夺了部分阶层的合法权益;而社会断裂,则指的是社会当中出现的某些障碍阻碍了各社会阶层之间的合理流动,尤其是下层向上层的社会流动;如此等等。从某种意义上看,社会排斥、社会剥夺和社会断裂等"不和谐"的问题凸显,乃是社会现代化转型过程的一个必然性阵痛,但无论如何这些问题如得不到妥善解决,其结果却必然是社会矛盾的激化(近年频发的"群体性事件"就是明显的佐证)和社会发展的停滞甚或倒退。

至于我们要建设什么样的和谐社会?我国政府的明确答案是"社会主义和谐社会"。"社会主义和谐社会"的解释很多,而若从现代化的角度看,其

---

① 中共中央.中共中央关于构建社会主义和谐社会若干重大问题的决定.2006.

第一要义首先是"现代"的和谐社会。历史地看,和谐社会也有古代、现代之分。中国历史上若干朝代的"盛世"从某种意义上说也堪称一种和谐社会,但这样的和谐社会都属于古代或"传统的和谐社会"。"社会主义和谐社会"理所当然应当是"现代的和谐社会"。而传统与现代的和谐社会有两个重大区别。一是前者往往以牺牲个人利益来换取社会的和谐局面,后者则是以人为本、能够辩证协调好社会整体利益与个人利益的关系、整合好社会各阶层之间的关系,因而能够最大限度地激发整个社会活力的社会形态。二是前者建立在少数群体剥夺多数群体、少数人统治多数人的基础之上,缺乏社会公平和正义,因而难以长久;后者则是建立在社会公平和正义的基础上,具有可持续性[①]。因此《中共中央关于构建社会主义和谐社会若干重大问题的决定》才将"必须坚持民主法治"看成是和谐社会建设的重要原则之一,明确提出要"加强社会主义民主政治建设,发展社会主义民主,实施依法治国基本方略,建设社会主义法治国家,树立社会主义法治理念,增强全社会法律意识,推进国家经济、政治、文化、社会生活法制化、规范化,逐步形成社会公平保障体系,促进社会公平正义"。

进一步分析,所谓和谐社会建设实际上可以理解为中国社会现代化的一个崭新阶段。这一阶段的突出特点是:一方面,改革开放三十多年来市场经济的高速发展,已经使得中国社会在物质层面现代化实现方面有了举世瞩目的成就;另一方面,市场经济又迅速打破了原有的利益格局,催生了大量的利益主体和利益群体,形成了多元化的利益格局。一方面,由于制度现代化的相对滞后,不同利益主体、利益群体之间的矛盾大量出现;另一方面,市场经济对社会成员主体意识、权利意识等现代观念的自然孕育则可能加大本已存在的社会冲突的可能性。因此和谐社会建设的实质是要解决中国社会物质现代化异军突起与制度现代化、精神现代化相对滞后的矛盾问题。而解决这个矛盾的关键就是:一要努力建设现代社会制度文明(即建立和完善社会主义民主法治),二要努力开展社会主义公民教育。其中加强公民教育是特别重要、紧迫的一个环节。这是因为,只有全体公民素质得到进一步提高,社会主义民主与法治建设才有更可靠的现实基础。事实已经证明,公民维权意识的增长实际上是遏制非法侵权行为最有效的途径之一。同时,也只有全体

---

① 青连斌. 和谐社会:中国新主题——一年来理论学术界关于"和谐社会"研究综述[N]. 北京日报,2005 – 03 – 07.

社会成员成为一个社会的真正主体——公民的时候，作为真正社会主人翁的他们才可能追求"伴随有责任的自由"身份，理性、积极地提出自己的合理诉求，化解相关社会矛盾与冲突。因此，公民教育实际上是当前中国和谐社会建设的迫切需要，更是和谐社会建设的重要任务之一。

（二）政治文明建设的需要

"政治文明是人类社会政治生活中相对于政治蒙昧、政治落后，甚至政治反动而表现出的一种政治进步状态，是人类社会文明进步的集中体现与重要标志。"[①] 因此，在世界各国现代化过程中，现代政治文明建设都是最核心的环节之一。党的十六大（2002）已经把"发展社会主义民主政治，建设社会主义政治文明"确定为我国社会主义现代化建设和全面建设小康社会的重要目标。而"人民民主是社会主义的生命"（胡锦涛语），更是我国最高领导层对于社会主义政治文明建设重要性的最好表达。

政治文明一般包含（政治）制度文明和政治文化（政治观念文明、政治行为文明等）两大部分，两者之间相互关联和相互影响。政治文化虽是一个国家政治体系的精神方面，但它对政治制度的发展作用十分关键。因此"发展中国家的政治发展，不仅意味着政治制度的变革，也意味着政治文化的革新"[②]。

美国学者阿尔蒙德和维巴依据他们的比较研究认为，政治文化可以划分为地域型（parochial）、顺从型（subject）和参与型（participant）三种[③]。在地域型政治文化中，由于社会成员被封闭在狭小的时空中，人民对自身区域之外的事务漠不关心，国家政策也较少影响他们的生活；顺从型政治文化之下的民众由于意识到自己不可能对政府行为产生影响，所以在生活中只是被动接受政府的管制、对政治体系不怀任何希望，不想也没有能力参与公共政治生活；而在参与型政治文化状态下，一方面政治制度与社会成员利害相关，直接影响成员的切身利益，另外一方面，社会成员也相信参与政治是自己合法权利的有力保障，因此他们一般会积极要求参与政治过程，以便有效地影响决策。虽然阿尔蒙德和维巴特别强调不应将类型划分过分简单化、各国实

① 李慎明. 积极稳妥地推进社会主义政治文明建设 [N]. 光明日报，2003 - 09 - 08.

② 燕继荣. 发展政治学 [M]. 北京：北京大学出版社，2010：213.

③ [美] 阿尔蒙德，维巴. 公民文化：五国的政治态度和民主 [M]. 马殿君等，译. 杭州：浙江人民出版社，1989：19 - 23，568.

际的政治文化常常是这三种政治文化的混合，但是很显然，三种类型的政治文化之中，地域型、顺从型属于自给自足、人身依附的古代社会，唯有参与型政治文化或者以此为基础的混合文化形态才与现代社会民主政治体系相一致。因此阿尔蒙德和维巴明确指出："为民主政治奋斗的政治家经常致力于创建一套正式的民主政治制度和成文宪法，或者努力组织一个政党来鼓励群众的参与。但是一个稳定的、有效的民主政府的发展，不仅仅依赖于政府和政治的结构：它依赖于人们对政治程序的取向——依赖于政治文化。除非政治文化能够支撑一个民主的系统，不然这个系统成功的机会是很渺茫的。"[1] 就是说，没有合格的公民及其政治参与，现代民主政治就只能是一个徒有其名的画饼。

实际上努力实现社会成员与现代政治文明方向一致的政治社会化、努力培育参与型为主导的政治文化，已经是所有追求现代化国家的一致抉择。党的十七大报告明确提出的"加强公民意识教育，树立社会主义民主法治、自由平等、公平正义的理念"更是与这一世界潮流相一致。同时，用"树立社会主义民主法治、自由平等、公平正义的理念"来诠释"加强公民意识教育"的核心内涵，也在新中国历史上前所未有地凸显了公民意识教育的政治文化意味。因此，加强公民教育乃是当前中国建设社会主义政治文明、实现制度和精神层面现代化的现实任务。

（三）全部教育转型的需要

"加强公民意识教育，树立社会主义民主法治、自由平等、公平正义的理念"所明确倡导的社会主义公民教育，不仅意味着工具意义上的公民教育的迫切性，而且意味着当代中国整个教育体系整体现代转型的方向。无论是"教育的民主"角度还是"民主的教育"角度，我们都不难看出这一任务的迫切性。

首先，就"把政治民主扩展到教育领域，使受教育成为每个公民的权利和义务"层面来看，毫无疑问，新中国在教育平等上已经取得了举世公认的巨大成就。但是一系列的数据都证明，现实中"教育的民主"任务十分艰巨。据报道：截止到 2009 年，我国儿童学前三年的毛入园率仅为 50.9%，近一半

---

① ［美］阿尔蒙德，维巴. 公民文化：五国的政治态度和民主 ［M］. 马殿君等，译. 杭州：浙江人民出版社，1989：19－23，568.

幼儿未能进入正常的幼儿园阶段的学习；九年义务教育的巩固率仅为 90.8%，高中毛入学率为 79.2%，高等教育（含高等职业教育）毛入学率则仅为 24.2%；而以"科教兴国"为基本国策的中国，全国教育经费仅占 GDP 的 3.48%，大大低于世界平均水平（4.5%）。① 因此从我国教育的社会主义性质，以及与发达国家甚至某些发展中国家的比较来看，社会主义民主原则在教育权利上真正落实的目标仍然任重而道远。

其次，我们从"民主的教育"来看，情况也令人忧虑。尽管素质教育的口号已经提出十余年了，但是现实的教育品质并未得到根本的改观。一个重要的指标就是现阶段我国师生生命质量令人担忧。具体表现一是超负荷的学习和工作，影响了师生身体健康。学生视力下降，配近视眼镜者众多；"教师平均寿命比全国人均寿命低 10 岁，教师的健康呈逐年下降趋势"②。二是学生面对升学、就业压力，教师面对来自学生、学校、学生家长、学校和社会方方面面的压力，心理负担都很重，"中小学教师强迫症状、焦急程度、人际敏感、忧郁化倾向都比一般人群要高"③。三是学生厌学、教师厌教，对学业和人生、对职业和专业发展缺乏意义感、方向感和幸福感；"师生关系紧张在学校成为较为普遍现象"④。表面上看，这些只是教育质量低下尤其是师生生活质量低劣的表征，但实际上，从"以人为本"这一现代教育的基本价值尺度去衡量，教育活动中的主体根本没有成为主体并获得主体应有的意义感、幸福感。即使我们已经在制度安排、课程设置、活动设计、师生关系等某些微观环节努力实现了部分教育民主化的具体目标，但是如果教育活动中的人没有成为主体并获得师生双方作为教育主体应有的尊严、意义感、幸福感，那么我们就不能说我们的教育是"民主的教育"。

以上两个方面教育民主化存在的问题，究其实质来说其实是一个教育目的观的问题。

从国家战略层面来看，新中国成立以来我们多是从"人力资本"这个工具的角度去看待教育的作用，国家最高的教育目的实际上只是将中国"从人力资源大国发展成为人力资源强国"。但是我们恰恰忘记，如果教育最终不能以人为本，即便我们能够成为"人力资源强国"，中国社会就是一个"和谐社

---

① 国务院. 国家中长期教育改革和发展规划纲要（2010—2020 年）[N]. 北京日报，2010 – 07 – 30.

②③ 王久水. 尊师请从减负开始 [N]. 中国教育报，2007 – 11 – 02.

④ 李婧，顾明远. 师生关系紧张成学校普遍现象 [DB/OL]. 人民网 – 教育频道，2009 – 09 – 08.

会"吗？况且如果不以培养完整、自主的人为终极目的，如果不能培育出具有批判性、创造性的现代公民人格，那么一个精神上缺乏主体性的民族何以可能成为真正意义上的"人力资源强国"？

从微观教育层面分析，严重影响教育幸福指数的"应试教育"之所以挥之不去，其深层原因也仍然在教育目的观方面的痼疾。从某种意义上说，正是那些从幼儿园开始就"不让孩子输在起跑线上"而后一味追求"好的"小学、"好的"中学、"好的"大学的家长们，在不断"迫使"学校实施着"应试教育"。中国社会实际上存在一个完全错误的逻辑——"'好的'幼儿园—'好的'大学"意味着"好的"工作，而"好的"工作意味着"好的"生活（实际上常常只是"好的"收入而已）。但是人们恰恰忘记了人类社会一个最简单的事实是：不同收入阶层的人群里都有幸福和不幸的人。"'好的'幼儿园—'好的'大学"的错误推论的结局，当然是仅仅作为工具的儿童的心理健康、创造力、价值生活能力，以及每一学段学生当下学校生活质量等最重要的发展指标，反而都不在许多家长、教师的考虑之列。其结果常常是他们千辛万苦培养着的孩子不仅当下不幸福，未来幸福的可能性也因此会大大降低。实际上如果教育不以儿童为主体、为目的，则教育就只能是反教育。"民主的教育"或者教育现代化的第一要义，也应该是将孩子看成是教育的目的而非工具。

因此，"现代教育的核心就是主体性教育，就是把受教育者看成是主宰自己的人，即把他们培养成相信自己、拥有自己的权利并能尽自己社会义务的主人"①。中国教育现代化需要完成的首要任务，是对人的认识的转型、教育目的观的价值转型——从培养工具人转为培养现代公民。现代教育和公民教育在这个意义上是一个问题的两个方面。

至于狭义的公民教育本身，从历史唯物主义观点看，"市场经济"、"民主政治"、"公民教育"乃是一个历史的必然逻辑。更为重要的是，进入21世纪以来，由于和谐社会建设对于社会公平、正义，以及"最广大人民利益"的追求不断提高，由于社会主义政治文明的不断进步，合理引导中华人民共和国的所有公民，尤其是青少年树立正确的公民意识，提高理性、积极的公民素养，已经成为目前中国教育最重要的任务与社会进步的当务之急。正是因为如此，胡锦涛总书记在十七大报告（2007）中、国务院《国家中长期教育

① 成有信. 现代教育论集［M］. 北京：人民教育出版社，2002：自序9.

改革和发展规划纲要（2010—2020 年)》(2010) 中明确提出要加强公民意识的培育。而所谓"公民意识的培育"固然可以通过开设公民教育课程等渠道予以落实，但是更为根本的认识也应该是：公民教育是中国教育的全部转型。也就是说，全部教育系统都应该自觉地以培育年轻一代追求公平正义、民主法治，并能够积极、理性参与社会公共生活的社会主义民主素养为终极目标。亦即，依据培育现代公民这一方向，公民教育的具体实施，绝非仅仅涉及直接公民教育课程的设置，而是涉及学校教育中所有直接或间接的公民教育因素的开掘，涉及学校教育全部生活的改进。公民教育不仅应该是"有关公民的教育"（强调对国家历史、政体结构和政治生活过程等的认识)，而且应该是"通过公民的教育"（即通过积极参与学校和社会的公共生活来获得公民教育)、"为了公民的教育"（在知识与理解、技能与态度、价值与性向等各个方面来培养学生，使学生在未来的成人生活中有足够的能力真正行使公民的职责）以及"面向全体公民的教育"（即公民教育的对象不仅仅专指儿童，还应该包括所有成年人，唯有如此，公民教育才能有更为真实、广阔和有效的发展空间)。就目前的境况看，无论"有关公民的教育"、"通过公民的教育"、"为了公民的教育"或者"面向全体公民的教育"，中国教育都处在起点的位置，与世界先进国家的教育差距甚大，更与中国社会整体现代化的步调极不协调。因此，加强公民教育已经成为中国教育现代化诸任务中的重中之重、急中之急！

　　综上所述，"以人为目的"、培育现代公民人格的教育是中国教育现代化真正与彻底实现的逻辑需要，也是当前中国社会主义民主政治及和谐社会建设的现实需求。公民教育目标的确认具有中国社会与教育转型的历史必然性和现实的迫切性。作为全部教育的转型和整体社会改造的最重要指标——公民教育概念的确立，其实质追求乃是一种崭新的社会与教育价值的确认、一种社会整体和核心现代化的追寻。公民教育不仅是学校教育的一部分，更重要的是公民教育还意味着教育与社会的全部转型。

教育转型与公民教育

南京师范大学道德教育研究所　冯建军

内容摘要：社会转型必然伴随着教育的转型。教育的自觉转型以人的转型为核心。当代中国社会的转型，既呼唤具有主体性的个人，又呼唤具有公共性的人，二者的合一就是公民。公民是当代中国人之转型所在，公民教育因此也成为当代中国教育转型之所在。公民教育是以培养公民为宗旨的整体概念。当代公民要突破单一的身份，树立个人、社会、国家、世界等多重身份，并以此确立公民教育的性质、层次、结构、内容等。

关键词：教育转型　人的转型　公民　公民教育

当代中国正在发生着深刻的社会转型。教育转型不仅是社会转型的结果和表现，而且是社会转型的动力和发动机。作为社会转型的结果，教育受社会转型的制约；作为社会转型的动力，教育通过人的培养推动社会转型。人是社会转型与教育转型之间的中介。这使得教育转型与社会转型之间，既有联系又有距离，既有适应又有超越。只有这样，才能保证教育转型自身的独立性、内生性和自觉性，不至于成为社会的附属物而"被转型"。这是我们探讨教育转型的前提和基点。

一、当代教育转型的核心是人的转型

教育转型是教育的一种整体性变革，指不同的教育形态之间发生的质变或同一教育形态内部发生的部分质变或量变过程。如人类教育的历史演进过程中，从古代教育到近代教育、现代教育，从农业社会教育到工业社会教育、后工业社会教育，从传统型教育到现代型教育，等等，都属于教育形态之间的质变，前后两种教育是具有显著差异的不同形态。在这个意义上，可以说一部教育史就是一部教育转型史。教育的转型推动着教育的发展。

但对于同一社会内部相对较短的一个时期而言，教育转型更多的是基于同一教育形态内部各构成要素所发生的量变或部分质变，包括教育资源的优化、教育规模的扩大、教育结构的调整、教育管理的分权、教育类型的多元化、人才培养模式的创新、课程与教学的改革、教师的专业化等，这些都是教育转型的衡量指标，也是实现教育现代化的重要表现。但教育转型不只有外在形式的变化，更要看到内涵的变化，包括教育性质、教育理念、教育目的、教育价值、教育工作方针等。这些不仅是教育转型的重要内容，而且支配着教育的外在转型。因此，我们对教育转型的分析，不仅要看到外在的表现，更要深入教育的内核，找到"牵一发而动全身"的因素。在教育的内部，这一因素就是教育的目的。教育目的既是教育活动的出发点，又是教育活动的归宿。所有教育活动的组织、开展都是围绕教育目的而进行的。在这个意义上，教育转型首先是教育目的的转型。由于教育目的的基础性地位，教育的结构和活动将得以根本性的改变，才能引发教育的整体转型。

教育目的的核心是培养什么人的问题，教育目的的转型意味着人的转型。因此，教育转型当以人的转型为核心。但考察以往对教育转型的分析，无论是由生产关系划分的五种社会形态的教育，还是由生产力划分的古代教育和现代教育，以及由生产方式划分的农业社会、工业社会和后工业社会的教育，都是把教育转型置于社会转型的视阈下，基于社会形态的变化，分析由社会转型导致的教育转型。这种对教育转型的分析，实际上是把社会的逻辑当做教育的逻辑，以不同时期社会的政治、经济和文化要求教育，使教育蜕变为政治、经济、文化的附庸，而失去自身的独立性。在这种情况下，教育转型不是教育自主、自觉的转型，而是作为社会工具的"被转型"；教育转型的目的不是"使人更符合人性的发展"，而是为了更好地再现和复制现实社会的要求；教育所奉行的不是教育的规律、人的发展规律，而是政治斗争和市场功利的需要。

回顾新中国教育的发展历程，新中国成立之初，尤其在"阶级斗争为纲"的时代，教育被视为"上层建筑"，成为阶级斗争的工具而被"政治化"；十一届三中全会后，党的工作重点由阶级斗争转移到经济建设上来，教育又被视为"生产力"，成为开发人力资源、提升人力资本的工具而被"经济化"。教育从"作为上层建筑"到"作为生产力"，其运作的逻辑是政治和经济，唯独不是人的逻辑。在这一视野中，教育转型不是以人的转型为核心，而是以社会转型的需要为重点。因此，工具性教育转型的核心是社会转型。

理论上，工具性教育基于一种社会机械决定论的假设：社会是外在于人的实体存在，社会的发展是由机械因果决定的自然过程，它不以人的意志为转移。在这种社会哲学观看来，只有社会的存在，没有个体的存在。社会具有压倒优势和绝对支配地位，人只能作为社会的客体，被社会所塑造①。这种机械的社会决定论，在古代人与人之间处于依附关系的状态下，有其历史的必然性。但随着近代产业革命和市场经济的兴起，具有独立人格的个人开始出现，人与社会的关系发生了逆转。人不仅要适应社会，更要创造社会。所以，社会转型不再是社会的自然变迁，而是社会行为主体自觉改造客观世界的能动过程。人因此成为社会的创造者，社会转型的主体，社会转型正是在理性社会主体的自觉主动推动下进行的②。这也正如法国著名经济学家弗朗索瓦·佩鲁所指出的，社会的转型是一场"人的革命"，人的变革将牵动着整个社会的变革与发展。罗马俱乐部报告也指出：一个新型社会只有在其形成过程中有新人产生时，或更确切地说，只有当今占优势的人类各结构彻底变革时，才能出现。

从"作为社会的客体"到"作为社会的主体"，人在社会中地位的变革，意味着教育不是要培养一个"工具人"，再现和复制社会的要求，而是要培养一个"主体人"，创造一个新的社会。这使当代教育"在历史上第一次为一个尚未存在的社会培养着新人"③。这就是不同于工具性教育的超越性教育。

对工具性教育而言，教育适应社会的要求，基于社会的变化而"被转型"，社会的转型主导着教育转型；但对超越性教育而言，教育基于人的变革而转型，人的转型主导着教育转型。将人的转型作为当代教育转型的主题和核心，这是教育自觉意识的表现④，也因此是教育的自觉转型。

教育转型的核心从社会到人，既是对当代社会发展的回应，也是对教育本真的回归。站在人的立场上认识教育，"人"是教育的原点，成"人"是教育的根本追求，教育活动就是促使人成为"人"的活动，人的生成与发展是教育内在的逻辑，人的成长是教育工作的出发点和归宿。强调教育成"人"并不因此否定教育的社会功能，只不过教育的社会功能要通过培养人来发挥，而且也不再是再现和复制已有的社会，而是创造一个未知的新社会。

---

① 冯建军. 让教育绽放人性的光辉 [J]. 南京师范大学学报（社会科学版），2010（2）.

② 和学新. 社会转型与当代中国的教育转型 [J]. 华中师范大学学报（人文社会科学版），2006（2）.

③ 联合国教科文组织国际教育发展委员会. 学会生存 [M]. 北京：教育科学出版社，1996：36.

④ 鲁洁. 走向世界历史的人——论人的转型与教育 [J]. 教育研究，1999（11）.

二、当代社会人的转型是成为公民

马克思说：整个人类历史无非是人类本性的不断改变而已①。他将人性的历史变化分为三种形态：人的依附关系、以物的依赖性为基础的人的独立性，以及建立在个人全面发展和他们共同生产能力成为他们的社会财富这一基础上的自由个性②。这三种形态对应社会发展的不同阶段。狩猎社会，生产力水平极低，人不得不结合成以血缘、地缘为纽带的群体。到了农业社会，人与人之间的等级依附关系代替了血缘、地缘的自然依附关系。无论是自然依附，还是阶级依附，个人都是群体和社会的附属物，作为独立的个人尚不存在。生产力的发展，工业革命的出现和商品经济的勃兴，孕育了以物的占有为标志的个人独立人格。在追求和占有物质利益的生产方式中，每个人都是一个孤立的单子式存在，人与人之间彼此分离、对立，只能以社会契约来维持共同的社会生活。当代社会生产力的高度发展，市场经济的充分发育和政治民主化的推进，以及伴随着全球化的进程，世界性政治、经济和文化的加速形成，社会的变革使人的"单子式"生存样态朝着"普遍交往"的生存样态转变，人的发展也开始由第二种形态转向第三种形态。从第一种形态到第二种形态，从"无我"到"有我"，标志着个人的独立。第二种形态到第三种形态，人的发展从"我"到"我们"，主体间性的发育，标志着人的类本性的形成。人性的发展从"无我"到"有我"再到"我们"，一方面是个人独立性的唤醒，人首先要成为主体，另一方面人的普遍交往，社会公共性的增加，个人主体也具有了公共性，最终成为类主体。类主体是人的自觉存在状态，是"小我"与"大我"的有机融合。

就人类社会发展的总体来看，第一种形态的人的依附性关系已成为历史，近代工业革命的出现和市场经济的形成，催生了个人的主体性。到了当代西方社会，个人主体性已暴露出严重的危机而日落黄昏，正在走向一个后个体主义的时代③。这意味着当代西方，人的发展状态正在由第二种形态向第三种形态转型。

---

① 马克思恩格斯选集（第1卷）［M］．北京：人民出版社，1972：138．
② 马克思恩格斯全集（第46卷）（上）［M］．北京：人民出版社，1979：104．
③ ［美］弗莱德·R. 多尔迈. 主体性的黄昏［M］．万俊人等，译. 上海：上海人民出版社，1992.

就中国社会的状况而言，当代中国正处于一个社会转型期：由产品经济转向市场经济，由农业社会转向工业社会，由乡村社会转向城镇社会，由权威政治转向民主政治，由伦理社会转向法理社会，由人治社会转向法治社会，由封闭半封闭社会转向开放社会，由同质单一性社会转向异质多元性社会，由权力社会转向能力社会，由依附社会转向自立社会，由人情社会转向理性社会，由静态社会转向流动社会，由"国家"社会转向"市民"社会①，等等。一言以蔽之，当代中国正在发生着现代化的转型，由传统社会走向现代社会。

从传统社会到现代社会，张扬人的主体性，是社会转型的核心。传统社会中，个人处于依附地位，因此被称为"臣民"、"子民"、"庶民"、"百姓"。"臣"与"君"相对，"子"与"父"相对，"庶"与"士大夫"相对，"百姓"与"官"相对，这些称谓反映出了中国传统社会的等级依附关系，突出的是君的绝对权力和臣民的绝对服从，是君的高高在上与臣民的屈辱地位。"臣民"、"子民"、"庶民"、"百姓"没有独立的人格，只有对统治者的责任、义务和服从，故臣民"无我"②。

臣民社会是专制社会，中国社会的转型就是要从传统的专制社会走向民主、开放的现代社会，人之转型也从"臣民"、"子民"、"庶民"转向"公民"。尽管古希腊已有公民的出现，不过那时的公民仅指一部分享有特权的自由民，是少部分人的特殊身份，与现代公民不可同日而语。严格说来，公民是与工业革命相关的现代化的结果，是现代社会的产物。公民区别于臣民，重要的就在于公民的权利和人与人之间的平等。臣民没有权利，只有服从和义务。公民作为一个独立的人，首先要有正当和合法的权利，没有权利谈不上人格的独立，人格的独立要有权利来保障。权利与义务又是统一的，具有权利的公民必须承担相应的义务。只尽义务没有权利，是臣民；只要权利，不尽义务，造成了公共生活的缺失，也不是公民。公民在人人平等的制度基础上，保证权利和义务的统一。长期以来，我们的公民教育，义务强调得比较多，权利强调得比较少，这是我们的问题。

中国社会的转型，市场经济迅速打破了原有的利益格局，催生了个人的主体性，使个人具有了独立的人格、权利意识和个人利益，从而使权利、利

---

① 袁方等. 社会学家的眼光：中国社会结构转型 [M]. 北京：中国社会出版社，1998：30 -
44. 韩庆祥. 当代中国的社会转型 [J]. 现代哲学，2002 (3).

② 赵晖. 社会转型与公民教育 [M]. 北京：人民教育出版社，2007：30，34.

益、公平、平等、竞争、参与、理性、开放等观念深入人心。由计划经济到市场经济，经济结构的转型引发了整个社会结构的转型，包括社会的民主化和法治化进程，使传统伦理社会转向理性社会、人治社会转向法治社会。《中共中央关于构建社会主义和谐社会若干重大问题的决定》（以下简称《决定》）提出建设社会主义和谐社会，"民主法治"、"公平正义"是社会和谐的基本条件。《决定》提出，到2020年，社会主义民主法制更加完善，依法治国基本方略得到全面落实，人民的权益得到切实尊重和保障。为此"必须加紧建设对保障社会公平正义具有重大作用的制度，保障人民在政治、经济、文化、社会等方面的权利和利益，引导公民依法行使权利、履行义务。社会主义民主政治的落实，不仅需要的是制度，更需要的是公民。因为公民与民主制度是一体两面，公民是民主制度的产物，"制度必须由具有健全精神的公民来管理和使用"①。

由臣民到公民的转型，公民具有了独立自主、平等的人格和权利，这是公民的首要因素，这也是自由主义公民观所强调的。当代公民观的发展正在由自由主义向共和主义、社群主义发展。尽管共和主义和社群主义具有差异，但在强调公民的公共性上具有一致性。这就形成当代公民的第二个特性：公共性。公民不仅不应该是臣民，而且也不应该是"私民"。自由主义的公民观固然走出了臣民的束缚，但只在乎个人的私欲和利益满足，而不顾公共的利益，容易成为"私己之民"。公民在乎于"私我"，但无数个"私我"都是平等的关系。不平等的私民有我无他，不是公民，而是暴民。平等的公民关系，不仅意味着对个人权利的限制，更意味着公共的利益、公共的善。公民在"公"的意义上，是身份平等的，具有公共理性、公共精神，参与公共生活和公共事务，为了公共利益和公共善的人。公民共和主义认为，公共善应优先于个人的私利，个人必须以公共善为其行为的最终考量。社群主义强调公民对社群的认同和成员间的共享关系，把义务和责任也视为公民身份的重要构成。

中国主导的社会转型呼唤个体公民，但日益形成的全球化社会、网络社会以及"公民社会"，使公民间的公共生活的范围日益扩大，领域日益增多，强度日益增大。全球化将人类的利益紧紧地联系在一起，历史成为世界的历史，超越了地域的、民族的、国家的局限。这使得现代公民虽然离不开民族、

---

① ［英］帕特丽夏·怀特. 公民品德与公共教育 ［M］. 朱红文，译. 北京：教育科学出版社，1998：2.

国家，但不局限于民族、国家，超越于民族、国家公民的内涵，而扩展为世界公民、全球公民。以互联网为核心的网络社会，不仅扩展了人们的生活空间，也改变了人与人之间的交往关系，形成了世界普遍交往的社会结构，使交往超越了时空、国界，虚拟、匿名的交往使交往更具有主体性、自由性和平等性、普遍性。公民社会，也称市民社会，通常包括那些为了社会的特定需要、为了公众的利益而行动的组织。近年来，一些民间的不同形态的社会力量、社会组织开始出现，并在卫生、文化、教育、社会福利、社会救助、劳动力培训等方面发挥着作用。从趋势上看，市民社会的领域将越来越大，公民社会的自我发育能力也将不断地增强。①

其实，公民的公共性不只是体现在全球社会和公民社会之中，人在各种社会领域过着多重化的公共生活：家庭的、邻里的、社会的、国家的、民族的、世界的。其实，重要的不在于有多少种公共生活，公共领域的范围有多大，而在于所有的公共生活都要具有公共性，致力于实现公共利益。

总之，中国社会的当代转型，既孕育了个人的主体性，也孕育了公民的公共性，使一个权利和义务相统一、个人主体性和共同体"公共善"相统一的当代公民正在出现。因此，可以说公民是当代社会的人之转型。

三、当代教育转型走向公民教育

当代中国社会的转型，呼唤公民的出现。以公民改造社会，促使当代社会的转型。以社会转型对公民的需要，促使教育转向公民教育。公民教育是社会转型的需要，是当代教育转型之所在。

"公民教育"首先是一个西方的词语。在英语中，关于公民教育就有不同的表述：civic education \ civil education \ citizenship education 等，表述不同，其内涵略有差异。civic 较重视公共连带及对国家的责任感和义务，以及爱国心、公民德行的培养；civil 重视对近代欧美文明的理解，对权利、私人领域的合法性的证明，偏向自由主义；citizenship 重视个人在公共生活中角色扮演的认识、行为模式的塑造，及作为一个公民应有的知识技能等，与社会化有关②。

---

① 杨润千. 公民社会与社会主义现代化 [J]. 河北师范大学学报（哲学社会科学版），2002（1）.

② G. A. Kelly. Who Needs a Theory of Citizenship? [M] // Bryen S. Turner. Citizenship and Social Theory, London：Sage Publication，1979：30－38.

我国学者对公民教育的认识也存在差异。在狭义上，有的学者把公民作为具有一国国籍的人，与外国人相对。公民等同于国民，公民教育就是国民的国家认同教育。有的学者把公民视为特定"公民社会"的成员，公民教育就是成为培养公共性的公共教育。在中义上，有学者把公民作为政治人、道德人，公民教育成为培养公民意识、公民道德的教育。在广义上，有学者把公民作为当代的教育目标，培养公民就是培养什么人的全部教育①。我国学者对公民教育的三种理解，只是范围的不同，没有根本的差异。

我们认为，公民作为当代社会转型中人的应然存在状态，作为培养人的教育，理应成为培养合格公民的教育。公民教育是当代中国教育转型的新形态，我们应在这个基础上来建构我们教育的体系，来建构我们教育的内容。这是整个教育的概念，不只是一个公民道德教育的问题，更不只是一个公民的公共教育问题。我们只有在整体教育的意义上认识公民教育，才能使我们的教育真正转向培养社会主义的合格公民。

我国教育目的对培养"什么人"的定位，从"有社会主义觉悟的、有文化的劳动者"到"社会主义事业的建设者和接班人"，多属于"人民"的范畴。"人民"通常强调政治立场、社会态度和阶级属性，是一种阶级身份、政治身份。公民更多的是一种个人身份、法律身份。我国教育目的定位在"人民"的范畴，以人民的要求对待每一个社会成员，强化他们的国家认同、社会服从和义务，而容易忽视公民个人的权利。公民既不等同于臣民、私民，也不完全等同于国民、人民。因此，我们必须从当代公民的身份和公民资格来认识公民教育的性质、内容、主题和结构。

（一）公民教育的性质

公民的内涵因时代变化、国家不同，其意义和指向也在变化。公民是特定时代的公民、特定国家的公民，具有特殊性。但公民区别于臣民、私民，在两点上具有普遍性：第一，公民是主体，有独立人格、有权利，也承担相应的义务。因此，公民是权利和义务的主体，这使公民区别于臣民。第二，公民之"公"在于与他人过一种共同的或公共的生活。在共同的生活中，公民的自由和权利是平等的；在公共生活中，不仅有个人平等的权利和义务，

---

① 檀传宝. 论公民教育是全部教育的转型 [J]. 安徽师范大学学报（人文社会科学版），2010 (5).

而且还有公共利益和公共善①。在西方公民观的演进中，自由主义强调个人的自由权利，共和主义和社群主义强调公共生活的参与、社会责任和社会公德等。他们各自突出公民身份的一方面，并且把二者对立起来。超越这种对立，美国学者理查德·达格（Richard Dagger）提出"共和主义的自由主义"（Republican Liberalism），认为"只要公民身份的自由主义权利观不是被解释为自私自利的个人主义，他就可以与共和主义传统形成某种嫁接"②。这意味着，社会公共性的实现，并不意味着要放弃个人的主体性，而是要使个人的主体性过渡到共生主体的主体间性。

有学者提出，公民教育以公民独立人格为前提，以公民权利与义务相统一为基本取向，在性质上，是主体性教育③。这种认识的合理性在于，它显示了公民个人主体的品质，但忽视了公民的社会生活、社会责任、社会公德的公共性。公民是主体，但不是单子式主体，而是在共同生活、公共生活中的共生主体，因此，公民的主体性不是单子式的个人主体性，而是主体间性。

主体性是主体在主—客关系中所表现出来的积极、能动特性。在主体性中，一方是主体，另一方是客体，主体性表现为主体对客体的占有、支配和利用。主体间性超越了主—客关系中占有性个人主体的理念，把主体性置于主体与主体的关系中，主体之间不是占有和被占有的关系，而是主体间平等共生的关系。它保留了个人作为主体的根本特征，同时强调主体间的平等性、和谐性和公共性。主体间的关系，不是个人主体的对立关系，也不是大一统的整体关系，而是个人主体间"和而不同"的对话、交往、合作关系。这就是共同或公共生活中的公民关系。主体间性也因此成为公民的特征。所以，公民教育在性质上，是主体间性教育，既有个人主体教育的一面，又有公共教育的一面，二者是统一的。例如，帕特丽夏·怀特（P. White）把"勇敢"和"民主"同时作为公民的两种品格，勇敢表明个人主体的品质，民主表明主体间性的品质。对此，怀特反复强调，"对于家长、教师和未来的公民来

---

① "共同生活"与"公共生活"是公民的两种生活方式，但二者不同。共同生活是一种个体的自主生活，个体之间以自我利益为核心，以契约为纽带，不具有公共性。公共生活是对公共领域中人们活动的一种归纳。公共生活中的个体以公共利益、公共善为核心。法律和政治意义上的公民，公民之间是一种共同生活；而社会和道德意义上的公民，公民之间是一种公共生活。

② ［英］德里克·希特. 何谓公民身份［M］. 郭忠华，译. 长春：吉林出版集团有限责任公司，2007：181.

③ 李萍，钟明华. 公民教育——传统德育的历史性转型［J］. 教育研究，2002（10）.

说，注意力要放在民主的价值和态度上，而不要放在'是勇敢的'（being brave）这一点上"。他向教育者和学生建议，公民教育的"重点应该放在对民主的信仰以及准备成为有活力和生气的公民上，而不应放在反思勇敢的性质和怎样才是一个勇敢的人这些问题上"①。个人的主体性和主体间性并不矛盾。公民教育秉承"人是目的"的崇高理念，把每个人都作为目的，因此，必须把个人主体性纳入"主体间"之中，人与人之间是一种主体间的平等关系，而不是一种主客的对立关系。真正的人与人之间的主体性应该是一种主体间性。公民虽然需要个人主体人格的觉醒，但公民人格不是个人主体人格，而是共和人格。所以，主体间的平等关系、公共性成为公民教育的基本限度。在这个意义上，公民教育主张的个人主体性和权利也不是无限度的，它以不妨碍他人和公共性为底线。公民教育的主体间性，决定了公民教育既要使人独立思考、独立判断，具有独立人格，又要参与公共生活，与他人平等协商、沟通，达成共识和互识。因此，公民教育的方法是民主的、协商的、对话的。

（二）公民教育的层次

个人主体性和公共性是公民的两大基本因素。个人主体性是公民在私人领域的存在表征，它以个人的人格独立为前提，以个人权利义务为标志。因此，公民的首要身份就是权利主体。公共性是公民在公共领域的存在表征，公民是公共生活中人之形象。依据公共生活的范围，公民可以是社会公民，即公民在社会中（包括家庭、社区、市民社会）的身份要求；国家公民，即公民在国家中的身份要求；世界公民，即公民在国际社会中的身份要求。个人公民（权利主体）、社会公民、国家公民和世界公民构成了当代公民的四重身份。因此，公民教育必须指向公民与个人、家庭、邻里社区、地域社会、民族国家以至世界、生态自然的关系。依据公民的多重身份，公民教育应该有如下的构成。

个人公民的教育。个人成为公民，首要的前提是个人具有独立的人格。没有独立人格，个人不是公民。个人没有正当权利，也不可能有独立的人格。个人的权利和义务是紧密相连的，享有权利也必须尽相应的义务。只要权利不尽义务，或没有权利只有义务，都不是公民需要的民主社会。公民教育首先要培养公民的主体意识、权利意识，学会维护和捍卫公民的正当权利，同

---

① ［英］帕特丽夏·怀特. 公民品德与公共教育［M］. 朱红文，译. 北京：教育科学出版社，1998：30 – 31.

时履行公民义务，成为健全的个人公民。

社会公民的教育。公民生活在社会共同体中，包括家庭、邻里社区和公民社会组织。无论是哪种共同体，都聚集着人们的共同利益。因此，公民必须具有公共意识和现代文明素养，遵守公共秩序，认同社会公意，尊重社会公德，积极参与公共事务，承担社会义务，维护社会共同利益。社会公民的核心是公共性，包括社会公德、公共理性、参与意识、责任意识、宽容意识、互助意识、人道主义等。社会公民教育的重点在于公民道德和公共理性的培养。公民道德有家庭美德、职业道德和社会公德等。作为公民的理性，罗尔斯认为，公共理性是那些共享平等公民身份的人的理性，它的目标是公共的善和根本性的正义，它的本性和内容是公共的①。

国家公民的教育。现代社会，国家是公民的主要承载体。现代公民身份主要指公民在国家中的身份地位，与国家的权利义务关系以及对国家社会生活的参与行动。"一个具有真正公民资格的人不仅应该具有一国国籍，更应该从内心深处明确自己与国家共同体之间、自己与共同体中其他公民之间的权利义务关系，并在此基础上积极参与国家中的公共生活。"② 所以，在某种意义上，公民教育的核心是国家公民教育、国家认同教育。国家公民教育就是要使公民树立国家主人意识、民族意识，树立民主法治、自由平等、公平正义理念，认同国家政治和社会核心价值观，增强民族自豪感，热爱祖国，遵纪守法，捍卫国家尊严和主权，维护国家利益和社会正义。

世界公民的教育。随着全球化、国际化的推进，世界正在成为一个"地球村"。公民的公共性也超越了国家的、地域的局限，而趋于全球化和国际化，这就形成了当代公民的新身份——世界公民。世界公民是具有国际视野和国际理解能力，关注国际事务，并为世界的和平与发展积极行动的公民。世界公民不是一个无国籍的世界人，而是一个具有世界视野、全球关怀的国家公民。没有世界视野的国家公民必然是狭隘的、霸权的，没有国籍的世界公民也是荒诞的、幻想的。世界公民教育要使公民树立人类整体的意识、地球村的意识、可持续发展的意识，尊重国际公约和规则，尊重他国的主权和文化，协调人与自然的关系，致力于人类的共同利益，实现世界的和平与发

① ［美］约翰·罗尔斯. 政治自由主义［M］. 万俊人，译. 南京：译林出版社，2000：225 - 226.

② 李艳霞. 公民资格的理论张力与中国公民教育的历史逻辑［OL］. http：//www. chinaelections. org/NewsInfo. asp？NewsID = 181543，2010 - 02 - 10.

展，实现天人合一。因此，世界公民教育包括国际理解教育、多元文化教育、和平教育、环境教育、可持续发展教育等。

在上述公民教育的四个方面中，个人公民教育是第一层次；社会和国家公民教育属于第二层次；世界公民教育属于第三层次。第一个层次优于第二个层次，第二个层次优于第三个层次。这意味着，当公民的多重身份发生冲突时，对前者的捍卫先于后者。当代公民教育的重点应该立足于第二层次，培养公民的国家主人意识和社会文明意识。

（三）公民教育的立体结构

我们需要构建立体的公民教育结构，多面向、全方位实施公民教育。这里我们参考英国学者德里克·希特（Derek Heater）提出的公民身份的立体结构①，提出由公民教育的目标、领域和公民身份构成的公民教育的立体结构。

公民教育的目标结构。公民教育不只是公民意识教育、公民道德教育，作为完整公民的培养，公民教育的目标由公民知识、公民意识、公民道德和公民行为四个方面构成。在公民知识方面，包括政治知识（国家与政府、民主政治、政党制度、人权），法律知识（各种法律规定、立法及诉讼程序、司法公正、权利救济），经济知识（经济体制、经济发展状况、经济发展中的问题、职业生活），社会知识（公民的权利与责任、社会公共生活、社会组织、社会义务）；在公民意识方面，包括"民主法治、自由平等、公平正义理念"、国家意识、民族意识、权利与责任意识、社会公共意识、现代文明意识等；在公民道德方面，包括自尊、自爱、仁爱、宽容、感恩、诚实守信、遵纪守法、公道正派、公德心、社会正义等；在公民行为方面，主要是指公民参与公共生活的一些基本能力，如批判反思能力、理性沟通表达能力、向责任部门或者媒体反映问题和提出建议的能力、维护权益的能力、参与民主政治的能力、影响公共决策的能力等。公民教育就是要给公民传授相关的公民知识，使他们具有公民的意识、价值观和公民道德，掌握公民行动的技能和要求，积极参与公民的生活，实践公民的行为，在公民生活实践中成长为公民。

公民教育领域。公民教育的领域即为公民生活的空间。公民的生活空间，由近及远依次是家庭、社区、区域、国家、全球、自然生态，在这些生活空

---

① ［英］德里克·希特. 公民身份——世界史、政治学与教育学中的公民理想 ［M］. 郭台辉，余慧元，译. 长春：吉林出版集团有限责任公司，2010：456.

间中处理和协调人与自我、人与他人、人与社会、人与国家、人与世界、人与自然等多重关系，它们共同构成公民教育的主题。

公民身份的要素。公民身份是历史形成的，不同时期公民身份的要求不同。但后一种身份的出现并不否定前一种身份，而是公民身份的一种补充和发展，这就形成了当今公民身份的多个侧面，包括法律的、政治的、社会的和道德的等①。所谓法律的身份是指公民是由一国宪法所认可的，具有该国国籍的人。法律身份是公民政治身份的前提，有了法律的认可和保障，公民就有了特定的权利和相应的义务，权利和义务构成公民的政治身份。公民的社会身份，是指公民作为公共领域的社会人应该具备的公共意识、文明素养。道德身份是公民在公共生活中的道德要求。自由主义公民观强调公民的法律身份和政治身份，注重公民的权利和自由；社群主义公民观强调公民的社会身份和道德身份，注重公民的社会认同、社会责任和社会道德。公民的法律身份和政治身份是合格公民的底线，社会身份和道德身份是"好公民"的要求。

---

① 赵晖. 社会转型与公民教育 [M]. 北京：人民教育出版社，2007：30，34.

论公民伦理的内在属性与结构特征

北京林业大学人文学院　　周国文

内容摘要：公民伦理不仅是得到共同体承认的社会准则，而且是一种作为模式构建起来的道德理念。公民伦理的内在属性表现为权利本位、个人本位、人格本位三种特质。公民伦理在政治、经济和文化这三个基本社会生活领域之间的结构特征，体现出双向度的公民与公民、公民与社会、公民与国家的互动关系。辨清公民伦理的内在属性与结构特征，有助于形塑公民意识与公共生活的交往规范。

关键词：公民伦理　公民　内在属性　结构特征

立足于公民理性的存在与社会交往正义的塑造这两个基本理念，公民伦理是每一个公民作为社会共同体的成员，在相互交往的公共生活中对待一般他者的生活规范。介入对公民伦理概念的阐述，也需追问公民伦理的溯源。"好人与好社会（或好城邦）之间的关系问题是自苏格拉底、柏拉图以来一直让政治哲学家和伦理学家困扰不已的问题，具有公正德性的人（好市民）才能构成一个公正的社会，而具有公正制度的社会才能培养出具有公正德性的人，这是一种互动的关系。"① 在一个公民共同体交往生活规范建构的层面，"公民伦理是人们在公共生活或公共交往中可以相互地提出的那些有效性要求，即诉诸对于他人的恰当的尊重的态度和出于这种态度的恰当的行为习惯。"② 公民伦理所体现出的恰当的态度和行为习惯，只有在公民以平等的政治地位在共同体生活中有效地参与公共事务时才能形成。

公民伦理为现代社会的公民处理与他者的交往关系建立了普遍的行为规范，交往理性赋予了公民伦理一种合宜的美德地位，并且为了全体社会成员的利益而体现出公共生活规范的道德权威。作为公民在社会生活中的道德规

---

① 卢风. 应用伦理学——现代生活方式的哲学反思 [M]. 北京：中央编译出版社，2004：82.
② 廖申白. 交往生活的公共性转变 [M]. 北京：北京师范大学出版社，2007：238.

则，公民伦理不仅仅是得到共同体承认的社会准则，而且是作为模式而构建起来的一种道德理念。它遵循良心命令所发出的一套道德要求，是公共理性的道德正义所在。

在一个不断呈现进步观念的当代中国社会，公民伦理无论是作为价值理念，还是作为行为规范，它都需要我们辨明公民伦理的内在属性与结构特征。这是公民在公共生活交往中行为准则的关键所在，也是公民在公共社会彼此共处的道德规范的核心来源。公民伦理的内在属性与结构特征，涉及公民伦理的存在方式或范畴样态，涉及公民伦理以具体而非抽象的公民身份处理与一般复数他者的交往关系，涉及公民伦理所指向的公民非私人性生活是通过何种道德的方式或范畴来与世界保持合理化交往，涉及构成了形塑公民伦理这一现代社会道德的要素。

一、公民伦理的内在属性

公民伦理的内在属性离不开其既定的道德要求。公民伦理是个体意志与公共意志相结合的产物。公民伦理其存在的最大目的是保证公民作为平等的个人完全自主地，并且最大限度地自由行使自己的基本权利与义务。公民群体的道德共识是不可或缺的。它不仅赋予公共社会以秩序信守的恒常性，而且以一种规范性的确认提供了基于交往生活的建构性的张力。公民伦理的内在属性表现为权利本位、个人本位、人格本位三种特质。

（1）权利本位表现为公民身份的现实自主模式是至尊的、神圣的，民主的公民身份就体现为权利的公民身份。在主体意识的烘托下，公民的权利本位精神得以凸显。犹如在 1789 年的法国革命中，"源于对特权仇视的平等革命，与为给人民加冕而集体地重新占有国王的主权结合在了一起。通过与一切旧有的有产公民理论的决裂，选举权由此近乎机械地以及突然地被理解为一种自然权利"①。权利本位，不仅在于有产者在财产的占有上最大限度地实现了公民身份的可能，而且在于每一个公民积极作为与消极不作为的层面捍卫自身意志的存在。权利，不仅指向有产者，而且归属于一般的民众；它不是达官显贵及其特权阶层所独有的。在集体的公意背后，一种个人权利的声张，并非来自人之自然存在的历史，而是建立在共同体生活的基础上。诚如

---

① ［法］皮埃尔·罗桑瓦龙. 公民的加冕礼：法国普选史［M］. 吕一民，译. 上海：上海人民出版社，2005：29.

《世界人权宣言》的第二条所言："人人有资格享受本宣言所载的一切权利和自由，不分种族、肤色、性别、语言、宗教、政治和其他见解、国籍或社会出身、财产、出生或其他身份等任何区别，并且不得因一人所属的国家或领土的政治的、行政的或者国际的地位不同而有所区别，无论该领土是独立领土、托管领土、非自治领土或者处于其他任何主权受限制的情况之下。"人置身于人类社会，所享有的人权很大程度上是一种公民权；而公民权首先是一种政治权利，其次在一种社会纽带的联结过程中，它表现出公民在社会公共生活中的积极参与与责任担当。这是每个公民所固有的权利，也是作为共同体成员所固有的义务。诚如《世界人权宣言》的第三条所言："人人有权享有生命、自由和人身安全。"总之，这种权利本位的观念体现为尊重每个个体的人权及其政治、经济、社会文化权利，尊重每个公民按照自己的意志生活的权利。当然它必须建立在公民个体的行为取向谨守公共行为规范的基础上。

（2）个人本位表现为公民身份的个人主义模式。在公民、社会与国家之间，以公共理性为基础的公民伦理，其主体是法律意义上能够承担权利、责任与义务三者平衡统一的、具备公民身份的社会成员。

从文艺复兴运动以来，人的价值与个人的地位得到了史无前例的尊重。个人—公民模式，表明以个人为本就是对公民摆脱外力强制与依附的最大证明，也是公民身份无差异存在的普遍性的证明。公民个人身份的获得，使得其主体及个人身份感具体化，并在团体特征或忠诚感的增进之下显现出其对自身的有效认同。尽管现代社会公共空间在迅猛地扩大，但个人的作用与地位在其中并没有减弱。尽管生活在社会共同体当中，受法律约束是其中逃不脱的公民责任。个人本位体现了道德自我的主体力量。它体现了一种唯我论的色彩。在现实的公共生活世界中，自我始终是与他人平等地存在的。我大而物小，物有尽而我无穷。从个人的自我存在，才能开显出他者的存在。如若自我不复存在，他者也随之丧失。从公民身份的普及、个人的被发现，到因为自主才能以自愿的服从受到生活规范的约束。每一个公民的结合构成了整体的国家，而其中个人本位的凸显，使构成国家的每一个公民成为了真正的个人。随着社会个体化运动的深入，公民伦理所赋予的道德自由权，使个人之间的平等不仅成了可能，而且表现出每个人自身禀赋上所具有的自主性。

形塑自我生活准则的道德自我，既带着能支配改造的自我，又带着被宰制的自我。自我认识是与自由相互依存的。因为随着对自我的深度理解，自主性的增长也随之成为必然，特别是在行为判断中的自主性。一个公民越是通过交往中的自省来反思自我的言行，他也就越接近自由。因为交往付诸的是理解，理解需要设身处地地考虑他者的立场，并形成对自我欲望的克制。而个体的自律性在对自我理性认识的加深中，也逐渐成为公民行为的一种自觉。

（3）人格本位表现为公民身份的政治平等模式，道德人格上的平等是公民政治参与的基本点。一个平等者的社会是主体人格得以凸显的社会。人格的自主是排除异己力量的支配与其他政治组织的控制。它也排除来自政治权威力量所强加的主张。

公民的人格尊严是一致的，是不可侵犯的。诚如《世界人权宣言》的第六条所言："人人在任何地方有权被承认在法律前的人格。"对公民人格的承认与尊重，意味着公民个体不应该被他者所支配与主宰，也应该拒绝附属于金钱、权力或科技等现代强力意志。

不再有依附者，也不再有被压迫者。作为自我独立与负责的公民主体，其意志与言行都受到基本尊重。人在精神上的存在，很大程度上体现为一种人格上的存在，也就是一种充分独立的自由意志。一个自由的公民其自身在精神上也应该是自由的。他不仅是摆脱主人的自由，而且也是摆脱奴隶的自由。人格本位不仅表现为对个人政治经济社会权利的肯定，而且基于对每一个共同体成员的尊重，它表现出公民独立于一切经济或社会限定的政治身份。只有自由和自主的公民，才能在公共生活中体现出其自身的道德能力与道德良知。人格本位意味着人是一种主体性的存在，意味着人的本质要求是追求全面自由发展的健全的人。人是活的有机体，在健全人格的意义上所创造的是人在知、情、意方面的协调，即达到内外身心和谐的精神健全。人格本位并不等同于唯理智主义。唯理智主义过分强调理性的张扬，强调片面的知识完备，而忽视了情商与智商的有效健全。在一种人格异化的状态中，单纯的智育不能保证人的精神健康，必须有道德的提升。如果屈从于知识灌输与社会机械分工，那么我们名之为"人"的那种理想也将消失。因此个人内在精神的和谐，既体现为人的个性健全，又体现为一种社会历史的动力。在一种有意识的生活与生产的状态中，人类的独有标志不是理性、政治生活或语言能力，也不是原初状态自然人的吃、穿、住、行，而是在一个经验感知范围内精神和谐的人。

由公民伦理的内在精神之核——独立人格所推动形成的政治与社会体制，

是适合于公民交往生活的。"每个人在自己的位置上发扬良好的意志与自愿合作，是使整体运转正常的根本条件。因此，这架机器的政治结构必定是这种或那种形式的民主。不再有人能够按照一个预想的计划去武断地决定群众应该做什么，因为普遍的赞同与容许在今天是不可缺少的。这架机器的运转实际上是无数个人意志张力的一种合力，这些意志张力，尽管彼此有冲突，却最终联合起来发生作用。"①

公民伦理的道德生活是道德人格支配自我、自我人格主宰个体生活。而在基于交往的公共生活中，主宰自我人格比之主宰他人、主宰社会具有更高的道德价值。诚如唐君毅先生所言："我们常人的习惯，总是想把力量往外用，总想对外界有所支配。这同自觉的道德生活，是极端相反的。我们若不求自觉的道德生活则已；如欲求自觉的道德生活，我们首先要把我们全部的生活习惯，翻转过来，把力量往内用。所以我们首先要把支配自己的价值，看成比支配世界高，去做如上之思维。"② 在公共生活中，自我人格的建立是纯粹的、自觉的，在自我言行的有效控制中，人格的意志力能够有效战胜个人私欲的膨胀。

二、公民伦理的结构特征

公民伦理的结构特征是一种多向度关系的概括。公民伦理在政治、经济和文化这三个基本社会生活领域之间的结构特征中，体现出双向度的公民与公民、公民与社会、公民与国家的互动关系。微观上，它体现在公民与公民关系的应对中；宏观上，它体现为在公民与国家的关系、公民与社会的关系的把握中。

（一）双向度的公民与公民的互动关系

它也可以理解为讨论公民与公民的关系原则，也就是要建立公民相互之间合理对待、友好相处的关系原则。这种关系原则可以理解为平等原则、合作原则、宽容原则。

1. 平等原则是公民无差别地位的体现。古希腊斯多亚学派很早就倡导人类平等论，他们认为人类天生的理性是相同的，各个人在本质上是相同的；因

---

① ［德］雅斯贝尔斯. 时代的精神状况［M］. 王德峰，译. 上海：上海译文出版社，2005：6.
② 唐君毅. 道德自我之建立［M］. 桂林：广西师范大学出版社，2005：15.

此人类并没有高低贵贱之分，而应一律平等，而且应当相互友爱。公民伦理的平等原则致力于建构普适性的法则，每个人都是自由、平等与独立的。公民之间的平等地位是神圣不可侵犯的。公民之间的平等交往是形成公民伦理的前提条件。平等原则不仅意味着在公共生活交往中的人格平等，也是在社会政治经济文化领域享受权利的平等。因此公民伦理在后天愈加完善的政治生活中，以一种道德的规范性要求伸张权利的平等原则，保证人的自然能力在合法合理的状态下，不受社会后天因素的差别而受到不同对待。如果我们承认平等是公民伦理的结构特征，那么无论在社会交往、资源分配与政治活动中，作为确保个人自主的自由原则也应该受到同等的尊重。公民伦理主张对于确保公民正常生活之权利的尊重，捍卫每个人完善自己生活方式所承担的特殊责任。公民在政治生活交往中所享有的权利没有排他性。公民之间平等交往的权益是应该受到尊重与保障的。公民社群内部不应该存在某些特定的团体，享受特殊的待遇；也不允许存在少数族群，遭受不公的待遇。平等的社会形态与结构特征，在公民合法的遵守自身权利与义务的前提下，以特定的行为准则保证公民不受强力的侵扰，构成公民与公民在社会共同体内交往的伦理规定。

2. 合作原则是公民生活在社会共同体中的必然。因为彼此都无可逃离于这个社会共同体中，合作是这个全球化时代的主旋律，"双赢"或"多赢"模式成为包括公民在内的各个行为主体的价值取向。源于人的合群天性与人后天社会生活的需要，在共同利益一致的行为取向下，公民之间的一般性交往，慢慢地转化为既利己又利他的行为选择，共同目标的结合与相互之间的支持帮助成为普遍性的必然。缘于排除了敌视与猜忌，合作原则消极的意义也体现为一种被动的不伤害，趋向于公民之间的彼此保护，形成相互信守与彼此依赖的一套价值准则。因为如果没有合作，社会不仅不能形成合力，而且共同体内部结构中的私人生活与公共生活很可能产生分离，随之私德与公德也将背离；公民也就很难保有在公共领域与人交往的美德。毕竟作为生活的统一体，我们每个人既是单个的个人又是特定社会团体的一个成员。个人行为与群体行为的叠加，只有借助在社会关系特征上合作关系的形成，才能维护个人自主的意志和个人自由，才能形成真正的团队精神，维护社会的凝聚力与有效性。而且由公民之间合作关系所塑造的公民团结也是公民伦理能够实施的一种保障。尽管它并不是一种明文的协议，但它却使社会共同体在一种个体自我的有效性联系之中，以团体感的存在摆脱了无序与混乱。在合作原则的引导下，"己所不欲，勿施于人"，信守诺言与协议，在共识基础上形成对公民个体的巨大保护力。

3. 宽容原则是公民人格风范的良好品质。宽容原则，在公民与公民之间的相互关系上，有助于减少社会冲突与矛盾，避免纷争，维系发展的必然。宽容是一种美德，是公民伦理的内在要求，也是维护社会稳定的良性机制。着重于宽容原则的公民伦理，其意义在于提供了其成员和谐共处、共享价值的本质，并在看似分散的人群之间形成紧密的公民脐带联系。而如若失去公民与公民之间关系的宽容原则，则将造成彼此的对立、攻击与仇恨，造成社会的四分五裂。公民相互之间关系的宽容原则，更多地强调塑造公民健全的品质，即正义和友善的行为。多元互动，理性共容，公民之间的相互宽容既意味着容忍与耐心，也意味着理性与审慎。它是公民之间融合的表现，也是社会机体和谐的折射。

（二）双向度的公民与社会的互动关系

公民与社会的互动关系往往是一种非政治活动的体现。在非国家与非政治领域的部分，体现为社会生活领域。当然这其中的界限也在经历着可能的变更。特别是当国家与社会相互渗透之时，国家事务与社会事务的交相叠合便成为一种事实。但我们对此的区分，是基于社会生活非政治化的状况。

双向度的公民与社会的关系，是独立的、平等的、具有普遍性的公民与社会共同体的关系。这种公民与社会的伦理关系的实质，是受到社会无差别对待与一致尊重的公民与其所归属的共同体社会之间的伦理关系。"公民受到社会无差别对待的前提是其人格平等得到全社会的尊重；而公民之所以能够获得这种平等还在于他认真履行了合法的契约，而契约责任对社会整合而言又是具有普遍性的；为了保障契约责任的普遍性，必须进一步引入完善有效的法律约束机制。由此引申出一系列不同于传统社会的伦理关系内涵，即基于人格平等的尊重、普遍的契约责任和完善有效的法律机制三个方面。"[①]

双向度的公民与社会的伦理关系，包含两个层面的内涵。一方面，公民个体的存在是以公民的自主性为前提的。他所作出的每一个自由选择，是属于其自身意志的表达。另一方面，这种自身意志必然是在社会生活的范畴内发生的。毕竟一种个体性标准的确立，是与社会性标准相联系的。因此公民

---

① 焦国成. 公民道德论 [M]. 北京：人民出版社，2004：137.

交往，在一种社会共识性的自觉状态中形成一个有共同规范的实践语境。理性对自我的调控是在自主性之外，达到对社会性的权衡与兼顾。

公民不仅是经济上独立的人，人格上自主的人，而且是理性成熟的个人。在确立主体地位的个体化进程中，公民生活在社会共同体当中，而社会共同体则包容不同公民的存在。公民的联结组成了社会，作为社会共同体基本单位的公民，是一种契约式的组合。

作为自主的公民个体身份需要社会共同体的认可，统一的划分是经过个人与社会、私人生活与公共生活、民间社会与政治领域的有效互动与积极权衡而得以完成的。公民个体的有效性要求，只有诉诸社会生活的整体主义语境，才能在社会生活的互动式交往中真正得以实现。

公民与社会的互动关系，最清晰地体现在公民社会的日常生活之中。公民社会是区别于国家与市场的第三空间，是独立于国家的政治机制与市场的经济组织之外的社会领域。公民生活于公民社会之中，公民社会则涵盖了公民的生活空间与社会交往。公民社会是民众的集合，它需要广大公民的自愿参与，它也需要公民之间相互交往的力量加以维系。在此基础上，公民社会在群众有序聚集的层面上积极向政治国家施加民间社会的影响，并且体现出对公民利益的自觉关注。公民社会赋予每个人以地位与价值实现的可能，每个人的社会资格也都在公民社会生活中得以成立。

（三）双向度的公民与国家的互动关系

从宏观上把握公民与国家的关系，也就是要从传统社会严格的等级关系及建立在特殊的血缘部属的依赖关系中走出来。由于现代思潮的普及、世俗化社会氛围的陶冶与政治民主化运动的推进，国家对公民与社会的宰制日显松动，独立的公民人格与社会契约的公正性逐渐凸显。双向度的公民与国家的互动，实际上也体现出国权与民权的调和。"何谓国权与民权的调和？欧洲当十五六世纪，国家主义萌芽滋长，六七强国以兴焉。时则谓民之生凡以为国耳，临之以国民且不得自有其躬，他更何论？其敝也，国之视民若无机体构造之原料，民殽而国瘁，于是有十八世纪末之革命。蜩唐沸羹垂百年革命前后，国家主义屏息，个人主义代兴，时则谓国之建凡以为民耳，甚至谓国家本有害之物，不得已而姑存之。英人边沁之言。其敝也，则民之视国若身外之装饰品，国不竞而民亦见陵，逮鞭近而反动又生焉。以彼美国夙称个人主义之根据地，而今之识者乃日以新国家主义呼号于国中，前大总统卢斯福之言。此间消息可以参矣。国权与民权之消长，其表示于政治现象者，则为干涉政策与放任政策之辩争，此虽非尽由宪法所能左右也，然缘宪法所采原则如何？"① 在梁启超看来，国家主义与民权主义相互调适，国家主义强调的是以国家为代表的共同体权利，民权主义强调的是以公民为代表的个人权利，并且在一种此消彼长的状态中，获得由宪法不同侧重式规定所带来的其各自权利不同维度的凸显。

在双向度的公民与国家的互动关系上，它又可以理解为共同命运性、参与服从性与忠诚关爱性。

1. 共同命运性，表明公民与国家关系的紧密结合。在黑格尔政治哲学的理解框架中，国家的属性不仅有别于社会，而且高于社会。公民与国家，同样是一种政治性的产物。但二者的关系却是个体与整体的关系。公民被包容于国家之中，国家是由广大公民所组成的政治共同体。"国家的概念以政治的概念为前提。按照现代语言的用法，国家是在封闭的疆域内，一个有组织的人群拥有的政治状态。"② 国家作为政治机器的存在，是一个由民族构成的社会有机体的特殊状态。国家是公民依附的最高政治实体，它提供了公民政治权利实现的最大可能。公民是国家最普遍的社会成员，也是最基本的社会成员。在国家这个容纳了人口、领土、主权与政府四要素的政治概念上，公民以其拥有国籍而赋予的权利与义务而获得了一种其特有的政治存在的形式。作为行使政治权利的公民个人，它存在于国家这个政治体系之中。公民的政治选举、政治集会和政治结社等活动都是发生在国家的政治生活之中。

2. 参与服从性，表明在公民与国家的互动关系中，公民不仅仅是以其誓言表达对国家的认同，而且是以公民的参与权表明他们是国家的主人。如果说广大公民的承认与同意，是国家权力的执行机构——政府成立的基础；那么公民身份在公民与国家的关系中，充当了一种资格承认的原动力。公民作为政治主体，是在国家体制所涵盖的公共政治生活中成长并得以体现的。公民对国家事务的积极参与，是公民的职责之所在，也是公民的权利义务之所在。公民参与权力运作是保护自身存在的最好方式。"公民身份的普及处在了公民权利和政治权利的这种等量齐观与集体主权原则的出现的交叉点上。这

---

① 梁启超. 宪法之三大精神 [M] //饮冰室文集点校（第四集）. 昆明：云南教育出版社，2001：2354-2355.

② [德] 卡尔·施米特："政治的概念" [M] //施米特. 政治的剩余价值. 刘宗坤，译. 上海：上海人民出版社，2002：157.

里存在着一种双重的抽象工作，它在使每个个人具有一小部分主权的同时，将政治领域与公民社会的领域重叠了起来。政治权利由此不是来自于一种关于代表的学说——只要后者含有对在社会中异质的和多种多样的人予以承认与提高地位的意思——而是来自于参与主权的观念。"① 公民服从于国家的正当需要，国家则保护公民的合法利益。在确保政治合法性的前提下，公民服从于国家的指令，国家是公民在公共生活的政治参与中必须遵从的实实在在的对象。它对公民的控制力是应然的也是强大的：一方面它以公共意志的权威对社会公共事务进行管理，另一方面它以政党政治的格局维持国家的持续运转。

3. 忠诚关爱性，表明公民是国家这个政治有机体的细胞，而且是国家不可或缺的一分子。公民忠诚于自己的国家，这是一种基本的政治美德。国家权威所具有的神圣性是每一个公民都必须予以尊重的。公民忠诚于自己的祖国，不仅是以一种情感的认同，也是一种价值的体认。而国家对公民的关爱不仅是普遍的，也应是公平的。它或者表现为是一种保护，或者表现为是一种救助。国家的活动其主旨应该是保护公民的安全与自由，并扩及社会范畴的秩序与稳定。国家也有责任在公民生活出现困难时，予以必要的救护与援助。如果没有忠诚于国家的公民、没有关爱于公民的国家，对于公民与国家来说都将是不可想象的。不仅是公民将不"公"，而且是国家也将不"国"。国家的凝聚力将大大被削弱，社会的和谐程度也将会受到更大的损害。毕竟国家正常的社会生活秩序，需要用忠诚与关爱精神去保障与提升。公民作为组成国家共同体的一分子，其内在所具有的义务观念是借助与生俱来的忠诚感来表达的；国家对社会和公民所负有的一些最基本、最起码的道义责任，则需要以关爱之行去达成。毕竟公民的忠诚之于国家，应该是热爱、有所担当的奉献与无私的公益精神的体现。而国家的关爱之于公民，在大的层面应该是追求国泰民安、政通人和、民康物阜的社会繁荣；在小的层面，应该是安居乐业、和睦相处、人人共享，弱势人群得到关照的和谐生活写照。

---

① ［法］皮埃尔·罗桑瓦龙. 公民的加冕礼：法国普选史［M］. 吕一民，译. 上海：上海人民出版社，2005：50.

公民教育范式的阈限：比较的观点*

内容摘要：本文从理念、实践、形态和趋势等几个角度，对公民教育范式的界限问题作了比较分析。首先，公民教育在排他性和包容性方面的价值取向的历史变化，表明了理念方面的分歧与发展；其次，从东西方的实践来看，公民教育需要在灌输和自明的教化之间求得特定的平衡；再次，从公民教育与道德教育、政治教育和普通教育等之间的关系出发，对其形态在独立与整合之间的定位进行了梳理；最后，对从公民精神到多元公民的转变作了简单评述。

关键词：公民教育　阈限　理念和实践　形态和趋势　比较

　　最近二三十年以来，公民教育再次成为世界各国普遍的关注和兴趣之点，尤其是在欧美诸发达国家，不仅诉诸对自身实践的再思考、再实践，而且还热心地致力于向其他发展滞后国家"推销"自己的经验。如英国奥斯勒和斯塔克对公民教育的研究，就将其宗旨明确定位在为拉美和加勒比海地区的公民课堂教学和实践提供一个参考[①]。先暂且不论这样的愿望是否适当，但至少说明这一诉求既是自身社会发展的要求，同时也是全球化发展的推动结果。诚如巴特兹（Butts R. Freeman）对 20 世纪七八十年代美国公民教育的复兴原因所分析的那样，是由于"不断出现的社会危机和迅速发展的社会变革促进了学校公民教育的发展，同时也带来了人们对现代公民教育本质和使命等方面的争论"[②]。

---

　　* 本研究系全国教育科学"十一五"规划 2009 年度国家社科基金青年专项课题"共同体取向的公民教育实践模式比较研究"（课题批准号 CDA090117）前期研究成果。

　　① Osler, Audrey and Hugh, Starkey. Study on the Advances in Civic Education in Education Systems：Good Practices in Industrialized Countries ［M］// Espínola, Viola（ed.）. *Education for Citizenship and Democracy in a Globalized World：A Comparative Perspective*. Integration and Regional Programs Department Sustainable Development Department, July 2005：19.

　　② Franzosa, Susan Douglas（ed）. *Civic Education：its limits and conditions* ［M］. Ann Arbor, Michigan：Prakken Publications, Inc. 1988：1.

我国的情况也基本类似，无论是近代还是当代，公民教育成为社会热点话题，或以独立的教育范式甚至课程形态被提出来，一般也是处在社会剧烈变化或转型时期。当前，由于我国综合国力的提高，人民对物质文化的需求也自然从主要对私人物品消费的需求转到对社会公共物品（服务）的需求，这就迫切需要一定的公民素养的教育，以便个人能以适当的公民资格或身份，参与到社会竞争与公共事务之中。这些情况充分表明，我国的公民教育发展到了一个关键的十字路口。

我国的公民教育应该可以称为"舶来品"。由于历史的巧合也罢，或是特殊的缘由或机遇也罢，公民教育在中国的境况始终比较尴尬。关于公民教育的讨论，也是时而热烈，时而沉寂。从历史的经验来看，每次的讨论甚至实践总留给人以"无果而终"的感觉或遗憾。到底是什么原因导致了这样一种局面呢？既然是"舶来品"，问题的原因当然还是得从产生它的源头，即西方公民教育的渊源与发展那里开始寻找。当然，对于他们是如何看、如何做的，我们所做的相关工作已经较多，但这些"拿来"的理论或实践又为何难以在本土环境中开花和结果？在急于寻找"托辞和借口"之前，还是让我们先客观、真实地对无论是"源头地"的，还是对"拿来"的公民教育范式的概念、理论、实践等方面，平心静气地作一次较深入的比较分析，特别是关于公民教育的阈限问题。本文以下主要从理念、实践、地位和未来趋势等几个角度，拟从"争辩、选择、分析、希冀"等几个比较的层面，再次提出这些"或新或旧"的问题，以供大家进一步探讨。

一、公民教育的理念范式之辩：排他还是包容

杰诺斯基（Thomas Janoski）在他的《公民资格与公民社会》一书中认为，现代公民或公民资格的界定应该是以权利与义务为核心的："公民资格指的是民族国家中被动和主动的个体成员，在特定平等水平之上所具有的特定的普遍的权利与义务。"[①] 并且，他还依照这一定义原则，考察了历史中不同类型（如传统、自由主义和社会民主等）国家在权利与义务关系方面的演变过程。但这一定义还是显得比较笼统，尤其是"特定"一词就预设了公民教育的阈限特质。现代公民教育的理念与国家、公民社会的理念是分不开的，尤其是

---

① Thomas Janoski. *Citizenship and Civil Society*：*A Framework of Rights and Obligations in Liberal*, *Traditional*, *and Social Democratic Regimes* [M]. London：Cambridge University Press, 1998：9.

与其中成员的平等的权利与义务分不开。而权利与义务的大小、比例和平衡度恰恰代表了特定国家或社会的公民教育理念在排他性（exclusiveness）和包容性（inclusiveness）方面的价值取向，即公民教育的目标或对象的范围该囊括哪些？公民或公民资格是属于哪些人群？如果这些问题搞不清楚，那么其他的讨论就缺乏必要的适切性和基础性。参照杰诺斯基的上述分析模式，我们稍稍将时间跨度范围扩大一点，对公民教育在排他性与包容性方面的倾向也作一番性质类似的简要考察，从中也可以看出人们在公民教育理念方面的分歧与发展趋向。

（一）城邦时期："理想"状态

在古代西方，苏格拉底、柏拉图、色诺芬及亚里士多德等都非常关注公民教育问题。像色诺芬就认为教育的目的是培养善良的人和好公民；柏拉图还在其著作《国家篇》（又译《理性国》）中制订了宏伟的公民教育计划的蓝图；在亚里士多德的公民理念中，城邦就是由公民组成的集团[1]。无疑，城邦时期的公民教育理念是西方公民教育的"理想"和"标准"，特别是雅典时期的城邦公民教育模式，被认为是"'全方位'式的公民本位制：不是官本位，也不是奴隶本位，也不是外邦人本位，也不是个人本位……一种新出现的生活形式——公民本位生活。人人皆政治家地生活着，整个城邦充满各种'声音'（逻各斯），大家都在说话：法庭辩论天天开席，公民大会上常有争论与表决，市场上相遇为相互关心的国家大事争得面红耳赤"[2]。在排除掉特定历史的局限前提之下（如相对于奴隶而言，这种公民教育仍然表现为排他性的），公民本位制的公民教育在权利与义务方面是"完全"对等的，自由和独立的公民为城邦工作的同时也在为自己工作，"权利的平等不是在一个实例，而是在许多例子上都证明是一件绝好的事情"[3]。因此，无论是在个人与社会、国家，甚至还是在与其他城邦方面，这种公民教育都体现了"最大的"包容度和开放性，"凡有权参加议事和审判职能的人，我们就可说他就是那一城邦的公民；城邦的一般含义就是为了要维持自给生活而具有足够人数的一

---

① ［古希腊］亚里士多德. 政治学［M］. 吴寿彭，译. 北京：商务印书馆，1965.

② 包利民. 生命与逻各斯：希腊伦理思想史［M］. 北京：东方出版社，1996：92-93.

③ ［古希腊］希罗多德. 历史：希腊波斯战争史［M］. 王嘉隽，译. 北京：商务印书馆，1959：78.

个公民集团"①。公民教育也随时随地、自然地在发生着，而尽量避免此前时代的高度"等级性"、"封闭性"和"排他性"特征，但可惜的是，因为历史的缘故，古典的"包容理想"的公民本位教育模式很快就被后来的排他度很高的封闭模式所取代。

（二）民族—国家时期："复杂"关系

洛顿和戈登曾指出"工业革命"的进程自18世纪之前的很早时期就已经开始了，并且它的发展并不是突然性或戏剧性的，而是一个渐进的过程②。因而，科技和工业化是在启蒙之后对公民教育思想和实践产生冲击和影响最大的时期，它的时间范围可以从近代一直延伸至现当代。而科学特别是工业时代的来临，促成的民族—国家的出现和蓬勃发展，也启发人们重新发现了被中世纪"排他性"遮蔽很久的公民教育的重要性。尽管这一时期逐渐出现了弗格森所定义的相对于国家而言的"公民社会"③，但在公民教育理念的理解方面，由于各个国家对于权利与义务关系的认识不同，因而也导致公民教育在排他性与包容性关系方面表现出各种情况均存在的"复杂"特征。

在肯定历史进步性（毕竟民族—国家至少比城邦的地理、种族等范围要宽广许多）的同时，我们还应该看到，在不同的民族—国家类型中，排他性和包容性的程度表现也是不同的。例如，与过去时代特征一脉相承的传统的民族—国家类型，就较多地表现为封闭的排他性公民教育，即将公民权利与义务限制于特定人群，因而也就表现为特定的平衡和特定的包容，或排他性大于包容性。在后来的注重自由的国家类型中，由于过分地依赖社会开放，强调极端的个人自由，权利与义务则均处于一个比较低的状态，因而公民教育更多地依赖个人，这种模式则又表现为一种惧怕其他人干涉自身"自由"，而呈现封闭的排他性，这一情形在20世纪中期的西方国家达到了"顶峰"。在杰诺斯基的理论里，所谓平衡的权利与义务关系只会出现在一些社会民主类型的国家里④。也就是说，在社会民主类型的国家中，排他性与包容性的关

① 包利民. 生命与逻各斯：希腊伦理思想史［M］. 北京：东方出版社，1996：91.
② Lawton, Denis and Gordon, Peter. *A History of Western Educational Ideas*［M］. London：Woburn Press, 2002：88.
③ Oz-Salzberger (ed). Ferguson, Adam: *An Essay on the History of Civil Society*［M］. Cambridge：Cambridge University Press, 1995.
④ Thomas Janoski. *Citizenship and Civil Society：A Framework of Rights and Obligations in Liberal, Traditional, and Social Democratic Regimes*［M］. London：Cambridge University Press, 1998：1.

系达到了一定程度的平衡，但相较城邦时期而言，包容度还无法达到"理想状态"。

（三）全球化时期："新"理想状态

西方在进入 21 世纪以后，人们开始逐渐意识到民族—国家的公民教育模式的"不当性"、局限性和排他性的弊端。即自 19 世纪以来，无论是在理念，还是在国际法上，人们都倾向于将公民等同于国家的做法是有问题的①。因为在新的全球化的时代背景下，无论是在技术层面，还是在文化层面，人与人、个人与社会、个人与民族—国家、个人与世界，甚至民族与民族之间、国家与国家之间的联系越来越频繁。这也解释了为什么亚里士多德的公民教育理念会在当代英国得到某种程度的"复活"，如英国自 20 世纪末期开始实施的国家课程②。显然，这一次公民理念"复兴"的阈限，明显大于昔日民族—国家时期的概念，因为首先是跨国家的（欧盟的现实存在），其次强调全球化状态下的"新"理想状态。这就意味着"新"的理想状态将体现出更大的包容性和开放性，而非民族—国家局限的、封闭的排他性公民教育。

从上述关于公民教育理念发展变迁的简单分析过程可以看出，人类对公民或公民资格的认识，经历了一个辩证的或"螺旋上升"的过程，虽然有时偶尔会出现倒退或反复，但从排他性向包容性不断发展的过程看，显然是一个无法规避的趋势和方向。

二、公民教育的实践范式之择：灌输还是生成

柏拉图在《国家篇》中提出了"教化"说，即将教育过程视为一种根据某种目的而进行的制作，亦即对人的造型。这样，由于造型属于制作和技艺的范围，它便是一个由手段—目的所支配的过程。在此，目的乃是完成，亦即成品。教化的成品，在柏拉图的意义上并不是"文化的人"，而是公民。最高的教化产生最高贵的公民，亦即哲学家—国王，它集哲学的爱智和政治的决断能力于一身。公民教育的教化特征是不可否认的，但是公民教育到底该由谁来教化？教化方式如何选择？这在过去的实践中，似乎不是一个问题。

---

① Heater, Derek. *A History of Education for Citizenship* [M]. London and N. Y.: Routledge Falmer, 2004: 197.

② Lawton, Denis and Gordon, Peter. *A History of Western Educational Ideas* [M]. London: Woburn Press, 2002: 21.

如前，由于民族—国家时期公民理念的"深入"影响，公民—国家的紧密联系性使得人们似乎已经习惯于接受公民教育应该由国家来控制和实施。但事实上，在柏拉图和亚里士多德那里，关于国家是否应该控制公民乃至道德教育的讨论就已经开始了，在19世纪时也曾一度争论过，而到了20世纪八九十年代，左右派之间又一次展开争论①。时至21世纪的今天，当公民资格的基础已扩大至全球范围之时，显然，由国家来实施的公民教育实践的做法就自然面临"消解"的尴尬境界。"消解"之后，该如何实践？"全球"显然太过空虚，那是否需要回到出发点——个人？这也就再次提出了公民教育的实践到底是一个社会灌输的教化过程，还是一个个人自主的理性建构的过程，即"自明"的教化过程问题。

（一）西方的实践范式选择

公民教育的实践，自然是指如何将以权利与义务为核心的价值体系传授或教化给受教育者。对于教化过程方式的选择，在古希腊时期，苏格拉底、柏拉图与后来的亚里士多德无疑构成了西方古典教化理论的基础。总的来看，教化分为两方面的倾向：一是从苏格拉底传下来的理想主义："知识即美德"；另一种倾向则是以普洛泰格拉（Protagras）为代表所宣扬的"人为一切存在事物的尺度"，以人为中心：所谓人，就是一切现实的人，不论智愚贵贱，皆一律平等②。这样，前一种方式就被后人逐渐演绎为以灌输为主的教育实践方式，而后一种则就成为自主建构或自明过程的理论根据。

但在实践的历史中，灌输的教化显然略占上风，尤其是在民族—国家时期。在工业革命时期的许多新兴民族—国家中，公民教育大都表现为这种特征，即比较注重将资本主义社会所赞许的特定的公民"品格（美德）袋"灌输给受教育者。随着资本主义的发展，特别是产业革命后技术革新的发展，需要增加一些符合资本主义经济发展需要的企业家、冒险家及社会活动家等在公民品格方面的要求，同时需要加强勇敢、克制、爱国心、民族主义情感等方面内容，以及科技及工业经济时代所需要的功利的或民族主义的公民品

---

① Lawton, Denis and Gordon, Peter. *A History of Western Educational Ideas* [M]. London: Woburn Press, 2002: 21.

② ［古希腊］亚里士多德. 尼各马可伦理学 [M]. 廖申白，译注. 北京：商务印书馆，2003: vii.

质谱系的内容，而这一时期的价值评判标准也更多的是由市场来承担。公民教育的目的更多的是要为经济繁荣服务，"成功"更多地意味着经济上的成功，而且这一标准逐渐成为了个人在社会生活中权利与义务比例或平衡变化的主要尺度①，就像当年希腊神话中凯旋的英雄形象一样。

随着启蒙观念的深入人心，以及人们对理性的认识逐渐深刻，到了杜威以后，人们逐渐意识到了上述公民教育的做法显然抹杀了个性和主体。因此，呼唤张扬的个体、主体精神，主张自我价值建构的自明教育方式逐渐成为了公民教育实践新的时代模式。这一做法显然是对单向和沉闷的理性灌输方式的反动。然而反动到极致也会出"问题"，例如价值澄清的方式在公民教育中的应用，就显然会导致什么都是和什么都不是的虚无相对状态。所以自明的过程仍然是存有问题的。

西方国家，近些年以英美等国为代表的公民教育"回潮"的趋势有了一些新的变化，如都比较强调在灌输公民知识的同时，要关注公民识读或素养能力（civic literacy）②的培养，这是不是意味着灌输与自明之间正在获得一种新的平衡？例如，美国公民教育中心（Center for Civic Education）于1994年编撰了《美国公民与政府科课程标准》（*National Standards for Civics and Government*）③。该标准明确指出"公民与政府科的教育目的是，要培育知识丰富、能负责任地参与政治生活，而且乐意献身于美国宪政式民主的基本价值和原则的有为有守的公民。这些未来的公民，必须获得一套知识，并且具备良好的心智能力和参与的技巧，才可能有效而负责任地参与民主政治的生活。更进一步地说，这些未来公民，必须培养某些特定的素质和特质，以便提升个人参与政治过程的能力，并且能贡献于政治体制的健康运作，以及社会的不断进步"④。同时，也比较强调各种方式的综合运用、协同发挥功效："许多机构可以协助充实美国人的知识，并且塑造他们的公民性格和作为。家庭、宗教机构、媒体以及社会团体，皆具有重要的影响力。然而学校对于公民能力和公民责任的培养，承担了特别的，以及历史性的任务。学校通过正式和非正式的课程，从很早的各个年级就开始实施公民教育，并且延续到整个教

---

① Webb Rodman B. and Sherman Robert R. *Schooling and Society* ［M］. New York：Macmillan Publishing Company，1989：128.

② Franzosa，Susan Douglas （ed）. *Civic Education：its limits and conditions* ［M］. Ann Arbor，Michigan：Prakken Publications，Inc. 1988：11.

③④ 美国公民教育中心. 美国公民与政府科课程标准 ［S］. 单文经，译. 台北："教育部"，1996：1.

育的历程。公民与政府的正式教学应该能提供学生对于公民生活、政治、政府等有一基本的了解，协助学生了解自己和别的政治制度的运作方式，以及美国政治和政府与世界事务的关系。公民与政府的正式教学应该能对于在美国宪政式的民主制度中，公民应享有的权利和应尽的义务，有能力和负责任的参与美国宪政式民主的架构提供基础。"①

（二）中国的实践范式选择

在韦伯眼里，与清教徒旨在理性地控制世界的资本主义精神不同，儒教理性地适应现世的生活方式似乎缺乏了那份应有的激情，因为君子本身就是目的；而道教则引导人们脱离尘世，与世隔绝。这样，儒教与道教等教化统治下的中国就"拒斥行业的专门化、现代的专家官僚体制与专业训练，尤其拒斥了为营利所得而进行的经济训练"②，因此也很难培育出所谓的"公民（市民）社会"，因而公民教育的实践也缺少了开展的必要基础。

近代，在西方坚船利炮的压力下，公民教育的概念逐渐进入中国。但由于当时特殊的历史时期政治文化的影响，早期公民教育实践更多地选择了单向灌输的方式，并表现出了政党色彩和历史局限性。即使如此，它对国民教育和政治教育的近代化仍然具有重要的启发意义③。有关当时公民和社会文本的研究指出，包括如下几方面：① 公民知能，如党旗国旗教育和民权初步、公民权利与义务等；② 社会关系和活动，如家庭、邻里、学校生活及公共场所，还有地方自治、市政教育等；③ 道德故事，如忠孝仁爱信义和平的道德故事；④ 三民主义大要④。而在当时内忧外患、民众并无任何真实权利、统治阶级自身都无法自圆其说的情况下，对于这样的国民政府的公民教育，表面"忠孝爱国"的文本实质上成为了空洞、虚伪的"皮囊"，成为迫害进步学生、压制自由思想的法西斯政策工具而已。文本与现实生活的高度不一致，这样的文本所反映的价值谱系必然获得民众的厌恶和反感。现实是什么？现实是："我们的政府，军人，学者，文豪，警察，侦探实在费了不少的苦心。用诰谕，用刀枪，用书报，用锻炼，用逮捕，用拷问，直到去年请愿之徒，

---

① 美国公民教育中心. 美国公民与政府科课程标准 [S]. 单文经，译. 台北："教育部"，1996：1.

② ［德］马克斯·韦伯. 儒教与道教 [M]. 南京：江苏人民出版社，1997：275.

③ 毕苑. 从《修身》到《公民》：近代教科书中的国民塑形 [J]. 教育学报，2005（1）：90.

④ 朱翊新. 小学教材研究 [M]. 上海：世界书局，1931：168.

死的都是自行失足落水。"① 鲁迅曾经在《公民科歌》中深刻揭露了公民科教育，"……捏刀管教育，说道学校里边应该添什么。首先叫做'公民科'，不知这科教的是什么。……第四者，要听话，大人怎说你怎做。公民义务多得很，只有大人自己心里懂。"②公民课程没有持续很长时间，几年后就被取消，甚至逐渐演变为"公民训练"、"三民主义"、"党义"及"团体训练"③ 等内容的思想政治教育课程或教学。

当代特别是 20 世纪八九十年代以来，中国又一次掀起公民教育的讨论热潮。例如 1985 年，中共中央颁布了《关于改革学校思想品德和政治理论课程教学的通知》，决定在初中开设公民课程，并组织编写公民教育教学大纲和教材，但未能实行。党的十二届六中全会后，德育的目标由培养"有理想、有道德、有文化、有纪律的社会主义新人"转变为"有理想、有道德、有文化、有纪律的公民"。2001 年中共中央所发出的通知，要求认真贯彻执行新颁布的《公民道德建设实施纲要》，这标志着我国公民教育体系构建进入了一个新的阶段④。2004 年 2 月 26 日发布的《中共中央国务院关于进一步加强和改进未成年人思想道德建设的若干意见》中也提到，各地区各部门要大力加强公民道德教育，切实改进学校德育工作。这些理论探讨也大都限于政府主导的层面，而在开展的方式方法上也仅仅强调直接的公民课程与教学理念的讨论，所以在实践领域似乎并未取得理想的效果。相反，在道德教育或社会科教领域，各种综合的教学或课程方式的变革正在如火如荼地开展，这是否也意味着中国也走上了综合和平衡的实践阶段？当然，这些措施和做法其实也表明了我国对公民教育实践的关注和重视程度的确达到了历史上空前的高度。

从东西方实践的选择来看，历史上所出现的任何一种单一的教化实践都没有取得应有的效果。当然，也很难达到古典时期所设立的公民教化的理想和高度。在全球化到来之前，民族—国家公民教育实践需要在灌输和自明的教化之间获得特定的平衡，这似乎才是较为合理的选择。

三、公民教育范式的形态之析：独立还是整合

对公民教育理论和实践的讨论，自然而然也就带来了关于公民教育形态

---

①② 鲁迅全集（第 4 卷）［M］. 北京：人民文学出版社，1981：473，377.

③ 黄向阳. 德育原理［M］. 上海：华东师范大学出版社，2000：180.

④ 高峰：公民·公民教育·思想政治教育［J］. 东北师大学报（哲学社会科学版），2002（4）.

的关注。在由理论进入实践领域之后，人们自然会生发出与此相关的一系列问题：如公民教育到底该是一个什么样的形态？是否要专设一个公民教育课程？如果专设，那它与其他类别的教育，尤其是道德、政治甚至普通教育的关系怎样？或者单独设立，或者整合进普通教育，还是其他？

（一）公民教育与道德教育

道德教育是与公民教育关系最为密切和重要的一个形态。人们看到较多的是以"公民与道德"这样面目出现的研究、课程或科目，是不是两者本身就是一回事呢？答案显然是否定的。总体来看，历史与现实中出现的各种关系如下。

（1）公民教育与道德教育"融为一体"

作为柏拉图的学生，亚里士多德继承了柏拉图把教育艺术等同于最高的政治艺术的观点，不仅将教育看做一种优先的个人的过程，而且最重要的是将道德教化与公民教育紧密结合起来。古希腊城邦时期的公民教育实践就一直沿用了这种"整合"的理念。

（2）公民教育与道德教育"各司其职"

公民教育关注社会的价值规范，注重培养公民的民主、政治、自治和批判反省素养或能力；道德教育是关于私人的品质、品格的教育，帮助儿童了解善恶并能趋向善的方向，并有道德的行为[1]。西方在民族—国家出现以后的公民教育模式，大都采用了这种模式即独立的公民教育形态，并且在现当代的许多实践中，大有取代道德教育的趋势。

（3）公民教育是道德教育的组成部分

公民教育只是道德教育中的一部分，东方传统的一些国家一般都选择这种模式。比如新加坡从小学到中学阶段所开设的《公民与道德教育》；中国过去和现在的一些实践也是这样，如1934年的《复兴公民教科书》，虽然名称是专门的公民教育，但实际形态却是"混合"的。从四册教材的内容安排可以看出："第一、第二两册研究总理遗嘱、道德故事、民权初步与三民主义，使儿童彻底了解三民主义的精神，期养成三民主义共和国的良好公民。第三、第四两册分述家庭、社会、风俗、经济、权利、义务、职业、政治、法律、

① Halstead, J. Mark and Pike, Mark A. *Citizenship and Moral Education* [M]. London and N.Y.: Routledge, 2006: 34, 40.

地方自治、时事研究等重要问题，使儿童深切明了公民对于社会的种种任务①。而现代中国一贯以来的实践也基本上就是这样做的，将公民教育看做道德或社会科教育的一部分。因此，公民教育是道德教育的延伸或"高级部分"。

一些新的道德教育理论似乎有将两者整合的趋势，如涂尔干以及柯尔伯格第四阶段的"公民教育"和威尔逊的"前道德教育"理论认为，道德行为和习惯是道德教育的基础，而不是规则或道德过程，他们强调好的行为和习惯，而不大重视规则，但实际上却分享了规则方法在道德普遍性和持续性中的核心作用，道德教育的品质是在行为而非反思和认知的层面被表达和认识②。按照他们的观点，道德教育中最大的规则或准则，实际上就是共同的道德行为和日常生活中的习惯，因为人们未必要按照绝对确定性的道德根据来生活，生活于其中的社会、共同体、传统等会给人们提供各种规范。

很显然，道德教育与公民教育是不可分的，但又不能完全混同。而新的时代背景下，整合显然又一次被"复兴"。但如何把握两者之间的度是一个比较难的"操作"。

（二）公民教育与政治教育

政治教育同样是与公民教育关系密切的一个形态。例如苏格拉底、柏拉图、亚里士多德，甚至罗尔斯等，都将公民教育看做政治素养的培养。在民族—国家形成之后，这种趋势在加深，特别是在普鲁士等时期。现代德国依然在某种程度上继承了这一传统，如亨庭西（Hentig H. V.）就认为，一种教育如果不会带来个人在集体中的责任即政治，那么它就并非教育，因为在民主社会中，人人都是国家的卫士③。在民主法治的国家中，一切权力来自于人民。个人自由、法律面前人人平等、尊重人的尊严等这些基本的价值，是公民广为接受的原则。公民教育对于使公民更好地履行民主权利与义务、承担责任、保持发展民主社会形式等具有重要作用，有利于公民养成在政治中尊重他人、尊重少数、合作、无偏见等好的价值标准。

与前述公民教育与道德教育的形态关系类似，历史和现实中公民教育与

---

① 赵景源，魏志澄. 复兴公民教科书（第一册）［M］. 王云五，傅纬平，校订. 北京：商务印书馆，1934：编辑大意.
② Durkheim, Emile. *Moral Education*［M］. New York：Free Press, 1961：59.
③ Hentig H. V.：*Bildung. Ein Essay*［M］. München：Hanser Verlag, 1996：96.

政治教育之间也曾存在过各自独立、融合到高度整合的发展过程，但东西方表现各不相同。如西方更多的是独立，而东方则融合甚至以政治教育替代公民教育的现象较多。因此，合理处理这两者的关系，对于重新界定公民教育形态，也是比较重要的。

（三）公民教育与普通教育

公民教育与普通教育之间形态关系的提出，也是基于新的全球化的发展趋势或诉求。毕竟在考虑到民族—国家公民教育的基础"消解"之后，专门的公民教育是否还有必要继续存在？如果不存在，那么新的公民教育形态到底是否需要整合进普通教育之中？或者如果存在，以哪种形式存在？又与普通教育形态之间是什么关系？这些都是时代提出的有待进一步探讨的新命题。

四、公民教育范式的未来之冀："价值范型"还是"多元范型"

公民教育未来的发展或理想之路到底在何方？包容的理念、自主的教化和整合的形态等，似乎还是未能非常明确地指明方向。因此，对未来公民教育的希冀，还需要进一步具体和实际地作更明确的交代。

（一）理念范式

20世纪八九十年代的西方公民教育复兴运动中，"公民精神"（civism）显然是一个核心理念，因为它强调"复兴民主社会的意识，担负社会重建的使命，崇尚一套核心的价值理念等"①。然而，从20世纪80年代末以后，情况开始发生变化，有许多人对此提出反对意见，因为随着社会政治、经济，尤其是科技（如信息技术）的发展，全球化趋势不可避免。这样，人们逐渐意识到，一个多元、多样世界的来临更需要一个"多元或多维度的公民资格"②（multidimensional citizenship），这种多元公民更适合于成为全球化到来之后的全球公民理想。

多元公民教育的理念具体到底应该是什么呢？尽管处于理论探讨阶段，

---

① Franzosa, Susan Douglas（ed）. *Civic Education: its limits and conditions*［M］. Ann Arbor, Michigan: Prakken Publications, Inc. 1988. 1.

② John J. Cogan, Ray Derricott. Citizenship for the 21st Century: An International Perspective on Education［M］. London: Kogan Page Limited, 1998: 11.

但麦克拉夫林（Mclaughlin T.）的公民教育连续体框架，多少体现出了这样一个从公民精神向多元公民形态或模式发展的趋势①：

- 最小限度解释——最大限度解释
- 浅表的——深厚的
- 排他的——包容的
- 狭义的——广义的
- 正规的——参与的
- 内容导向的——过程导向的
- 知识为本的——价值为本的
- 教诲式传递的——互动式解释的
- 实践中易于达成和测量的——实践中较难达成和测量的

（二）实践范式

我们迫切需要寻找一种非常具体和可资借鉴的实践范式或框架，而且这种实践范式既需要体现新的时代背景的要求——如比较高的多元公民素养的养成，同时也需要照顾发展滞后的传统民族—国家的现实需要——如基本的公民知识的传授。如下的这一框架具有一定的代表性，所涉及的公民教育的三级层次或类型就值得我们思考：（1）"关于公民的教育"（education about citizenship），即公民与社会知识的学习，包括国家历史、整体结构、政治生活、政府形态、公民角色与义务等；（2）"透过公民的教育"（education through citizenship），即公民行为养成的教育；（3）"为了公民的教育"（education for citizenship），培育教育者作为社会有效公民所必需的所有因素或素养：理解和评价相关问题的能力、拥护社会和市政进步的意愿等②。这一框架虽然不能代表全部的方向，但至少可以解决在从传统向现代乃至全球化转型过程中的一些保守与激进做法之间的矛盾和问题。三个层级的发展方向是渐进和螺旋上升式的。

五、结语

实际上，实践方面的裹足不前，更多地可能是因为在"拿来"的时候，

① Mclaughlin, T. Citizenship, Diversity and Education: a philosophical perspective [J]. *Journal of Moral Education*, Vol. 21, No. 3. 1992.

② 洪明, 许明. 国际视野中公民教育的内涵与成因 [J]. 国外社会科学, 2002 (4).

并没有弄清楚别人所指的范围和界限，或没有考虑当时的社会政治、经济和文化背景，就盲目地引用和跟进。毕竟中西方文化传统与政体方面有着根本性的不同，在公民教育方面自然也存有巨大差异，因而必然导致视听和实践方面的混乱和停滞。这也从一个侧面彰显了对"比较"这一方法的运用，会因情境、价值取向的不同，而必然导致不同的结果。另一方面，尽管当代西方公民教育的重点一般侧重于政治社会化，而在我国公民德行的养成会更重要，但公民教育的许多有益经验、人类共享的一些核心公共价值仍是"可通约的"，这也是比较的初衷所在。

德育文化研究

儒家德育的衰落与消亡：
从晚清到"五四"时期的考察

南京师范大学道德教育研究所　叶　飞

内容摘要：儒家德育的衰落史隐含于晚清到"五四"时期的这段历史陈迹之中。晚清的教育新政和学制改革虽然在主观上想要维护儒学的正统地位以及封建统治秩序，但是客观的结果却是逐渐消解了儒家德育的制度基础；此后，民国初期的德育课程改革在课程设置层面上废除了"读经"和"修身"这两门课程，进而解构了儒家德育的课程基础；"五四"时期的德育革命则全面批判了儒家价值观，导致了儒家德育的价值基础的崩塌。通过对这段德育变迁史的考察与分析，可使我们更清晰地理解儒家价值观以及儒家德育的现代困境，从而促进我们对于近代德育变迁史的反思。

关键词：儒家德育　德育变革　制度变迁

对于晚清至"五四"时期的德育变迁的历史考察，往往会忽略一条略显隐蔽的线索，即儒家德育作为一种制度化德育模式是如何走向衰落与消亡的，它的存在基础是如何走向崩塌的？事实上，晚清到"五四"时期的德育变迁史，从某种意义上可以说就是儒家德育从教育制度的中心走向边缘、走向衰亡的变迁史。但是，这种变迁是渐进的、逐级展开的，而不是一蹴而就的。儒家德育走向衰亡，是因其所立身的制度基础、课程基础和价值基础等在晚清、民国初年、"五四"时期逐渐走向了消亡。在现代性意识觉醒的黎明，传统的道德观念和德育模式不可避免地要遭遇到来自新思想、新精神的批判与解构，而深重的民族危机也催化和推动着以"铲除传统"为主要标志的教育改革运动。铲除的对象最初是文化传统中的糟粕与丑恶，而最终却指向了整个传统本身。因此，在新精神、新观念与"铲除传统"思潮的合力包围之下，儒家德育逐渐失去了制度基础、课程基础和价值基础，最终只能游走于教育制度的边缘，在"体制外"寻求生存的机缘。

一、清末教育新政：儒家德育制度基础的消解

清末的教育新政，可以说是风雨飘摇中的清政府寻求维护专制统治的一次重要尝试。国势的羸弱无力、西方的加剧侵略与民众的改革呼声交织在一起，迫使清政府不得不进行政治、教育体制的改革，包括科举制的废除、新式学制的建立等。这次教育改革所造成的一个重要影响，用余英时先生的话来说就是儒学随着制度变革而无处可依附（尤其是科举制的废除以及新式学制的建立），最终成为了"游魂"①。而儒家德育也逐渐失去了教育制度的基础，成为了教育体制外的"游魂"。

（一）科举制的废除：儒家与权力之关系的消解

传统社会的科举制，是一种以对儒学的知识体系和观念体系的掌握程度作为选拔官吏标准的教育评价体制。在科举制的时代里，儒学与权力、儒家德育与权力之间产生了非常特殊的、密切的关系，由此而形成了儒学在教育体制中的中心地位。"当儒学和权力、利益发生密切关系，成为强势的话语时，将儒家作为教育的主要内容便成为官学和私学的自觉选择②。"儒学在封建专制时代成为了真理的代言人，而以儒学为核心内容的科举考试则成为了封建道德体系的维护者，从而造就了以儒家德育为核心的封建教育体制。但是，这种教育体制随着晚清以来人们对于科举制度和八股考试的弊病的揭露与批判而逐渐消解了。在晚清的教育新政中，晚清政府从维护科举转而废除科举，其间无疑经历了一个挣扎的过程。1898 年在"百日维新"中，康有为、梁启超首次提出了取消八股考试的主张，但被保守派势力所阻挠。康、梁改革虽然失败，但保守派无疑也逐渐意识到了废除科举是民心所向，也是挽救政治危局之所需。因此，1901 年 6 月，慈禧太后颁布懿旨，要求"开经济特科"；1901 年 8 月再下圣谕"一切考试均不准采用八股文程式"③。同一年，各省的封疆大吏如张之洞、刘坤一等人联名上书，提出学堂所培养出的

①　余英时. 现代儒学论［M］. 上海：上海人民出版社，1998：233.
②　干春松. 制度儒学［M］. 上海：上海人民出版社，2006：62.
③　朱有瓛. 中国近代学制史料（第一辑下册）［M］. 上海：华东师范大学出版社，1983：120，129.

新式人才已经渐多，应按科递减科举取士的名额。这也预示了废除科举已经获得了保守派官僚的支持。1903 年，张之洞、袁世凯等上书疾呼废除科举，要求确定废除科举的最后期限。1905 年 8 月，袁世凯会同张之洞再次上奏，主张废除科举。最终，光绪三十一年八月初四（1905 年 9 月 2 日），清廷正式下令，所有乡会试一律从丙午科（1906 年）终止，各省岁科考试也一律停止。这标志着已经实行了大约 1300 年的科举制正式寿终正寝。

随着科举制度的废除，旧式的以儒学和儒家德育为中心的教育制度被无形地消解了。士人的前途进身不再由科举出，而官僚体制所接纳的行政人员也不必定要精通儒经、通晓儒家义理。儒家从权力体制的中心位置走出，儒家的知识体系也逐渐失去了"官方知识"的地位，随之而来的是，儒家德育模式也失去了其在教育制度中的中心地位。科举制的废除，事实上意味着儒家德育与封建专制权力的共谋关系的解体：儒学不再能为专制权力提供合法性的辩护，而专制权力也不再能为儒学提供支持和保护。

（二）新式学制的建立：儒学在教育制度中的边缘化

随着儒学与封建专制权力关系的解体，传统的教育制度也逐渐退出了历史舞台，新式学堂和新式学制迅速地发展了起来。其典型的表现即是书院教育的衰落和新式学堂的兴盛。光绪二十一年（1895 年），顺天府尹胡燏棻上书称，各省书院教育于八股、辞赋、经义之外均无所讲求，不通时务，应"将大小各书院，一律裁改，开设各项学堂"①。光绪二十二年（1896 年），刑部左侍郎李端棻上奏《推广学校以励人才折》，重提改书院为学堂。光绪二十四年（1898 年），光绪皇帝按照康有为在《请饬各省改书院为学堂折》中的设想，限令两个月之内将全国大小书院均改为兼习中学、西学的新式学校。康、梁的"百日维新"虽然以失败而告终，但是传统书院改为新式学堂却在清末迅速地完成了②。在书院改制以后，新式学堂的发展非常迅速，大部分的省份都设立了新式学堂，开设西学课程，讲授西方的知识体系。晚清政府为了规范新式学堂和新式教育，先后进行了两次重大的学制改革：一是 1902 年"壬寅学制"（见表 1 - 1）的颁布及其实施；二是 1904 年"癸卯学制"（见表 1 - 2）的颁布及其实施。"壬寅学制"和"癸卯学制"规定了各级各类新式

---

① 胡燏棻. 变法自强疏 [M] //朱有瓛. 中国近代学制史料（第一辑下册）. 上海：华东师范大学出版社，1983：473 - 485.

② 邓洪波. 中国书院史 [M]. 上海：东方出版中心，2004：589.

学堂的教育性质、培养目标、入学条件、学习年限、课程设置和相互衔接关系等。从这两个学制的课程设置和课时安排中，我们可以管窥晚清的德育体制的改革趋势。

表1-1 "壬寅学制"的中学课程表（单位：课时/周）①

学年＼科目	修身	读经	算学	辞章	中外史学	中外舆地	外国文	图画	博物	物理	化学	体操	共计
第一年	2	3	6	3	3	3	9	2	2	2	0	2	37
第二年	2	3	6	3	3	3	9	2	2	2	0	2	37
第三年	2	3	6	3	3	3	9	2	2	0	3	2	38
第四年	2	3	6	3	3	3	9	2	2	0	3	2	38

表1-2 "癸卯学制"的中学课程表（单位：课时/周）

学年＼科目	修身	读经	中国文学	外国语	历史	地理	数学	博物	理化	法制理财	图画	体操	共计
第一年	1	9	4	8	3	2	4	2	0	0	1	2	36
第二年	1	9	4	8	2	3	4	2	0	0	1	2	36
第三年	1	9	5	8	2	2	4	2	0	0	1	2	36
第四年	1	9	3	6	3	2	4	2	2	0	1	2	36
第五年	1	9	3	6	2	2	4	0	4	3	0	2	36

如表1-1与表1-2所示，"壬寅学制"和"癸卯学制"已经形成了中学、西学并重的局面。表1-4显示，儒家德育课程（"修身"课与"读经"课②）在"壬寅学制"中被压缩了，而物理、化学、博物等西学课程则异军突起。（表1-5说明，"癸卯学制"虽有意识地强化了"中学"课程，但是依然难

① 表1-1和表1-2来源：王伦信．清末民国时期中学教育研究［M］．上海：华东师范大学出版社，2002：89．笔者翻阅了《中国近代学制史》《中国近代教育史资料汇编》《第一次中国教育年鉴》《第二次中国教育年鉴》，进行了相关的审定。

② 清末的"读经"课程，并不是单纯的知识教育、文字教育，也不是单纯的品德教育。事实上，它至少发挥着三个方面的教育功能：一是语言文字的教育功能；二是阅读经典、熟悉经典、文化陶冶的功能；三是品德教育的功能，即通过阅读儒家的传世典籍，来施行儒家品德教育，培养儒者的仁人君子之品格。

改"西学"兴起和"中学"没落的趋势。）从整个学制的角度来看，儒家德育已经退出了教育制度的中心位置，出现了边缘化的趋势。学制改革虽然并非要否定儒学，甚至在某种意义上想要维护儒学的正统地位，体现着与儒学的某种"协调一致性"（正如加拿大学者许美德所言）①。但是，我们不得不注意到，晚清政府的教育新政在很大程度上是被动的，推动学制改革的是新生的思想、政治力量。另一方面，儒学既然已经无力为专制权力提供合法性辩护，那么它被专制权力所抛弃也就成为了历史的必然。

因此，随着儒学与专制权力之间的相互依存关系的瓦解，以及儒家德育课程在学制体系中的边缘化，儒家德育的制度基础也就逐渐被消解了。儒家德育失去了以专制权力为根基的教育制度的支撑与保护，从而在教育制度中逐渐走向了边缘。

二、民国初期：儒家德育的课程基础的解构

民国初期，学校德育的改革依然在继续。改革的举措主要包括：其一，国民政府调整了德育观念，进一步融入西方的现代性理念，以西方所提倡的自由、民主、平等的价值观作为学校德育的重要价值观；其二，在学校德育的课程设置中，废除了"读经"课程和"修身"课程，并开设公民道德教育课程，从而开启了由传统儒家德育向现代德育的转型。

清末教育新政虽然在制度层面上"打压"了儒家德育，但是儒家文化的根基依然存在。因为，在清末的政治高层和普通民众的心中，儒学依然构成他们的文化认同。张之洞认为："五伦之要，百行之原，相传数千年，更无异议。圣人之所以为圣人，中国之所以为中国，实在于此。"② 这种文化姿态体现了清末时期人们的一种比较普遍的心理。但是，到了民国初期，人们的文化观念和价值观念发生了根本性的转变。辛亥革命推翻了清政府的统治，推动了社会的整体变革，西方的民主、自由、公民权等新观念获得了广泛的传播。国民政府在《中华民国临时约法》以及其他一些法令、法规中，也都规定了公民的基本权利和义务，公民道德教育逐渐成为了热点话题。

民国初年，国民政府教育部就着手进行学校德育课程的改革，最终确立了以公民道德教育作为主要内容的德育课程体系，其宗旨是塑造新的国民精

---

① 许美德，巴斯蒂. 中外比较教育史 [M]. 上海：上海人民出版社，1990：433.
② 张之洞. 劝学篇·明纲 [M]. 桂林：广西师范大学出版社，2008：24.

神，培养新的国民人格。在这种情况下，儒家德育课程逐渐被废止。1916 年，"读经讲经"课程被废止，儒家经典文本的阅读不再进入学校课程设置之中。而到了 1922 年，由全国教育联合会共同商讨制定的《学制系统改革案》，不仅取消了"读经"课程，还废除了"修身"课程，改"修身"课为"公民"课。1922 年的学制改革方案虽然没有经民国政府正式颁行，但是由于全国教育联合会的影响力，后来事实上成为了全国性的课程标准①。为了更直观地理解 1922 年的学制改革方案对于学校课程体系的影响，我们可以看看它所规定的初级中学的课程科目和学分设置表。

表 1–3　1922 年"新学制"初级中学各课目学分分配表②

学科	社会科			言文科		算学科	自然科	工艺科			体育科		选修	合计
	公民	历史	地理	国语	外国语			图画	手工	音乐	卫生	体育		
学分	6	8	8	32	36	30	16	12			4	12	16	180
百分比（％）	3.33	4.44	4.44	17.8	20	16.7	8.89	6.67			2.22	6.67	8.89	100

　　从这个课程纲要中，我们可以看到，"修身"和"读经"这两门课程被废除了，取而代之的是"公民"课。"公民"课有 6 个学分，占总学分的3.33%。随着"公民"课在学校教育中的正式实施，公民道德教育成为了学校德育的主体内容。而随着"修身"与"读经"这两门课程从学校课程体系中的废除，儒家德育的课程形式也从学校德育课程体系中正式"退场"了。这两门课程的废除，事实上意味着儒家德育在课程体系中的合法性地位已然丧失。儒家德育失去了学校课程体系的支持，它的存身基础被解构了。

　　当然，我们必须注意到的是，民国初期的德育改革虽然在课程设置上废除了儒家德育，但是儒家价值观并没有被全面否定，因为民国时期的众多知识分子和普通大众对儒家价值观依然保有信奉之情。也就是说，儒家德育的课程基础虽然不存在了，但是儒家德育的价值基础依然存在着。造成这种状况的原因大致有三。

---

① 张之洞. 劝学篇·明纲［M］. 桂林：广西师范大学出版社，2008：100.
② 王伦信. 清末民国时期中学教育研究［M］. 上海：华东师范大学出版社，2002：100.

第一，民国初期尊孔、崇儒的势力依然存在。创始于 1912 年的 "孔教派" 宣扬儒学，曾向国会两院提交了《请定孔教为国教请愿书》，主张定孔教为国教①。虽然 "孔教派" 的活动最终失败，但是确也反映了当时民众对于儒学的尊重和依恋心理。第二，以梁漱溟、熊十力、张君劢、方东美等为代表的现代新儒家，在民国初期形成了一个崇尚儒学的知识分子群体，倡导儒家文化及其现代价值，拒绝全盘西化。这也促成了儒家价值在民国初期依然得到了尊重。第三，民国初期的教育改革将儒家的一些价值观念如孝悌、恭敬、仁爱、诚信、忠恕等融入到德育课程当中，在整体上体现出了 "修身、齐家、治国、平天下" 这一传统的进德修业精神②。民国教育总长蔡元培先生，更是一位将西方的价值理念与儒家伦理相结合的典型代表。他对西方的 "公民道德观" 进行了 "儒家化" 的改造，强调西方的自由、平等、博爱等精神在传统儒家伦理中也能找到对应范畴：孔子所说的 "匹夫不可夺志"，正是自由之谓也； "己所不欲，勿施于人"，正是平等之谓也；孔子所谓的 "仁"，正是博爱之谓也③。通过这种 "儒家化" 改造，民国初期的德育改革有意识地保留和延续了儒家价值观念，而不是全盘否定儒家的价值观念。

三、"五四" 时期：儒家德育的价值基础的崩塌

如果说民国初期的德育改革是在相对温和的文化观念下展开的，那么 "五四" 时期的德育改革则可以说是在狂风骤雨般的革命状态下完成的。在 "五四" 运动之前，整个中国社会的现代性观念依然是比较朦胧的，但是到了 "五四" 时期，"这种朦胧的表达才发掘了出来，并解释和转换或者说将其激活为真正现代性的力量"④。现代性意识的觉醒爆发出了极具冲击的革命力量，而革命的矛头则指向了以儒家为代表的传统文化，从而形成了全盘否定儒家价值观的教育思潮⑤。这在一定程度上导致了儒家德育的价值基础的崩塌。

---

① 张卫波. 民国初期尊孔思潮研究 [M]. 北京：人民出版社，2006：76 – 81.
② 郑航. 中国近代德育课程史 [M]. 北京：人民教育出版社，2004：101.
③ 孙培青. 中国教育史 [M]. 上海：华东师范大学出版社，2000：367.
④ 张光芒. 启蒙论 [M]. 上海：上海三联书店，2002：11.
⑤ 必须注意的是，"五四" 的重要知识分子并不都是反传统的，甚至有些知识分子对于传统仍保有深厚的情感，他们在传统文化的熏陶中成长，并且一生都在从事着 "整理国故" 的工作，比如胡适、鲁迅等人。他们对于传统的批判是基于传统的糟粕，而并不是全盘否定。但是，他们的言论往往被文化激进主义者所误解和利用，最终形成了极端的全盘西化思潮。

（一）德育观念的革命：激进的反传统策略

由于受到激进的文化理念的推动，"五四"时期的知识分子形成了比较普遍的"反传统"的文化心态。民国初期的德育观念遭到了否定，而"中西融合"的德育政策也逐渐被调整到了"全盘西化"的德育政策上来。总体来说，"五四"时期在德育观念上的反传统策略主要体现在以下几个方面。

首先，教育知识分子和普通民众在极端现代性意识的鼓动下，放弃了自身的文化认同。现代性意识的不断扩张，尤其是在没有节制的极端扩张的情况下，最终泛滥为一种"话语霸权"，形成对文化传统的全面压迫与解构。这在很大程度上引发了整个民族在"五四"时期的文化认同障碍，出现了抛弃一切传统的极端心态。典型的案例就是，当时的知识分子们曾高呼"推翻孔学，改革伦理，废除汉字"的极端主张，并且认为"儒家不死，中国必亡"①。这种与儒家传统的决绝心态，实在可以说是知识分子的现代性焦虑的深刻体现。

其次，"五四"知识分子未能理性地区分"权力化儒家"（封建意识形态化的儒家）与"精神儒家"。他们所批判的对象主要是权力化儒家，但是却把权力化儒家当做儒家的整体。对于"五四"知识分子而言，儒家传统似乎就是两汉以来所形成的权力化儒家，儒家学说就是以"三纲"为核心的封建伦理。为此，遵循"三纲"的儒家德育，只能是一种培养奴隶的道德教育，而无法培养出民主国家的公民。因此，陈独秀认为"非独不能以孔教为国教，定入未来之宪法，且应毁全国已有之孔庙而罢其祀"②。事实上，陈独秀并没有意识到，"三纲伦理体系"只是权力化儒家的核心内容，而并非儒家精神传统的核心内容。以"三纲"为核心的儒家伦理仅仅是儒家权力化、封建意识形态化的结果，而并非儒家的真精神所在。正因为如此，笔者的一个基本判断是，"五四"的一些重要知识分子并没有形成清晰的对象意识，他们所批判的对象主要是以"三纲"、封建礼教为核心的权力化儒家传统，而并非儒家的真精神。

---

① 1918 年，钱玄同在《新青年》上发表文章《中国今后文字之问题》，提出了"欲使中国不亡，必先废孔学、废汉字"的主张。当时一些比较激进的知识分子（如赵元任、胡适、吴虞等人）也支持了这一主张，坚持认为中国近代以来的落后面貌是由儒家文化所造成的。因此，如果不打倒儒家文化，中国必定要在西方文化的冲击和武力的侵略下"亡国亡种"。

② 陈独秀．再论孔教问题［M］//独秀文存．合肥：安徽人民出版社，1987：94.

最后，在"五四"知识分子的批判对象不明的情况下，他们的批判意识往往被激进主义者所利用，成为"全盘西化"思潮的形式上的"领头羊"。以吴虞、毛子水等为代表的文化激进主义者，在文化上以"全盘西化"的姿态出现在世人面前。他们对于儒家传统的批判，是一种全盘的批判和否定。情绪化的、发泄式的批判思维左右了他们的批判逻辑，甚至使批判儒家成为了一种"主义式"话语，即批判、否定、打倒一切与儒家传统有关的事物。这种主义式的批判模式在"五四"时期特殊的社会背景、文化困境、群体意识的推动下，最终导致了儒家价值观在教育领域的合法性地位的全面崩塌。总体而言，"五四"的文化批判推动了中国的道德革新和教育革新，它对于民众的精神生活起到了振聋发聩的作用。但是，彻底否定儒家传统显然并不合理，它只会使教育改革陷入"文化虚无主义"的陷阱。

（二）德育目标的革命：人格模式的重新定义

"五四"时期的知识分子普遍认为，儒家德育所培养的圣贤人格，与现代社会的人格要求相差甚远，这样的人格品质无法满足现代民主国家的需要。为了实现真正的民主政治和民主教育，学校必须注重培养平民人格而不是圣贤人格。在当时的教育学界，蒋梦麟、陶行知等人都是平民人格的积极倡导者。蒋梦麟明确强调："教育究竟要做什么？使平民做堂堂底一个人，使个个平民做堂堂底一个人。"① 做一个堂堂正正的平民，而不是儒家德育所说的圣贤，是人格目标的一个重大变革。而陶行知在晓庄师范学院和山海工学团的教育工作，也主要是以平民人格为目标。虽然蒋梦麟、陶行知等人并没有严厉批判儒家人格观，但是在人格模式的重新界定上，他们显然更多地吸收了西方的人格理念。

"五四"时期德育目标的革命，还表现在当时教育界发起的从儒家的"顺民"人格、"私民"人格走向现代公民人格的德育改革运动。康、梁曾指责中国只有"私民"而没有"公民"，这一点为"五四"教育改革者所认同。陈独秀曾指出，中国几千年来的儒家德育所培养出来的人，是没有个性、没有主体人格、没有社会公德观念的私民和顺民，他们只能是统治阶级的工具和傀儡。胡适、鲁迅、吴虞等"五四"知识分子也都力主在教育领域中批判"顺民"人格与奴隶人格，呼吁抛弃这种奴隶化的人格教育模式，倡导新的人

① 蒋梦麟. 教育究竟做什么 [J]. 新青年，1919，第 1 卷第 1 号.

格观念和教育理念。新的德育目标不需要"顺民"人格、"私民"人格,而是需要一种平等、民主之人格,一种健全的公民人格。所以,在当时的教育界,以蒋梦麟为代表的教育知识分子发出了要"养成健全之人格"的呼声,呼吁道德教育要从培养"顺民"、"私民"转而培养公民①。

概而言之,"五四"时期的教育知识分子对于人格模式的重新定位基本上是正确的。公民人格取代"顺民"人格和"私民"人格,无疑具有历史与教育的进步意义。但是,"五四"时期的一些知识分子在人格模式的角度忽略了儒家人格观念的现代意义,简单地认为儒家德育的人格目标就是顺民人格、奴隶人格,这也是对于儒家德育的一种误解。这个误解一旦产生,难免使教育学界放弃了对儒家人格理念的深度挖掘和改造,从而在教育改革的过程中显得情绪焦躁、矫枉过正,失去了理性地辨识儒家传统及其德育价值的机会。

(三) 德育方法的革命:提倡德育的新方法

"五四"时期在德育方法层面的重大变革,首先体现为倡导个性化的道德教育方法。当时的教育学界普遍认为,儒家价值观束缚了儿童的个性,无法培养出具有道德主体性的现代人。蒋梦麟就曾指出,"吾国文化较诸先进之国相形见绌,其原因就是'个性主义'之不发达。"② 缺乏个性,也就缺乏了独立性、自主性和创造性,难以成为一个民主国家的合格公民。梁漱溟先生在当时也认识到,中西方文化的差异所造成的国民人格的差异,正在于西方人有个性、有自主性,而我们缺乏个性、自主性。儒家德育的灌输化倾向在很大程度上限制了受教育者的个性、主体性和创造性。由此,"五四"知识分子和教育界人士倡导一种个性化的道德教育方式,肯定个人的价值,肯定个性的价值,"个性解放"由此成为了"五四"时期的一个重要口号。在这一时期,学校德育要求人们认识到儿童的个性尊严和个人权利,道德教育开始崇尚一种个性化的教育方法。这无疑是一种全新的教育风气。

此外,"五四"时期的教育界在德育方法上还提出了一个新主张,即在生活中展开道德教育。陈独秀发现,西洋教育重视现实生活,以贴近生活的方式来展开,而中国的儒家教育却多关注空虚无用的内容,所采用的方法也多是记忆背诵的方法。他说,"西洋教育所重的是世俗日用的知识,东方教育所

---

① 蒋梦麟. 民主主义教育 [J]. 教育杂志, 1918 (10).
② 蒋梦麟. 蒋梦麟教育论著选 [M]. 北京:人民教育出版社, 1995:76 - 77.

重的是神圣无用的幻想；西洋学者重在直观自然界的现象，东方学者重在记忆先贤先圣的遗文"①。东方教育的这种空疏取向，在道德教育层面上即体现为学校德育的教条化、知识化和灌输化。为改革此种弊病，当时的众多知识分子主张实行生活化的道德教育。陶行知明确提出了"生活的教育"、"为生活而教育"、"为生活的提高、进步而教育"的思想观点②。陈鹤琴也提出了在大自然、大社会中开展"活教育"的理论。可以说，"五四"知识分子的生活教育思想唤醒了人们对于现实生活的关注，唤醒了道德教育对于学生生活的关注。这对于知识化、灌输化的儒家德育方法无疑是一种极大的超越。

综上所述，从晚清到"五四"时期，儒家德育的生存空间和立身基础被不断地压缩、解构。晚清的学制改革对儒家德育的制度基础形成了消解作用，使得儒家德育在教育体制中逐渐走向了边缘；民国初期的德育课程改革则废除了"读经"课和"修身"课，这导致了儒家德育的课程基础的消亡。而到了"五四"时期，德育改革的路径更加激进，不仅仅是在教育制度和课程层面上废除了儒家德育，并且在价值观念层面上也全盘否定了儒家德育的现代教育意义。由此，晚清到"五四"时期的德育变迁史的脉络逐渐清晰，即伴随着传统的政治体制和教育体制的衰落与消亡，儒家德育模式也逐渐走向了消亡。儒家德育沦落于无可依附的境地，最终成为了体制外的"游魂"。只不过，对于儒家价值观以及儒家德育我们应该缅怀和追思，还是应该解构和抛弃，依然需要继续去追问和反思。

---

① 陈独秀. 近代西洋教育 [M] //独秀文存. 合肥：安徽人民出版社，1987：109.
② 陶行知. 生活教育漫忆 [M] //陶行知全集（第三卷）. 长沙：湖南教育出版社，1985：623.

佛教文化蕴涵的道德精神及其道德教育意蕴

曲阜师范大学教育科学学院　唐爱民

内容摘要：佛教文化是当前中国文化与道德建设正在遭遇的文化事实和可资借鉴、改造的精神资源与文化参照。其道德精神的思想内核可概括为：止恶扬善的善恶观；慈悲为怀的道德本质观；出家修行与在家孝亲相结合的孝道观；偶像与隐喻相结合的道德内容观。其方法论原则是：讲究本性是佛、自省自克的修行原则；遵循戒律、依戒修持的修行戒律；讲求摄、度的修行准则；倡导因材施教、因地制宜的个性化教育。学校道德教育可以从中汲取诸多有利于自身改革与发展的价值观与方法论。

关键词：佛教文化　道德精神　道德教育　当代价值

自公元 67 年佛教经典传入中国以来，佛教文化在中华大地传播、发展了近两千年。直至今日，佛教文化已成为中国文化结构的重要组成部分。因其广泛流传于民间而影响着民众的生活与行为方式，因其积淀在民族的精神意识之中而制约着国人的道德与价值观念。无论对人们生活方式的潜化还是道德观念的暗化，佛教文化都成为当前中国文化建设必须正视的文化事实和无法消弭的精神资源之一。而由于佛教文化蕴涵着浓烈的道德情怀和普世的伦理情愫，因而，不能不是当代道德教育改革与发展可资借鉴、改造的精神资源与文化参照。鉴于佛教文化伦理思想的深邃，本文拟从绅绎其核心道德精神的视阈出发，来揆度蕴涵其中的道德教育价值及其当代启蕴。

一、佛教文化蕴涵的核心道德精神

佛教文化的道德建构是一种基于神圣信仰的宗教道德建构，是人类把握道德现象的独特形式。它以苦难的人生观、超世的善恶观、清净的修养观为轴线来思忖道德世界与道德生活。在其视界，人生的始点是永无休止的苦难轮回和生死轮转，可谓"人生无常，苦海无边"。人生在世，永远摆脱不了痛苦的纠缠，跳不出生苦、老苦、病苦、死苦、怨憎会苦、爱别离苦、求不得苦、五取蕴苦的藩篱。唯一的拯救之道或解脱之途便是跳出三界外，借助于觉悟与修行，达至涅槃境界，进入极乐世界。且不论，佛教将人生归结为绵延无尽的苦难，这一论断是否消极，佛教的苦难意识对于人们完整洞察人生的真谛与生活的意义，对于慰藉人的心灵，锻造人的坚毅与坚韧，启迪人的生活智慧，激发人的慈悲情怀或同情意识，又具有独到而深刻的道德意义。

（一）佛教文化之道德精神的认识论基础

佛教的认识论基础是其佛性论。佛性原指佛陀本性，后延伸为觉悟成佛的可能性。"佛"不是人格化的化身，而是"觉悟"的意思，即觉悟宇宙人生的真谛或绝对真理[①]。在佛教文化的视域，世界的万事万物不是一个真实的存在，而是一个"冥造之前，廓然而已"的空无状态。空、无乃万物之本。人的本性是飘忽、虚幻的，即所谓"无性之无，谓之法性"的"本无"状态。只有超脱世俗生活的羁绊，方能摆脱世间无尽的苦乐纠缠，进而获得佛性，达到涅槃之最高境界。而"佛教所谓的最高实体和超脱一切现实变化的最高精神修养境界，实际上是二而一的东西。佛教的最高实体也就是一种超脱现实世界的永恒不变的最高精神境界"[②]佛性即是人的本性，佛在心中；所谓"一切唯心造，而不从外来"。唯有从人的本性出发，内求于心，静心静虑，方能使本性觉悟，以致顿悟成佛。这就是中国禅宗六祖唐代慧能大师所谓的"本性是佛性，离性无别佛"、"佛向性中作，莫向身外求"、"自性若悟，众生是佛；自性若迷，佛是众生"[③]之意蕴所在。

佛教之佛性论的基本假设是人生世事无常，苦海无涯，所谓"人生苦，世事空"。它构成了佛教文化的思想基础。其意旨在于唤起人们的出离之心，以出离心来破除世人执著的种种贪欲、忌妒、骄狂及其带来的诸如贪、嗔、痴等痛苦，用种种修持来求得"无有诸苦、唯有诸乐"之极乐世界的目标。佛教认为，人的一切果报都出自善恶循环、因果报应，只有多行善事，多造善因，才能使人祛除恶性与贪欲之心，规避苦难之轮回，获得智慧解脱之乐，取得坦然无惧、泰然处世之功效，从而创造人生的美好未来。这就是佛教伦

---

①②③　中国哲学教研室，北京大学哲学系．中国哲学史［M］．北京：商务印书馆，1995：220，223，285．

理的人生解脱观。"佛教的人生解脱理论，尤其是其中的人生价值论、因果报应论和心性论，对佛教伦理起了主导的作用。在佛教伦理中，解脱论和伦理观融为一体，一方面为佛教伦理提供了信仰基础和心理基础，为信徒的道德实践提供了源泉、动力、信念、意志，另一方面又给佛教义理赋予了伦理意义，要求信徒在佛教道德实践中体验佛教义理，并实现其信仰价值。"① 佛教的伦理建构以追求人生解脱为始点，以达至解脱境界为终点。在其看来，世俗的一切，其本质都是"苦"，"三界皆苦，无可乐者"，这是佛教对人生和社会所作的最基本的价值判断。

佛性论的另一个基本假设是因果报应论，认为人永远摆脱不了"三世报应论"（即现报、后报、来世报）的循环轮回。一切恶因注定会变为恶果，一切善因必定变为善果；若要规避恶果，就先要规避恶因；若祈求善果，就要从当下做起，行善业之道，为利人之功。这是佛教伦理观的理论基础。如果说，佛教文化的道德功利论是建立在善恶报应论基础上的话，其道德的义务论则立基于肯定性规则与否定性规则的各种道德规范和戒律，而其道德的德性论则建立在心性论基础上，以改善人的道德本性、提高人生境界、最终解脱成佛为鹄的②。佛教认为，人要觉悟、超脱，应首先具备"心性本净"（即真如）的思想认识，"自识本心，自见本性"，否则，若被"无明"遮蔽，心性便受到世俗功利与贪念的污染（即不净），便难觉悟成佛。佛教文化的道德精神与道德教育思想的认识论就是建基于苦乐循环、因果报应的这一心性论之上的。

（二）佛教文化之道德精神的思想内核

佛教文化既有其神秘的宗教形式，亦有其深沉的道德精神，是宗教形式与道德精神的有机结合，是玄虚的文化形式与现实的道德内容的统一。撇开其神秘的宗教形式，佛教文化的道德精神似可扼要归结为如下方面。

1. 止恶扬善的善恶观。善恶观是贯穿佛教文化全部教义的核心价值观。佛祖释迦牟尼有云："诸恶莫做，众善奉行。自净其意，是诸佛教。"③ 这是统摄佛教一切义理、戒律与道德观的核心、根本，佛教称之为"七佛通戒偈"。它是佛教建构道德文化的根基。其内涵简洁明了，就是让人止恶扬善，

---

① 方立天. 中国佛教伦理思想论纲 [J]. 中国社会科学，1996（2）：98.
② 魏德东. 论佛教道德的层次性特征 [J]. 道德与文明，2002（6）：51.
③ 大正藏（第4卷）. 转引自劳政武. 佛教戒律学 [M]. 北京：宗教文化出版社，1999：25.

弃恶行善，从心地上做自我改造、自我修养的功夫。这一道德精神与佛教一贯秉奉的苦乐轮回、生死轮转、因果报应的观念是一脉相承的。人要摆脱苦难纠缠，获得来世的幸福，唯有今世止恶修善、积累功德而别无他途。佛教文化是一种解脱苦难、追求完善的宗教，它建立在世间善业功德的基础上，倡导去恶从善的劝说教化。这一道德教化思想对人之道德存在事实的揭示及生命安顿意义的强调，具有自身的合理性。对人的道德发展而言，它"不但具有客观监督的作用，而且更强调人们自己内心的约束，使他律性的道德规范转化为自律性的道德规范"。① 而这一思想与世俗道德教育所秉持的知善、爱善、求善、行善、与人为善的宗旨，与儒家传统文化所主张的"三纲领"、"八条目"的道德修养目标是一致的。

　　2. 慈悲为怀的道德本质观。慈悲心是佛教文化的基本精神和最基本的道德观念。以慈悲为本，"怀大慈大悲之心，行同情怜悯之业"，是佛教道德文化的一大特色。佛教特别是大乘佛教强调慈悲为怀，将慈悲心视为佛教徒心性修养的基础内容。所谓慈悲，即拔苦予乐（解除众生的痛苦，给予众生以快乐）。"慈"的功用在于使众生快乐、幸福；"悲"的作用在于去除众生的"贪"、"恚"、"痴"的苦恼（即"三毒"），使之摆脱苦难。慈悲与利他紧密相连，既指向个人苦难的解脱，也指向解脱他人的苦难以造福众生。"佛教的慈悲不仅指要对自己之外的他人慈悲，而且有时也指要对一切有生命之物慈悲。"② 慈悲意识作用于生活实践，主要通过布施和戒杀而体现。佛教倡导普度众生，强调通过慈悲心肠消除众生的"十恶八邪"，使之恢复自性清净，以达臻"顿悟自心本性"、"自性弥陀"之最高境界。"慈善之举能给人以快乐，悲悯之心能解除他人的痛苦。"③ 慈悲情怀乃人的存在命脉和精神根基，它"如人命根，即以出入息为根本，菩萨如是修学大乘，以大悲为根本"，"菩萨兴行，救先；诸佛出世，大悲为本"。佛教经典《华严经》如是说："发菩提心者，所谓发大悲心，普救一切众生故。发大慈心，等佑一切世间故。发安乐心，令一切众生灭诸苦故。发饶益心，令一切众生离恶法故。发哀愍心，有怖畏者，咸守护故。发无碍心，舍离一切诸障碍故。发广大心，一切法界，

　　① 张健新. 佛教德育思想初探［M］//朱小蔓. 道德教育论丛（2002年第2卷）. 南京：南京师范大学出版社，2002：190.
　　② 姚卫群. 佛教的伦理思想与现代社会［J］. 北京大学学报（哲学社会科学版），1999（3）：87.
　　③ 哈斯朝鲁. 佛教道德与精神文明建设［J］. 中国宗教，2004（3）：56.

咸遍满故。"① 《观无量寿经》中说："佛心者，大慈悲是，以无缘慈摄诸众生。"② 佛教所提倡的"无缘慈悲统摄诸众生"的伦理观念，是无差等、无分别的慈悲，对众生具有普遍的范导意义。

佛教的慈悲观念完全可以成为现代社会道德建设的文化资源。对人的道德发展而言，慈悲意识有益于鼓励人们扶危济困、严于律己，追求理想的至善境界，对于克服享乐主义、拜金主义、个人主义，塑造健全的人格具有独特的现实意义；对社会的道德建设而言，则有利于净化社会、弘扬正气，保持社会的安定与和谐。慈悲精神"有助于提升道德境界，塑造良好的人格形象；有助于正确处理人与自我、人与社会、人与自然的矛盾；有助于维护社会的稳定，推进全面建设小康社会的进程"③。

3. 出家修行与在家孝亲相结合的孝道观。孝是贯穿佛教道德文化的核心范畴之一，也是佛教文化与世俗文化相融合的主要表征。魏晋南北朝之后特别是隋唐以降，随着佛教文化中国化步伐的加快，佛教逐渐抛弃了离家出世、疏离父母的观念，将出家修行与在家孝亲统合起来，形成了特色鲜明的佛教孝道观。佛教通过注疏《盂兰盆经》，开展盂兰盆会等活动，大力推行与世俗道德特别是儒家传统道德相契合的孝道观。汉魏时期的牟子、唐代僧师宗密、宋代禅僧契嵩、明代僧师智旭等佛教大师，或著书立说，或讲经布道，或身体力行，极力宣扬孝亲、孝顺、孝德，甚至将其视为"百行之本"、"至道之宗"，从而使孝道成为僧俗两界皆可接受的人生道德。如宋代禅僧契嵩在《孝论》中指出："夫孝，诸教皆尊之，而佛教殊尊也。"④ 契嵩等人通过以佛言孝、助世行孝，将佛教与中国本土的世俗道德结合起来，最终成为佛教道德文化的一个基础内容。

佛教并不反对人间孝道，而是将其置于更宽广的普度众生的宗教情怀中。《佛说孝子经》阐述了佛家的孝道观："子之养亲，甘露百味以恣其口，天乐众音以娱其耳，名衣上服光耀其身，两肩荷负周流四海，迄子年命以赛养恩。"佛教认为，孝道有其独特的人生规范与道德教化作用。孝亲不囿于用衣食孝养父母，更在于用精神食粮供养父母，使其远离忧虑与恐怖，处于清净与安详之态，以行持善业正道、享受"得无上福报"的精神愉悦。孝亲是人

① 三藏实叉难陀译. 大方广佛华严经（第62卷）[M]. 台北：灵鹫出版社，1993.
② 大藏经（第12册）[M]. 台北：新文丰出版公司，1983：343.
③ 刘胜梅. 论中国佛教的慈悲精神及其现实意义 [J]. 雁北师范学院学报，2005（2）：52.
④ 契嵩. 镡津文集（卷3）[M] //大正藏（第52卷）.

的美德之本和教育的常规内容之一,是人类社会最基本的道德精神,它对于焕发人的恭敬态度、同情意识、亲善行为意义甚大。这是佛教文化能在民间广为流传的一个重要原因。

4. 偶像与隐喻相结合的道德内容观。佛教道德文化大多以偶像的形式来表达。佛教借助偶像这一文化形式,宣扬着人类的道德文明,传达着人们的道德诉求,实现着"以佛道设教"的教化目的。佛教创制了诸多大慈大悲的宗教偶像,这些偶像蕴涵着浓厚的慈悲情怀和道德精神,对教徒具有独特的心灵启发、道德感化作用。佛教中流传的诸佛菩萨,既是佛教文化的精神偶像,又是其外在表征。偶像的价值在于假借修真,在于实现"心能转物,即同如来"之功效。事实上,佛教也是以偶像化的方式,来推行人间道德教化的,以使信众在偶像的启发下,自见本性,顿悟当下,觉悟成佛。某种意义上,偶像也是一种隐喻。佛教借助于偶像的隐喻意义来表达人生哲理、精神信仰、伦理见解与道德愿望。"宗教道德教育的文化性的一个重要表现是它的象征的、隐喻的表达方式同直接的道德宣传浑然一体。"① 佛家经典中的善恶阐释,不是借助逻辑推断的方法,而是运用宗教隐喻、直觉体悟的方法来解说道德,宣称教义,表达心声的。它或借自然万物,或假世风人情,皆有托物言志、一语双关、意味无穷之意。如佛教所说的"平常心",即是以宗教隐喻的方式来宣扬"清净法身"的深沉含义;"放下"意味着打破一切固执与束缚、使心灵恢复灵动活泼的本然状态;"娑婆世界"象征着烦恼愚迷;"极乐世界"象征着智慧解脱;"十法界"象征着人的精神世界的十个层次;弥勒佛象征着大度;大通智胜佛隐含"通达无碍、智慧解脱";"黄打铁念佛"寓含持名念佛之"自净其意"的修养方法;"拈花微笑"蕴涵自心本佛、见色明心、渐修顿悟之境;"郯子孝亲"蕴涵行持孝道的精神等。借助于隐喻,佛教实现了信仰教育与道德教化之潜移默化、润物无声的效果。

佛教文化是一种诉诸内心觉悟而非向外索求的文化样式。它借宗教形式表达心声,假偶像形态感召人心,用隐喻样式启发冥思,最终实现人的自悟改造和修养境界的提升。不过,佛教中的偶像与隐喻,只是人们借以自修、自悟的"助缘"或形式而已,要提高自身的道德精神境界,达至智慧解脱,还要靠自身的精神觉解与心性修养。

---

① 檀传宝. 宗教信仰与宗教道德——兼论学校德育的相关问题 [J]. 北京师范大学学报(社会科学版),1999 (4):80.

（三）佛教文化之道德精神的方法论原则

佛教将戒、定、慧视为提高人的道德觉悟、求得人生解脱的最佳方法，称为"三学"。"三学"是佛教道德文化的实践纲领。"佛教是伦理道德色彩相当浓厚的宗教。佛教的戒、定、慧'三学'的戒学和定学，尤其是戒学，实属于伦理道德修持的学说。"① "戒"即教徒居家或出家生活所必须依循、修持的戒律；"定"即觉悟修炼时剔除杂念、摄散澄神、专心致志的意志状态（即禅定）；"慧"即洞察人生与世相的思维方法及增长智慧的修习活动。佛教主张由戒生定，由定生慧——戒律是通达禅定与智慧的基础，禅定是获求智慧的基础，智慧是人生修行和道德修持的终极目标。借助"三学"，可达去恶行善、慈悲为怀、自利利他之解脱境界。佛教的"三学"是建基于因果轮回的世界观之上的，这一系统化的修行思想，由于将道德、道德修养与人生意义统合起来，故能加深人的道德与生命意义的沉思。佛教文化之道德精神的方法论原则，择其大要，可作如下概括。

1. 讲究本性是佛、自省自克的修行原则

佛教文化认为，佛性觉悟、道德修养之最有效的方法是自净其意，自性澄明，自我觉解；所谓"本性是佛"，"自心是佛"，"心净则佛土净"。佛教非常主张日常修行，强调在日常生活中净化心灵，绵密修行，以使自己的心念与言行符合人生修养的至高标准；而日常修行最基本的方法即是对自己的起心动念保持高度的清醒，用心"观照"（即用心性之光看护自己的心念与言行），通过自我觉察、自我管理、自我觉悟达臻人生修养的最高境界。

佛教宗派林立，但都主张并践行坐禅的修行方法。坐禅即静思打坐，"以一念代万念"，使心中的私心杂念不发作，以进入一种绝对虚静、静心息妄、清净明觉的精神境界。唯有通过坐禅、修持保持人的清净心（即佛性），方能专心致志地领悟佛教义理。唐代禅宗慧能就秉持"无念为宗"的修行观，认为只有本心不受外界、外物的迷惑与影响（即无住、无相），消除万念杂心，"百物不思，念尽除却"，"不于境上生心"，才能达至自性"真空"、"真如"之境界。所谓"无念"即无邪念、无杂念、专心致志、精神执著之意，亦即"于诸境上心不染"。"按照此种'无念'的意思，则不是不接触对象，不是

---

① 方立天. 中国佛教伦理思想论纲［J］. 中国社会科学，1996（2）：97.

不要日常生活，而是处尘世而不染。"① 只要思想净化，万物方能净化。慧能曾作偈曰"菩提本无树，明镜亦非台。佛性常清净，何处有尘埃"，道出了佛教无念为宗、心静如水、人心不动之修行观的精髓。这与儒家道德教育所秉持的道不外索、反求诸己、自省自克、不动心的修养方法旨趣一致，都是力求人在与外界交往过程中不为外物所累、所困，诚意正心、凝神聚力地修身养性。

2. 遵循戒律、依戒修持的修行方法

遵循戒律、依戒修行，是佛教倡导的特色鲜明的道德修养方法，是佛教修行的入门基础，为使教徒澄明本性，获得彻悟，佛教发明了一系列戒规戒律，用以净化世俗的认识（即"惑智"）并以此规范教徒的日常行为。佛教的"戒"属于自律性的教条，其功能在于防止恶性、恶行；而"律"属于他律性信条，其功用在于对恶行的驯化、惩罚与制伏；"戒律"并称，则指信徒修行所必须依循的行为规范。戒律即人生规范、道德标准，其功用在于止恶扬善，规范人的思想与行为，惩戒不良言行，褒奖善行懿德。戒律是针对人的贪欲之心和过错言行而制定的，人若无过，无以用戒，此谓佛教"因犯而制"之意蕴所在。佛教的戒律并非仅为惩罚而定，而是为提高修养的层次，最终达臻圆满的涅槃境界而制定的。佛教的戒律体系庞杂，佛教经典《四分律》中规定的比丘戒达 250 条，比丘尼戒更多达 348 条之繁②。这些戒律，无非是焕发人的立志向善之心，以达到劝人行善、改造人生之目的。佛教的戒律极为严格，虔诚的佛教徒都将其作为克制贪欲、戒除不良行为的准则。各宗派间戒律的差别甚殊，但普适的经典戒律一般包括五戒、十善等。

"五戒"是佛教最基本、最通行的戒条，其内容包括不杀生、不偷盗、不邪淫、不妄语、不饮酒。五戒蕴涵着浓厚的伦理价值与道德倾向，不仅适合于佛教徒的修行，某种程度上也适合世俗民众的道德修养。如"不杀生"既蕴涵着慈悲为怀的宗教信仰，亦隐含着尊重生命、关爱生灵的道德情愫；不偷盗、不邪淫、不妄语等则是僧俗两界共同遵循的处理人们之间利益纠葛，保持和谐人际关系的基本道德规范。五戒既是佛教人生观、道德观的具体体现，也是其推行佛道、改造世界之价值观的浓缩。"十善"源自唐朝僧师实叉难陀依据印度佛经翻译而成的《十善业道经》。"十善"是五戒的扩展，分身业（不杀生、不偷盗、不邪淫），口业（不妄语、不两舌、不恶口、不绮

① 张世英. 哲学导论 [M]. 北京：北京大学出版社，2002：392.
② 姚卫群. 佛教的伦理思想与现代社会 [J]. 北京大学学报（哲学社会科学版），1999（3）：87.

语)，意业（不贪欲、不嗔恚、不邪见）三类，是佛教徒的底线道德。能达此要求者，就是行持"十善业"之人。比如，若能做到不杀生，就可获得诸如普施无畏、起大慈心、断嗔恚习气、身常无病、寿命长远、恒为守护、常无恶梦、寝觉快乐、灭除怨结、众怨自解、无恶道怖、命终生天"十离恼法"的利益；若能做到"不偷盗"，就可求得诸如资财盈积、多人爱念、人不欺负、十方赞美、不忧损害、善名流布、处众无畏、具足无缺、常怀施意、命终生天十种"可保信法"的利益；若能够做到"不妄语"，便可得到诸如口常清净、优钵花香，为诸世间之所信服、发言成证、人天敬爱，常以爱语安慰众生、得胜意乐、三业清净，言无误失、心常欢喜，发言尊重、人天奉行，智慧殊胜、无能制伏八种"天所赞法"的利益，从而有利于保持诚信和谐的人际关系。其他善业也都蕴涵着日常生活中人际交往、自我修养等道德内涵。如"不两舌"指不搬弄是非，"不邪淫"指祛除不正当的男女关系，"不恶口"指不用讽刺、挖苦、谩骂、亵渎等恶语中伤的语言伤害他人，"不绮语"指不用美丽动听的假话诳骗人心，"不贪欲"指不怀有过分的欲望，"不嗔恚"指不怀有憎恨心，"不邪见"指根除不正确的人生观、世界观。五戒、十善既关涉个人美德的要求，也涵盖诸多社会公德方面的具体规范，是僧俗两界都能践行的基本道德规范。正是佛教宣扬的这些具体有效、切实可行的道德规范，使其在民间有广泛的精神吸引力。无论社会的道德建设抑或学校的道德教育，是能够从中吸收符合民众需求与时代呼求的、积极健康的道德内涵的。

3. 讲求摄、度的修行准则

"四摄"是大乘佛教所秉持的修行准则，也是修菩萨行者引导众生修持佛法的四种方法。四摄包括：布施摄（即通过慈善、施舍等摄受众生，引导他们修学佛法）；爱语摄（即利用佛教教义对众生说法）；利行摄（即教导众生修持）；同事摄（即深入众生并根据不同情况进行宣教或教化）。"六度"是佛教文化关于教徒在世俗生活与宗教生活中所必须持修的道德准则。"度"乃济度、到彼岸之意，即通过修养达至极乐世界所依持的基本原则或方法。"六度"分别为布施、持戒、忍辱、精进（努力）、禅定、般若（智慧）。前三者是教徒在日常生活中所应当遵循的基本道德规范；后三者则是在宗教内修行所依持的道德规范。无论"四摄"还是"六度"，都是佛教徒道德修养所遵循的具体准则。如布施就是佛教徒应有的核心道德之一，它要求教徒必须舍弃对财富和名利的贪欲，怀抱一颗慈善之心，诚心修善，静心修行，以摆脱人生烦恼，达臻涅槃之境。"提倡四摄、六度，而且突出布施和忍辱，反映了佛教对人际关系的重视和对世俗社会生活的深切关怀。布施和忍辱可视为佛教为缓解乃至消解人间矛盾所提供的一种行为策略。"① "四摄"、"六度"蕴涵着丰富的道德意蕴和道德教育价值，它对于人们保持一颗清明朗净之心，提升人生的品性与境界具有一定的启示作用。

此外，佛教所秉持的个人修行的八条途径（即以筏渡人的"八正道"）也体现了摄、度的修行准则。其中，"正见"即正确的见解或观点；"正思维"即正确的意向或意图；"正语"即杜绝妄语、两舌、恶口、绮语而采取正确的说话方式；"正业"即正确的行为；"正命"即正确的谋生方式；"正精进"即勤奋努力、精进不懈；"正念"即正确的意念或观念；"正定"即正确的入定。"八正道"实际上从肯定性方面构成了佛教道德的基本准则，它对世俗社会民众的道德修养亦具有启发与借鉴意义。

4. 倡行因材施教、因地制宜的个性化教育

按佛教文化的观点，人生修养是不执于任何"成见"的。真正的修养是"空心应事，应事空心"的，所谓"无有定法可说"。道德修养应根据不同人的觉悟程度等具体情况而灵活选择，随机而动。佛教对众生的说法、布道、宣讲不以逼迫、灌输的方式进行，而是根据不同人的具体情况予以渲染、感化或教化。对于智慧觉悟水平较低者，佛教施以由浅入深、循序渐进的策略使其感悟佛法修行的道理；对于觉悟水平较高者，则诉诸顿悟的方法使其径直理解佛法的奥妙；对于名利心迫切者，佛教用"名利皆空"的道理予以告诫；对于消极悲观者，则鼓励其获得生活的勇气并通过用功来求得快乐与幸福；等等。佛教这一因材施教的方法及其特有的教育效果，对于学校道德教育的个性化、个体化策略的建构与实施，是一种很好的启示。

二、佛教文化之道德精神的道德教育意蕴

就其精神实质而言，佛教的道德戒律、规范，是一种典型的禁欲主义道德体系。它以四大皆空、性空幻有、超凡脱俗、生死轮回、因果报应等信条为旨趣来考量人的道德修行的可能性、可行性，这种道德标准对现代人是否遥不可及，我们暂且不论。然而，佛教以其独特的宗教形式展现了

---

① 方立天. 中国佛教伦理思想论纲 [J]. 中国社会科学, 1996 (2)：110.

其对道德世界的深刻理解与把握。"尽管宗教无力成为伦理价值的源头,和尚道士们也缺乏道德权威性,我们还是不能低估了宗教在传统道德秩序中的地位。"① 佛教文化的道德见解充盈着浓厚的劝善止恶、去恶扬善的价值观,且其对道德精神的独到理解与实践,蕴涵着诸多有益于学校道德教育的价值观与方法论。

(一) 佛教文化的核心道德精神是道德教育可资借鉴的精神财富

佛教是以宗教文化的形式表述的独具特色的心性哲学。无论是从其宗教形式还是精神内涵来看,这种特殊的心性哲学都蕴涵着丰富的人生修养内涵和道德教育思想。它所倡行的从善、平等、利他、正心、修心、净心等理念,有利于人们良好心态的形成,有利于人与自然关系的实现及和谐社会先进文化的建设,因而能够为构建和谐社会提供有力的道德支撑②。爱因斯坦就曾指出:"一切文明人,特别是东方人的宗教,主要都是道德宗教。""只要把宗教中的神灵和上帝去掉,宗教所留下来的就是培养道德行为的最主要的源泉。"③在多元文化共生的时代,佛教文化的道德精神对于人们反思道德的现状,构建新的道德教育计划具有一定的文化与价值参照意义。

佛教在善恶对应的层面上思考扬善与去恶的双重性,某种程度上揭示了人性所蕴涵的善性与恶性、应然与实然的辩证统一,而且,它制定的一系列戒律凸显了对不良道德行为的预防与惩戒,确保了道德目标与规范的有效性。如佛教倡导的"我法二空"、"六根清净"、"心灵净化"以及宽以待人、严于律己、身容大度、救人出世等理念,对于宣传积德行善的社会道德意识、提高人的道德自觉、树立高尚的社会风气具有一定的积极作用;它宣扬的善与恶、道与非道、正与邪、净与染等伦理范畴以及缘起性空、业报轮回、涅槃解脱等理念,对信众的修行实践、人格完善发挥着直接而有效的影响,"并对现实社会起着辅助教化、淳化民风、和谐人际、安定人心的调节作用。佛教伦理的信仰力量及其对世俗伦理生活的约束力是独特且有效的。"④ 这些都可

① 转引自范丽珠."善"作为中国的宗教伦理 [J]. 甘肃理论学刊, 2007 (1): 31.

② 高曙东, 卢生芹. 试论佛教对构建和谐社会的积极作用 [J]. 中央社会主义学院学报, 2006 (1): 59 – 60.

③ [美] 爱因斯坦. 爱因斯坦文集 (第1卷) [M]. 许良英, 范岱年, 编译. 北京: 商务印书馆, 1976: 47.

④ 王月清. 论中国佛教伦理思想及其现代意义 [J]. 南京大学学报 (哲学·人文科学·社会科学), 2002 (5): 96.

以成为道德教育改革可资借鉴的文化与精神资源。如果我们能够借用佛教文化之怡淡高洁、豁达从容、望穿时空、着眼未来的道德精神来谋划道德人生，必将"有利于社会道德和个人道德的升华"①。就道德而言，无论中西，宗教的终极关怀、彼岸意识、神圣信仰、意志修炼等都可以成为世俗社会道德建设和学校道德教育借鉴、采用的文化参照。正如美国考古学家 J. H. Breasted 所言："宗教至今仍然处于形成过程中……只要人类生活的伟大而复杂的结构存在下去，这些过程就将继续下去。"在此意义上，"道德离不开宗教，'没有宗教的道德'（morality without religion）是不能发生效力的"②。

佛教所内蕴的道德因素，对于净化人的心灵、规范人的行为、提升生命的境界、维护社会正常的道德秩序、增强社会的凝聚力具有特殊的作用。它"在维护和平反对战争，维护人类尊严反对宗教歧视，维护社会正义发展社会公益，构建普世伦理以及遏制物质主义、消费主义、享乐主义生活方式和极端个人主义、利己主义思潮方面，可以发挥其积极的道德影响。似乎可以说，在当今人类面临的人与自然、人与人、人与自身的日益尖锐的矛盾中，宗教都有其发挥道德影响的空间"③。佛教伦理与世俗伦理可以相互吸收，共生共在。佛教既能"圣化"道德，进而把自己的某些信条转化为世俗道德，又能从世俗道德中吸取某些道德资源，使之成为自己教义和道德的组成部分，而世俗道德也能迫使佛教作出某种相应的改变④。

（二）佛教文化的超越性情怀对当代道德教育具有某种反思与启示意义

佛教既是济世利人的，也是超然解脱的，所谓"即世而超然，超然而即世"。佛教秉持"以德敬天"的核心价值观、"即世而超然，超然而即世"的人生观和"行善而超然于善"的修养目标观。这使其道德思想具有浓郁的超越性。它基于人的存在的有限性、空无性，将佛法视为超越有限性、敬畏无限性的情感依托和终极信仰，并以此范导信众的意念与言行。佛教道德的根本出发点是对佛及佛法的坚定信仰。尽管不同佛教流派在道德规范的内容上存在差别，但由信仰出发而推论出具体道德要求的理路却是一致的。"在宗教

---

① 张健新. 佛教德育思想初探 [M] //朱小蔓. 道德教育论丛（第2卷）. 南京：南京师范大学出版社，2002：199.

② 张世英. 境界与文化——成人之道 [M]. 北京：人民出版社，2007：85，115，86.

③ 温克勤. 近现代著名学者怎样看待宗教与道德的关系 [J]. 道德与文明，2003（1）：39－40.

④ 成穷. 试论宗教与道德的一般关系 [J]. 宗教学研究，2002（3）：75.

生活中，道德和信仰实际上是一体的存在。离开道德，信仰无以落实；离开信仰，道德无所寄托。"①

佛教道德思想的超越性情怀，对克服时下教育活动中道德追求的低俗化、道德行为的娱乐化、道德生活的空心化具有重要的启示作用。道德是一种精神超越的力量，道德教育是一种超越当下、指向未来的事业，没有一种敬畏、仰望、钦佩，人就会满足于当下，失却对终极目标的向往而踯躅不前。"宗教作为宗教，一定包含一种对最完满的无限性的感情，即敬畏、仰望与崇拜的感情，没有这种感情，就谈不上宗教。"② "人只有在意识到自己的有限性之时，才会对无限的精神性的整体产生崇敬之心；也只有从崇敬无限道德精神性主体的观点出发，人才会努力超越自己的有限性，不断创新，不断献身。"③宗教是使人振奋的一种精神与文化信仰，是使人内在的至善目标与外界的生活世界相契合、交汇的一种价值追求。某种意义上，道德就是人的一种信仰，就是人们向往美好前景的精神取向。如果说，时下的道德教育在适应社会发展、服务社会进步方面发挥着显著功能的话，那么，它在引领人们超越现实——特别是单纯经济至上理念方面——则明显乏力。服从、服务于社会发展的时代吁求，无疑是道德教育的根本指导思想，但这种服从、服务不是无我的服膺或机械的适应，否则就会有丧失其改造社会、引领社会的道德责任。就此而言，佛教文化的超越情怀，对于克服当下道德教育单纯维系现存的社会秩序，传递已有的道德文化，而忽视了创造和开辟人的精神世界以及未来社会的道德理想之弊病，具有重要的现实意义。毕竟，道德的本质不在于服从现有的规则、律令，而在于启迪人们通过对可能世界的追索，实现自我肯定、自我发展、自我超越以及道德人格与精神境界的升华。

（三）佛教文化的道德修养方法对学校道德教育具有重要的参照意义

佛教文化的道德修养方法对于学校道德教育方法的革新和效率的提高亦具有重要的启迪作用。佛教文化中蕴涵着丰富的道德修养与教化方法，所谓"众生有八万四千烦恼，佛教有八万四千法门"。只要加以合理改造、利用，这些方法完全可以为学校道德教育实践服务。比如，佛教主张"心诚则灵"，

---

① 檀传宝. 宗教信仰与宗教道德——兼论学校德育的相关问题 [J]. 北京师范大学学报（社会科学版），1999（4）：76.
② 张世英. 境界与文化——成人之道 [M]. 北京：人民出版社，2007：85，115，86.
③ 张世英. 进入澄明之境——哲学的新方向 [M]. 北京：商务印书馆，1999：259.

诚即"宁静而专一的心态",唯有宁静才能凝聚心力,唯有专一才能克服困难。其启示在于,学校教育应该调动学生道德发展与修养的内在动力,激发其对道德理想的虔敬与追求,而不能仅囿于外在的强制与规训,或按固定模式进行道德行为习惯的培塑、训诫,以致忽视学生道德品质生成之内在、自主的心性修养,唯此,才能真正地塑造学生高尚而挺拔的道德人格。再如,佛教文化关于自度度人、自净其意的自我修养方法,对于引导学生的自我教育、破除不良习气、恢复清净明朗之心、步入智慧觉解的人生大道亦有借鉴价值。佛教的诸多修行法门,均围绕自净其意而展开,无论念佛还是参禅等,其最佳效果都在于摄持妄心、全心灌注、一心专注、自净其意。又如,佛教将道德细化为具体可行的条目,使得抽象的佛教德性成为可操作的德目,从而突出了道德的实践性;佛教主张的忏悔,借助于仪式和文化氛围来净化人的心灵,引发人的共鸣,实现人的醒悟,以达到改过迁善之效;佛教推行的因材施教,有利于不同觉悟水平个体的道德发展与人生修养;等等。学校道德教育尽管不一定移植、套用佛教文化的道德原则与准则,但完全可以借用其道德修行的方法来为自身服务,目的在于"让学生以开放的心态理性地了解宗教的内涵和精神,不是把神当成道德偶像从而受神的约束失去独立性、主动性,而是通过学习宗教知识,培养学生促进社会进步发展的责任感,培养关怀人及整个人类的责任感、正义感"。①

总之,佛教文化是人类道德的一种特殊表现方式,它用宗教的方式表达了人的道德精神与道德追求。它历经千年的文化砥砺与冲刷而未丧失其文化意义,这本身就说明了其存在的价值。只要我们合理把握其思想要义,佛教就可以成为建设中国特色社会主义文化与道德的可资借鉴、利用的资源,就能够为道德教育的改革与实践提供有益的参照。

---

① 王舟. 蕴藏德育力量的日本中小学宗教教育 [J]. 民族教育研究,2008 (1):69.

乡土社会与道德教育

农村德育的价值逻辑及其自我建构性

扬州大学教育科学学院　薛晓阳

内容摘要：乡村社会有自己独特的道德价值，这种价值具有不可侵犯的自足性。在城市化进程的今天，教育必须用敬畏的心态面对乡村社会的伦理意识。乡村不只有封闭和传统，更有和谐、生态、安宁、礼让和悠闲。农业社会留给我们的精神财富是改造今天过度扭曲的城市精神的天然资源，这种精神是源于人类内在本性并符合人类幸福的永恒价值。面对乡村社会的传统和文化，应保有一份自我建构的权利，不要以任何进步或现代性的名义毁坏乡村社会的精神世界和生活价值，让乡村的现代性有拒绝城市的放纵、奢靡和精神衰退的权利。

关键词：农村德育　乡村社会　道德教化　自我建构

对乡村建设及其道德教化的关注，早在民国时期就已经开始。梁漱溟先生曾著《乡村建设理论》，专门论述了乡村建设与乡村教育对国家发展的意义。在他看来，中国社会的道德基础根源于乡村文明，认为乡村建设是中国唯一的出路，主张通过创造新文化而创造一个新制度。在当时来说，梁氏的观点可能过于理想化，因为当时中国的首要问题是政治与民族问题，但梁氏强调文化建设的观点在今天却显得十分重要。

新中国成立以后，费孝通先生也十分关注农村问题的研究，他的《乡土中国》是一个中国现代化的咨询报告。费氏认为国情和民风是制定国策的基础，强调农村在经济与文化方面的自我发展。从表面看，这不同于我们今天强调城市带动农村的发展策略，但目前我国城市化出现的问题，说明费氏理论仍有重要价值，即单纯依靠推动城市化和工业化来实现农村经济与社会发展是有局限的。

一、城市化进程中的乡村教化

（一）被抛弃的乡土社会

在早期城市社会学家那里，乡村及乡村的价值被视为现代性应当抛弃的世界。在他们那里，城市与农村正是现代与传统的最好标志，农村意味着封闭和保守，城市意味着文明与进步，是开放和民主的象征。现代性正是从城市开始并以城市为终点。滕尼斯与韦伯用"礼俗社会"与"法理社会"对农村与城市进行界定，实际就隐含着对农村的抛弃。而齐美尔则直接而坦诚地感言："城市是精神生活的新方式"。而最为著名的，也是第一个提出城市性的美国学者沃斯，尽管对乡村社会抱以迷恋和热情，但他的"城市性是一种生活方式"的判断则将农村社会推向伦理和价值的边缘。

许多社会学的研究也包含着对乡村世界的相似情感。社会学对中国传统社会及伦理基础的分析将新儒家对传统伦理的浪漫情怀一扫而光。在他们看来，传统中国社会中农民"安土重迁"的观念，以及对土地的执著情感一点也不浪漫和美好，而是导致农民封闭和保守的原因。传统伦理观念只是传统农村社会生活的一种必然产物，这种价值观源于缺少流动和过于稳定的社会而形成的道德传统和伦理信仰。学者江立华认为，农村因为地缘性和亲缘性才会形成以传统和习俗为基础的共同价值观①。而蔡志海则认为，农民的世界观是保守的，拒绝新经验和新事物。又如，学者徐增阳认为，乡村社会的存在是建立在一个无形的"乡土基础"上的。传统社会是一个"不流动的社会"，村落共同体构成了农民几乎全部的生存空间。这是因为农业具有天生的稳定性，农业的主要生产资料——土地是固定不动的。因此，"农业在事实上就是一种流浪生活的终止"。这种定居型农业使农民世代聚居在村落共同体中。村落是血缘和地缘的结合②。在他们看来，包含在传统伦理中的那种宁静和谐的伦理精神没有任何值得迷恋的地方。社会学家似乎缺少哲学家的想象和浪漫。比如，费孝通说中国乡土社会是一个"无讼"的"礼治"社会。实际用另一种语言表达了今天社会学家对乡村社会的同样看法。

在社会学家那里，城市才是代表人类精神和新生活的象征，城市是理性

---

① 江立华. 城市性与农民工的城市适应 [J]. 社会科学研究, 2003 (5).
② 徐增阳. 民工潮的政治社会学分析 [J]. 政治学研究, 2004 (1).

的、平等的、个性的、自主的、创造的。学者蔡志海在描述城市性时说："城市和工厂是现代性的教育者，让保守的农民学会了新的游戏规则，学会了对规范敬重，学会了自主而不是寻找权威。"① 在他看来，是城市中的工厂等现代社会组织的工作经历改变了农民的封闭性和保守性。"工厂无疑是促成人的现代性的学校。单是它所提供的工作和组织经验，就能改变人，使人们在态度、价值观和行为方面转变得更现代化。"工厂是与农业生产组织形式迥然不同的现代组织形式，是工业大生产的产物。他说："商品是天然的平等派"，"市场经济天生孕育自由、平等、竞争和法治等民主意识，也催生开放、效率等与公民文化相对应的原则。"

（二）乡村信仰的启蒙与回归

卢梭对乡村抱有特殊的情怀。在他那里，一切自然的都是最美好的，而城市则被其视为自然的敌人。随着卢梭的远去，他的理想在现代技术和舒适的生活方式面前遭到拒绝。然而，随着城市化的进程，卢梭的观点又开始重新挑战人们对城市生活的信念。

在 20 世纪，美国城市学家、社会学家刘易斯·芒福德研究了城市与农村的不同价值。像沃斯、艾凯、盖尔纳一样，他们都首先肯定了城市在伦理上的价值。他说，城市本身就是一种文化，城市所具有的独特生活方式构成了城市自身的价值和理念，甚至构成了现代文明的基础。然而，芒福德紧接着就告诫我们，这种以城市精神为主体的文明已经开始脱离人类的本性和传统，使人类走向危险的边缘。精神的压力、无度的竞争、对弱者的流放、对自私的放纵和鼓励，那些美好的信念，包括宁静、和谐、自然、礼让的精神已经远离我们的生活，城市生活在道德上的缺陷已暴露无遗。芒福德写道：人类在城市中过着一种"机器集体"的生活，城市使人类"总是在走向死亡"。② 城市与乡村已经成为思考现代性及未来世界的一个重要标志。而沃斯在肯定城市文明的同时亦对农业文明抱以欣赏的立场，认为城市文明是理性与功利主义的文明，而农村文明则充满自然主义和幻想式的理想主义气质。在沃斯看来，如果人类只有城市，那人类将面临丧失幻想的能力和勇气。沃斯特别看重农村作为一种现代文明的优势。在他看来，农村不只有礼俗、传统、封

---

① 蔡志海. 流动民工现代性的探讨 [J]. 华中师范大学学报（人文社会科学版），2004（5）.
② [美] 刘易斯·芒福德. 城市发展史——起源、演变和前景 [M]. 宋俊岭，倪文彦，译. 北京：中国建筑工业出版社，2005：579.

闭，农村更有城市文明所无法取代的价值和信念。农村的发展是生态式的，而城市文明是反生态的①。

在城市化的今天，人类开始意识到不能失去只有建立在土地之上才会有的那种理想主义的气质，以及源于自然本性的人类精神。恢复对农业精神的信仰，这是人类理性的一个里程碑式的反思。今天，学者们把所有的智慧都用于对城市生活的反思和批判。在他们看来，城市化是人类生活不可避免的方向，但城市生活所带来的问题正把人类引向文明的反面。人类之所以会掉进城市化的陷阱之中，就在于人类对自然的反叛及从乡村的出走。要重新找回自己的本性和精神家园，唯一的办法就是恢复对传统、对乡村的依恋、信赖和敬畏。今天，我们必须重新确认农业文明的独立价值和尊严。在长期农业文明前提下形成的具有独特个性的文化、习俗和价值观念，在现代城市化进程中仍然具有不可剥夺的价值和意义。今天，要创造出真正能够可持续发展的国家文明，必须依赖于我国历史悠久的乡村文明和文化资源。

美国社会学家托夫勒专门论述了现代化的缺陷，认为城市化是通过牺牲和排挤农业文明为代价的②。社会学家艾凯在《世界范围内的反现代化潮流》一书中，也充分肯定了农业文明的优势和特点。他说，农业文明注重直觉和生态。在他看来，农村是和谐的、健康的、和平的，而城市文明则过于注重理性、科学和竞争，城市的生活是享乐主义的，而"城市人"则是分裂的③。事实上，在城市化进程中，迫切需要的不是用城市生活去消灭农村社会，恰恰相反，我们需要的是用乡村信仰去改造城市精神，而这种改造本质上是用人性去改造城市精神的困惑和迷惘。

农村的意义并不在于农业本身，而在于农业文明所包含的生态、自然、和谐的伦理价值的意义。也正是从这个角度，许多学者支持新农村建设必须保留传统的农业和生活方式，而不能成为城市化的翻版。因为，没有了农业，也就没有了农村；没有了农村，这些由人类几千年积累起来的文化也必然随之消失。农村也要现代化，但不是城市化。农村绝不是现代化要消灭的对象，而是现代化要坚守的根基。城市化可以从农村出发，并建立在农村大地上，但必须重新回到农村之中。

---

① 周晓虹. 城市文化与城市性格的历练与再造——全球化背景下的本土关怀 [J]. 浙江学刊，2004（4）.

②③ 石中英. 失重的农村文明与农村教育 [OL]. 三农中国，2007－03－17；http://www.snzg.cn/article/show.php? itemid－5024/page－1.html.

二、乡村教化的理想及其价值选择

(一) 乡村伦理自我建构的必要性

第一,乡村信仰是城市性的精神依托。学者刘铁芳在《乡土的逃离与回归》一书中认为,乡村的意义正在被弱化,乡村只是作为城市化的背景,沦落为现代性的"退守之所",成为"生存底线"的象征。农村只是当城市不能容纳时作为农民安身立命的逃亡之地①。他进一步分析到,农村只是一个"被看"的对象。"乡村只是作为城市文明的参照、补充,作为被城市所观看、俯视的对象,乡村作为前现代的他者,被排斥在为教育所展开的现代性想象的边缘。"现代性使农村从文化的主流逐渐转变为被遗忘的文化边缘。

社会学的农村研究对这种"退守"价值似乎给予了某种正面的肯定,即农村社会在经济与社会层面的意义已经为不少学者所关注。如学者贺雪峰,把农村看成是城市经济的缓冲地带。在他看来,一旦出现城市经济危机,农村便成为一种天然的应急机制。如果城市发生产业危机和就业压力,城乡二元结构将发挥天然的调节机制。当城市经济繁荣时农民进城打拼,而当城市经济萧条时则可进退自如。在他看来,一旦农村变成城市,这种天然应急机制将不再发挥作用②。然而,在这些研究中,农村社会在文化和伦理上的价值性,除梁漱溟等早期乡村学者外似乎已经为现代社会学家们所遗忘。

诚然,在许多学者那里,乡村并没有被彻底抛弃,甚至成为走出城市,走出现代性的唯一期待。学者叶君说,人们对乡村的迷恋已经成为现代人寻找精神家园的追梦行动。不过,这种迷恋不是出于一种理性的思考,而是源于浪漫的家园想象和童年记忆③。今天,我们急需从这种追梦中走出,要从现代性的内在需要去看待农村社会和乡村信仰的价值,而不是仅仅看到乡村社会田园牧歌式的生活魅力及诗情画意的浪温情怀。农村并不只有景色、风情和生态,它内含着一种独立于城市之外的精神价值和生活信仰。那种和谐、悠闲、安宁和浪漫是源于人性深处的永恒价值,这些价值不会因为城市化和现代性而改变。也正是因为这一点,人们才会把乡村视为城市的精神后方。

---

① 刘铁芳. 乡土的逃离与回归 [M]. 福州: 福建教育出版社, 2008: 1-2, 7.

② 贺雪峰. 反对积极城市化战略 [OL]. 三农中国, http://www.snzg.cn/article/show.php? itemid-10324/page-1.html.

③ 叶君. 生活在别处——论乡村家园想象的生成 [J]. 求是学刊, 2008 (3): 100.

　　大量的研究告诉我们，农村与城市的区别，绝不是外在的形式，而是内在价值和信仰的不同。而这种价值的区别，并不能用"好与坏"作简单判断。对于现代性而言，两者都具有不可或缺的价值。农村不仅是一个观赏的对象，更是一个精神反思的资源。对于城市化和现代性而言，一旦听不到乡村的声音，城市将变成人性灭杀的机器。西方学者艾凯认为，城市生活的过度压力和竞争，导致人类在精神上的碎片化及空虚和堕落。在他看来，农村既是一种后方，又是一种前方。他告诫人们还有另一种生活的选择，还有一种伦理及可以赖以生存的信仰和体系。由城市带来的现代性及其理性和科学，同样也给人类解开源于自身本性中的享乐主义阀门，从而使人类远离自己的浪漫主义理想。

　　第二，乡村意识是农村社会的价值前提。只要农村存在，就应当有农村的价值和信仰，就应该有安宁、朴素、自然和悠闲的生活价值。如果没有了农村的信仰和理想，那农村将不再是农村，或为徒有农村虚名的城市。强调乡村信仰的重要性，并不意味着要限制农村的现代性。农村可以有现代性，但现代性不等于城市化。任何乡村解放的思想都不是放弃乡村信仰的理由，没有乡村信仰就不可能有真正的农村。事实上，农村之所以为农村不仅因为有农业、有绿色、有田野和植物，更因为有朴素和谐的理想主义信仰和生活价值。

　　刘铁芳称农村的这种价值为"生存本身"的价值，他以此与城市建立在生存之上的进取、拓展、竞争和占有性的"获得性价值"相对照[1]。正像许多学者研究的一样，农村可以有现代企业或现代农业，但绝不能没有自然、生态与和谐的环境，绝不能没有农民朴素安宁的生活方式。换句话说，农村可以富裕，可以有现代化的生活，但永远也不能有城市的浮华和奢侈，也不可以有城市的冷漠和压力。否则，让我们产生浪漫和幻想的乡村世界将真正从我们眼前永远消失。

　　乡村建设必须有伦理和精神性的方案。国内学者李水山探讨了韩国新村运动的经验。他特别指出，韩国靠新村运动解决了城乡差距这一严重的社会问题，但更可贵的是还同时改善了农民的道德精神。他们在改革之初就伴随经济政策制定了伦理政策，这是韩国新村运动对我们新农村建设的最大启示，即可以通过改善农民生活伦理来发展农村的现代化。对于我们来说，重新思考中国农村

---

① 刘铁芳. 乡土的逃离与回归 [M]. 福州：福建教育出版社，2008：4.

的现代性方案，应当具有非常重要的意义。农村不仅是城市化的后方，更是人类生活的根基。农村及农村生活是比城市更符合人类本性的生活。农村的生态不仅属于农村，而且同时还是城市生态发展不可或缺的一部分。

事实上，农村社区是现代化不可分割的整体，更是城市生活的文化资源。乡村、草原、农庄、林场的意义不仅在于旅游和休闲，更在于是一种生活方式和精神信仰，以及对城市生活进行反思和对照的参照与资源。从这个意义看，乡村不仅标志着人类对生活方式的一种选择，更在于从精神和伦理上对自我及其本质的认同。因此，农村的生态不仅属于农村，也属于城市，更属于人类。由此可见，城市与乡村在精神上是平等的存在。农村不是一个需要向城市看齐的"落伍者"，更是城市化时刻应当对话的伙伴。今天，尤其需要激发一种乡村的文化自觉意识，以维护乡村在伦理和信仰上的独立性。

第三，乡村生活是伦理传统的社会根基。在农村问题研究中，有越来越多的学者开始把农村与文化、农村与传统联系起来。中国人民大学的夏明方教授认为，农村问题不仅是一个生态问题，也是一个文化和传统问题。他指出，在中国，农村文化一旦遭到破坏，社会生态将迅速恶化，更重要的是中国传统文化也将出现断裂。因此，他设想，能否想出一个既不离土，也不离乡的方法，保住农民的职业身份和文化资源，从而保留中国文化的生存根基①。这种要求农村仍然由农民来建设的观点，其真正意义可能不仅在于农村发展要着眼于农民利益，而更在于使农村的现代化进程不至于破坏中国文化传统的根基。

中国传统与文化，尤其是仁爱、廉孝、大同、诚实、守信、朴素、安宁和悠闲等价值观，实际都是在中国长期农业社会的乡土基础上形成的。因此，农村社会的自我建构和价值自立，其实际意义远远超出我们今天出于功利目的，对农村实行改革的价值。事实上，守护农村社会的传统和生活，就是在捍卫中国传统的社会基础和文化根基。尽管中国传统已经成为一种精神的存在，它可以独立于任何现实生活之上而成为一种自足性的精神资源。然而，我们也应当知道，只有那种具有生活基础的传统和文化才可能真正深入人心，才可能真正具有延续发展的内在动力。就像唐诗宋词等文学形式，今天我们只能欣赏它而不能真正发展它，因为它早已远离我们生活的现实。今天，诗

---

① 叶茂. 记"中国传统经济再评价"第四次学术研讨会 [OL]. 中华文史纲, http://www. historychina. net/cns/QSYJ/ZTYJ/JJS/2005/01/05/6962. html.

性生活的基础已经消失，一个不再有诗的生活是不可能诞生真正诗的作品的。

当然，乡村信仰仍然可以在城市生活中延续，但却不可能有真正的发展。相反，如果我们仍然有乡村和农业，那乡村信仰就可能真正成为与现实生活相连接的一部分，从而真正展现它的现代魅力。由此，在新农村建设中，尊重传统的农民信仰、乡村文化和习俗制度，保留对自然生态和文化传统的敬仰是十分重要的。温铁军、李昌平等学者认为，新农村建设必须探索一条既能让农民富裕，又能保持传统生活方式的改革思路。他们要求，中国的现代化建设不能仿造西方模式，不能以牺牲乡村文化和农民信仰为代价。在他们看来，一旦牺牲了这种信仰和生活，那中国传统文化就失去了自己的大地和根基。但令人遗憾的是，今天许多新农村建设方案可能都是破坏性的，将对农村的传统生活产生摧毁性的打击，从而从生活根基上打断中国文化的历史和传统。

（二）农村社会道德建构的价值内涵

第一，不可动摇的乡村信仰。乡村建设的重要内容是伦理性的，所谓自我建构则更多指文化和道德上的自立。从某种意义上说，这是决定中国农村未来命运，以及现代性的文化内涵的选择。由此，乡村建设不仅要有伦理方案，更要有"乡村意识"的伦理方案，即一种具有大地意识的伦理信仰和生命价值。从某种意义上说，这种信仰和价值应当与中国传统文化有着天然的脉络联系。比如，强调人际和谐、邻里互助、社区认同等价值观念，而不是与城市生活相一致的个人自由、私人利益或功利主义等。它是一种具有较高精神福利的生活方式和伦理价值，它应当能够引导乡村社会成为中国农民以特殊方式享受现代性及其生活内涵的地方。

与这一方案相匹配，即体现和谐、健康、安宁的生态价值，就是与城市意识相对抗的农业精神。在新农村建设中，必须首先确立一种价值信仰，这是乡村自立的前提和基础。没有这种价值上的前提性，自我建构就没有任何意义。学者贺雪峰强调，乡村文化具有不可替代的价值，新农村建设应当尊重农民的文化本体地位。他批评以个人主义和市场经济为主体的城市精神对农村文明的入侵，把农村生活和传统文化推向边缘，这是对农村和农民的文化掠夺[①]。事实上，那种诱导农民相信城市是幸福的归属的观点，实际是对农

---

① 贺雪峰. 中国农民价值观的变迁及对乡村治理的影响——以辽宁大古村调查为例 [J]. 学习与探索，2007 (5).

民的一种欺骗，也是对农民不负责任、对子孙后代不负责任的做法。

在现实生活中，乡村社会可能并不像学者们想象的那样浪漫。然而，无论我们从什么视角看农村，这一基本信念是不可动摇的。尤其是当我们从农村社会种种传统的陈规陋习的角度看农村时，一定要区分这些陈规陋习与乡村伦理精神的本质不同。我们试图守护的，是在长期农业社会中形成的那种与人类本性相一致的和平、自然、生态、安宁的生活价值和伦理精神。这是人类生活的理想和人性价值的本质，也是人类文明发展的永恒价值，它们不会随城市化和现代性的扩张而改变。无论现代生活如何变化，这些发自人类本性的浪漫想象总是引导着文明的方向。人类永远需要宁静和快乐，需要自然和生态，需要和谐和悠闲。在城市生活中，恰恰是现代文明的外貌遮蔽了我们的视线。现代人必须学会对城市的拒绝，如果不能真正做到放弃，那也必须尽可能减少城市性对人性本质的污染和伤害。

第二，独立于城市的道德理想。就文明的概念而言，文明原本就是指城市，即指与农村相对应的城市生活。正是城市给人类带来了新的伦理和信念。在许多人看来，封闭保守才是乡村伦理的特征。在伦理上，农村似乎只是应当被改造的对象。然而，这一观点对乡村社会及其现代性的解读可能并不完整。事实上，对文明我们很难作价值的评判，不同的文明对人类有不同的意义。人类学家博厄斯在反思人类学的眼界时说，人们之所以会对文明有狭隘的看法，是"因为我们容易把自幼习得的行为当做全人类都自然的、在各处都应有的"[1]。同样，我们判断城市与农村的价值，也应当有这样的视野。城市在带给我们开放、进取、创新的价值时，也带给我们贪婪、放纵、无度的生活信念。因此，文明的价值不在于是农村还是城市，而是说只有那种贴近人类本性的东西才真正具有文明的价值和意义。

学者石中英认为，现代化不能忘记乡村文明的价值。他认为，人类社会的发展根源于农村文明。比如，人对自然的看法、对社会的看法、对自我的看法等方面，农村文明都有自己独特而富有价值的看法。农村具有独立于城市的信仰和伦理，是城市精神所不能取代的。只有深入乡村社会之中，我们才能真正感受和体验到那种对自然的看法和态度，那种生态的情怀和意识，才会让我们产生发自内心的对自然的爱和尊重。人类由城市生活和现代化而引发的思考，与农民对土地和自然的爱所产生的情感完全不同。城市信仰虽

---

[1] 王铭铭. 人类学是什么［M］. 北京：北京大学出版社，2002：1.

然多了一份理性，但却缺少了源于自然本性的淳朴和真诚。正是从这个意义上说，农村的道德建设和社会教化是一种独立的建构过程。没有这种独立性，乡村社会就不能守护个体的精神自我。乡村社会是一个没有受现代性污染的地方，也是显示现代性之中国色彩的地方。中国的现代性应当有自己的道路和方向，其独特性应当产生于中国的乡村社会而不是城市化的生活之中。

三、乡村伦理自我建构的教化策略

（一）自我建构的可能性及其主要问题

第一，发展模式转变引起乡村伦理的变形。当前，由于在我国大陆农村现代化策略上，与韩国、日本以及台湾地区都不太一样，主要以推进城市化进程和农村人口转移为主要形式，没有把重心放在农村社区的自我发展上。在新农村发展模式上，更多地采取公司加农户的策略，将城市资本进入农村，试图利用城市资本迅速改变农村面貌。在这种政策主导下，农村主要人口外流。这种发展模式不仅存在着包括农业经济解体等经济上的潜在危机，更为严重的是可能导致农村社会自身社区价值和习俗传统的瓦解。不仅有可能让农民成为城市流民，最终不能真正解决农民的富裕问题，相反可能因为把农村交给了城市从而导致农村在精神和道德上的瓦解。在这种情形下，我们可能仍然有农村，仍然有农业，但却肯定没有了农村的生活和农业的精神。

有学者指出，公司加农户的发展模式，很可能导致农村发展了，但农民并没有富裕（离土离乡后成为城市流民）；农村发展了，但生态破坏了；农村发展了，但农村却没有了。从某种意义上说，一种生活方式和精神价值的消失可能比农村的消失更危险。正是因为这个原因，许多学者反对把农村交给城市资本去经营。在他们看来，农村还是应当交给农民来建设，把农民赶到城市打工，不仅是对农民的不负责任，更是对乡村精神的摧残。新农村建设尽管不能过于理想主义，不能以浪漫和冲动代替现实的理性策略。然而，同样也不能过于现实而遗忘乡村生活的牧歌精神。因为农村就是农村，我们对祖先的遐想、对未来的理想，都应包含在对农村生活的浪漫想象之中。没有了农村，也就没有了这种想象的可能。

第二，生活方式变迁引起乡村伦理的瓦解。乡村教化及其组织形式是乡村文明与发展的重要资源，也是农村社会良好运行及习俗传统再生产的重要基础。因此，乡村社会的生活方式和文化组织在新农村建设中具有很重要的意义。中国人民大学张鸣教授认为，中国农民缺少代表自己的组织，导致乡村文化习俗无法传承，乡村社会无法有序运行。他还研究了中国古代的私塾，认为古代乡村真正的文化核心是私塾。私塾的衰亡削弱了农村的社会教化，并导致乡村精英的流失①。在韩国新村运动中，除了有作为农民合作经济的农协这一重要组织之外，还同时建设了大量乡村农民的教育组织，比如，乡村议事会和图书馆等。韩国新村运动之所以在总体上认为是成功的，就是因为他们在新村建设中特别关注农民生活方式和文化组织的建立和发展。在他们那里，农民是农村的主体没有动，农村有农村的生活没有变。

而在中国，农村的这种传统性结构正在一步一步地受到破坏。国内学者张思教授认为，尽管在中国现代化进程中，国家意识和公共权力不断渗入乡村社会及其农民生活中，但传统文化在乡村生活中仍有相当的影响力。他认为新中国成立以后的50年，国家对乡村的压力、渗透、扩张非常严重，空前绝后。从土地改革、大跃进到四清运动等一系列运动，深刻地改变了农民的社会意识。同时，他也肯定了传统文化仍具有强大的势力，农民在处理日常生活事件时仍然沿用着传统的形式②。在今天，这种破坏实际仍未真正终止。今天新农村建设的方针在某种意义上并没有意识到这个错误和危险。农村的现代化是重要的，也是必然的，但必须按照农村社会的特点去发展。农村可以是开放性的，可以有现代性的元素。比如，农民可以有现代生活，包括电视和网络、产业和竞争、文化和艺术，但必须保护农村社会传统的教化传统，并积极创建农村社会自主性的教化组织和机构。

（二）新农村道德建设的基本原则和立场

第一，价值构建的平等性：乡村建设不是文化援助。在新农村建设中，文化道德建设的重要性已经逐渐受到重视，但农村社会的文化优势和伦理价值仍然没有得到应有的确认，许多人把新农村建设看成是城市对农村的文化援助，把农村看成是改造的对象而不是建设的主体，片面夸张了城市在乡村建设中的文化权力。学者李水山认为，乡村建设应当以农民为文化主体，主张城市对农村的文化传播在心态上应当是平等的，不能有恩赐式的心态③。这一点在新农村建设中具有十分重要的文化意义。在新农村建设中，必须尊重

---

①② 王先明，渠桂萍. 历史视野下的三农问题——"中国农村问题的历史问题积淀与现代趋向"会议综述［OL］. 中国改革论坛，http://www.chinareform.org.cn/cirdbbs/dispbbs.asp? boardid = 11&id = 31697.

③ 李水山. 什么是新农村建设［N］. 中国教育报，2006 - 04 - 19.

乡村伦理的独立性和自主建构的权利，任何新农村建设的文化策略都不能以外部入侵和否定乡村文化为前提。

第二，乡村建设的目的性：乡村建设是目的而不是手段。学者李昌平批评今天似乎被视为主流思想的"公司加农户"的农村发展策略，主张学习韩国、日本、中国台湾的发展模式，强调农民本位和农业精神的可持续发展模式①。这里实际提出一个尖锐问题，即乡村建设的目的是什么？当前，在新农村建设中出现的实用主义倾向应当引起我们的高度警惕。比如，一些学者从解决经济危机的角度看新农村建设，把新农村建设看成是拉动内需的手段。就这一点而言，这是一种本末倒置而又不负责的观点。农民信仰和农民本位这是新农村建设的根本出发点。不能把新农村建设作为实现任何外在目的的工具。这涉及发展伦理和改革正义问题，也涉及我们在发展思路上的价值观问题。

第三，农村社会的现代性：乡村建设与公民社会并不矛盾。国内学者王启梁对云南曼村进行了考察，认为农村社会具有一种内生性的结构特点。一旦这种内生性系统受到破坏，整个乡村社会体系都将崩溃②。乡村社会确实存在着一种自我的封闭性，但这并不意味着乡村社会的自我建构必须以牺牲现代性为前提。学者焦玉良把中国的乡村社会分成乡土社会、政治社会和公民社会。乡土社会即腾尼斯所说的礼俗社会，政治社会即人民公社以后由国家政治进入乡村之后形成的农村社会，而公民社会指在中国农村已经发展起来的现代城市元素和价值体系③。从这个意义上说，乡村社会的自我建构并不排斥包括公民社会在内的现代意识的发展，所谓自我建构是要求尽可能地守护乡村社会的价值信仰和道德元素。

第四，农民文化的主体性：乡村建设不能抛弃农民本体。学者温铁军与李昌平一样，反对"公司加农户"的发展战略，他批评目前这种以单纯经济指标为核心的新农村建设方案是危险的。在他看来，无论是工业还是现代农业，都应当是由农民自主建设。这样的乡村建设方案，因为农民是主体，所以才可能真正保住乡村的价值和信念。而现在的许多新农村建设的典范，实

---

① 李昌平. 中国农村将彻底走上菲律宾道路［OL］. http：//www. snzg. cn/article/show. php? itemid－11847/page－1. html. 2008－10－01.

② 王启梁. 内生性村落社会秩序是如何形成的？——对云南曼村村落政治、公共生活与社会控制的田野考察［OL］. 三农中国：http：//www. snzg. cn/article/show. php? itemid－10173/page－1. html.

③ 焦玉良. 市民社会：农村研究的新视角［OL］. 三农中国，http：//www. xbnc. cn/Article_Show. asp? ArticleID＝3166. 2008－09－08.

际只有了农村的外在形态而没有农村的内在精神。它们或者是靠工业支持，或者是由城市资本经营。在许多乡村，农田只是一种象征，支撑其存在的依然是工业，只不过把工业放在了村外。他们创造了一个理想国，但却是以牺牲更大的农村环境为代价的。不过有一点亦值得肯定，即在他们的头脑中依然有农村和农业的概念。在那里，村民们白天是工人，晚上是农民，可以享受农村的自然环境和生活方式。

第五，农业精神的本体性：乡村建设必须有农业支撑。目前，一些学者认为，产业依然是新农村建设的关键。在他们看来，如果没有产业支撑，韩国的新村运动就只能是运动，而不能是真正的建设。不过，如果农村只有产业而没有农村、农业和农民了，那这种建设的意义是什么呢？从可持续发展来看，这种农村的现代化会不会成为一种真正的现代灾难呢？因此，我们今天应当寻找的，就是既要让农村现代化，让农民富裕，但又要保持农村的生态和自然，以及包含在其中的价值和信仰。农村需要产业支撑，但一定要考虑怎么支撑，不能简单把农民赶出农村，变成城市流民，更不能让农村变成城市的翻版。农村还应当是农村，这是新农村建设的前提。起码这是韩国、中国台湾、日本成功的经验。正像许多学者指出的那样，单纯依赖城市化和人口转移，这肯定不是一条最理想的途径。目前城市打工农民的生活状态，以及城市就业现实已经充分说明这一点。

指向留守儿童心灵关怀的学校德育

南京师范大学道德教育研究所　马多秀

北京师范大学教育学部　朱小蔓

内容摘要： 留守儿童是一个特殊的社会群体，是当前中国快速城市化背景下农民工问题的衍生物。留守儿童心灵关怀缺失是一个需要我们重视和关注的问题。由于人的情感、心灵、精神等现象属于内在性向，具有很大的内隐性，留守儿童心灵关怀缺失问题往往是以隐性方式存在着的。给留守儿童心灵关怀就是要给留守儿童投注积极的情感支持，使他们感受到情感的慰藉，唤醒他们的心灵，增强他们的精神生命力，使他们形成自信、自强的积极心态，从而健康地成长和发展。

关键词： 心灵关怀　留守儿童　学校德育

自 20 世纪 90 年代以来，伴随农村剩余劳动力向城市的迅速转移，一部分农民工无力把子女带入城市生活和学习，只好把他们留在了农村。这些孩子被称为"留守儿童"。留守儿童是一个特殊的社会群体，是当前中国快速城市化背景下农民工问题的衍生物。随着农民工数量的剧增，留守儿童群体也庞大起来。据全国妇联 2008 年发布的《全国农村留守儿童状况研究报告》显示，全国农村留守儿童规模约达 5800 万人，其中 14 周岁以下的农村留守儿童约 4000 万，留守儿童占全国农村儿童的 28.29%[①]。对于留守儿童来讲，他们身上存在的最大问题是亲情缺失，不仅表现为日常生活上他们所需要的关照缺失，更为值得重视的是，他们在精神、心灵层面所需要的关怀也缺失。正因为如此，留守儿童自杀、犯罪等报道频频见诸媒体。近些年来，这一群体的生存状况被诸多学者所关注，"留守儿童"已经成为学术界的一个高频词。

2010 年 4～5 月期间，我们蹲点在苏中一所农村中学展开了对留守儿童教

---

① 蒋笃运. 农村留守儿童教育问题与对策 [N]. 中国教育报, 2008 – 07 – 19 (3).

育问题的调研工作。在跟留守儿童访谈后发现，诸多留守儿童存在心灵关怀缺失问题。在日常生活中，留守儿童心灵关怀缺失问题通常是以隐性方式存在着的，只有教师真正走进他们的心灵世界，才能够深切地体验和感受到。俄罗斯伦理学家恰尔科夫在谈到俄罗斯对处境不利儿童的道德关怀时认为，"在实践中，我们往往侧重于对处境不利儿童的物质救助，而对于他们在社会变化中失去的很多东西（比如儿童的尊严、道德观，对学习、生活前景的期望）却漠不关心，也就是缺乏对他们的道德关怀"①。实际上，我们面对留守儿童问题时，也主要集中于对他们物质生活层面的资助上，往往对给予他们精神和心灵层面关怀的重视程度不够。随着农村中小学布局调整政策的落实，农村寄宿制学校数量增加。绝大部分留守儿童正处于接受九年义务教育的年龄段内，学校生活成为留守儿童生命成长的重要组成部分，也成为分析留守儿童教育问题的一个重要视角。正是在这层意义上，我们认为，关注留守儿童心灵关怀缺失问题和给予他们心灵关怀，是农村学校理应肩负的时代责任和使命。

一、留守儿童心灵关怀缺失问题的特征

由于人的情感、心灵、精神等现象属于人的内在性向，具有很大的内隐性，所以，留守儿童心灵关怀缺失问题往往是以隐性方式存在的。当前，深受实证主义和科学主义影响的学校教育实践本身，对人的情感的发展、精神的成长、人文素养的提升的重视和关注程度还远远不够，也进一步掩盖和淹没了留守儿童心灵关怀缺失的问题。在实地调研中，我们通过跟诸多留守儿童的深度访谈后发现，留守儿童心灵关怀缺失问题呈现出几种特征：物质需要满足≠精神需要满足、外在行为规范≠内在心灵健康，以及留守儿童心灵关怀缺失问题具有迟效性。

（一）物质需要满足≠精神需要满足

留守儿童父母外出务工在很大程度上能够使诸多留守儿童的物质生活得到改善。很多留守儿童父母通常还存在一种补偿心理，通过满足孩子物质生活需要来弥补自己不在孩子身边的缺憾。但是，对于诸多留守儿童来讲，父母给予他们物质生活需要的满足并不能代替他们精神生活需要的满足，而且，

---

① 朱小蔓等. 当代俄罗斯教育理论思潮［M］. 北京：教育科学出版社，2009：224.

他们精神、心灵层面关怀的需要更为迫切，他们对亲情的渴盼以及希望父母对自己心灵关怀的期望，并不会因为物质生活需要的满足而减弱。我们在调研中邀请了部分留守儿童写出对父母最想说的话，我们可以从下面的文字中感受到留守儿童从内心深处对父母给予他们情感、精神上理解和关怀的深沉期待与渴望。

——我希望家长能够对我更加关心，不仅仅关心我的物质生活，也要关心我的精神生活，让我的生活更加丰富充实，在以后的日子里能常常和我聊天，能倾听我的烦恼与困惑。

——希望他们多多关心我各方面的事情，而不是只关心学习，平时能有更多的时间来和我们沟通，而不是让我们吃好穿好就行。

——没有理解，没有希望。

——希望他们能多多了解我在学校的情况，不要只忙着挣钱，我知道挣钱是为了我，但是他们也要多休息。

——我的父母常年在外打工，我希望他们能经常回来，能够与他们谈谈心事。

——我希望家长不仅在物质上满足我，也要关心我的心理，没事的时候跟我谈谈，不要老是用亲戚家成绩好的哥哥姐姐们来说我、骂我，我知道骂是希望我长进，但是也不能说得太过分。

——希望他们多关心我一点，不要总是说："你要什么东西我都给你，但你要好好学习。"但他们从来不知道我要的不是这些。还有妈妈，她叫我不要和男生玩，我有分寸，我不会辜负他们的期望的。

——我希望爸爸妈妈能够经常陪我，听我倾诉心里话。

——希望他们不仅是在学习上，物质生活上关心，更要在精神生活上关心我，鼓励我，给我前进的动力。

——我希望我的爸爸多与我沟通，我不只是需要物质上的生活，我也需要精神上的生活。

……

从字里行间，我们能够感受到留守儿童是多么渴望亲情，渴望父母的关爱，渴望家庭的温暖。然而对于这些留守儿童来讲，他们却很难从父母那里满足这些需要。父母给予他们物质生活层面需要的满足远远不能代替他们对精神生活关怀的渴望。人本主义心理学家马斯洛提出了"满足健康"概念，他认为"需要满足的程度与心理健康有确定的联系"①。一个人基本需要的满足能够促进其形成健康的人格，儿童阶段爱的需要的满足与成年后的健康人格有密切的联系。满足留守儿童心灵关怀的需要是他们人格健全发展的基础和前提。特别是留守儿童正处于成长中，这就决定了满足他们心灵关怀的需要刻不容缓。智利诗人加布里拉·米斯特拉尔（Gabriela Mistral）说："我们所需要的很多东西都可以等待，但孩子所需要的东西不能等待。他的骨骼正在成形，他的血液正在生成，他的心灵正在发展。我们不能对他说明天，他的名字叫今天。"② 不论社会发生何种重大的变化，儿童的这种发展特性永远都不会改变。因此，我们必须对留守儿童心灵关怀缺失问题给予足够的重视，并及时满足他们这方面的需要，这样才能够促进他们人格的健全发展。

（二）外在行为规范 ≠ 内在心灵健康

在现代社会里，学校是高度制度化的，学校的一切工作运行要通过制度来规约，规范管理、量化管理等理念已经深入学校管理实践之中。但是，学校实行的规范管理和量化管理的最大弊端是有时难以测量到人的心灵和精神世界的真实状态。我们在调研中发现，如果按照学校规范管理和量化管理的指标来衡量，一些留守儿童的行为表现很规范，属于正常发展的孩子。然而，当我们跟这些留守儿童深入交谈之后却感受到，在他们外在规范的行为表现之下掩藏着一颗急需关爱的、发展很不正常的心灵。这些留守儿童的心理和精神状态是异常的，他们希望有宣泄自己内心苦闷的渠道，希望有人能够跟他们沟通，希望能够得到别人的同情、理解和支持，内心处于一种极度矛盾、冲突的境地之中。如果他们的这些需求得不到及时的满足，或他们心灵上的创伤得不到及时治愈的话，就很可能会导致诸如自杀、犯罪等悲剧性事情发生。

由于深受应试教育的影响，许多教师把时间和精力主要用到了文化课教学方面，关注的是学生的考试成绩、自己的奖金和津贴待遇，对德育投入的时间和精力要少得多。德育成效是很难测量的，德育还具有迟效性特征，很多教师在德育方面作出的努力不够，他们也很难关注到留守儿童心灵关怀缺失问题。即使教师会跟留守儿童交谈，也往往是围绕着学习问题展开的。我

---

① ［美］马斯洛. 动机与人格［M］. 许金声等，译. 北京：华夏出版社，1987：77.

② ［美］欧内斯特·L. 博耶. 关于美国教育改革的演讲［M］. 涂艳国，方彤，译. 北京：教育科学出版社，2002：33.

们在调研中发现，一般情况下，除了班主任出于工作需要会对留守儿童的家庭状况有所了解之外，其他科任教师基本上不会主动去了解他们的家庭生活背景。事实上，留守儿童的留守生活处境很少能够引起学校和教师特别的关注。由于考试考评压力，教师和学生之间有时会产生某种对抗情绪。一般来讲，留守儿童也不会把自己的遭遇和内心真实的感受直接向教师诉说，教师也就很难了解他们的真实处境。马克斯·范梅南认为："教育者在孩子更广阔的生活历史背景中理解孩子的学习和发展。这是教学活动的一个关键的特点。确实，理解这些儿童的生活意义可能会引导我们在与儿童相处的关系中作出恰当的教育行动。"① 正因为诸多教师对留守儿童的生活背景和处境一无所知或知之甚少，所以，教师也就很难判断留守儿童的真实的心灵状态，难以从他们外在规范的行为表现之外体会和觉察到他们内在的心灵的异常。

（三）留守儿童心灵关怀缺失具有迟效性特征

从已有对留守儿童心理状况的研究成果中我们得知，留守儿童往往会存在自卑、焦虑、逆反心理，甚至存有对父母的怨恨心理等。通常情况下，对于大部分留守儿童来说，这些负面和不良的心理不会带来即时性的效果，不会立马致使留守儿童出现不良的行为倾向。心理学研究成果、尤其是弗洛伊德的精神分析心理学认为，童年具有重要的意义和价值，童年生活和经历会对人的一生产生重要影响。我们每个人在成年后的行为表现和思想发展等都能够找到童年的影子。正是基于这层意义，我们要特别重视和强调留守儿童由于亲情缺失所造成的心灵关怀缺失问题的迟效性特征。

按照情绪心理学中情感产生及其相互转化的规律，恐惧、害怕容易转化为攻击和仇恨，而安全、信任容易转化为同情和爱。毫无疑问，安全感对儿童成长的意义非常重大。儿童的安全感最初都是从家中获得的。安全感对儿童来讲意味着他们感受到某个人或某些人关怀和爱护着他们，给他们的生活带来了所需要的一定量的保障、可信度和可靠性。一般来讲，完整、和谐家庭中的儿童，父母对他们的关心和照顾使他们很有安全感，他们的性格也会趋向开朗、大方、阳光的方向发展；相反，不完整家庭中的儿童，则显得胆小、谨慎、不敢冒险。虽然现代社会瞬息万变，但是儿童的天性不会改变，

① ［加］马克斯·范梅南. 教学机智——教育智慧的意蕴［M］. 李树英，译. 北京：教育科学出版社，2001：72.

他们需要一个安全、稳定、指导、支持的环境。马克斯·范梅南指出，儿童在安全、受保护的环境里才能去冒险，在支持的环境下才能获得独立，在有成人指引方向的环境下才能找到自己的生活方向①。相反，当安全、稳定、指导和支持的环境不存在的情况下，儿童的发展就会受到阻碍。对于留守儿童来讲，由于父母缺席，日常生活中能够切身感受到的与父母之间的亲密接触减少，关怀和爱护减少，所以他们从家中能够获得的安全感自然会降低。

有研究发现，"少数孩子认为家里穷，父母无能耐，才会出去挣钱，对父母打工不理解，由此而产生怨恨情绪"②，有些留守儿童在留守生活期间得不到父母的照顾和亲情的温暖，监护人以及周围其他人对其不友好，他们在内心也会产生一股怨恨心理。马克斯·舍勒认为，"怨恨就是人心发生紊乱的一个典型事例。从本质上讲，这种软弱和无能可以是心理的、生理的、智力的或社交上的"③。对于这些留守儿童来讲，如果这股怨恨情绪得不到及时消除的话，随着时间的推移，他们就可能由对父母的怨恨转向对他人、社会的怨恨，在一定条件下，会出现具有破坏性的行为，成为社会的不稳定因素。犯罪学研究表明，家庭是影响人犯罪动机形成的一个内在因素。不良的家教方式、不良的家庭氛围，以及残缺家庭中成长起来的人犯罪的可能性比较大④。对于留守儿童来讲，父母不在身边的留守生活是一种不完整的家庭生活。如果父母对孩子的管教方式不合理、家庭氛围不和谐的话，会成为他们日后走向犯罪道路的潜在诱因。因此，我们要关注留守儿童心灵关怀缺失问题的迟效性特征，及时给予留守儿童心理疏导，化解他们的负面和消极心理。

二、心灵关怀及对留守儿童心灵关怀的特征

究竟何谓心灵？要对此有所了解，必不能脱离对身心关系的认识。人是由身体与心灵两部分构成的。身体是可以触摸得到的一种物质状态，而心灵是不能触摸得到的，是一种不可视的物质状态，它是"潜能，是精神，也是

---

① ［加］马克斯·范梅南. 教学机智——教育智慧的意蕴［M］. 李树英，译. 北京：教育科学出版社，2001：75 - 80.

② 朱小蔓等. 当代俄罗斯教育理论思潮［M］. 北京：教育科学出版社，2009：223.

③ ［美］曼弗雷德·S. 弗林斯. 舍勒的心灵［M］. 张志平等，译. 上海：上海三联书店，2006：145.

④ 陆时莉等. 犯罪心理学［M］. 北京：高等教育出版社，2007：44 - 46.

一种物质，一种看不见的潜在物质，一种虚空的客观存在"①。从人的存在状态来讲，人的存在是物质存在和精神存在的双重性存在。人的物质存在是指人的身体的、肉身的存在，人的精神存在是指人的心灵的存在。身体和心灵是共在于人生的。"人之所以为人，独在此心，不其然乎。"② 心灵是与身体的、物质的相对应的一种精神层面的存在物，它是人之为人之所在。哲学把心灵理解为理性、理智，世界的观念基础，心灵是超感性世界的理性。宗教把心灵理解为上帝赋予人的最高生命力量，是来自另一个世界的神的恩典。总之，心灵是超越于自然生命的灵性之气，是人的生命根基，是一个人的内在的精神世界。

关怀是一种情感表达，是人类的一种基本情感。美国关怀伦理学家诺丁斯认为："关怀是一种'投注或全身心投入'的状态，'即在精神上有某种责任感，对某事或某人抱有担心和牵挂感'。关怀意味着对某事或某人负责，保护其利益、促进其发展。"③ 关怀是每个人需要的，"关怀是人类生活中的一个基本要素，不可以被视为可有可无的——确实所有的人都希望得到关怀。"④ 一般来讲，关怀是双方的，不是单方的，它要求双方的相遇，要求他们在社会情境中沟通与交往，构成心灵唤醒体系。诺丁斯认为，一个关怀性相遇关系的形成，通常要经历这样三个阶段：① A 关怀 B——即 A 的意识特征是关注与动机移置，而且② A 作出与①相符的行为，而且③ B 承认 A 关怀 B。值得注意的是，关怀者在关怀被关怀者的过程中获得对方的承认对关怀关系的形成至关重要。如果没有被关怀者对关怀者的回应，关怀者通常会感到失望、疲惫和力不从心。在成熟的关系中，关怀关系往往是相互性的。

恰尔科夫在谈到对俄罗斯处境不利儿童的道德关怀时认为，道德关怀的基本内容是心灵关怀。"心灵关怀就是要求关怀者将意识指向意义，用情感去体验，以思维去反思心灵活动，护卫心灵，安抚心灵，提升心灵境界，进而让被关怀者感受到生命的意义价值，从而建构认识主体，纯化自己的心灵。"⑤ 心灵关怀的目标在于唤醒和激发处境不利儿童的心灵，调动他们的主动性和

---

① 马建勋. 心灵哲学 [M]. 北京：作家出版社，2003：18.
② 梁漱溟. 人心与人生 [M]. 上海：上海人民出版社，2005：15.
③ 侯晶晶. 关怀德育论 [M]. 北京：人民教育出版社，2005：65.
④ ［美］内尔·诺丁斯. 始于家庭：关怀与社会政策 [M]. 侯晶晶，译. 北京：教育科学出版社，2006：11.
⑤ 朱小蔓等. 当代俄罗斯教育理论思潮 [M]. 北京：教育科学出版社，2009：224.

积极性，帮助他们成长和实现自我。心灵关怀必须诉诸情感做媒介，作为关怀者的成人要对处境不利儿童的具体生活境遇付诸于积极的情感投入，能够设身处地去关注他们的生存境遇，否则它就会变成死板的、感情贫乏的、无效的关怀。对留守儿童的心灵关怀是指教师在对留守儿童的留守生活处境积极关注的基础上，对他们投注积极的情感反应，使他们感受到情感的慰藉，唤醒他们的心灵，激发他们的主观能动性，形成健康的积极心态，自信、自强地面对留守生活，获得健康的成长和发展。

由于留守儿童教育工作本身的特殊性，教师对留守儿童的心灵关怀具有四种基本特征。第一，教师对留守儿童的心灵关怀更多地体现为单向性和不对称性。一般来讲，关怀性关系是双向性的，由于留守儿童是未成年人，他们关怀他人的能力还未形成或正在形成之中，所以在教师与留守儿童的心灵关怀关系中，更多地表现为一种单向性和不对称性。第二，教师对留守儿童的心灵关怀更多的是一种具体性和个体性关怀。每个留守儿童的具体生活处境是不同的，教师在对留守儿童群体给予关注和关怀的基础上，更需要教师了解每个留守儿童的生活背景，满足他们各自不同的具体的心灵关怀的需求。第三，教师对留守儿童的心灵关怀更多的是一种道德关怀。关怀可以分为自然关怀和道德关怀。前者是伴随人的感受力活动而产生的自然情感，后者是需要付出道德努力才能够产生的。教师对留守儿童的心灵关怀既有自然关怀的成分，也有道德关怀的成分，我们更强调它的道德关怀的价值。第四，教师对留守儿童的心灵关怀具有持续性。留守儿童是处于成长中的个体，这一特性决定了他们需要来自教师对他们的持续的引导和关怀，才能够使他们成长为一个个健康的、发展良好的个体。

三、对留守儿童心灵关怀的学校德育意蕴

国内教育学界两位著名学者鲁洁教授和王逢贤教授主编的《德育新论》一书中，"德育的个体性及社会性功能"专章探讨德育功能，认为德育具有七大功能：德育的个体品德发展功能、德育的个体智能发展功能、德育的个体享用功能、德育的经济功能、德育的政治功能、德育的文化功能、德育的生态功能。前三种属于德育的个体性功能，后四种属于德育的社会性功能[1]。德

---

[1] 鲁洁，王逢贤. 德育新论 [M]. 南京：江苏教育出版社，2002：236－331.

育的个体性功能的核心是个体精神的发育和发展，个体精神发育和发展直接影响到儿童的健康成长。对社会处境不利儿童或社会弱势儿童来讲，我们必须关注他们的精神发展状况，给予适当的引导，使他们获得尊重感、安全感、平等感等，增强他们自信、自强等积极性精神素质，使他们能够积极面对留守生活，获得健康成长和发展。我们立足农村学校德育视角探讨对留守儿童心灵关怀德育，就是强调德育的个体精神发育和发展功能。教师关注留守儿童的生活处境，给予他们人文关怀，积极和主动地担当留守儿童的教育发展责任，使他们获得理解、尊重、自信、自强等，增强他们内在的精神动力和精神生命力，顺利地度过留守生活，成长为合格公民。我们在跟诸多留守儿童访谈中发现，一般来讲，对留守儿童心灵关怀德育会在留守儿童精神世界出现这样一个层级性的发展变化过程：闭锁的心扉的打开→尊重感、平等感的获得→感受到生活的乐趣和希望。

（一）闭锁心扉的打开

已有调查研究发现，心理健康和人格发展问题是留守儿童最容易出现的问题，也是表现最为突出的问题。由于这些孩子缺少家庭的亲情关怀，长年难与父母团圆，有的孩子甚至五六年未见过父母，寄养在亲戚家里或由他人代管，或同爷爷、奶奶等长辈生活在一起，有的甚至由于托管的亲戚又外出，出现二次托管的现象。因此，这些孩子一般会出现柔弱无助、自卑闭锁、寂寞空虚等心理①。我们在调研中也观察到，在留守儿童群体中，尤其是父母双方均外出务工的留守儿童，以及离异、单亲家庭的留守儿童，在日常生活中通常显得很胆小害怕，目光畏缩，有时甚至显得有些呆滞，言语也很少，不善交际，有些甚至离群索居，做事也缺少热情和自信；有些留守儿童在日常生活中会无端发火，脾气暴躁。有些留守儿童由于日常生活长期得不到很好的照顾，营养缺乏，直接影响到他们的生理发育，跟同龄人相比，他们的个头、体重等要相差很多。这些都容易造成他们的自卑心理，他们也容易成为同龄人欺负的对象。

面对这些留守儿童，教师给予他们心灵关怀的第一步是让他们打开闭锁的心扉，向教师倾诉他们对留守生活的感受和体验。留守儿童向教师敞开心

---

① 范先佐. 农村"留守儿童"教育面临的问题及对策 [J]. 国家教育行政学院学报，2005（7）：78－84.

扉是有条件的，最重要的是教师要获得留守儿童的信任。只有在信任的环境里，留守儿童才会有安全感，他们真实的感情才会得到自然地流露。通常情况下，很多教师都是以权威者的形象和角色来对待学生的。学生面对这样的教师时，会感到心理紧张，他们不会把自己的心里话向教师诉说。苏霍姆林斯基认为："至于教师因没有发现自己的做法不妥帖、欠周到而使学生越来越疏远自己的例子，在学校生活就数不胜数了。"① 其实，教师与留守儿童之间的心灵距离并不遥远，关键是教师要真诚地对待他们，能够设身处地地理解他们的处境，让他们感受到自己受到了重视和关注，他们才会愿意敞开心扉来向教师倾诉自己的生活感受和遭遇。总之，教师的真诚、善意、期望等积极的情感反应都能够敲开留守儿童冰冻的、闭锁的心扉。当师生之间信任关系建立之后，留守儿童会以各种形式敞开他们闭锁的心扉。一般来讲，会话是最常见的师生对话的方式，师生之间通过面对面的交流，教师倾听留守儿童的心声，给予他们心理上的理解、期待和支持。书信也是师生沟通的一种方式，对于一些比较羞涩和不善言辞的留守儿童来讲，使用书信的方式更有助于他们内在情感的表达。我们在调研中发现，一些班主任还通过学生写周记的方式跟学生进行思想沟通，比较认真、责任心强的班主任会做到每篇周记有批复，班主任和学生之间架起了一座心桥。

（二）尊重感、平等感的获得

俄罗斯伦理学家恰尔科夫在谈到对处境不利儿童的心灵关怀问题时认为："平等、理解、尊重、关爱和宽容是心灵关怀的原则，同时也是心灵活动的目标，是基于处境不利儿童特殊需求性作出的判断……处境不利儿童的特殊需求性包含：自我生存的需求性；尊重和自尊的需求性；精神的需求性。"② 自我生存的需求主要指处境不利儿童的生存权利；尊重和自尊的需求包括获得信心、能力、本领、成就、独立和自由的愿望等；精神的需求就是获得生存的精神生命力。在处境不利儿童的生存权利得到保障的基础上，我们更应该关注的是他们尊重和自尊需要，以及精神需要满足问题。

教师对留守儿童的心灵关怀德育中，当留守儿童打开了封闭心锁，向教师倾诉他们的生活遭遇，以及自己内心的困顿、迷茫和烦恼后，他们需要的

① ［苏］苏霍姆林斯基. 要相信孩子［M］. 汪彭庚，译. 北京：教育科学出版社，2009：4.
② 朱小蔓等. 当代俄罗斯教育理论思潮［M］. 北京：教育科学出版社，2009：223.

是能够获得尊重感和平等感等精神需要的满足。这种尊重感和平等感的获得能够让留守儿童感受到他们作为学生，在学校生活中有存在的位置和存在的价值，是被教师所关注和重视的，并不是可有可无的。"自尊需求的满足导致一种自信的感情，使人觉得自己在这个世界上有价值、有力量、有能力、有位置、有用处和必不可少。然而这些需要一旦受到挫折，就会产生自卑、弱小以及无能的感觉，这些感觉又会使人的精神丧失。"① 对于教师来讲，在师生对话中让留守儿童获得尊重感和平等感是心灵关怀德育的关键一环，也是留守儿童由自我感觉柔弱无力、自卑走向自信、有力量、有动力的关键环节。一般来讲，一个获得了尊重感和平等感体验的人，他就能够从容和自信地面对任何生活环境，并能够在任何环境条件下创造性地学习和生活。相反，一个尊重感和平等感缺乏的人，无论身处任何环境里，都会感到无力而不能从容应对生活中的挑战。

　　留守儿童怎样获得尊重感和平等感呢？我们认为，第一，教师不能嘲笑留守儿童，而是要给予他们以同情、理解、鼓励和期待的情感反应。留守儿童的生活处境相对都比较特殊，在这种特殊的生活环境下，他们的心灵会变得极其敏感和脆弱。教师作为留守儿童学校生活中的重要他人，教师对他们的态度选择会直接影响到他们的自我感受。教师在与留守儿童相处过程中，在言行上必须特别谨慎，要尽可能地维护他们的自尊心和自信心。第二，教师不能歧视留守儿童，而是要平等地对待所有学生。有些教师因为某些留守儿童的学业成绩差，会在座位编排时把他们放在偏僻的角落，用粗俗的言语谩骂、讽刺他们等。教师对留守儿童的这些歧视性行为会使他们对自己失望，并对教师产生厌烦心理，甚至对学校生活本身失去信心。教师不能按照学业成绩的差异区别对待学生，要平等地对待每一个学生，做到一视同仁，让留守儿童体验到平等感，感受到自己作为班级中的一员存在的价值和意义。第三，教师不能以否定的眼光看待留守儿童，而是要多发现他们身上的优点、闪光点，多肯定他们。留守儿童群体中，有些会因自己家庭经济困难、学业成绩差等原因长期处于自卑的心理状态。教师要及时发现他们身上的优点、闪光点，并及时给予肯定，这样，留守儿童会因自己被教师赞扬而找到一些自信，看到一点光明和希望，这会帮助他们走出自卑心理。个体心理学创始

---

　　① 范先佐. 农村"留守儿童"教育面临的问题及对策 [J]. 国家教育行政学院学报，2005（7）：78－84.

人阿德勒认为："教师对学校的制度不负有责任，但如果他们能以个人的同情和理解缓和一下这个制度的非人性和苛刻的一面，那就是最好不过了。因此，教师要考虑到某个孩子的特殊情况，适当对他宽一点；这样，会起到鼓励这个孩子的作用，而不是把他推向绝路。""一句话，一个理想的教师负有一种神圣和激动人心的责任。他铸造孩子的心灵，人类的前途也掌握在他的手里。"① 在当前教育实践中，要让教师彻底走出以成绩好坏来评价学生的桎梏还不是很现实，但是对于教师来讲，一定要全面看待学生，尤其是面对留守儿童时，要尽量以肯定的眼光对待他们，教师的赞赏会为他们灰暗的天空划出一抹阳光和希望。

（三）感受到生活的乐趣和希望

对留守儿童的心灵关怀德育中，当留守儿童打开心扉，向教师倾诉生活中的遭遇，并得到了教师的同情、理解、期待等积极情感反应之后，他们会感到获得了尊重感和平等感，感受到自身存在的价值和意义；他们在内心会产生自信和精神生命力，会对自己的留守生活做重新理解，看到希望，并感受到生活的乐趣和意义。恰尔科夫认为："事实上，对处境不利儿童的道德关怀，关键是让处境不利儿童感到心灵的关怀和情感的慰藉，努力找到实现自身价值的有效途径，形成健康、向上、奋进的积极心态。"② 我们对留守儿童的心灵关怀德育的最终目标也就是要通过教师给予留守儿童心灵关怀、积极的情感反应，使他们找到自信，看到生活的希望，感受到生活的乐趣，从而激发他们内在的精神生命力和潜在的道德主体意识，使他们成为具有积极的生活态度和充满希望的人。

教师对留守儿童心灵关怀德育是一个周而复始的、循环反复的、永无止境的过程。从留守儿童的生存视阈来看，他们的学校生活里有诸多教师，每天经历着许多生活故事和事件，以及生活情境，也形成了多种多样的交往关系。发生在他们精神世界的从打开闭锁的心扉→获得尊重感和平等感→感受到生活的乐趣和希望，这个过程只是发生在特定情境和特定关系中的一次生活经历，或一个生活故事中的内在精神层面的发展变化的体现。由于留守儿童的生活具有丰富性和复杂性特征，不同教师对不同留守儿童的情感反应和

---

① ［奥地利］阿德勒. 儿童的人格形成及其培养［M］. 韦启昌，译. 石家庄：河北人民出版社，2002：110.

② 朱小蔓等. 当代俄罗斯教育理论思潮［M］. 北京：教育科学出版社，2009：222－223.

态度选择会不同，不同留守儿童与不同教师之间的心灵距离有远有近，这就决定了并不是留守儿童学校生活中所有的生活经历和生活故事，都能够使他们获得这样正向的和积极的情感体验和精神感受，有些可能会造成对他们精神上的打击或挫伤。这就使留守儿童精神发展的过程本身充满了各种困难。正是在这层意义上，作为公共教育机构的农村学校要尽量提升自身的道德关怀的意识和氛围，使教师与留守儿童的每一次相遇都变成是留守儿童精神发展的契机，增强他们的精神生命力，使他们成长为能够勇敢地面对和迎接生活挑战的人。

四、关于学校对留守儿童心灵关怀的建议

当前，留守儿童家庭教育普遍缺失，留守儿童集聚的广大落后农村地区的社区教育还很不完善，农村学校肩负着更大的留守儿童教育责任。恰尔科夫认为：“学校是关怀处境不利儿童的重要情感场域，强调关怀体系的相互理解和尊重，突出学校关怀的具体性和个体性，以此彰显学校关怀的价值和意义。只有重视学校关怀，才能实现处境不利儿童的多种生存可能性。”① 正是在这层意义上，我们特别强调农村学校在关怀留守儿童心灵健康成长和发展方面的意义和价值。

（一）学校管理要体现人文关怀精神

从根本上来讲，教育就是促进人的精神成长的活动，给予人心灵的呵护和唤醒，使人从内在的心灵深处获得生活的意义、体会到生命的尊严、形成健康的积极心态是教育的根本目标。学校管理要坚持以人为本信条，弘扬人文关怀精神，把促进人的精神成长作为工作核心来抓。然而，综观当前农村学校教育现实状况后我们会发现，教育实践在很大程度上却偏离了以人为本的精神。

由于当前我国社会整体上考试竞争风气还比较盛行，应试教育还相当普遍，教育主管部门、学校领导、教师，甚至家长和学生都深受应试教育的影响。在激烈的考试竞争的驱使下，考试作为一种评价手段的功能发生了异化，考试成为了一种摧残人的成长和发展的工具，成为扭曲教育目的、过程的工

---

① 乌云特娜. 俄罗斯针对处境不利儿童实施学校关怀的分析 [J]. 当代教育科学，2009（4）：31－34.

具。考试竞争导致的一个严重后果就是教育者对学生爱的缺场或退场。在这种教育环境中，留守儿童心灵关怀缺失问题难以受到教育主管部门、学校领导和教师的重视。在调研中我们发现，留守儿童心灵关怀缺失问题没有得到学校领导和教师应有的关注，甚至在他们眼里也不能构成一个问题。对于那些学业成绩比较差的留守儿童来讲，在应试教育环境下，他们可能不仅难以获得教师的关注，更有可能受到来自教师的歧视和不公正的对待，使他们本来缺少亲情关爱的心灵更灰暗。

因此，学校管理中要体现人文关怀精神，把学校教育回归到促进学生的精神成长的根本目标上来。学校领导和教师要对留守儿童积极投注关爱，使他们感受和体验到心灵的慰藉和情感的关怀，增强精神生命力，心灵获得健康成长和发展。

（二）教师对留守儿童积极的情感态度

德国教育人类学家博尔诺夫认为："教育的成功与否往往取决于生活环境中一定的内部气氛和教育者与受教育者一定的情感态度。"[①] 我们在跟诸多留守儿童和教师访谈中深深地感受到，教师对留守儿童积极的情感反应对于在教师和留守儿童之间的信任关系的建立，以及唤醒留守儿童的心灵，帮助他们形成积极的生活态度等有着非常重要的意义和价值。一般来讲，教师对留守儿童积极的情感态度应该包括敏感、倾听、信任和关爱。

首先，教师的敏感主要应体现在两个方面。一是教师对留守儿童的学校生活意义的理解。随着城市化的快速发展，农村传统的婚姻伦理价值观念受到了严重的冲击，农民工群体的离婚率在逐年攀升，致使离异、单亲家庭的留守儿童数量增多。家庭生活的变故必然会对留守儿童的生活和心灵世界产生诸多影响。而且，农村社会教育本身就不健全。因此，对于诸多留守儿童来讲，农村学校几乎成了他们唯一可以接受教育的地方，成了最适合他们成长的场所，农村学校几乎成了他们最后的精神家园。二是教师的敏感体现为教师对每一位留守儿童生活处境的关注。在农村学校里，不同的留守儿童具有不同的生活遭遇，他们不同的生活遭遇对他们产生着不同的影响，形成他们对生活不同的理解和感受。教师就必须敏感于每个留守儿童生活世界的这些变化，以及他们自身的生活体验和感受，这样才能够针对每个人作出适当

---

① ［德］博尔诺夫. 教育人类学［M］. 李其龙，译. 上海：华东师范大学出版社，1999：41.

的教育引导。

其次，教师要成为留守儿童忠实的听众。一般来讲，对于留守儿童来说，父母外出务工后，他们身边就缺少了可以依赖和倾诉的对象，心里对父母的思念、对温暖的家庭生活的渴望只能默默地压在心底，情感上的孤单感、恐惧感无处诉说。即使父母会跟孩子定期通电话，但是，由于很多农村家长缺少教育知识，他们往往仅仅关心和强调的是孩子的学习成绩，而很少给予孩子心灵和精神层面的关心和呵护。尤其是离异、单亲家庭的留守儿童，他们内心所承受的压力、孤独感就更为严重。这时候，他们需要一个合理宣泄这些不良情绪的渠道，而来自教师的耐心倾听对于他们来讲就是一种最理想的途径。我们在调研中也深深地感受到，教师在对留守儿童心灵关怀德育中具备倾听的情感品质非常重要。只有教师怀着一颗爱心，用心去倾听留守儿童的生命故事，才能够让他们打开自己闭锁的心扉，让他们的孤独、寂寞的情绪得到合理的释放，教师也才能够真正了解这些留守儿童真实的生活处境和他们真实的感受和体验，从而真正走进他们的心灵世界。

再次，教师要充分信任留守儿童。对于留守儿童来说，留守生活意味着他们完整的家庭生活的破裂，这是他们人生发展中的一个逆境。在这种困难和失望面前，教师对留守儿童的信任会使其对自己战胜逆境抱有信心。"这种关系对教育具有无可估量的、怎么强调也不过分的意义。教育者控制儿童发展方向也取决于教育者如何看待儿童。如果他把儿童看做是诚实的、可靠的、助人为乐的……那么儿童的这些品质就会得到激发和增强。教育者的信赖可增强他所假定的儿童具有的那种出色能力。反之也完全一样：如果教育者把儿童视为好说谎的、懒惰的、阴险的……儿童就不会抵制这些行为，他们肯定会说谎、偷懒、耍诡计，正如教育者所猜疑的那样。"① 因此，如果教师面对留守儿童时，能够始终对他们保持信任和积极的期待，那么这种心灵上的支持会通过教师的眼神等肢体语言传递给他们，使留守儿童朝向教师所期待的方向发展。

最后，教师要给予留守儿童充足的关爱。在一定意义上来讲，留守儿童亲情的缺失需要教师的关爱来弥补，这样才能够促进他们人格的健全发展。教育家夏丏尊先生说："教育上的水是甚么？就是情，就是爱。教育没有了情

---

① ［德］博尔诺夫. 教育人类学［M］. 李其龙，译. 上海：华东师范大学出版社，1999：47.

爱，就成了无水的池，任你四方形也罢，圆形也罢，总逃不了一个空虚。"①苏霍姆林斯基也认为："教育者最可贵的品质之一就是人性，就是对孩子们的深沉的爱，父母亲的亲昵温存同睿智的严厉和严格要求相结合的那种爱。"②他还认为："为了关怀儿童，不仅要理解他们的精神世界，而且还要学会用他们的思想和感情来生活，把他们的忧伤、焦虑和为之激动的事情统统装在自己的心里。"③ 另外，弗兰克尔也特别强调爱的意义，认为"人类的一切救赎都是经由爱而成于爱的"④，爱既可以使自己了解一个人，更能够发现所爱的人身上尚未发挥的潜力，并且凭借爱的力量，能够使所爱的人的潜力得到发挥。总之，教师给予留守儿童的关爱是他们的人格健全发展的前提，是他们勇敢面对留守生活的动力之源。而且，对于留守儿童来讲，教师给予他们的关爱还会使他们在学校里获得安全感，使他们形成依附的、有意义的、熟悉的、亲近的和易于交往的品格，并以教师为中介去认识和理解外部世界。

（三）联合留守儿童家庭的德育力量

由于亲子之间血缘关系的存在，父母对子女发展和成长的影响是深刻的，也是深远的。正因为如此，学校德育要取得发展就需要来自父母的支持，父母就是学校德育的一股潜在的支持性力量。同样，农村学校和教师对留守儿童的心灵关怀德育的实施也需要留守儿童父母的支持。但是，当前，农村学校在联合留守儿童家庭的德育力量方面还面临着一些现实困难。比如：农村家长普遍存在"养"是家庭的责任，"教"是学校的责任的心理，对家校合作重要性的认识不到位；留守儿童父母由于外出务工，他们参与学校教育存在时空上的限制，即使他们有参与学校教育的意愿，但是由于时间和空间上的限制，他们也无法真正参与到学校教育中来；农村学校里普遍缺乏家校沟通的健全的组织机构，使得家校之间的沟通本身就不通畅，家长作为学校德育支持性力量的作用也难以得到有效发挥；还有一些农村家长由于文化水平低，对自己参与学校教育的能力信心不足等。

我们认为，即使农村学校和教师在联合留守儿童家庭的德育力量，共同

---

① ［意］亚米契斯. 爱的教育［M］. 夏丏尊，译. 上海：华东师范大学出版社，1995：2.
② ［苏］苏霍姆林斯基. 育人三部曲［M］. 毕淑芝等，译. 北京：人民教育出版社，1998：13.
③ ［苏］苏霍姆林斯基. 要相信孩子［M］. 汪彭庚，译. 北京：教育科学出版社，2009：3.
④ ［德］维克多·弗兰克尔. 活出意义来［M］. 赵可式等，译. 北京：生活·读书·新知三联书店，1991：31.

致力于对留守儿童心灵关怀德育中还面临着重重困难，但是只要找准问题，采取合适的策略也是能够取得一些成效的。最为关键的是，农村学校和教师必须在家校合作中发挥主导性作用。首先，农村学校和教师要主动加强和留守儿童父母的联系，帮助他们认识到家校合作对儿童健康成长的重要意义。其次，农村学校和教师要对留守儿童家长有正确的认识。留守儿童父母外出务工在很大程度上是出于生存需要的理性选择，教师对此要报以同情。我们在调研中发现，很多教师对此总是埋怨，这种情绪会导致对留守儿童父母的敌对心理，不利于问题的解决。诸多农民外出务工是当下中国社会不可逆转的潮流，这是任何人必须面对的现实。因此，教师应该多理解和同情，少埋怨。尤其还需要注意的一点是，在家校沟通中教师要充分考虑到农村家长的心理感受，要尊重他们，尽量消除农村家长由于文化水平低在面对高学历的教师时的自卑心理，让他们真正参与到学校教育中来。最后，家校沟通形式要趋向灵活和多样。在坚持传统的家访的同时，还要提倡校访，留守儿童父母可以根据自己的时间安排随时到学校了解孩子的教育情况。另外，一般来讲，家长委员会都是以学校为本的，组建的是各个班级家长委员会和学校家长委员会等。跟城市学校里的学生居住比较分散不同的是，农村学生基本上都是以村落为单位居住的，在一村之内，大家相互之间都比较熟悉，家庭的基本情况相互之间也比较了解，所以，在农村学校成立以村落为单位的家长委员会，更适合农村社会的现实情况。

心灵与道德教育

失于"心灵"的道德教育
——对基于"心理"的道德教育的反思

南京师范大学道德教育研究所　孙彩平

内容摘要：从禁欲社会到开放社会的过程，也是义务与责任道德到体验与快感道德的转变过程。与之相伴随的，是由记诵义务的道德教育到关注并促进人积极心理体验为手段和指向的道德教育的转变。在这个转变过程中，心理学的发展起了重要的影响作用。观照个体心理体验的道德与基于心理学规律的道德教育学，是现代道德教育的重要特征之一。这样的道德教育在回到"人"真实与当下的快感体验的同时，可能会消解追问永恒价值与幸福的理由，因而可能成为有利于心理健康而不利于心灵成长的道德教育。

关键词：责任伦理　快感伦理　道德教育　心灵成长

人类有史以来，与置身其中的社会道德文化一起，道德教育经历了勇敢者、智慧者、驯服者的教育范式，直到今天主宰者的养成①。道德教育的流变，是多种原因影响的结果，其中社会伦理的转型与道德教学理论（pedagogy）的变化，是两个不可忽略的重要因素。从历史看来，一定社会的道德教育及教学实践模式，总是与其所传播的道德相一致的，共同构成一个伦理与道德教育的范式。20 世纪以来，社会伦理呈现出从责任伦理到快感体验伦理的转变的特征，道德教学表现出以品德心理学与人格心理学为指导的科学性倾向。这是一个基于"心理"的道德教育时代。

一、由责任伦理到快感伦理

道德，是一种对个体权利与义务的规约，也是个体感受与社会秩序的生

---

① 孙彩平. 道德教育的伦理谱系 [M]. 北京：人民出版社，2005.

产系统。它让个体对道德标准支持的行为产生意义感、神圣感、愉悦感，而对道德标准反对与禁止的行为产生耻辱感。通过这种感受与具体行为的联结，从而实行对人行为的调节与管理，生产出社会的道德秩序与个体的意义感与价值感。

传统道德，不管是宗教的还是世俗的伦理，是来自于个体之外的一种对个体的权利与义务的规定，其基本的表述方式是用祈使句：应该做什么或者不许做什么。从儒家礼教纲常到摩西的十戒，或立足于世俗的社会群体利益与世俗秩序的建立，或以超越世俗与今生的方式承诺终极关怀。道德标准所支持的行为，是个体对神灵、对他人、对群体（包括国家）的责任与义务，基本上可以看做是有利于他人（包括群体中的多数人的）的行为；而道德反对与禁止的行为，多为有损于他人（群体中的多数）而只利于自己快乐感受的行为，并不一定有损于他人的快感。如合理享乐与感官欲望，在道德话语中长期处于被排斥与被警惕的状态，甚至成为道德禁令的范围。这些道德义务与禁令的原因，在西方的话语中，是神与上帝的指示，而在中国的话语体系中，"天道"与"天命"便是终极原因，也是个体意义感、价值感和社会秩序得以生产的逻辑终极。这个终极，是不需要再追问理由的理由，"我是道德本身，此外没有什么东西是道德"①，需要的只是知"神命"与"天命"后的服从与践行。传统道德中这种利他克己的价值倾向，以及超越个体理性追问的原因解释机制，使得传统道德成为一种只强调对他人与群体责任的个体规约。

到近代，上帝退隐，"天道"不行，人道兴盛。作为人自我主宰的重要表征之一的国家，一方面需要民众对自己如同对上帝与天道般的忠诚与奉献，因而需要在民众心中建立起"想象的共同体"这一抽象的概念体系，使民众由原来的臣民与信徒的身份转变成世俗的公民；另一方面追求经济富足、人口繁盛的国家目标的实现，需要为个人快感与占有欲望正名。在《新教伦理与资本主义精神》中，马克斯·韦伯详细分析了新教伦理对人追求财富欲望的认可过程，认为这是资本主义精神的核心。而如果说在发展的早期，市场经济文化还侧重于为积累物质财富的欲望寻找文化与道德上的支撑的话，到20世纪50年代，在美国"娱乐道德观"（丹尼尔·贝尔）已经盛行，追求各种感观的享乐已经成为最为正常和正当的事，甚至成为每个人生活的主要目

---

① ［德］尼采. 论道德的谱系·善恶之彼岸［M］. 谢地坤等，译. 桂林：漓江出版社，2000：251.

标之一。"如果没有欢乐,人就要暗自反省:'我哪儿做错啦?'"①。这与禁欲主义伦理条件下的欲望与快感状态完全不同。"在过去,满足违禁的欲望令人产生负罪感。在今天,如果未能得到欢乐,就会降低人们的自尊心"②。"别太对不起自己","对自己要狠一点"等时尚的自我调节话语,都在说明我们的道德,由原来支持他人与群体的利益与快感,转而开始支持个体自己的利益与快感的获得与享用。当年轻一代对《蜗居》中海藻的选择表示理解与支持,当夜店的霓虹以时尚与满足市场需求的名义在高消费区的午夜闪烁,当"天上人间"在中国首善之区成为上等身份的秀场,成为尊贵富有的"消费者"的享乐特权,成为政商资源交流的平台,我们不得不感叹:在这个时代,"快乐不仅是被允许的,而且是被需要的,这不仅有科学意义上的理由,也有伦理意义上的理由",这是一种将"快感本身当做责任的道德"③,甚至对快感的享受程度与形式,已经成为成功人士与自我实现的标志,成为尊贵身份的象征。利奥塔则坦言,一切道德之道德,都变成了"审美的快感"④。对物的占有、快感的享受与消费,成为个人意义与价值最有说服力的指标,也成为社会秩序调控的依据。

在这个从对他人与群体的责任偏好到对个体的责任与快感的强调的道德转变中,心理学特别是分析心理学的发展起了重要的作用。从弗洛伊德把个体分解为本我、自我与超我,梦定义为人被压抑的欲望及无意识的见证,压抑个体快感与欲望的道德人格成为覆盖在本我之上的漂亮伪装。到 20 世纪中叶,以诺伊曼为代表的分析心理学家走得更远一些,他们所主张的"新道德"明确提出为个体快感与欲望正名:提倡把以前视做"恶"的人性中的阴影解放出来,主张以对包括阴影在内的人的完整性的尊重代替对完善人格的追求,希望以此来解决由于压抑而引起的心理疾病,因为他们认为"神经症的主要原因是良知的冲突及需要回答的道德难题"⑤。"承认我们自己的邪恶就是'善'","对邪恶的

---

①② [美] 丹尼尔·贝尔. 资本主义文化矛盾 [M]. 赵一凡等,译. 北京:生活·读书·新知三联书店,1992:119.

③ Pierre Bourdieu, translated by Richard Nice, Distinction: A Social Critique of the Judgement of Taste, 1984 by the President and Fellow of Harvard College and Routledge & Kegan Paul, p. 367.

④ [法] 让-弗朗索瓦·利奥塔. 后现代道德 [M]. 莫伟民,伧晓笛,译. 上海:学林出版社,2001:序言.

⑤ [德] 埃利希·诺伊曼. 深度心理学与新道德 [M]. 高宪田等,译. 北京:东方出版社,1998:13.

压抑——它总是伴随着对自己的膨胀的过高的评价——是'恶'"①。当时兴盛的人本主义心理学的人的需要理论,也向人们强调了人的基本生理与安全需要是更为基础的需要,只有这些基础性的需要得到满足,高层次的需要,包括与道德密切相关的归属与爱的需要才会出现。而强调责任与对欲望压抑的传统道德,在这个话语体系里,被以不利于心理健康,可能导致精神类疾病的名义超越了。追求感观享乐被以对自己负责与成功者的标志的名义给予了道德上的合法性。

不同于哲学对哲学家个体理性水平的依赖,与神学对个人信仰程度的依赖,心理学对道德的解释,是以科学话语的面目出现的,"心理学为我们提供了理解与培育最好人格品质的似乎是价值中立的方式。因为毕竟,它是科学的,而科学的,我们倾向于认为,就是客观的"②,这在科学理性主宰的时代,是最有说服力的一种解释。因而,心理学,特别是发展人格心理学对人的道德心理的研究,成为社会伦理、文化与生活转型的一个重要的影响力量。所以康特尔(J. D. Hunter)说,在儿童道德生活问题上,"几十年来,哲学家与神学家已经暗然失声,人类学家与社会学家也销声匿迹,历史学家们忙于梳理此领域的重大发展成果,但他们的影响仅限于他们的圈子内部,是心理学家们,特别是发展心理与教育心理的心理学家们主宰着这个领域"③。

二、由记诵之学到"自我"养成

如果说伦理是一种自我技术学(福柯),那么道德教育就是养成这一自我监视与自我控制技术的过程。所不同的是,传统道德教育,是在外向性的责任伦理指导下,养成一个顺从与驯服的个体,而现在的道德教育,则是在道德发展心理学及人格心理学的支持下,养成一个看上去是自控与自治的"自我"的过程。

由于传统道德本身的超越个体、偏向对他人与群体的责任与义务的倾向,传统的道德教育,也多以记诵为主,辅以严格的惩戒与体罚。记诵主要用于将道德义务与责任铭记于脑,并以此作为自己的行为指南,成为一种自

---

① [德]埃利希·诺伊曼. 深度心理学与新道德 [M]. 高宪田等, 译. 北京: 东方出版社, 1998: 92.

②③ James Davison Hunter, the Death of Character: Moral Education in an Age Without Good or Evil, Basic Books, A Member of the Persesus Book Group, 2000, p. 83, 82.

我监视的标准与参照。因而，传统道德教育也非常重视要求学生时时反省自己："为人谋而不忠乎？与朋友交而不信乎？传不习乎？"（《论语·学而》）一旦发现有不合乎要求的行为，哪怕是些许的念头，也要有深深的自责和心灵的忏悔，以请求得到宽恕，因为他被告诉，只有这样才是上帝虔诚的信徒和谦谦君子。在这种自我监视程序下，人没有了锐气，行为如同戴了枷锁，变得持重缓慢，语调也变得相对柔弱，这被称为"儒雅之风"。针对身体的体罚与训练被当做是磨炼道德意志、强化记忆的有效形式。"劳其筋骨，饿其体肤，空乏其身"，"箪食瓢饮，居陋室"等苦行被当做是崇高人格获得的必要过程与形式。在这种模式下，禁欲是教育的伦理品质，记诵与体罚是教育有效性的保证。

而当个人欲望与快感被道德宽容，被认可为人的正常心理现象时，与传统道德责任冲突的欲望与快感就在道德上被宽容，继而这些欲望的开放与对快感追求被解释为经济发展与自我实现的必要动力，解释为减少精神类疾病患者、降低犯罪行为概率的措施，原有的以某些道德义务的接受为目标，以严苛训练和清心寡欲的记诵与修炼式道德教育便走到了道德合理性与科学合理性的边缘。教育与学习的伦理观念面临着深刻的转变：与原有的学习是个"苦行"的观念相对，学校应该成为一个学生喜爱并在其中体验到快乐的场所，成为新的教育伦理对学校生活的要求。与这一观念相一致，在西方新教育运动以及进步主义教育思想的推动下，中国在改革开放以后也有快乐学习模式、成功教育模式、赏识教育、主体性教育模式的诸多探索，都从尊重学生、培养学生自信心的角度，促进健康与完善自我的发展。这是整个教育伦理品质的一次新的定位。

与之相应的，是道德教育科学性与有效性的新式解读。心理学成为道德教育科学性的保证。先是行为主义心理学成为学校教育中青少年道德行为养成与管理的科学性指南。整体学校生活中的奖励与惩罚，也依据行为主义心理学，对学校预期的行为给予积极强化，如小红花策略；而对学校反对的行为给予弱强化，如忽视。行为主义心理学在学校中的应用，在一定范围内矫正了传统的惩戒与体罚方式，使得学校中的奖励与惩罚更加精致与"科学化"。

然而，行为主义心理学只对人的外在行为发生频率的控制有一定效果，却无法控制行为的动机与情感，这显然无法满足人们对道德教育观照人的精神世界与心灵的期待。与上述的伦理转型相一致，道德教育以尊重个体、给予个体道德选择与决断权利的教育人道主义的名义，承担起反对外在道德灌输，反对严厉的教育惩罚（特别是体罚），通过科学的途径养成道德主体的新使命。认知与发展心理学及人格心理学的发展，成为以养成自知（了解自己内心想法与本来面目）、自治（能够进行自主的道德判断、道德选择并做出相应的行为）、自我保护甚至呵护（在法律宽容的范围内保证自己的安全、利益与追求幸福生活的权利）、自尊（自信、自爱、自我价值感）的"自我"成为新时期道德教育的主要目标。

事实上，20世纪的道德教育，从杜威的"教育即成长"开始，就转向为关注学生自我发展的轨迹上来。从皮亚杰到柯尔伯格的道德认知发展理论，成为迄今道德认知发展的权威知识。柯尔伯格对道德教育理论的深远影响，在至今国际道德教育协会年会必有一个以其为主题的会前报告中可见一斑。个体的道德认知与推理判断能力、抉择能力的培养，也成了道德教育实践的重要任务与核心目标，成为多元价值情境下个体的基本道德素质①。20世纪80年代在美国道德教育实践中风靡一时的价值澄清模式，也以选择、欣赏（珍惜）自己的选择、行动三个基本的教育环节作为主要教育程序，以对学生价值判断、选择与行动能力的培养规避价值灌输的指责。而以里考纳为代表的当代人格教育理论（国内也有称为完善人格道德教育理论），虽然在实践中有着很大的影响，甚至在90年代后还出现了人格教育的回潮，但因为缺乏明确的道德心理发展的理论（也有人认为是基于错误的发展心理假设），在理论界受到严重的质疑与批判②。

有明显女性气质的体谅关心道德教育模式，虽然强调道德情感与氛围的建设，不太关注道德发展理论。但诺丁斯也认为，"内心幸福的个人，很少会有暴力与有意识的虐待行为的，不管是对人还是对动物"③，所以她关注道德教育的情境与氛围，关注学生成长的内在道德氛围的建立。她强调的关心关系，是要建立在被关心者的心理接受与认可的基础之上的。

---

① 吴康宁教授在20世纪末也提出，教学生学会道德选择在新世纪的重要性。参见吴康宁. 教会选择：面向21世纪的学校道德教育的必由之路——基于社会学的反思 [J]. 华东师范大学学报（教育科学版），1999（3）.

② Allan L Lockwood 在 *The Case for Character Education：A Development Approach* 一书中，对当代的人格教育理论进行了哲学层面、心理学层面与教育层面的分析与批判，指出该理论在价值观与人的行为的关系与价值观的教育上都基于错误的心理学假设。参见 Allan L Lockwood, *The Case of Character Education：A Development Approach*, Teacher Colledge Press, 2008：pp. 13 – 32.

③ Nel Noddings, *Happiness and Education*, Cambridge University Press, 2003：preface.

这些道德教育的理论与策略，不仅影响着西方道德教育①，也在 20 世纪 90 年代后，成为中国道德教育话语的重要影响因素，这不仅体现在道德教育的理念上，也体现在学校日常生活的管理与开展中。

心理学对道德教育与自治个体养成的"协助"还直接体现在其对学生心理健康状态的直接关注上，有助于学生健康心理素质养成的课程也以不同的形式与面貌出现在学校教育课程设置中。

西方的心理健康教育，在 20 世纪初以心理辅导与咨询的方式进入学校生活中，最初主要是为学生提供职业咨询，二战后随着青少年问题行为的凸显，如毒品、艾滋病、酗酒、青少年自杀、未婚妈妈、失业等，心理健康教育承担起更多的干预青少年健康成长的任务。随后，陆续地在学校开设了性教育、毒品教育、艾滋病教育等课程，青少年的心理健康成为学校教育的一个重要任务，也是与青少年道德成长密切相关的一个任务。

在我国，心理健康教育进入到学校教育的视野，经历了一个过程：它"发于对学校思想政治工作困境的反思，始于对国外心理健康教育的借鉴，起步于高校学生心理咨询的尝试（1984 年我国部分高校建立心理咨询中心），并随着素质教育观念的深入发展逐步向中小学校转移和渗透"②。在最开始，心理教育只是作为有利于学生思想品德养成的基础与工具性因素而存在，继而发展成为由一定的价值引领的、而不是价值无涉的心理教育。在教育行政管理中，义务教育阶段的心理教育归属于德育类，在认识范畴，广义德育概念也是包含了心理素质养成的。因而在我国，我们可能看不到纯粹的心理教育的内容与教学，班华先生也因此而称之为"中国自己的心理教育之道"③。自上次课程改革，心理教育已经被融入品德课程目标，贯穿于义务教育的整个阶段：从自我认识到自我情绪调控，从基本的心理知识到基本的心理技能、健康的心理情感。如小学阶段品德与生活课程标准中，明确提出了要引导学生"适应并喜欢学生生活，在学校里情绪安定，心情愉快"，"能在成人的帮

① 在西方，传统的道德教育在现代裂变为二：一是强调国家与社会责任、义务、情感的公民教育（集中表现为社会学习课程的设立与发展），一是价值无涉的道德认知、判断能力与心理健康素质的养成。
② 我国中小学心理健康教育发展的历史与现状［OL］．http：//www.360doc.com/content/06/0708/23/9997_151983.shtml.
③ 班华．对"心理—道德教育"的探索——兼论中国自己的心理教育之道［J］．教育科学研究，2010（1）．

助下控制与调整自己的情绪"。在品德与社会课程标准中，明确提出了解自己的特点，发扬自己的优势，有自信心，知道人各有所长，要取长补短，学会欣赏和尊重别人；对人宽容；懂得做人要自尊、自爱，有羞耻感，爱惜自己的名誉；学习反省自己的生活和行为；知道生活和学习中会有困难，遇到困难不退缩，体验克服困难取得成功的乐趣；初步形成积极上进的生活态度；学习正确对待生活中的问题、压力、冲突和挫折，学习自我调节的方法，提高适应能力[①]。在初中思想品德课程标准中，在"成长中的我"部分，也集中体现了心理教育的目标，将"能够不断正确认识自我，悦纳生理变化，认识青春期心理"，"学习调节情绪，增强调控自我、承受困难和挫折、适应环境的能力，形成乐观向上的精神状态"，"客观地评价自己，培养健全人格和良好个性品质"，"体会生命的可贵，热爱生活；培养自尊、自立、自强精神；能够分辨是非，学会对自己的行为负责。"作为自立自强的自我养成的核心目标[②]。

自 20 世纪以来，基于至少一种心理学理论的教育包括道德教育的实践，才被认为是有科学品质的教育活动。这在这个崇尚科学理性的时代，才具有了科学上的合法性依托。甚至于，没有心理学依据的教育与道德教育，不光是在效率上没有了保障，而且因为忽视了学生道德发展的规律，有可能对学生的发展带来消极的影响，因而有了反教育人道主义之虞！

如果说与价值引导融合的心理教育是有中国特色的心理教育，那么心理学对道德教育的伦理品质与科学品质的深远影响足以说明，以心理学为基础的道德教育是 20 世纪道德教育的整体特征。

三、心之"理"与心之"灵"

如上所述，心理学的发展及其对社会道德倾向及学校道德教育的影响是深远的：它促成的道德转型打破了传统伦理对人的欲望的束缚，并使之成为社会生产发展的动力之一；以心理学为科学依据的道德教育，放弃与排斥灌输特定价值观的做法，转向关注所期待的行为以及具有健康心理素质、能够进行道德判断与选择的自我养成。这是近现代以来教育人道兴盛的主旋律。

---

① 品德与生活、品德与社会课程标准（实验稿）.

② 初中思想品德课程标准（实验稿）.

　　问题是，道德教育真的等同于行为与认知技术学吗？道德教育的目的真的等同于道德行为与道德认知的发生吗？或者德性真的只意味着去思考与践行吗？道德教育真的等同于行为主义心理学和认知心理学在道德教育中的应用吗？用"真"这一标准质问道德教育中科学主义的做法，只是因为科学主义者只在乎是否"真"；如果从实践理性的角度反省，我们的问题是：道德教育应该等同于道德行为的发生与道德认知水平的提高吗？或者德性应该只意味着善知与善行吗？把"真"的问题转换成"应该"的问题，因为实践理性指向行动的价值而不只是行动事实本身。

　　当小朋友为了得到小红花之类的强化刺激物而"坐坐好"，把自己喜欢的玩具与其他小朋友分享，甚至向爸爸妈妈要零花钱交给老师以表示自己的拾金不昧，这些行为与道德有多大的相关性？它们之间存在科学所崇尚的内在逻辑吗？道德教育者，应该为这种行为频频出现而欣慰吗？当老师拿到小朋友"拾金不昧"的证据时，他是应该给小朋友强化呢，还是让这种行为消退呢？依据行为主义来控制行为的教育，除了暗示学生"听话的孩子有奶吃"和"为了目的可以不择手段"外，有利于学生对美好精神的追求吗？这样精致的行为控制，包括认知判断能力的规范，有利于养成学生对真、善、美的向往与为之牺牲的坚韧与精神了吗？

　　我们所期待的道德教育，难道不再与美好和高贵的心灵养成有关了吗？

　　刘小枫说，"灵魂与肉身在此世相互找寻使生命变得沉重，如果他们不再相互找寻，生命就变轻"，而"身体轻飘起来，灵魂就再也寻不到自己的栖身之所"①。随着上帝与天道的退隐，灵魂被当做不能为科学证实的幻想而失去存在的理由，因而我们的肉身不再需要为灵魂的来世与去处遵循一些规定。肉身得以从人类幻想的束缚下解放出来的同时，获得了全心全意追逐现世幸福与快乐的自由。因为不再需要找寻灵魂（因为灵魂并不存在），寄托于当下快感的肉身失去了超越性的牵引与惩罚性禁忌的规约，以何为凭借得以免除耽于声色犬马的自我放纵？当我们以外在要求的名义将道德义务驱逐出道德的内涵，当我们以反对灌输的名义放弃价值观的导引只关注道德思维的过程，将价值选择的权利交付作为主体的个人时，不再受制于标准选择的个性在感受自由的同时，如何避免面临"没有选择标准的生命不能承受之轻的存在主

---

　　① 刘小枫. 沉重的肉身——现代性伦理的叙事纬语［M］. 上海：上海人民出版社，2000：96－97.

义的焦虑"① 呢？

　　当各种欲望的满足与快感的享受无可争议地被纳入道德阈限范围，人不会再因为欲望的压抑而遭受精神疾病的痛苦（但这不能为之免除因为所有欲望不能得到满足而产生的痛苦），这在逻辑上应该是有利于心理健康的道德教育，而且个体的心似乎是有理（科技理性与庸俗的实用理性）可循的，可被科技理性雕琢的心是否还有对真、善、美的景仰与冲动？是否还有真、善、美之灵动呢？

---

①　孙正聿. 恢复"爱智"本性的新世纪哲学 ［J］. 新华文摘，2000（4）.

道德与心灵教育：香港幼儿教育个案研究反思

香港中文大学　吴梓明　刘慧中　曾家洛

内容摘要：近年来道德教育发展趋向之一是学者们愈来愈多关注以人为本的道德教育，较多主张以生活为中心，须引导学生回归生活；亦有不少学者提倡生命化教育，主张教育工作者须进入学生的心灵，关注学生心灵的成长。本文尝试从道德与心灵教育作为起点，探究什么是心灵教育。然后从香港一些幼儿教育的个案研究中，透过对四所采取不同教育理念的幼儿园的考察和分析，检视校长、教师及家长们对当代心灵教育的看法，进而反思一些相关的教育课题。

关键词：道德教育　心灵教育　幼儿教育　香港教育

一、导论：德育与心灵

20 世纪 80 年代以来，中国道德教育的研究与发展出现了新的突破。其中最为突出的教育理念有二，即"人本"和"生活"。南京师范大学鲁洁教授曾在她的教育学研究中，不断地发掘对人的理解，并且努力建构"以人为本"的教育学。她清楚地指出："教育面对的是人，教育的世界是人的世界。"[①] "道德教育从根本旨归说是成人（'使人成为人'）的教育，就其具体目标来说是成就人德性的教育。"[②] 鲁教授认为，教育必须回归到"以人为本"的主要内涵，并具体表现于"回归生活"、"以生活为本"、"为了生活"、"学习生活"等。"回归生活"的理念至少是包括了以下三方面：（一）课程是以生活为本原；（二）为了儿童的生活而设计；（三）通过生活学习生活[③]。高德胜教授也自 2002 年开始，协助国家教育部编写"品德与生活"及"品德与社会"

---

① 鲁洁. 实然和应然两重性：教育学中的一种人性假设 [J]. 华东师范大学学报（教育科学版），1998（4）.

② 鲁洁. 现代德育基本理论探讨 [M]. 南京：江苏教育出版社，2003：76.

③ 鲁洁. 回归生活——"品德与生活""品德与社会"课程与教材探寻 [J]. 课程·教材·教法，2003（9）；鲁洁，高德胜. 中国小学德育课程的创新 [J]. 中国教师，2004（1）.

两套道德教育教材，为小学高、中、低年级所使用。小学低年级使用"品德与生活"教材，高、中年级则使用"品德与社会"教材①。传统的道德教育课程是偏重于智性的德育，也过分侧重于道德观念的灌输，脱离儿童实际的生活世界。因此，新的道德教育课程提出要"回归儿童的生活世界"，使课程更适应儿童的需要和特点，从而增强小学德育的针对性和实效性。"回归生活"的理念，正是鲁洁教授多年来所极力推崇的②。

国内近年亦流行另一个名词，即"生命化教育"。所谓生命化教育，就是强调"教育必须以生命为出发点，教育的过程中依据生命的特征，遵循生命的发展的要求，不断地为生命的成长创造条件，引导生命全面而和谐、自由而充分、创造而富有个性地发展"③。换言之，生命化教育是以生命为基点、关注生命、创造生命适宜成长的条件，使教育"走向生本"、成为真正体现"激扬生命"的教育④。当一位倡导"生命化教育"的学者被问及什么是"生命化教育"的时候，他直言："生命化教育"就是"生命在场"的教育⑤。即在上课时，老师与学生均是将"生命的真情、真切感带入课堂，我（老师）讲生命化教育也是要把生命的真切感、真情，包括对听众的理解，甚至喜爱带到现场来，这是一种很生命化的交流"⑥。

在 2006 年，美国哈佛大学刘易斯教授（Harry R. Lewis）曾撰写了一本书，题为《失去灵魂的卓越》（*Excellence Without a Soul：How a Great University Forgot Education*）⑦。刘易斯教授在哈佛大学从事教育工作三十多年，但在撰写该书时他却慨叹地说：多年来哈佛大学是不断地追求卓越，但在追求卓越的同时，它却失掉了教育的灵魂（Harvard education has lost its soul）——"忘记了教育的根本是为什么"了。这是什么意思呢？哈佛大学不单是全美国、更是全球著名的高等学府之一，它在教学课程设计、教育研究及优质教师培

---

① 鲁洁，高德胜. 中国小学德育课程的创新［J］. 中国教师，2004（1）.

② 鲁洁. 回归生活——"品德与生活""品德与社会"课程与教材探寻［J］. 课程·教材·教法，2003（9）.

③ 冯建军等. 生命化教育［M］. 北京：教育科学出版社，2007：12.

④ 郭思乐. 教育激扬生命：再论教育走向生本［M］. 北京：人民教育出版社，2006：1－6.

⑤⑥ 张文质. 教育是慢的艺术——张文质教育讲演录［M］. 上海：华东师范大学出版社，2007：151－152.

⑦ Lewis Harry R. *Excellence Without a Soul：How a Great University Forgot Education*［M］. New York：Public Affairs，2006. 这本书出版不足一年已经被翻译成中文（哈瑞·刘易斯著，侯定凯译），华东师范大学出版社，2007 年出版。

训等方面都走在了世界的前列；但可惜的是，它在不断追求卓越的同时，却是忘却了教育最根本的目的，是要把年轻人培育成为具有社会责任感的成人，"让他们了解自我、探索自己生活的远大目标，毕业时成为一个更加成熟的人"。刘易斯教授也感叹说："学校愈出名，就愈强调在教师、学生和消费市场上的竞争力。在这些学校，人们很少严肃地讨论如何培养学生良好的人格，让他们明白：如今受到的良好教育，部分应归功于这个社会。"① 这现象不单是在哈佛大学出现，正反映出现代学校教育受到资本主义全球化带来的严重影响②。

中国的学者也有同样的发现。冯建军教授在《生命与教育》一书中指出："现代社会高度的社会分工和市场经济的功利主义逻辑，使人不再关注他（学生）自身，而关注社会的需要。因此，教育不再是成'人'的教育，而是成'材'、成'器'的教育。"③ 学校教育也愈来愈变得"科技主导"化、"市场经济主导"化了。明显地，成"材"、成"器"的教育与成"人"的教育差异是很大的，成"材"的教育不是为受教者本身的需要着想，而是取决于外在（社会）的需要。当政治方面需要人才的时候，学校便须培育更多的政治人才；当社会需要更多的科技人才、经济人才的时候，学生便会被塑造成为一个"科技人"、"计算机人"或是"经济人"。换言之，当学校教育过分侧重于成"材"、成"器"的教育而忽略了成"人"教育的重要时，学生便容易成为了一种商品、一种工具，是可以被塑造、被训练、被加工的对象；在被改造的过程中，他们的人格会被扭曲了、感觉钝化了、心灵也会被压制了，他们人性的生命甚至是会被禁锢或受到创伤。反之，成"人"的教育是"以人为本"、以学生生活为主体的，所强调教育的最终目的是要帮助学生生命的成长，也须从心灵教育出发，才能探求教育与作为主体的学生生命和生活的关系④。

二、什么是心灵教育？

"心灵教育"是什么？许多人以为"心灵"（spirituality）这一个概念是来

---

① Lewis Harry R. *Excellence Without a Soul：How a Great University Forgot Education* ［M］. New York：Public Affairs，2006：8.

② Postman，Neil. *The End of Education：Re-defining the Value of School*. New York：Alfred A. Knopf，1995；Summerville C. John. *The Decline of Secular University* ［M］. Oxford：Oxford University Press，2006.

③ 冯建军. 生命与教育 ［M］. 北京：教育科学出版社，2004：4.

④ 陶行知. 陶行知教育文集 ［M］. 成都：四川教育出版社，2005：765.

自西方基督教神学。事实上,"心灵"(spirituality)一词并不是一个纯西方的概念,中国人亦有所谓"人为万物之灵"的说法。近代新儒家唐君毅教授,在他晚年所写的书中,更是谈论人的"心灵九境"①。所以中国人也有谈论人的心灵境况的。中国人谈"心性",是"性从心生",即是"人的本性"就是从"心"生长出来的,也即是说"心"与人的本性是有密切的关联的。中国人所谈的"心",不仅是"物质的心",即生物学家所研究的"心脏"(a biological heart)而已,更是一个"有思维的心"(a thinking heart);它也不仅是一个"纯思维的心"(mental mind),而是"有血有泪的心"(a mind with a body)。事实上,中国人所谈的"心灵"也就是包括了人的身体、感情及灵性各部分的,是人的一个整体。所以,"人为万物之灵"也是表达人性的最高境界而已。

也常有人说,"心灵"是非物质的。近代教育受到西方科学主义精神的影响,很多人会以为"心灵是见不到、摸不到的,所以并不存在"。我们知道,"心灵"所指是属于非物质、是形而上的东西。虽然也有科学家尝试从人的脑神经细胞、DNA 找出人类心灵的基因或元素来,但他们却忘记了:我们真的能够从形而下的世界找到形而上的东西吗?或是真的可以从物质的世界找到非物质的东西吗?再者,科学家的研究是有一定范畴的。他们也只能够告诉我们,从物质的世界中是绝对不可能找到非物质的东西,从形而下的世界中也是无法找到形而上的东西的。纵然是这样,我们仍然不能够因此而否定人类心灵的存在。那么,"心灵"是什么呢?一个简单的说法就是,心灵是一种关系。近代加拿大多伦多大学一位著名的教育学者梅杰克(Jack Miller)教授曾用三个词来描述人的灵性:"平衡"(balance),"融合"(inclusive)和"结连"(connection)②。即简单来说,灵性就是涉及"关系"(relationship)的建立和维系。梅教授亦详细阐释人有四种不同的关系,分别是:"与自己的关系"(relating to oneself),"与别人的关系"(relating to others),"与自然的关系"(relating to nature)和"与全球/终极的关系"(relating to global, ultimate, Being)③。原来人的生命价值和意义,不是来自

---

① 唐君毅. 生命存在与心灵境界 [M]. 石家庄:河北教育出版社,1996.

② Miller J. P., Karsten S. Denton, D. Orr & Kates I. C. *Holistic Learning and Spirituality in Education* [M]. New York:State University of New York Press,2005.

③ Miller J. P. *The Holistic Curriculum.* Canada:The Ontario Institute for Studies Education Press,1988.

纯物质性的身体，而是来自他是如何看待自己，是否珍惜、尊重和接纳自己的生命；也在于他如何建立及维系以上所指的四种关系，这也就是他的灵性境况。譬如：他是如何与别人、社群、世界及大自然建立关系，是否爱护、关顾大自然和其他的生命；甚至推广到认识到自己的生命只是伟大的宇宙、整体人类生命的一部分，个体的生命与全球性/宇宙性的生命之间有一种相互缔结、互相倚赖的关系。哲学家称之为"更高的我（境界）"、宗教家称之为"佛性"或是"创造者——上帝"。无论如何，从关系入手或许可以为我们打开一条发现心灵活动的途径来，人类的心灵原来是可以呈现在人与周围事物的不同关系之中。

也是在 2006 年，江苏教育出版社出版了一本书，书名是《走进学生的心灵——班主任工作案例新编》①。书中编者强调作为班主任老师，除了要负责教学和课堂管理以外，必须肩负另一个重要的任务，就是要关注学生的思想教育、道德教育和心理健康教育等。编者指出，班主任老师是很伟大的，因为他们就是"人类灵魂的工程师——他们使自卑的心灵自信起来，他们使懦弱的体魄强壮起来，他们使狭隘的心胸开阔起来，他们使迷茫的眼睛明亮起来；他们让愚昧走向智慧，他们让弱小走向强大"②。该书也分别以"个性天地"、"心灵交融"、"成长烦恼"、"代沟释疑"、"家校沟通"、"绵绵爱心"、"情感风铃"、"无形的艺术"八个方面收集了百多篇分享文章。这些文章都是真实的个案记录，许多是发人深省的故事。其中如"心灵与心灵的对话"、"唤起学生向善的心灵"、"沟通从心开始"、"以童真育童心"、"信任也是一种教育"、"多给孩子爱的教育"等文章，其经验很宝贵。正如该书名称及内容所揭示，心灵教育就是"走进学生心灵的教育"，老师必须走进学生的心灵，带着爱的生命本质去爱护学生，了解、关顾、接纳，并帮助学生心灵的成长。书中一位老师分享说："孩子的内心世界是丰富多彩的，这里有阳光有雨露，有风霜有雨雪，有花香有鸟语，有真善美，也有假恶丑……要教育好学生，必须善于触摸孩子的心灵，调动他们内在的积极性，去努力挖掘他们的善良本性，发挥他们自我教育的潜能。"③换言之，教育的重要目的之一就是要触动学生的心灵、达至师生间心灵的沟通，做老师的必须致力引导及启发学生善良的本性，发挥他们自我教育的潜能，帮助他们心

---

①②③　周娴华，周达章. 走进学生的心灵——班主任工作案例新编［M］. 南京：江苏教育出版社，2006：2，93.

灵的成长。

三、香港学校教育的处境

香港教育当局为适应全球性的教育发展新趋势，展开了一连串的教育改革工作。课程发展议会出版《终身学习、全人发展——香港教育制度改革建议》时提出："德育在教育体系，以致整个社会的道德体系中，也有着十分重要的使命。我们要让每个学生在学习阶段中也能够在道德、感情、精神各方面接受有系统的学习，并有充分的经历，以建立正确的人生观和价值观。"①

培育正确的人生观和价值观是道德教育的重要目标，而很多教育学者如皮亚杰（Jean Piaget）和柯尔柏格（Lawrence Kohlborg）均认为幼儿时期的道德教育尤为重要，因为人有关是非对错的道德观念是从幼儿时期便开始养成的②。然而，许多心理学家也普遍认为幼儿本身是无能力了解是非善恶，所以需要接受教导或学习，才能获得正确的人生观和价值观的③。但究竟应如何培养幼儿成为一个具有道德能力的人呢？这是一个值得关注的问题。而近年"儿童的价值成长"亦成为了国际上的重要议题。联合国教科文组织2000年发表的文件中已表示关注："儿童的价值观定位由他们送到接受正规学校教育年龄的时间来决定。为了让儿童在其一生中进行和平而非暴力的活动、尊重自己和他人、欣赏多样性，在儿童早期就可以采取初步措施，因为在这个时期孩子们开始发育成熟并且他们的认知结构和情感结构开始形成。"④ 文件中亦提出了七个主题去推动幼儿的价值培育。

1. 尊重自己和他人，培养合作和解决冲突的能力；

2. 欣赏多样性、树立全球意识和进行多种文化教育；

3. 切实执行《儿童权利公约》，把它视为被公认为儿童实现其潜能所必不可少的一套基本价值观念；

4. 无所不在的文化暴力影响，包括电视、电影以及由玩具激发的戏

---

① 教育统筹委员会. 终身学习·全人发展：香港教育制度改革建议 [M]. 香港：香港教育统筹局，2000.

② Elias John L. *Moral education*: *secular and religious*. Malabar, Florida: Robert E. Krieger Publishing Company，1989.

③ 沈六. 论道德发展的心理本质与历程 [J]. 台湾教育，2004（24）：2–18.

④ 联合国教科文组织（2000）. 儿童早期价值观教育行动框架 [OL]. http://unesdoc. unesco. org/images/0012/001287/128712c. pdf.

剧描写；

5. 热爱并尊重大自然；

6. 通过创造性活动激发儿童想象力；

7. 制订包括多种文化的计划，帮助婴幼儿把精神/宗教学习和世俗学习结合起来，或者消除多种语言或多种文化群体常常遇到的经济隔阂。①

另外，文件亦指出及早培养下一代正向的价值，让他们认识到经济、社会和政治健康发展的意义，将有助于下一个世代可以改变现在世界种种因人文价值陷落的问题②。培育幼儿正向价值，不仅是他们作为儿童公民所应有的权利，亦是为了人类的未来，那么幼儿时期开始推行道德教育就十分重要。这份文件无疑显出了幼儿道德教育的必要性。

在香港，教育当局在文件中清楚表达了对学校道德教育的重视。2006 年出版的《学前教育课程指引》亦指出了学前教育的改革须以学生为本，课程架构的核心则以儿童"身体"、"认知和语言"、"情意与群性"和"美感"为发展目标。当局认为优质的幼儿教育课程应强调以"儿童发展"及非正规的"儿童学习"模式作基本原则来制定校本课程设计；换言之，非正规的课程要以幼儿个别的兴趣、需要和动机为目标，在推行课程时必须要透过统整模式，让幼儿从"非结构性、非规则性"的游戏中"学习"，以实际环境去丰富幼儿的生活经验。③ 现时香港学前教育正处于传统教育方式与教育改革愿景间的矛盾当中，而道德教育也同样受到挑战。

至于如何整合课程改革的方向和过往香港学校的经验，去推动和落实学校道德教育——特别是在学前教育方面，现时的各项指引和文件则仍有很多空间讨论。以下从香港处境出发，通过作者们在共同研究项目中所选取的四所持不同教育理念的幼儿园，去探讨香港学前教育的道德与心灵教育情况。

四、香港幼儿教育个案研究

香港学校教育系统以中小学来说，一向是以伙伴的形式由民间团体协助政府办学的。当然，学校教育发展的政策和监察工作仍然是由特区政府统领及主导，民间团体只是在配合政府教育政策下，获得较大的空间实践其教育

①② 联合国教科文组织（2000）．儿童早期价值观教育行动框架［OL］．http：//unesdoc. unesco. org/images/0012/001287/128712c. pdf.

③ 香港课程发展议会. 学前教育课程指引［M］. 香港：香港课程发展议会，2006.

理想而已。在民间团体中，宗教团体所办理的学校约占一半以上，也表示出宗教团体办学的重要性①。譬如，根据香港教育城（2008年）的统计，全港1016所中小学，就有约60%（共614所）是宗教团体所办的。虽然幼儿教育不在九年免费教育之列，乃由私人经营，但办学情况也与中小学相当接近。根据2008年的统计，全港幼儿园共有958所，其中517所是由宗教团体所办理，约占54%②。

　　而在道德教育的推动工作方面，香港学校的道德教育往往是与宗教教育、心灵教育乃至情绪教育等结合在一起的。这一方面是由于香港学校大多是具有宗教背景；另一方面，香港教育当局也将道德教育和宗教教育、心灵成长、生命教育、价值教育、品德教育等视为同一类别的教育，把它们放在"德育与公民教育"这一项目中处理。因此，香港道德教育的推行和宗教教育实在具有密不可分的关系。

　　郑汉文博士也曾指出，香港道德教育是受儒家文化、基督宗教和自由主义的公民观三个重要因素所影响。而香港半数学校也是由宗教团体兴办，他们往往也将个别的宗教文化转化成为道德教育的一部分施教③。而学前教育改革的理念，强调以"儿童为中心"和"非结构性、非规则性"的学习方式，也对以往侧重文本方式推行的德育模式构成挑战。首先是儿童的个人经验对事情判别的立场与传统既定的道德立场之间的矛盾，其次是如何将学与教的经验转化成为合乎近代教育改革的理念而执行。本研究项目的主题是"幼儿教育与幼儿心灵成长调查研究"，研究人员试图透过从四所幼儿园的访谈及观摩课中归纳他们各自的教学经验，以反映出现时香港学前道德教育的不同模式、取向及其异同，并借以探讨现时香港学前教育在德育发展方面所面对的挑战。这次研究的主要目的是在探究：（1）香港幼儿学校的校长、老师及家长们对幼儿心灵成长的看法；（2）持不同教育理念的办学团体对道德教育、心灵教育的理解及其所奉行的教育模式。

　　这项研究计划从2008年7月始至2009年5月终，分两个阶段进行调查。第一阶段通过问卷调查方式，向全港958所幼儿园及幼儿学校校长发出问卷，收集他们对办学理念及幼儿心灵成长的观点。第二阶段为学校访谈。研究员

---

① 香港的宗教办学团体包括基督新教、天主教、佛教、道教、孔教和伊斯兰教等。

② 香港教育城. 香港各幼儿园和幼儿学校资料 [OL]. http：//chsc. edb. hkedcity. net/kindergarten/.

③ Cheng R. H. M.. Moral education in Hong Kong：Confucian-parental，Christian-religious and liberal-civic influences. *Journal of Moral Education*，33（4），2004：533-551.

把43所表示愿意参与学校访谈的幼儿园及幼儿学校，按办学团体所持的不同教育理念分为四类，即基督新教、中国宗教、天主教及无宗教信仰四个主流办学团体，然后在不同的组别中各挑选一所学校作为代表。结果选出了四所学校作调查对象，以下称为A、B、C及D校。他们的探访资料及背景如下。

探访日期	办学团体背景	学校代号
2009年3月3日至4日	基督新教	A校
2009年3月9日	中国宗教	B校
2009年4月1日	天主教	C校
2009年5月8日	无宗教	D校

调查过程中，研究人员会通过访谈方式了解持不同教育理念的学校培育幼儿心灵成长的模式，从而了解他们在学校推行道德教育和心灵教育的实际情况。程序如下。

访谈校长	了解学校办学方针、教育模式及心灵教育在学校内推行的情况
观课及学校环境考察	通过考察学校环境及教师教学情况，了解学校实际运作的情况
参与幼儿活动环节	参与课堂中的自由活动环节，并通过绘画方式或对谈方式了解幼儿的心灵教育需要
访谈教师、家长	通过幼儿的绘本和自由活动表现，以及研究人员与教师、家长进行访谈，进一步了解幼儿的情况及学校推行心灵教育的方式

五、研究结果与发现

通过实地的观察和调查，研究人员发现，四所学校虽然是持不同的宗教信仰立场，但在幼儿教育的范畴内，却是明显地有一共通之处，即它们兼顾道德与心灵教育，并且均十分关注幼儿心灵的成长。在与四位校长的访谈中，研究人员发现他们不仅关心学生的学习成绩和品德行为的问题，他们更关注幼儿是否得到爱心的照顾，在学校有否安全感，与老师及同学们能否建立健康的人际关系，及能否在愉快中学习等。他们均认为这些事情对幼儿的心灵成长是十分重要的。幼儿必须感到被爱及受到尊重，他们才能够建立自信、自爱及全情投入学习中。更有校长指出如何辅导幼儿面对生活上的失败、挫折，甚至是死亡事件或是失去了所爱的事物。这些生活经验会直接或间接地影响幼儿心灵的成长。

四所学校的校长及老师们均视"学校环境"、"师生关系"和"家校合作"为培育幼儿道德发展和心灵成长的重要元素。详述和引例如下。

（一）学校环境

在访谈中，几位校长均表示他们十分关注学校环境对培育幼儿的重要性。他们认为学校环境应该能够让学生感到有充分的安全感，使他们在所处学校环境里感到被关心和被爱护。

A 校是一所基督新教团体所办的学校。调查发现，该校校长及老师们均是相信可以透过圣经及宗教教育的课程提供爱的教育，去培养幼儿德育及心灵发展。当中包括有学习祈祷、圣经故事讲授和金句背诵等。该校的老师以为：

> 我们是基督教学校，在每天的早会和午会都有祷告的时间，如果学生有特别需要，他们也会祷告。就如在去年（2008 年）为四川大地震祷告。学校也让学生有机会表达他们对国内同胞的关怀，并随时作好准备，乐意帮助有需要的人。老师也常会对学生说耶稣爱所有的人，不管是好人还是坏人。这样孩子便知道耶稣也是爱每一个小孩，包括他们在内。他们知道天父和耶稣均是爱他们，并且希望他们做个乖孩子。这样他们便能学到好行为和遵守学校的规则，而且又能学到要宽恕别人，像天父宽恕我们的过错一样。

学校内的墙壁和墙报也被充分利用，建立一个环境去传递正面的讯息。该校校长说：

> 我们会在感恩节制作墙报，教他们感恩，懂得感谢天父，也感谢父母及身边的人。此外通过感恩节的活动也让学生懂得和别人分享和关怀别人。我们会利用学校内的墙壁传递讯息，另外就是在学生的作品中，我们希望学生的作品能够被人欣赏，让他也学会欣赏自己、欣赏别人，这是帮助他们建立自信和与别人建立关系非常重要的桥梁。

幼儿学校的课程多会涉及怎样与人相处的课题。学生也可以透过圣经中耶稣如何对待不同人的故事，包括好人和坏人认识与人相处之道，也学习爱与宽恕，从而应用在日常生活中。老师也会借着圣经故事让学生掌握与父母、兄弟姊妹、同学和他人相处之道。

B 校是一所有中国宗教（道教）背景的学校。该校的环境布置充满了浓厚的中华文化氛围。课室内悬挂了学生用毛笔写成的作品，内容是中国的诗词、唐诗、三字经、太上道祖颂和道德经等。而三字经更成为学生课堂艺术与中文习作的一部分。校方也希望透过集体朗读、唱游和背诵的训练，让学生学习中国文化，也能修身养性。关于学生如何背诵经文，该校校长认为：

> 我们以前也会担心孩子背诵不了，然而后来我们发现，学生很快便可以掌握。他们早前开始背诵三字经，慢慢养成习惯。再者我们会提供内容的解释，灌输导人向善的道理。学生也因为知道经文内容的意思，能引起内心的共鸣。

而该校推动德育的立场，亦很鲜明地受其宗教背景所影响。校长表示学校希望培养学生可以明道、立德和行善。校长指出：

> 我们的课程理念就是从生活中学习，因为在道教中，德育是最重要的。我们会尝试从德育开始，用主题教学，不论是解决问题或是发现问题；我们也会从孩子的生活开始，在当中我们会应用很多不同的教学模式，包括个人分享；而且我们会多让孩童有机会表达他们的想法，究竟怎样才是最好，也让他们可以在互动中学习。

C 校是一所天主教学校。该校校长归纳他们教学目标说：我期望我的学生在这三年中能懂得八个字，就是"常怀感恩，乐于服务"的校训。这所学校和 A 校一样，也运用祈祷的方式去教导学生。校长指出：

> 每天都有早会，如突然有雷电和挂起八号台风讯号或红雨，我们立刻会有中央转播，并和孩子一起祈祷，是为在外工作的父母、叔叔、阿姨祈祷，祝愿他们平安；若遇上山泥倾塌时，孩子们会为住在山坡地的市民祈祷，关怀他们的安危等。

学校也透过师生在日常生活中学习一起祈祷，帮助培养幼儿对身边人的关注，也能培育他们一颗常存感恩之心。譬如学校装置有一个称为"打电话给天父"的电话箱，让学生可以随时打电话给天父。该校校长解释说：

> 孩子们可以随意画画或写字，将字条放进电话箱，由校长每天收集，并作出回应。校长亦会在早会中抽出一两封信来，请大家一同代祷。校长也会逐一回应学生的祈祷的。

学校也设置了一个自然园地，供学生亲身体会自然世界，并从环境设置促进幼儿对自然世界的理解和爱护。校长亦表示：

> 我们会教他们栽种植物，他们能够种植番茄和玉米。在春天，幼儿

通常会培植不同的豆类，绿豆、黄豆、红豆、花生等。有些学生便会很担心，他们见到红豆、黄豆和绿豆都生长出来，为何不见花生呢？有的会说或许花生是病倒了。老师便问有何方法得治？他们会说不如带它去看医生，这样他们便会来问我（校长），能否打电话给渔农处的叔叔，请他们帮忙，看看花生是否生病了，是否需要看医生等。因为他们有养动物的习惯，动物病了就是找兽医，但植物该怎么办，他们便要想想，也会为植物找个医生。

D 校是一所没有宗教背景的学校。该校着重的是学生情绪的正向发展、自尊感和公民价值。该校校长认为：如果小朋友的自信心是强的，自尊感是好的，他做什么都是比较顺利的。至于教学方法方面，该校校长表示：

> 我们推行的是故事主题，也会把一些计划学习（project-based learning）的元素放进去。透过故事，然后慢慢地演变。当中渗入一些元素给小朋友。其中一个是稻草人的活动。每班都设计一个稻草人，拿一些环保物料来处理。我们会让小朋友知道：稻草人是什么人，他只是一个假人，但他很有用处，他能够协助农夫，保护田间的农作物，更何况我们这些真人呢？我们要向稻草人学习啊。

该校选择了使用《比比和朋友》课程去培育幼儿的情绪和社交能力，发展学生健康的心灵和德育观。透过《比比和朋友》的故事，以往一些不知道如何向幼儿讲授的课题现在找到了一个方法，特别是探讨关于生死的问题，可以让学生明白如何去面对。校长表示：

> 我们在参加"比比"课程之前，我们不知道如何跟学生谈论有关死亡的问题。现在可以通过"比比"，作为一位至好朋友，和学生建立关系，最后"比比"真的离开了，小朋友怎么样呢？通过这样的思考，可以帮助小朋友在现实生活中，处理亲人离别或是死亡的问题。事实上，年纪这么小的学生，我们也须帮助他们在这方面有所认识，帮他们舒缓一下情绪和表达感受。

该校亦推行一个奖品换领计划。通过奖励方式去促进学生改变自己的坏习惯，培养孩子自我管理的能力，让他们主动改善自己，而不是等别人来劝诫自己才去改。

（二）建立良好的师生关系

良好的师生关系可以帮助幼儿体会到人与人之间的爱，进而学习自爱及爱护其他人。因此，建立良好的师生关系也是培育幼儿心灵成长和道德发展的一个重要元素。四所学校的校长们均认为，通过师生亲密的关系，可以让学生感受到学校和老师的爱，他们自然地能够学会尊重别人和敬爱老师。A校校长指出：

> 我们也重视与学生交谈的。就像和自己的孩子交谈一样，要多表达我们的笑容，也让他们有多一点安全感。因为学生年幼，他们很依靠身体的接触去感觉被爱。我们也经常教导他们，彼此间见面时要握手，或是手牵手一起去玩耍，让他们也有这份亲切的感觉，这样老师和学生们就能建立一种爱的关系。

该校亦于每班设置了"爱心宝库"，供学生与老师沟通。这种活动日积月累，不知不觉培育了孩子关注自己和身边的事物的情感。校长形容说：

> 我们有个"爱心宝库"，是我们和学生谈心的一个宝库。有些学生每天写字条给我们，我们也会每天写给他们，而且是亲自送给他们。因此，我和他们的关系很亲切。学生有时会告诉我："天气热了，你要多喝些水啊！"有时他们会告诉我："这几天看见你好像不开心，没见你笑，希望你开心的啊！"可见他们的观察力很强，而且是很关心身边的人吧！

D学校也安排学生在校的三年跟随同一位老师，以期望他们与老师之间能够建立一种深厚的师生关系。校长认为这样安排，老师和孩子会很熟悉对方，建立的感情便更加深厚，而且师生之间的这种情感并不会因孩子的毕业而终止。该校老师更关怀学生毕业后的情况，校长指出：

> 我希望我的学生毕业后也会回来看我们。他们的老师暑假时会打电话给他们，跟进他们升入小学的情况。在暑假后，老师又会打电话给他们，问候他们，并且邀请他们回来看我们。譬如每年的毕业生聚会，以前的毕业生也会回来参加，与老师同学们聊天、表演等。每年的毕业生聚会日便是我们的重聚日。

事实上，在年幼学童的心目中，老师的形象十分重要，会在他们的心底里留下深刻难忘的印记，甚至会深刻影响他们的心灵，乃至影响他们的一生。

（三）家校合作

在《学前教育课程指引》（2006）中有不少篇幅提及"家校合作"，强调家长和学校双方的合作对幼儿的成长是十分重要的，有助于促进幼儿心灵的成长①。在访谈的过程中，多数校长都不约而同地提及家校合作对幼儿心灵和道德发展的重要性。四所幼儿园都十分重视与家长建立一种稳定合作的关系，甚至他们均设有家长义工队，让家长有更多的渠道参与幼儿园的教学活动，这加强了家长和学校之间的沟通与合作。四所幼儿园的家长们均对学校的教育理念十分认同和支持，并且是乐于参与学校的各种活动。校长们亦认为家长到学校里观察老师怎样教导学生，甚至参与及支持学校的小区服务活动，会产生相得益彰的作用，更会使家长成为幼儿的模范，并促进亲子间的感情。

譬如：A 校家长对于学校采用宗教为取向的道德教育方法，表示十分认同，并有家长举了一个例子。一位学生曾在课堂绘画中，画了一只小狗，并对老师说这只小狗是在天堂，很开心地和天父在一起。那位家长补充说：

> 大约是半年前，家中的小狗不幸离世。为了安慰幼儿，我便告诉他，小狗是往天堂去，与天父在一起，天父也会照顾它的。现在幼儿也很放心，没有再为小狗的离世而哭泣，却是相信它是在天父的怀中，是会得到天父的照顾的。

另一位家长则表示：

> 我们虽然没有宗教信仰，但我觉得有宗教寄托也是好的。因为幼儿知道有一位天父是会照顾及爱护他的。还记得去年有一次学校旅行，天公不作美，整天下大雨，但孩子仍然玩得很开心。回来时还告诉我，老师教导他们下雨仍然是可以感恩的，因为天父知道有些地方需要雨水，并且我们仍然可以用一个欢乐的心情去旅行，我们也可以为玩得开心而感恩。我觉得能够培养孩童有一个积极乐观的人生态度，这样的教导也是好的。

B 校家长在访谈中，也表示对于校方念诵经文的安排不会抗拒，并认为只要学生愿意及喜欢背诵，他们不反对。在问及孩子回家念读经文和谈及学生是否了解内容时，他们说：

> 孩子喜欢便由得他。他们或许不怎么明白，但也会知道是对他们好的，也能愉快地学习。他们背诵经文时，会严肃点，也会很斯文。他们背诵经文就像唱歌一样，他们一边学，一边会问我经文的意思，明白了，便会将三字经全首唱出来。

---

① 香港课程发展议会. 学前教育课程指引［M］. 香港：香港课程发展议会，2006.

在 C 校的家长访谈中，一位家长还说多谢老师的帮忙。通过家长和老师的合作，也是通过学校"打电话给天父"活动的帮助，使她的女儿得以改变过来。那位家长补充说：

> 有一次女儿回家告诉我，说老师问她有什么会使妈妈很生气？老师建议她可打电话给天父，求天父帮助。后来女儿画了一碗饭和一双筷子，放在打电话给天父的小箱子内。我便问她为什么要这样画？她说因为每次吃饭时，妈妈都不开心，因为她吃饭吃得很慢，所以她要求天父帮助她，吃饭时快些，不再让妈妈生气。过几天后，我发觉女儿真的改变了，她比以前进步得多了。我也要多谢老师的帮助呢！

六、总结

虽然四所幼儿园的办学理念和所采取的道德教育方式各有不同，但它们却有一个共同的关注点：就是幼儿教育工作者必须帮助幼儿有正确的道德发展和健康的心灵成长。从以上的调查所得，香港幼儿教育工作者所关注的教育的核心目的，不仅是关乎学生的学业成绩和品德行为的问题，他们更关注幼儿爱心的需要，安全感需要。幼儿只有与老师及同学们建立健康的人际关系，才能够建立自信、自爱并能全情投入愉快的学习中。因此，作为幼儿教育工作者，更关注学生健康心灵的成长。这也是教育的核心课题之一。教育的重要目的之一就是要帮助学生心灵的成长，让学生得到爱心的照顾，在学校一个充满爱的环境中成长。诚如一位老师所说："要教育好学生，必须善于触摸孩子的心灵，调动他们内在的积极性，去努力挖掘他们的善良本性，发挥他们自我教育的潜能。"[①]

至于如何能够进入幼儿的心灵，如何能够帮助幼儿心灵健康地成长呢？我们的调查发现，不同的学校有不同的方法，发展出不同的教育模式。在四所持不同宗教信念的幼儿园中，我们也发现，纵然他们的办学理念或有不同，他们亦能有较大的空间，运用各自的宗教或非宗教资源，以配合社会及幼儿教育的需要。他们彼此之间或许会有竞争，因为学生家长有选择学校的权利——选择有宗教信仰或是没有宗教信仰的学校，甚至是选择哪一类宗教团体所办的学校。但这样的竞争是属于良性的，因为在公开、自由社会的竞争中，他们更

---

① 周娴华，周达章. 走进学生的心灵——班主任工作案例新编［M］. 南京：江苏教育出版社，2006：93.

会努力办好自己的学校,以争取更多的生源和社会声誉。事实上,这更是符合现代多元化、多样化的社会处境。这种竞争一方面是尊重教育工作者可采用不同的教育模式,各施各法;另一方面更可让教育工作者能够互相观摩,互补长短,促进开放社会教育事业的进步。①

"心灵教育"所关注的不仅是学生的品德行为或人际关系的问题,更是学生的生命,是整个人的生命。这也正是近代教育学者所倡议"以人为本"和"以学生(生命/生活)为本"的教育的核心理念。毫无疑问,生命教育所关注的是学生的生命,而心灵教育所关注的就是学生的心灵。所谓心灵的成长,当然不仅是理性知识方面的成长,也不仅是感性或情感方面的成长,必须是两者兼备,是整个人(身、心、灵)、整个生命(包括理性、感性和行为性)的健康成长。事实上,幼儿教育是最基础的教育,幼儿的生活经验足以影响他未来一生的发展。也诚如联合国教科文组织所指出的:"为了让儿童在其一生中进行和平而非暴力的活动,尊重自己和他人,欣赏多样性,在儿童早期(即接受幼儿教育时期)就可以采取初步措施。因为在这个时期孩子们开始发育成熟并且他们的认知结构和情感结构开始形成。"因此我们建议,关心教育工作者应投放更多的资源在幼儿教育工作上,而幼儿教育工作者则更应多些关注幼儿的心灵教育,让他们能在一个充满爱心与照顾的环境中,获得健康心灵的成长。

---

① See, eg. Ho, K. K. & Ho, B. A review of moral education curriculum materials in Hong Kong. *Journal of Moral Education*, 33 (4), 2004, pp. 631–636.

学校德育问题研究

论学校德育的走向*

华中师范大学教育学院　杜时忠

内容摘要：我国渐趋成熟的公民社会决定了学校德育必将整体转型，具体而言就是走向公民、走向生活、走向对话、走向多元。走向公民的德育目标，要求审慎处理公民生活的三种基本关系，培养独立人格；走向生活的德育课程，极大地颠覆了学校德育的课程性质、课程标准和教材风格；走向对话的德育方法论，将重构德育课堂乃至学校生活；走向多元的思想教育，使德育"不同而和"，真正起到启发思想的价值。当然，学校德育要完全实现"四个走向"，还面临着历史文化心理、现有管理体制、教师专业化等方面的障碍，不可能一蹴而就。

关键词：公民　公民教育　生活德育　对话　多元化

学校德育的走向问题，在世纪之交曾经有过一些讨论，之后渐入沉寂。今天，我国社会进入了现代化建设的关键期，尤其是最近公布了《国家中长期教育改革和发展规划纲要（2010—2020 年)》，再讨论德育走向问题，具有新的意义与价值。我们认为，学校德育将走向公民、走向生活、走向对话、走向多元。

那么，提出"四个走向"的依据何在？"四个走向"将对学校德育乃至学校教育产生什么样的影响？真正实现"四个走向"还存在哪些障碍？"四个走向"之间的逻辑关系如何？

一、走向公民

在我国，培养臣民的教育传统由来已久。两千多年的封建社会，主权在

---

* 本文是教育部 2009 年新世纪优秀人才支持计划资助课题"学校制度生活研究"的系列论文之一。

君的专制政治决定了教育的根本目的就是教化民众，培养忠于皇帝的臣民与顺民。新中国成立后，全新的社会主义民主政治的精髓就在于承认主权在民，由人民当家做主。应该说，这为教育培养目标的根本性变革提供了前所未有的契机。然而，由于大一统的计划经济，过分强调集中的政治制度，尤其是"文革"中不正常的政治生活氛围，使得前三十年我国学校教育培养目标仍然偏重于强调"听话与服从"，其典型表述就是要培养"接班人"。

改革开放后，尽管明确提出了培养社会主义合格公民的要求（最早可见1988年《中共中央关于改革和加强中小学德育工作的通知》，之后在1998年《中小学德育工作规程》有明确规定），但是，那种只强调义务却闭口不提权利的公民教育并不是真正的公民教育。今天，随着社会主义民主政治的稳步推进、市场经济的逐步成熟，我国学校德育"走向公民"已是大势所趋。

首先，政治民主化的稳步推进，既提出了培养公民的政治要求，同时又提供并不断改善着培养公民的社会政治条件与氛围。今天，我国民主政治的政治文化日益深入人心，其普适性得到了越来越高的认同，党的十七大报告成为提"民主"次数最多的文件。我们从过去反对、排斥人权，到1998年加入国际人权公约组织，承认人权原则，并把它写入《宪法》和《中国共产党党章》（2004年的《中华人民共和国宪法修正案》中，增加了"国家尊重和保护人权"；2007年的《中国共产党章程》，也写入了"尊重和保护人权"）。倡导法律面前人人平等，"依法治国"成为重要的治国方略，并写进1999年的宪法修正案。在民主、人权、法治的推动下，我国公民权利意识逐渐觉醒，各层次选举的质量不断提升，各级政府更加开放，更加重视民意、民情和民生，使公民享有更多的尊严和自由。这为我国开展公民教育创造了积极的政治条件，奠定了政治基础。

其次，市场经济的逐步成熟，催生了新型的公民社会，呼唤具有独立人格的公民，这是实施公民教育的经济基础。"市场经济是以个人的人身独立为前提的一种经济形态。它对人的要求是独立、开拓、进取与创新，而不是计划经济体制下的单纯的服从、听话与闭塞。市场经济所要求的这种人之形象，说到底就是公民"[①]。在市场经济条件下，每个人都是天然的利益主体，追求个人利益最大化；但要实现个人的利益最大化，却不得不尊重他人的利益与国家的利益，即在追求自身权利的同时，不得不承担对他人和国家的义务。

---

① 王啸. 公民教育：意义与取向 [J]. 教育研究与实验，2010（1）.

这种权利与义务的对称，正是现代公民社会契约精神的核心。我国市场化、城市化所带来的公共设施、公共服务、公共事业的管理，以及在此基础上形成的"公民社会"（如"业主委员会"等），成为广大公民表达、追求和维护自己利益的自治组织，事实上也在培育、锻炼新型的公民，成为生活中的公民教育。

尤其值得强调的是，日新月异的网络技术，爆炸式增长的网民群体，把公民社会、民主政治带入"网络民主"时代。"网络民主"以其主体的平等性、权力结构的扁平化、载体的无界性、参与方式的直接性，把建立在工业化社会基础上的"代议民主"发展到一个新阶段①。在我国，2009年以来，几乎所有的重大社会政治事件都离不开网络（从番禺垃圾厂选址风波、南京周久耕事件、上海钓鱼执法，到"两会"以及2020教育规划纲要征求意见等）。网络为中国公民社会的发展提供了宝贵的空间，使五四运动所倡导的公民精神终于获得了成长的机会。② 当然，由于网络本身的虚拟性等特点，也使得"网络民主"存在一些问题，如虚假信息和网络暴力等。这说明对学生进行新型的网络民主教育，培养新型的"网络公民"是多么迫切和必要。

那么，"走向公民"将给学校德育带来什么样的影响呢？在我看来，这种调整集中体现在如何处理公民生活的三种关系上。

第一，在纵向关系即公民与国家的关系上，把公民置于国家之上，即国家是为了公民而存在，这将极大地改造以往把国家无条件地置于个人之上的思维定式。我们过去倡导的集体主义原则，尤其是集体利益至上原则需要重新论证（这不是全盘否定集体主义原则）。

第二，在横向关系即公民与公民的关系上，实行相互尊重的"平等"原则，这将极大地改造我国长期存在的人身依附关系，有利于培育独立人格，建构一种新型的人际关系。

第三，在内在关系即公民的权利与义务关系上，倡导权利与义务对称的契约精神，这将极大地改造以往的特权思想（即特殊人物只享受权利而不必承担义务）和"草民"思想（老百姓只承担义务而没有相应的权利），从而有利于国民素质的提升和现代公民精神的培育。

毋庸讳言，学校德育要真正、彻底"走向公民"还存在诸多障碍。一是

---

① 王烨. 试论代议民主与网络民主［J］. 理论月刊, 2006（3）.
② 张千帆. 回望2009，中国正在成长的公民精神［J］. 公民与法治, 2010（2）.

几千年的专制主义传统，造就了延续至今广泛存在的臣民倾向，这成为实施公民教育极为顽固的文化心理障碍。正如有识之士所指出的，中国人习惯做奴隶太久了，还不适应做主人。二是我国尚不是真正意义上的成熟的公民社会，尚处于从人治社会向法治社会的转型过程之中，对权力运行进行制约和监督的有效机制尚待健全和完善，公民参与管理国家事务的权利还没有得到充分保障。三是整个学校教育的理念、体制、内容和方式，与当代中国民主政治发展所需的成熟公民人格的要求，还有相当大的距离。这些都说明，学校德育"走向公民"需要一个艰难而漫长的过程。

二、走向生活

经过长达十年的新课程改革，"生活德育"具有了广泛的知名度。不过，如果要超越对"生活德育"的口号式提倡，不把它局限于课程领域，那么，"生活德育"还需要进一步的追问与澄清：学校德育为什么要走向生活？怎样走向生活？

之所以提出学校德育要走向生活，一方面是基于对以往学校德育脱离生活的批判；另一方面是基于一种新的道德教育哲学，即生活德育论，它重新确证了道德与生活的关系。

首先，走向生活是对政治化德育的批判。早在20世纪80年代中期，教育学界在反思十年"文革"德育时，就针锋相对地指出，那种政治化德育所提出的过于理想化的德育目标（比如，要求把所有学生都培养成共产主义者），根本不符合社会主义初级阶段的现实生活。学校德育应该从"天上"回到"地面"，尊重我国初级阶段的道德生活实际，制定切合实际的德育目标。这可以看做是最早的德育走向生活的呼唤。此时的生活，强调的是实际社会生活。

其次，走向生活是对科学化、知识化德育的超越。我国学校德育在批判政治化德育之后，痛定思痛，开始了向科学化"进军"。当时，人们普遍沉浸在探索德育过程客观规律的热潮之中，天真地相信，要使学校德育取得实效，就必须按"科学规律"办事。而大家所理解的"科学"，其实是以自然界这样的物质世界为研究对象的自然科学，全然没有察觉到，物的世界与人的世界存在着本质的差别。在这样的科学世界观的指导下，人们所追求、所羡慕、所理解的道德教育，实际上就成了像自然科学教育那样具有客观性、真理性和标准性的知识授受活动，道德教育成了不折不扣的知识教学。甚至，对学生品德发展的评定，也主要是通过像物理、化学类似的纸笔测验来实现的。如此一来，尽管学生懂得了不少的道德知识，却缺乏相应的道德情感，更不知如何在生活中去实践。这种知行脱节的德育，其理论基础正是所谓科学知识与日常生活的分离。鉴于此，有识之士呼吁，德育要走向生活。此时的生活，指的是学生的生活。

最后，一种全新的道德教育哲学，即生活德育论，重新确证了道德与生活的关系，为德育走向生活提供了坚实的理论依据。学校德育实践中的种种偏差，尽管其产生的原因比较复杂，但都与未能准确把握道德与生活的关系有关。儿童的道德从哪里来？道德究竟是在生活过程之中还是在生活过程之外形成的？有没有脱离生活的道德？学习道德是为了道德还是为了生活？与以往的道德教育哲学不同，生活德育论认为，儿童的道德来自于儿童的自我建构，正是儿童而不是别的什么人，才是儿童道德发展的主人。道德是儿童在自己的生活过程之中，在他所处的各种社会关系之中，通过活动与交往，通过学习、模仿和反思，自我建构起来的。道德是为生活服务的，而不是相反。正如《义务教育品德与生活课程标准》所指出的："儿童品德的形成源于他们对生活的体验、认识和感悟，只有源于儿童实际生活的教育活动才能引发他们内心的而非表面的道德情感、真实而非虚假的道德体验和道德认识。因此，良好品德的形成必须在儿童的生活过程之中，而非在生活之外进行。"①在生活德育论的倡导下，我国学校德育开始了走向生活的实践探索。

接踵而至的问题是，学校德育应该如何走向生活呢？

第一，德育课程要走向生活，要实现德育课程逻辑建构的根本转向，即从以往的学科知识逻辑，转变到回归学生生活的逻辑。这种根本性的变化，我们可以通过考察新的德育课程标准（《义务教育品德与生活课程标准》《义务教育品德与社会课程标准》《义务教育思想品德课程标准》和《思想政治课程标准》）和新编的中小学德育教材看到。生活逻辑的德育课程，在课程标准上，依据学生生活范围的扩大和生活重心的变化来组织课程目标和内容框架；在课程性质上，不再定位于以往学科课程或分科课程，而是定位于综合课程；在教材编写上，不是按以往德目主义的要求来编写教材，而是根据学

---

① 中华人民共和国教育部. 全日制义务教育品德与生活课程标准（实验稿）［M］. 北京：北京师范大学出版社，2002：2.

生在日常生活（涵盖不同的生活场景）中所面临的道德困惑，以及有典型意义的生活事件，来生成教材的单元和课文主题。

第二，德育教师要走向生活，具体而言就是承认童年，了解生活，引导生活。所谓承认童年，就是要尊重儿童的权利，承认童年有自己独特的价值，帮助儿童过幸福的童年，而不要把童年仅仅当做成人的准备期或过渡期。正如杜威所告诫指出的，不要以为儿童的成长就是向着成人的标准成长，儿童有儿童的方式与标准。所谓了解生活，就是要了解学生的生活状况，了解他们的喜怒哀乐，尤其是了解他们在成长的不同阶段将会碰到什么样的矛盾与困惑，而不仅仅只是他们的知识掌握情况与考试分数。所谓引导生活，就是要坚持生活的教育性，注重生活对儿童的发展价值。生活是弥散的，生活是琐细的，生活是日常的，并非所有的生活都具有教育价值，并非所有的生活都有必要出现在校园中，出现在课堂上。要避免庸俗生活化，就必须坚持教育性、发展性原则，找到典型的生活事件来教育学生，而不是被生活所淹没。

第三，校园文化要走向生活。我们所熟悉的中小学校园，笼罩在考试文化之下，处处体现着分数至上的气息。墙上贴的是高考、中考的喜报；教室里倡导的是考试与竞争，同学的身份、座位的排列是由考试分数决定的；教师欣赏的、同学们崇拜的是成绩优秀的同学；师生关系、生生关系的远近亲疏也是由分数、名次决定的。这种校园，只有分数没有素质，只有竞争没有友爱，只有知识没有生活。学校里充满了呆板与冷漠，没有生命，没有生活，没有生气。校园文化走向生活的根本任务，就是要走出考试文化，建设生活化、人性化校园，不仅把学校建成一个学园，更要建设成为一个学生成长的乐园。学校的物质文化，不仅要考虑学生学习的方便，更要考虑学生日常生活的方便；墙上、走廊上，应该有学生的作品，哪怕不是得奖之作。学校的制度文化，本着公平正义的原则，目的是保护学生的安全与健康，而不仅仅是为了学校管理的方便。学校的精神文化，不是赤裸裸的分数崇拜，而应该是充满爱心的育人为本。

毫无疑问，如果德育课程、德育教师和校园文化都真正实现了"走向生活"，将根本改变我国基础教育和学校德育的面貌。然而，十年来基础教育改革的艰难历程，不难发现德育"走向生活"还面临一系列的难关。首先是考试和评价制度的改革没有突破，应试教育的影响挥之不去，这从根本上决定了分数崇拜的"合理性"，从根本上决定了学校教育与学生生活疏离的"合法性"。其次是德育教师的专业化水平难以在短时期内有明显提高。德育要真正走向学生的生活，这极大地依赖于高水平的专业化的德育教师队伍。只有较高（智慧、德性与知识）水平的德育教师才能真正引导学生的道德生活，才能真正理解并处理道德问题的复杂性，而避免简单的、庸俗的德育生活化。然而，我国连专职的德育教师队伍都尚不具备，何谈提高德育教师的专业化水平！相当数量的德育课教师没有时间与精力来准确把握与体会新德育教材的理念与意图，仍然把德育课当做一门知识课程、学科课程来教。这成为德育"走向生活"的极大障碍。这些都迫切需要教师队伍建设的体制创新。最后，生活德育论还存在理论局限，需要进一步完善。提出道德是为了生活，不是为了道德而道德，固然有其针对性和依据；但是这会不会导致功利主义的道德，把道德仅仅当做一种手段，从而亵渎道德的神圣性[①]？从而在根本上取消甚至否定学校德育的必要性？这些问题需要进一步的理论探索。

三、走向对话

对话，就其原初的含义而言，指的是一种人与人之间的交谈方式。这里提出德育走向对话，究竟表达了什么样的思想观念？其依据是什么？"走向对话"对学校德育将产生什么样的影响？

其实，对话早已超出其原初的含义。在教育史上，孔子的启发式教学、苏格拉底的问答式教学，是早期形态的对话，局限于师生之间，局限于教育过程之中。经过近代资产阶级革命，民主既成为了国家政府的组织形式，也成了工业社会普遍的生活方式。而这种生活方式的精髓，就是自由、平等与对话。因此，近现代以来，西方的某些思想家、哲学家（如哈贝马斯）认为，对话不仅是一种沟通与交往的方式，更是一种存在方式。对话再也不限于人与人之间，而扩展到人与自我、人与社会、人与环境之间。一言以蔽之，对话无处不在，凡人皆通过对话而存在。

我国教育界倡导并流行"对话"，早先深受存在主义哲学家布贝尔思想的影响。布贝尔认为，"个人与他人，教师与学生之间的关系是'我与你'而不是'我与他'的关系"，"这种关系也可以叫做'对话'（dialogue）或交流（communion）"[②]。近些年来，巴西教育思想家弗莱雷的对话教育思想，尤其

---

① 鲁洁. 关于"道德回归生活世界"的自我质疑［M］//朱小蔓，金生鈜. 道德教育评论2006. 北京：教育科学出版社，2007.

② 陆有铨. 躁动的百年——20世纪的教育历程［M］. 济南：山东教育出版社，1997：136.

是他所提出的对话六要件（平等、爱、谦虚、信任、希望、批判性思维）①，引起了日益广泛的关注。这些有关"对话"的哲学思想与教育观念，成为我国德育走向对话的思想理论依据。

当然，德育"走向对话"也有其现实针对性，具有强烈的实践指向。

以改革开放为界，新中国成立至今的学校德育大体呈现出两种截然不同的模式，一种是规范化的德育，一种是主体性德育。自新中国成立到80年代初期，可以说是规范化德育在一统天下。规范化德育要求学生无条件地认同、服从既定的道德规范与价值取向，德育的主要方法就是灌输与训导，师生关系是典型的上下级关系。从80年代中期起，以反思和批判规范化德育为起点，主体性德育应运而生。主体性德育肯定学生是道德发展和道德教育的主体，倡导培养学生主体性道德人格。在主体性德育的旗帜下，出现了多种德育改革探索，诸如活动德育、情感德育、体验德育、生活德育、制度德育等。这些探索除了肯定学生的德育主体地位这一共识之外，在方法论上还有一个共同的特征，就是"走向对话"。

规范化德育不需要也无法"对话"，它需要的只是教师的单向灌输和学生的全盘接受与无条件服从。主体性德育虽然肯定了学生在道德发展与道德教育中的主体地位，但对学生道德发展的过程与机制，对学生道德潜能的开发，尤其是对于道德教育的方式方法却是"空白"，而"对话"正好填补了这一空白。

真正的"对话"有三个要件：第一，对话者地位平等；第二，对话依赖特定的背景或情况；第三，通过对话而生成新的意义与价值。在学校德育中实现"对话"，同样有三个要件：第一，师生双方地位平等，相互尊重，既不是教师中心，也不是学生中心；第二，必须创造德育对话的"条件"，如共同的话题或特定的活动情景；第三，通过对话，师生都生成了新的态度或价值。对话之中，教师也是学生，学生也是教师；对话之后，教师成为新的教师，学生也成为新的学生。

应该强调的是，学校德育"走向对话"，绝不只是师生对话，还有生生对话即学生与学生之间的对话，还有自我对话即师生的自我反思，还有师生与德育课程文本、制度文本之间的对话等多种形式。总之，德育"走向对话"不是固定化为某一特定的模式，而是渗透于一切德育活动之中，是师生基于

---

① 王向华. 对话教育论纲 [M]. 北京：教育科学出版社，2009：102 - 104.

相互信任和相互尊重，通过耐心倾听而进行真诚交流和有效沟通。它暗示学生的道德发展，既不是被动的外部影响的结果，也不是学生道德潜能的自然展开或道德种子的自然萌发，而是在互动中不断生成的过程。仅就教育学的立场来说，学校德育如何对话，学生道德就如何生成（当然，这个立场是要严格限定的，超出了学校教育，这个立场就不适用了。因为学生的道德发展深受多方面的复杂影响，难以简单归因）。

这些年的学校德育改革表明，一方面，越来越多的学校德育正在"走向对话"；另一方面，在"走向对话"的过程中，也存在一些值得注意的倾向。倾向之一就是，仅仅把对话理解为"教学对话"、"课堂对话"，似乎在课堂教学之外的其他教育活动中，如学校管理、班集体建设等，就不需要对话了。倾向之二就是，把对话理解为师生之间的问答，只是简单的事实判断，而没有思想乃至心灵的交流与沟通过程。倾向之三就是，预先规定了"标准答案"，对话只是徒具形式的"场面热闹"，走过场，使对话没有"生成"的意义与价值。要纠正这些错误倾向，理论上要准确把握对话的实质内涵，消除种种误解；实践中，学校管理要真正走向民主化，建设人性化校园，为德育对话创设良好的情境；教师要转变角色意识，从真理的"权威"、道德的"法官"中走出来，把自己当做一名倾听者、思想者、求知者、对话者。

四、走向多元

在我国，德育不只是道德教育，还包括政治教育、思想教育，甚至把心理教育也划入德育（《中小学德育工作规程》明确规定，中小学德育即对学生进行政治、思想、道德和心理教育）。这种具有中国特色、政治思想意味极其浓厚的大德育，既使德育享有崇高的政治地位（"德育为首"、"德育为先"），又使基础教育阶段的学校德育蒙上了"阴影"，即政治思想教育存在禁区，不能理性地对待与探讨。

就思想教育来说，我们长期习惯和坚持的其实是"思想统一"，也就是用某种思想去统一所有学生的思想，期望学生都能形成这样的世界观与方法论，都能具备一致的政治思想立场。这种统一思想的要求，如果说在大一统的计划经济时代还有其社会基础的话，那么在当代中国，却是十分困难的，甚至是"不可能实现的任务"。因为正在发生并且还将继续发生的社会变化，却是阶层分化、文化多样、价值多元和观念多变。在这个多元化的时代，学校德育应不应、能不能统一学生的思想呢？我们的回答是，既不应（作为价值目标），也不能（作为教育事实）统一学生的思想。

尽管目前为止我们尚未见到对"多元化"的权威定义，但一般认为，多元化的要义有三：一是承认多样，即认可多种不同思想、观点、价值、学说的"合法性"；二是倡导主流，即在多种思想观点、价值取向并存的状态中，有一种主流观点或主旋律来引导；三是确保底线，即存在一种最低限度的"公共道德"或法律规范，成为人们行为的底线（请注意是行为的底线，而不是思想的底线）。这三者缺一不可。

首先，依据多元化的精神，我们在学校德育中应该承认多种不同思想观点和价值取向存在的"合法性"。不能因为学生的看法与主流思想不一致，或者仅仅就是与教师的看法不一致，就批判和否定学生（常常有学生因为看法比较偏激，或与主流思想冲突，或与学校规定有矛盾，就受到批判和打击，甚至被赶出学校，被剥夺了受教育的权利）。在一个多元开放的社会中，思想自由是比思想统一更值得优先追求的价值目标。

其次，学校德育不能没有主旋律。六十多年来，尽管我国学校德育的具体任务和内容时有变化，但一直在坚持社会主义、爱国主义和集体主义的主旋律，这是应该肯定的。问题是，在教育的过程中，应该着重引导，而不能把主旋律当做固定不变的标准答案，由此进行非此即彼的事实判断。事实上，我们今天对社会主义、爱国主义和集体主义的理解与20世纪六七十年代就有了很大的不同。应该允许不同年龄阶段的学生对主旋律的理解和接受有一个过程。这就意味着对学生不可能整齐划一，不可能思想统一。

最后，在这个时代，人们的行为应该有一个最基本的底线要求，这就是软性的社会公德和硬性的法律规范。如果说统一，只能在行为层面上来谈统一。在思想层面上无法谈统一，因为我们没有办法给思想制定一个统一的"思想规则"。每个人的所思所想，那是他个人头脑的事情，政府、组织和他人是无法控制的，甚至他个人也无法控制。《中华人民共和国宪法》（2004）作为国家的根本大法，在第35条、36条明确规定，中华人民共和国公民有言论、出版、集会、结社、游行、示威和宗教信仰自由。言论、出版、集会、结社、游行、示威、宗教信仰，它们是思想的"外化"和"行动表达"，它们都可以是自由的，何况内在的思想呢！

以上三点就是学校德育走向多元的本质内涵，三者缺一不可。如果缺少第一点，思想教育就会沦为思想专制；如果缺少第二点，一个国家或社会将无法达成共识，无法形成核心价值观，无法结成社会共同体；如果缺少第三点，就会走向道德相对主义，走向"怎么都行"的道德虚无主义，实质上否定了学校德育存在的合理性。

学校德育要走向多元，这是不可抗拒的时代潮流。事实上，这些年来，学校德育的指导思想发生了转折，学校德育课程建设也吸纳了多种文化养料，学校德育工作模式也进行了多样化的探索。这些为思想教育走向多元提供了基础，但这些都无法代替思想教育走向多元。当前阻碍思想教育真正走向多元的，有教育制度上的原因，有学校教育时空条件的限制，但最根本的原因还在于落后保守的思想教育观念本身。我们如何理解并确保教育的本质？教育过程的终极目的是"一"还是"多"？思想教育是不是等同于政治宣传？学生有没有胡思乱想的权利？思想自由与思想统一，哪一个是更值得我们去追求和捍卫？这些问题不弄清楚，思想教育走向多元就是空中楼阁。

学校德育的"四个走向"，尽管各有侧重，但彼此之间并不是孤立无涉的。四者具有共同的社会历史背景，是我国社会发展到更高阶段之后对学校教育、学校德育的新要求；四者之间存在内在的逻辑联系。"走向公民"这一教育整体目标的转型，必然要求学校德育在价值取向、课程建设、方式方法上作出新的调整。"走向公民"，其实是走向具体的公民个人，走向公民的现实生活，这种生活的本质是尊重差异，承认多元，真诚对话。正是未来的理想的公民生活样式决定了学校德育的走向，这是不以任何个人的意志为转移的。

学校德育问题诊断：概念与性质[*]

北京师范大学教育学部　班建武

内容摘要：学校德育问题诊断是对学校德育当前发展现状所作出的描述，以及在此基础上结合一定的指标体系，判定学校德育现状与理想状态之间存在差距的程度，并据此提出学校德育改进具体方案的实践活动。在具体实施中，学校德育问题诊断应该以问题的揭示为重点，以学校文化的整体变革为支撑点，以学校德育内部的改进为着力点，以最终提升学校德育的品质为落脚点和根本目的。

关键词：学校德育　问题诊断　学校文化　德育品质

从当前学校德育的实际情况来看，由于德育自身专业化水平不高，在管理、课程、活动、人员等各方面还存在着诸多问题，导致学校德育不能够很好地迎接时代挑战。与此同时，德育理论研究者与一线德育工作者之间仍然存在着较大的鸿沟。这一方面使得理论很难在实践领域得到很好的应用和修正，另一方面也使得实践工作由于得不到理论的指导而陷入低效的摸索状态。基于这样的背景，本文试图以诊断的方式，探寻提高学校德育实效性的现实路径，希望能够对德育理论与实践的健康发展，以及学校德育品质的提升有所裨益。

一、何谓学校德育问题诊断

诊断是源于医学的一个术语。"诊"主要指的是看病；"断"则主要指判断和决定。诊断是医生在检查病人的症状之后判定病人的症结，以及在此基础上开出相应的处方。因此，"诊"是"断"的前提，没有"诊"就无所谓"断"，"诊"的质量将深刻影响"断"的水平；"断"是"诊"的深化与目

＊　本文是香港田家炳基金会"学校德育发展推进计划项目"研究成果之一。

的，没有"断"，"诊"就失去方向，停留在表面的现象描述之上。对于组织发展而言，"诊断研究都致力于缩小现实状况与理想状况之间的差距"①。因此，学校德育问题诊断主要指的是对学校德育当前发展现状所作出的描述，以及在此基础上结合一定的指标体系，判定学校德育现状与理想状态之间存在差距的程度，并据此提出学校德育改进的具体方案。

与学校德育问题诊断相近但又有明显区别的一个概念是学校德育督导。学校德育督导是国家和教育行政部门对学校德育进行管理和评估的重要形式，与学校德育诊断最重要的区别有三。首先，教育（德育）督导具有很强的行政权威，在本质上属于一种行政行为。而学校德育诊断更多的是一种专业行动，在本质上属于服务业的范畴，不具有行政评价和管理的意味。其次，教育（德育）督导主要是对学校德育现状的一种评价，它的重点常常不在提供学校德育改进方案。而"诊断本身就是一种干预行动，因为它介入了组织的日常活动，影响了组织成员对变革的期待，并影响了组织成员对他们自己以及他们组织的看法"②。因此，学校德育诊断不仅对学校德育的发展状况有一定的评价意义，而且其必须包括对相关问题的对策建议。最后，督导和评估更注重结果，而诊断则更关注过程。在诊断中，结果只是深入了解过程的线索，过程才是诊断的重点。这是因为，诊断只有通过结果的各种表征，深入到德育的具体过程中发现问题，才能有针对性地对各种问题产生的原因有准确的把握，从而提高诊断的质量和效果。

为了更好地理解学校德育问题诊断，我们还要对学校诊断（school diagnosis）与学校发展计划（school development plan）活动做必要的区分。就二者的共同点而言，它们都共同致力于学校自身的内部发展，希望通过学校内部的变革来提升学校的教育教学水平。因此，学校诊断与学校发展计划都将着力点放在学校自身造血功能的改善和提高方面。二者的不同之处有二。第一，从运作模式来看，学校发展计划主要采取的是一种自下而上的民主改进模式，强调学校与所在社区之间的有效互动。而学校诊断更多的是一种专家指导下的学校变革。学校的具体变革可以是自下而上的，也可以是自上而下的。第二，从活动重点来看，学校发展计划重在学校整体发展规划的研制，而学校诊断则侧重改进方案的具体设计。因此，学校发展计划在一定程度上

①② ［美］迈克尔·I. 哈里森. 组织诊断——方法、模型与过程［M］. 龙筱红，张小山，译. 重庆：重庆大学出版社，2007：3，8.

是宏观的规划设计，而学校诊断则是宏观与微观相结合基础上的全面改造。尤其重要的是，学校发展计划一般不提供操作性的改进建议，而学校诊断则必须提供学校改进和发展的具体策略和途径。

以上主要就学校诊断与学校发展计划之间的异同作了简单的区分。接下来需要明确的一个问题是：一般的学校诊断与德育诊断之间是怎样的一种关系，或者说二者的异同点是什么。一般学校诊断，是"诊断者在学校直接进行调查研究，掌握第一手资料，分析判断学校中存在的问题及其原因，提出解决问题方案的过程，以达到促进学校发展、提高办学质量的目的"[1]。我们认为，不管是学校诊断还是德育诊断，其最终目的都是促进学校的发展，培养和造就合格的社会公民与具有良好精神世界的健全个体。二者的区别有二。从内容来看，学校诊断立足于整个学校发展的整体，涉及学校教育教学的方方面面（德、智、体、美以及管理、文化、环境等），在具体的实践中，学校诊断更多的集中在教学和管理方面。而德育诊断的对象是学校教育教学中的德育领域。从这个角度看，德育诊断是从属于整个学校诊断的一部分。或者说，德育诊断是学校诊断朝向专业化发展的重要方面。其次，从价值属性上看，虽然学校诊断也是一项价值性很强的实践活动，但是与德育诊断相比，学校诊断的价值性则相对较弱。其原因是，德育本身就是一种价值实践，是与人的精神和思想密切相关的教育领域。因此，在德育诊断中，非常需要注意的一个问题就是道德性问题，即德育诊断需要尤为关注当事人及其学校在诊断中的感受以及可能带来的消极影响。

根据不同的标准，学校德育问题诊断可以分为多种类型。根据林云的划分，学校诊断可以分为这样几种类型[2]：发展型诊断与消除问题型诊断；内驱式诊断与外驱式诊断；自我诊断和外来诊断；民主参与式诊断、校长主导式诊断与专家引领式诊断。在本文中，我们所说的诊断主要是指专家引领式的诊断。而专家引领式的诊断根据专家与学校在诊断过程中的地位关系，又可以分为四种类型：专家独立诊断、专家与学校成员合作共同诊断、专家指导下学校自我诊断、专家咨询下学校自我诊断。本文主要是从专家独立诊断的角度来论述学校德育问题诊断的有关理论与实践。

[1][2] 林云. 学校诊断与发展基础教程［M］. 桂林：广西师范大学出版社，2009：67，71－86.

二、学校德育诊断以问题的揭示为重点

学校德育问题诊断旨在发现学校德育发展方面存在的问题，揭示这些问题产生的原因并提供相应的改进建议。基于这样的目的，德育诊断主要秉承着一种揭示问题的立场去诊断和分析制约学校德育，乃至制约整个学校全面发展的各种学校内的结构性因素、文化因素以及其他各方面的影响因素。这样一种研究定位就使得诊断活动更为关注学校德育发展中存在的问题，而非学校在德育等方面所取得的成绩。另外，研究人员对学校德育问题的诊断与分析，主要是从一种专业发展的角度来思考如何能够更好地提升中小学的德育品质。因此，研究最后所呈现的各种诊断结果，仅代表诊断人员对学校德育发展特定问题的一种专业性分析，而不是对学校工作的一种价值性判断，更不是对学校整体发展的全面评价。

实际上，在学校德育诊断的视阈中，所谓问题，主要指的是需要研究解决的疑难和矛盾。问题不完全等于缺点或错误，而是指真实的过去或现在与潜在的或期望的两种情况之间存在的差异（而且有人关心这种差别并想改变它）[1]。这一定义的关键词是"差异""关心"和"改变"，是对问题的一种积极的理解。基于这样的认识，本研究对学校德育问题这一概念的理解具有两个特征。一是对问题概念的中性定位，即对问题的定义主要是从现实和理想之间的差距的角度来进行说明，不作过多的价值评价。二是对问题的理解更多的是从一种积极的立场出发，即从问题中发现学校德育进一步提升的空间。本研究最终是要实现对问题的把握，从而促进学校德育的专业发展和全面提升。

对学校德育问题的把握，需要注意问题的层次性。一般而言，问题包括"问题表征"、"问题本体"和"问题根源"三个方面。问题表征即问题的呈现状态，是学校德育的现实状况与其理想状况的差距。问题本体则是阻碍学校德育理想状态得以实现的各种障碍。而问题根源则是问题产生的各种原因。这就好比头痛，它只是某个问题的表征。而这一问题的本体可能是由于神经压迫造成，也可能是由于肌体失常所致。而之所以会导致神经压迫或肌体失常，则可能是由于颈椎问题引起[2]。我们对于学校德育问题的诊断，最先接触

---

① 季苹. 学校管理诊断［M］. 北京：教育科学出版社，2002：11.
② 林云. 学校诊断与发展基础教程［M］. 桂林：广西师范大学出版社，2009：2.

的往往只是问题的各种表征。这些表征自身往往并不构成问题，而只是预示着问题的存在。因此，需要我们能够通过各种问题表征的索引作用深入到问题的本体及其根源。这是学校德育问题诊断的重点所在。

三、德育诊断以学校文化的整体变革为支撑点

从构成要素而言，德育自身主要包括教育者与教育对象、教育内容以及各种教育方法等要素。这些无疑都对学生品德的发展具有特殊的作用。但从学校生活的整体情况来看，由学校的校风、教风、学风以及相应的管理制度、行为方式等构成的学校文化样态，更是影响学生品德发展的重要力量。可以说，学校文化主要是以一种隐性课程的形式通过潜移默化的力量，在深层次上影响着学生的品德发展。学校德育问题诊断如果不能深入到学校文化层面，那么学校德育的改进将会由于失去整个学校文化的支撑而流于表面。

首先，学校文化对学生品德的发展具有一种"濡染"和"涵化"的作用，是构筑学生品德的重要力量。德育本质上是一种价值的教育。价值学习一个十分重要的前提条件，就在于学习者主体意识的高度唤醒和积极参与。如果没有这一点，价值学习将很难真正发生。

价值学习的特点决定了它很难简单移植、套用各种现有的常规的知识教学方式。有关研究表明，人们对特定文化价值的接受，往往是在一种无意识的状态下所自然发生、发展的过程。这一过程被有关学者命名为"内隐学习"。内隐学习（implicit learning）最早由美国心理学家罗伯（A. S. Reber）于1965年提出。他把无意识获得刺激环境复杂知识的过程称为内隐学习。在内隐学习中，人们并没有意识到或者陈述出控制他们行为的规则是什么，但却学会了这种规则。由此可见，内隐学习的一个基本特征就是学习过程的无意识性。这种学习是"在没有意识到刺激环境潜在结构的情况下，也能够学会并利用这种结构作出反应"，实际上，便是指内隐学习过程的无意识性或称内隐性问题[①]。内隐学习的无意识性深刻地揭示了文化作用于个人品德发展的内在机制。即文化主要是以一种"濡染"的力量充斥于每个人的生活气息之中，从而使每个个体在特定文化场域中不自觉地受到这一场域中所奉行的价值观的不断暗示，以及有关重要他人行为示范作用的不断感召，这就使个体

---

① 张卫. 内隐学习及其特征研究［J］. 华东师范大学学报（教育科学版），2001（1）.

在没有意识主动参与的情况下逐步认可、接受并内化与这一文化场域相一致的价值观念和道德意识。在很大程度上，正是文化的"濡染"力量所产生的个体道德发展的内隐性，克服了长期以来制约学校德育实效性提高的瓶颈问题——价值引导与个体自主建构之间的"顽强的疏远性"。

其次，学校文化对学生的品德发展有一个引领和示范作用。如果学生在学校生活中处于一个不道德、不民主、不公正的环境之中，他们将很难认同并同化教师在课堂上所传授的各种道德观念。在很大程度上，德育作用于个体品德的发展更多的是通过一种"涵化"的方式实现的。即学生道德的发展不是教会的，而是学生在鲜活的生活体验中，通过环境不断暗示、示范和引导，自主建构的。学校道德教育固然包括道德知识的内容，但道德教育中更为重要的道德意识、道德情感以及道德行为等，是很难通过直接的课堂知识传授就可以形成的。在很大程度上，非知识形态的道德教育只能是通过体验与各种实践来实现。教师的作用主要不是在课堂上给学生传授了多少关于道德的知识，而在于营造一个有利于学生道德成长的价值环境。道德的生活方式比单纯的课堂道德教育以及规范化的德育活动，对学生的道德影响更为深远和持久。这就决定了学校文化在整个学校德育问题诊断中的核心地位。

对于学校文化而言，最为核心的部分就是文化的价值观，即学校的精神和教育哲学。纯粹的学校物质环境、制度体系和行为习惯并不是文化本身。我们之所以称之为物质文化、制度文化、行为文化，主要反映的是教职员工和学生群体对待这些物质、制度和行为的态度。即人们长期以来所形成的对物质、制度和行为的价值判断。正因为有了这些价值判断的参与，我们才能够称之为文化。如不同学校的文本制度可能是相同的，但由于人们对这些制度的态度截然不同，由此将形成不同的制度文化。有的学校可能认为制度是虚的，主要还是校长说了算；有的学校则认为制度是大家通过民主讨论形成的，因而是每个人都应该遵守的。由此可见，"物质文化、制度文化、精神文化、行为文化的建设中最重要的是组织成员对待物质、制度、精神和行为的方式和态度的不断改善"①。而组织成员态度的形成，则深受学校价值观和教育哲学的影响。

因此，在以文化变革为着力点的学校德育问题诊断中，关键就是要能够较为客观、准确地把握学校中的各种"内隐行为"和"内隐观念"。所谓内

---

① 季苹. 学校文化自我诊断［M］. 北京：教育科学出版社，2005：11－12.

隐规矩，主要指的是学校师生员工已经接受并已习以为常的做事方式。"内隐概念"则指的是师生员工做事方式中所蕴涵的对该事情的价值判断。只有从文化的表征层面深入到文化的内隐层面，我们才可能科学地诊断学校文化存在的问题，从而为学校的整体改进提供既有针对性，又切实有效的改进方案。

四、德育诊断以学校自身的内部改进为着力点

学校德育问题诊断的目的不是就问题谈问题，而是要能够对所发现的问题给出具体的、可操作的改进建议和方案。这是学校德育问题诊断区别于一般调查研究的关键所在。因此，学校德育问题诊断就不能仅仅停留在发现问题及其原因层面上，也不能停留在一般的原则建议上，而是要针对诊断对象的实际情况给出详细的、具有较强操作性的改进方案。"学校诊断所涉及的问题必须具有操作性，或者说所涉及的问题通常与人的行为动作和言论相关，而不论它是宏观的还是微观的。"① 这好比医生对病人进行诊断之后，应该给病人一个处方和治疗方案，使其能够根据处方和治疗方案的建议，清楚明白地对自身疾病进行治疗。因此，立足于学校德育实际情况提出相应的改进建议，对于学校德育问题诊断而言极其重要，这是诊断的根本目的所在。

当前，社会各界对学校德育诟病甚多。但学校德育真正存在的问题是什么，这些问题产生的根源在哪里，以及这些问题有多少是学校自身的原因，又有多少是社会或家庭方面的原因等问题，却没有得到过很好的梳理和归类。教育事关千家万户，更关涉到整个民族未来的发展，每个人基于其不同的教育经历都可以发表他们对于教育的意见。这些意见的提出，其合理性依据是什么？是一种情绪化的主观臆断，还是一种客观冷静的理性考量？这些是我们在面对社会责难时应该具备的专业意识。如果没有这种意识，我们将在社会公众的责难中难以认清问题的实质，容易被各种非专业、非理性的社会情绪所左右。这一点在当前这个资讯发达的媒介社会中尤为重要。现在有些媒体往往为吸引公众眼球，将教育中的个别问题、局部问题用夸张化的语言进行炒作，从而影响社会公众的判断。

立足于学校德育问题诊断，将有利于我们正视学校德育自身存在的问题，同时，也有利于我们正确认识当前学校德育的边界和使命。由于缺乏对学校

---

① 姚文忠等. 学校诊断 [M]. 成都：四川教育出版社，2006：5.

德育问题的专业性理解，人们往往对学校德育指责过多，而具有建设性、可行性、针对性的改进意见则少之又少。我们承认，当前学校德育的确存在很多问题。对这些问题进行揭露，有利于德育工作者更好地审视并调整自己的工作。但如果只是对学校德育问题进行一种简单，甚至是情绪化的批判，除了会进一步动摇人们对学校德育的信心之外，对学校德育工作品质的切实提升作用不大。

学校德育深受整个社会环境的影响，这是一个毋庸置疑的现实。然而在这个问题上，相当多的教师和研究者在分析学校德育实效不高的问题时，往往把问题的责任全部推卸给社会或家长，却很少从自身角度寻找问题的症结所在。这实际上也是一种被动、消极的心态和做法。从教育发展的历史来看，社会环境很好而且能够与学校教育相一致的情况并不多见。更为普遍的现实是，几乎每一个时代的人都会抱怨社会风气的不良。也正是因为如此，才更加凸显学校教育，特别是德育的重要性和意义所在。因此，面对与我们的期望不一致，甚至矛盾的社会环境，我们与其消极抱怨，不如立足学校自身，通过改善和提升学校教育的品质，为学生品德的成长创设一个相对有利的小环境。这一方面可以使我们能够更加认清德育的本质和功能，另一方面也更能激发我们的教育使命感和责任感。因此，一种更为积极的做法是，正视当前学校德育存在的具体的、真实的问题，以一种带有建设性的研究立场和态度对这些问题进行心平气和的分析，捋清各种问题产生的内在或外在根源以及这些问题之间的逻辑关系，在此基础上，寻求问题得以有效解决的最佳路径。这应该是我们面对学校德育问题应有的态度。

因此，在学校德育的具体改进上，我们更强调通过问题诊断实现学校德育自身"造血"功能的改善，立足于在现有社会环境下如何通过学校自身的变革更好地实现德育的育人功能。这一目的的实现，除了取决于诊断的质量之外，还有一个重要的方面是取决于学校自身的努力程度。作为一项专业行为，学校德育问题诊断只能对学校德育的发展起到一种咨询和协助的作用。它既不能通过行政力量强制要求学校变革，也不能代替学校去完成所有的德育改进工作。因此，学校对德育问题诊断的态度，将在很大程度上影响德育诊断效果的实现。

博士生论坛

宽容的内涵及教育意蕴

北京师范大学教育学部　高　政

内容摘要： 伴随着社会转型带来的社会失范与价值冲突，宽容开始成为社会话语的热门词汇。一直以来，普遍认为西方比我们要更加宽容。通过概念分析本研究发现，中西方语境下宽容的内涵有着较大的差别。在新的社会历史条件下，我们应该用兴起于近代的西方的宽容概念来反观中国的宽容概念。通过这种反观，我们在实践要素分析中认为，宽容的主体与客体有一系列基本条件，宽容实践本身也有其基本条件和限度。基于以上的研究，笔者提出宽容教育就是要树立理性的宽容观，培养学生的道德主体意识与培养学生的宽容限度意识。

关键词： 宽容　内涵　实践　限度　教育

在当代社会转型和价值多元化的背景下，社会失范与价值冲突随之出现，宽容因此也被提到一个很重要的位置，它似乎成了解决由急速的社会转型带来的不同国家或民族之间、不同社会阶层之间、不同个体之间矛盾和价值冲突的一剂良药。与宽容在话语上的甚嚣尘上形成鲜明对比的是，宽容在实践中却总是不那么令人满意。实践中，宽容和懦弱、宽容和纵容、宽容与忍让往往没有十分明显的界限，很多出于宽容动机的实践最后结果可能与期待相距甚远。教育中，宽容教育也往往流于宏大叙事。由于在某种程度上宽容和（规范性的）教育是互相排斥的，因此大部分教育学生要宽容的教师自身对学生并不宽容。理论上，宽容的研究主要集中在宽容的价值论层面，关于宽容本体论层面的思考还很不充分。研究领域主要集中在宽容的教育方法和策略层面，关于宽容的内涵与外延的研究也相对较少。基于此，本研究拟对宽容的内涵、宽容的实践要素、宽容的条件与限度做简要分析，在此基础上提出宽容教育的策略。

一、宽容的内涵

宽容是一个我们在日常生活中经常使用到的词汇。但是如果要问宽容的内涵到底是什么，可能很少有人能清晰地回答出来。我们可以顺口说出一系列宽容的近义词和反义词，但是到底这些近义词交集的哪一部分是属于宽容的内涵，不经过理性的分析和认真的研究是不可能得到的。本文将运用词源分析和历史分析的方法来对宽容概念的内涵作出界定。

（一）宽容的词源分析

英文中，"宽容"（tolerance）的概念是从宗教宽容（toleration）发展起来的。这个词又是从拉丁文的词汇 tolerated、tolerantia（含义为容忍、忍耐、耐性、自制的意思）中借用而来的。它最初的含义比较狭窄，只局限于宗教的领域，意味着对持有不同信仰的人们的容忍①。《大不列颠百科全书》中把宽容定义为："允许别人自由行动或判断；耐心而毫无偏见地容忍与自己的观点或公认的观点不一致的意见。"②《布莱克维尔政治学百科全书》把宽容解释为："宽容是指一个人虽然具有必要的权利和知识，但是对自己不赞成的行为也不进行阻止、妨碍或干涉的审慎选择。"③《柯林斯英语大辞典》对宽容的解释为："尊重他者信念与行为的能力与实践。"④

我们发现，英文里宽容（tolerance）的内涵可以概括为尊重与容忍。即尊重与容忍和自己不一样的思想、言论或者行为的能力与实践。

汉语文献里宽容一词最早出现在《庄子》中，在《庄子·天下》中有"常宽容于物，不削于人，可谓至极"。意为宽厚，能容忍。《宋书·郑鲜之传》中提到"我本无术学，言义尤浅，比时言论，诸贤多见宽容"。意为包容、原谅、不计较。清代学者李渔《风筝误·拒奸》有："你不从就罢了，何须告诉母亲，待我赔个不是，求你宽容了罢。"此处的宽容意为宽恕。南朝刘义庆《世说新语·雅量》中提到："桓公伏甲设馔，广延朝士，因此欲诛谢安、王坦之。王甚遽，问谢曰：'当作何计？'谢神意不变，谓文度曰：'晋阼

---

① C. T. Onions. *The Oxford Dictionary of English Etymology* ［M］. Oxford：Oxford University Press, 1966：764.

②③ 贺来．宽容意识［M］．长春：吉林教育出版社，2001：1, 2.

④ http://www.thefreedictionary.com/tolerance.

存亡，在此一行!'相与俱前。王之恐状转见于色；谢之宽容愈表于貌。"这里的宽容意为宽舒从容的神色。当代的《辞海》将宽容定义为"宽恕，能容人；宽大有气量，不计较或不追究"。

相对于英语而言，汉语宽容的内涵较为复杂，其核心内涵可以概括为：宽宏大量，对某一思想、话语、行为的原谅与饶恕，不去追究他人的责任。

不难看出，宽容的内涵在中西语境之间有着较大的差别。这些差别至少可以概括为三个方面。第一，英语的宽容核心是尊重与容忍。尊重与容忍是前提性的态度，即在直面他者的观念和行为之前就已尊重与容忍了，在与他者打"照面"之前并无偏见，在"打交道"的过程中会对其作判断，最终的判断当然也可能是"忍无可忍"，但并不能因此否定其宽容的姿态（这一点在后面还将详细分析）。汉语中的宽容的核心是原谅与饶恕。这实际上是一种事后的情感与道德姿态，也即必须要与某观念相"照面"了、某行为产生了实际后果了，才谈得上这种原谅与饶恕的姿态。第二，就宽容作为一种价值原则的地位而言，在西方，宽容是一种底线的价值原则。即如果不宽容，这个社会就会出现大量矛盾与冲突，便要消耗和付出大量的不必要的社会成本与社会资源来实现社会的稳定。但是在汉语语境下，宽容绝非作为价值原则的底线而存在，更多的是一种宽宏大量的美德，即一种较高的道德要求。它要求君子能够从一种道德上的高位来面对世俗的纷争。汉语的宽容在语态上是主动的，即主动去原谅和饶恕那些本来自己可以不原谅和不饶恕的行为与话语。第三，就所指对象而言，英语中的宽容的要求指向每一个人。它更多的是基于启蒙运动以来天赋人权、人人平等的人权意识的普及，与伏尔泰所说的"我不同意你说的每一个字，但我誓死捍卫你说话的权利"在逻辑上是一致的。它要求每一个人能够容忍和自己不同的观点话语与实践，而不是某些人。但汉语语境下被提出宽容要求的对象，是一些以"君子"为其追求的理想人格的人，与儒家正统的君子"以德报怨"传统相一致。汉语里的宽容更多是要求君子能够从一种道德上的高位来面对世俗的纷争。

毋庸置疑，完全用西方的宽容概念来分析"中国现象"当然是不合适的。何况我们可以看到，在宽容这个问题上，同样体现出了西方人重"理"，中国人重"情"的特点。而中国人将情感的维度纳入宽容概念之内本身就具有非常重要的意义。事实上，在任何一种依据理性设计的社会体系下，宽容从来都不仅是出于维持社会共同体的稳定与和谐的理性选择，因为在人与人之间，情感总是一种非常重要的维度。但是我们又不得不承认，在现代社会中，西方的宽容概念相对汉语语境中的宽容概念具有更为广泛的适用性。值得庆幸的是，我们有重"情"的传统，在这一传统之上，用西方的宽容概念来反观自身则最有可能达到"情理相融"，而不致偏于一面。

（二）宽容的历史分析

在上述英文词源分析里，笔者也曾提到，作为一种价值原则的宽容，最初并不是针对世俗生活的，而首先指的是宗教宽容。1520年，马丁·路德点燃了欧洲宗教改革之火，标志着世界不再围绕着罗马教皇旋转的时代来临了，宗教改革运动的烈火在欧洲各地迅速地燃烧了起来。经过改革，欧洲不同的基督教派迅速增多，宗教由统一分裂成相互对立和甚至敌视的宗教营垒。新教与天主教双方针锋相对，战火连绵，新教内部教派也是冲突不断。对宗教的狂热导致信仰上的不容异己，宗教迫害事件屡见不鲜。天主教徒迫害新教徒，国教徒迫害天主教徒和其他非国教徒，新教徒迫害新教徒。德国的农民战争、法国圣巴托罗缪大屠杀、英国的血腥玛丽、尼德兰西班牙宗教裁判所等。新教对异端的屠杀也不逊色，加尔文烧死塞尔维特（Michael Servetus）、尼德兰加尔文教徒对再洗礼教徒的屠杀等。整个西欧在宗教名义下饱受战争的屠杀和暴力的蹂躏，其惨烈程度在三十年战争（1618—1648年）中达到了顶峰。战争使欧洲满目疮痍，人民深受其害。越来越多的人开始反省宗教的狂热，认为它不仅不是苦难的慰藉，反倒是苦难的肇因[1]。

当时欧洲一些进步的思想家如洛克等人，看出了基督教世界之所以战乱不断，并不是因为存在着各种不同的教义，而是拒绝对各种不同教义实行宽容[2]。因而他们大胆提出，应当对各种教派实行宽容。首先应当把王权从教权中剥离出来。因为在他们看来，上帝之所以在地上设立公民政府，目的仅仅是为了维护和增进公民的世俗利益，这些世俗利益包括生命、自由、财产以及附着在这些之上的房屋、土地和其他财物的占有权；而关于来世的事情，国王知道的并不比一个乞丐多。也就是对于通往天国的道路，国王和乞丐一样不熟悉。他不但无权指导别人，他自己也需要上帝来指导。"上帝的归于上帝，恺撒的归于恺撒"，意思就是恺撒掌管今世幸福，而永生得救的权力只能属于上帝；而在永生得救的事情上，国王肯定不像我自己一样关心我自己。

① 刘晓飞．浅析16～17世纪宗教宽容在西欧的发展［D］．长春：东北师范大学，2006．
② ［英］洛克．论宗教宽容［M］．吴云贵，译．北京：商务印书馆，1982：84．

因而，国王无权插手宗教事务，人们也并不能以国王参加哪个教会而判别教派的高低、教义的是非①。

在宗教团体内部或团体与团体之间，上帝并没有赋予一个团体和个人高于另一个团体和个人的权威，因而人们只能凭借良心的指引，来决定自己信仰什么宗教和遵从什么宗教仪式。因为任何一种宗教如果不是来自自己内在的真正确信，就不会获得上帝的悦纳，因而任何个人和团体都无权把自己喜悦的宗教与信仰法则强加给别人，除非自己也乐于接受别人以同样的方式强加给自己的宗教与信仰法则。如果你确信他在来世的路上走岔了路，惩罚的权力也在掌管来世的那一位，与你没有关系。况且你走对了没有，也需要那一位来判断呢！

宽容作为一种价值原则，一开始是出现在宗教领域而非世俗生活的。这样一种宗教信念向下落实为世俗生活的准则，是近代以来的事情。它主要表现为，对各种不同意见和生活方式的容忍和理解。人们在不侵害他人的前提下，可以自由行使各种天赋的与人为的权利，只要这些权利的行使不影响其他社会成员也享有同样完整的权利，法律便无权禁止。"自己选择，自己负责"，就这样成了近世以来的文明通则。

既然宽容是一种信念，那么就像它脱胎的宗教信念一样，应该具有主体性。一个人可以通过投靠自己不喜欢的人发财致富，也可以通过服用自己恶心的药物治好疾病，唯独不能通过自己不喜欢的宗教和内心鄙视的宗教仪式获得内在的平静与永生。也就是说，一个人只有拥有了主体性，拥有了选择性，拥有了运用良心的自由，才能谈得上宗教宽容。同样的理由，在世俗生活中，一个人也只有具备了主动选择的条件和能力，才能讲宽容。一个没有基本的行动与选择自由的人是谈不上宽容的。就像狼吃羊，狼可以因厌食、肚饱、怜悯等缘由"宽容"羊，而羊如果在自己的脖子被咬断的时候说，我因为宽容你，故而不想还击，一定会让人笑掉大牙。因而对宽容这样一个价值原则而言，笼统地标榜与要求是毫无意义的，我们必须弄清实践中的宽容的主体和对象到底是什么。

二、宽容实践要素分析

在对宽容的词源与历史分析之后，则应该开始重新考察宽容实践。不难

① 狄马. 有一种怯懦叫宽容 [J]. 书屋，2007 (10).

发现，宽容的实践有两个最重要的组成部分：宽容的主体与被宽容的对象。事实上，这种区分是必要的，因为在实践中，宽容的主体与对象经常出现某种程度的混乱乃至逻辑上的倒置，而这本身就是对宽容的误解。

（一）宽容的主体

宽容的主体问题事实上就是具备何种条件才能成为宽容主体的问题。西方语境下的宽容是为每一个人所广泛接受的社会生活的底线价值原则，因而看似不需要任何条件。但是一旦我们深入思考就会发现，之所以看似不需要条件，是因为这些作为条件的理念已经为西方社会中的每个人所内化，并因而现实地影响着每个人的思想与行为。在西方人看来，作为某个社会共同体的成员所应该遵守的一种底线价值原则，如果不遵守宽容这种价值原则的人太多了，社会共同体便会出现解散的危险。事实上，在价值多元化的今天，不止西方，包括中国在内的全世界，事实上都需要这样一种价值原则来指导人们的行为与实践。然而，正如我们所知，中国式的宽容是一种产生于阶级社会的对于君子的道德要求。在社会历史条件发生如此巨大变化的今天，我们可能需要从西方的宽容主体存在的条件的揭示，来重新反思我们自己的宽容概念。我们认为，对于中国人理解什么样的人才能成为宽容的主体这一问题时，以下几点是非常重要的。

第一，宽容的主体必须将他者视为平等的而非不平等的主体。

在西方，启蒙运动树立的核心观念之一就是人人生而平等。这种平等意识正是宽容意识的前提。它否认任何一种无反思的"优势地位"，只要不危害社会，任何人都无权从一种道德优势地位对他人的思想和行为进行干涉与批判。基于这种平等意识，任何一种观念和行为都不过是各具特色的"多"，每个人都是"多"中之一，要和谐共在，就必须互相尊重与容忍。反观中国式的宽容，它是一种基于阶层划分的，是道德上处于优势地位的人对他人某一行为的原谅与饶恕，不去追究他人的责任。这种宽容的另一面是有些人被剥夺了宽容的资格。由于没有平等，这种宽容严格地讲是以一种最大的"不宽容"（其极致表现就是"礼"，甚至不能容忍较低阶级的人所用器物跟自己一样）为基础的"宽容"。当然，我们不能据此完全剥夺，诸如我国古代在饥馑之时出现灾民暴动抢夺地主和官府粮库，政府和地主出于仁爱之心的道德感和宽宏大量，对灾民这样的行为不予追究，这样的行为宽容的美名。但是，从社会基础以及由此决定的现实需求来看，这样一种宽容已经很难说名副其实了。真正的宽容必须持有平等的信念，将他者视为与自己平等的主体才能实现。

第二，宽容的主体必须有选择宽容或者不宽容的自由。

自洛克肇始的近现代自由主义政治哲学，以私有财产权为基础奠定了个体的自由，西方社会更是普遍在法律的形式上将这一观念制度化。只要个体的行动后果不危及他人和社会，那个体的选择就理当取决于个人的意愿，而不应受到"道德警察"的横加干预。也就是说，对西方人而言，无论是"被宽容"的对象还是"宽容的主体"，首先他们在根本上享有选择的自由。从这个意义上来讲，主体没有能力去追究他人的责任，只能被迫接受不公的现实的行为，虽然由于在行动上没有追究他人的责任看起来和宽容一样，但是我们绝不能把这样的行为归为宽容。事实上，即便是在中国的宽容概念中也很难把以下的行为称为宽容，比如封建时代在强大的专制政府和国家暴力机器面前，手无寸铁的平民面对政府的剥削和迫害而选择默默忍受。当然，在中国的语境下，这一事件中平民根本不存在宽容的问题（没有资格）。但是在我们今天来看，问题的实质是，相对于强大的暴力机器而言，平民没有选择宽容或者不宽容的自由。选择不宽容也就是选择以卵击石，不仅要付出主体一个人生命的代价，甚至要付出整个宗族生命的代价。最关键的是就算付出了，也不一定能够在国家机器面前讨回公正和正义。

第三，宽容主体的价值标准是公允的而非偏见的。

无论是西方将宽容作为一种前提性的价值原则，还是中国将宽容当成一种事后的情感与道德姿态，其相同之处在于，最终我们都要判定对某个思想、话语、行为是否要宽容。在此过程中，我们一定是按照某种价值标准（无论是有意的还是无意的）进行判断。根据一定的价值标准，我们认定某个思想、话语、行为是不正确的，但是又没有严重到不能容忍的程度，因此我们宽宏大量地选择了宽容。与讨论其他很多问题一样，人们试图抽象出"中西差异"。在宽容问题上，我们也不得不承认，与西方相比，中国有更深的理性与反思的传统。因此，对中国人而言，很重要的一点就是认识到，对我们自以为正确的价值标准进行反思，而不是无批判地接受。比如日常生活中，我们经常可以听到"要对同性恋宽容"这句话。这个命题隐含的一个价值标准就是同性恋是不对的，我们本来可以对同性恋人人诛之而后快，或者至少在舆论道义上进行谴责的。而实际上我们却以宽宏大量的态度放了本来可以不放过的东西。但实际上，同性恋这一行为本身并没有什么问题，大部分西方社会的同性恋是完全合法的，或者至少是默许的（Don't ask, don't tell），老百姓也能很坦然地接受。同性恋也是自古就有的一个现象，冰岛甚至连民选的总理都是同性恋。同性恋对社会经济发展、民主稳定、文化建设等完全没有任何负面的影响。换句话说，理性地来看，我们谈"要对同性恋宽容"这个命题的同时就标志着我们自己价值判断的标准出了问题，因为人家同性恋本来并没有问题。这种因为未经理性反思的价值标准而引申出的宽容，其实是对同性恋的一种侮辱，让同性恋蒙受了很多不白之冤。这样的"宽容"，虽然比粗暴干涉要好些，但却有可能是非颠倒，因为在没有真正的理由认为某人有过错的时候说对他"宽容"，也就是把无过错的人当做犯错的人，也是让被"宽容"的人蒙受不白之冤。

（二）宽容的对象

根据概念分析，显而易见，宽容的对象可以是人，也可以是人的某一思想、话语或者行为。就作为宽容对象的思想、话语和行为而言，不难看到，在容忍的难易程度上是有所区分的。在日常生活中，不同的思想一般最易被宽容，所谓"思想犯罪不是犯罪"，是因为思想如果没有化为行动，并不会造成实际后果。话语次之，"因言获罪"并不是一个社会应该存在的正常现象。人们对具体的行为则最难做到宽容，尤其是已经一定程度上侵犯自己的行为。

但是，我们谈宽容的对象，并不是要停留在分析什么是宽容的对象上，而是要谈在大众传媒兴起的现代社会，宽容的对象存在的状况，这种状况决定了我们应该以何种态度对待宽容的对象才能作出正确的价值判断。要对一个宽容的对象作出正确的价值判断，是选择尊重还是谴责，是宽恕还是追究，不仅取决于上述宽容的主体应具备的基本条件，同样也决定于宽容的对象是否全面而真实地展现于主体面前。现代社会中，受意识形态、大众传媒、消费社会以及文化传统的影响，信息在传递的过程中不可避免地要受到很多影响和扭曲，以至于很多信息甚至会失真。表面上看起来我们拥有了海量的、丰富多彩的信息，但是这些信息很可能是经过筛选了的信息，很可能是受到大众传媒的偏见和意识形态影响的，我们只能看到、听到被允许看到和听到的东西。换言之，我们处于一种最需要宽容的时代，但也是宽容受到极大挑战的时代。因为，对象展现在我们面前的方式很可能并不"如其所是"，而是以一种虚构的歪曲的方式展现出来。我们再以同性恋为例，因为文化传统和大众传媒的缘故，很多人一听到同性恋的第一反应就是变态和艾滋病，也正基于此，很多人对同性恋产生了偏见。事实上，同性恋者的行为和正常人比起来，差别并没有想象中的那么大，更不是什么变态。同性恋人群中患艾滋病的比例和异性恋人群相比，也根本没有统计学意义上的差异①。

可见，宽容主体对任何一个思想、话语或者行为的了解当然都依赖媒介与信息，但是，如果以失真的信息为基础我们作出要宽容的价值判断，可能就和我们自身的价值标准有失公允一样有问题了。正如李普曼所说，作道德判断总是更常见，也因而更容易陷于轻率，"由于地位和交往在决定什么能看、能听、能读、能体验以及什么可以允许去看、去听、去读、去了解时发挥着非常重大的作用，那就无怪乎道德判断往往比建设性的思想更常见了"②。因此，在获取和宽容对象有关信息的时候，一定要抱着审慎而理性的态度。

三、宽容实践的条件与限度

在写作本文的过程中，我阅读和查找了大量和宽容有关资料，意外发现了几个与宽容有关的看起来好像自相矛盾的事件。

> 1991 年就读于美国爱荷华大学的中国留学生卢刚，开枪打死了包括自己导师在内的五人后饮弹自尽。然而，令中国人想不到的是，在案发后的第三天，受害人之一、副校长安妮·克黎利女士的家人，就通过媒体发表了一封致卢刚家人的公开信。信中称，卢的家人也是受害者，他们彼此应以宽容的态度分担悲伤③。

从这个例子来看，西方人实在是太宽容了。但是从另一个例子看来西方人则极端"不宽容"。

> 西蒙·维森塔尔是世界著名的"纳粹猎人"。二战期间，他亲身经历过轮转 12 个集中营的悲惨遭遇。他和妻子得以从集中营里逃生，但是他们所有的亲人都死了。战争结束后，作为不多的幸存者，维森塔尔开始了对纳粹战犯长达一生的持久追捕。几十年间，他跟踪调查了 6 000 多起纳粹案件，1 100 名罪犯被绳之以法，其中许多纳粹逃犯都已是风烛残年，很多人甚至坐着轮椅、鼻子插着氧气管在法庭受审。为何还要对他

---

① 理查德·萨莫贝尔. 有关同性恋的表象与事实 [EB/OL]. www.chinalala.com/text/359.html.

② ［美］沃尔特·李普曼. 公众舆论 [M]. 阎克文，江红，译. 上海：上海人民出版社，2006：42.

③ http：//edu.sina.com.cn/l/2005 - 10 - 08/1356128121.html.

们穷追猛打？宽容一点不行吗？

这两个例子形成鲜明的对比，后者简直是极度的不宽容与苛刻。西方人到底是宽容还是不宽容呢？这种表面上的不统一有什么内在的统一吗？

我们发现，西方人只有在和司法相关、在和社会公正与正义相关的时候，才会表现出极度的较真与不宽容。在社会正义和公正已经实现的前提下，西方人一般能表现出非常大的宽容。在西方人这种化敌为友的宽容背后，有一套完善的司法体系和制度文明作为保障。在卢刚的故事里，受害者的家属没有提及法律责任，并不意味着不关注、不在意或者不知道。这恰恰反映出，在一个发达的制度文明和公正的司法系统之下，一个受害的公民对他的政府正义以及司法公正的信心。也正是基于这样的信息，宽容才可能被很好地实践。

在西蒙·维森塔尔的例子里，德国人在总结对参与大屠杀的纳粹分子的审判时认为，他们追究的不是这些党卫军军官们在杀人前的心理活动，而是杀人后个人应负的责任。在他们看来，在任何时代、任何条件、任何环境下，人都不能杀人。一旦杀了，杀人者就必须永远对此负责。不用说你是执行上级命令还是领袖的指示，就是全国人民商量好一起出去谋杀，谋杀还是谋杀，而对谋杀罪的起诉没有时效限制。哪怕你是垂垂老也，哪怕你已病入膏肓已经不能走路，可以坐着轮椅来；哪怕你已经不能自主呼吸，可以插着氧气管来……对一个生命来说，这看上去有点残酷；但对整个社会的公正和正义来说，这又是最最基本的要求。一个社会如果连杀人这样的行为都可以不追究责任的话，那么对其他犯罪就更有理由姑息了。

西方人不遗余力地寻求社会正义和司法公正。他们寻求司法公正的目的不是为了报仇，而是为了正义；寻求正义的目的也不仅是为受害者讨还公道，更重要的是为了警示没有犯罪、也没有受害的人。尽管这可能让某些人付出沉重的代价，但这却是一个正义社会唯一的选择。因为对一个社会来说，假如罪恶不予追究的话，那么它所带来的恐惧就一日不会消除；而恐惧和仇恨是一对孪生兄弟，世界上只要有一个人生活在恐惧的阴影里，仇恨的种子就随时会萌芽。只不过在惩罚犯罪的时候，不应带着巨大的仇恨和快乐，而应带着同情和怜悯。原因很简单，因为我们每一个人都可能会犯罪①。

我们认为，表面似乎很矛盾的事件实际上有着自己内在的统一性。那就

---

① 狄马. 有一种怯懦叫宽容［J］. 书屋，2007（10）.

是，宽容的实践并不是无条件的，宽容的实践必须建立在社会公平、正义和良好的秩序的基础之上，而宽容的限度也就是不能破坏这种社会公平与正义，不影响他者的自由与幸福。没有社会公平、正义作为条件，宽容难以实现，而没有限度的宽容则会带来诸多危险。

第一，没有限度的宽容将毁灭人的自由。自由是每个人都追求的美好价值，然而，如果对影响、伤害他人自由的行为予以宽容，自由的价值必然遭到破坏。

第二，没有限度的宽容将毁灭人的幸福。对那些从来不懂得宽容他人的人实行宽容，等于承认了一切违犯人性行为的合法性，承认了一些人具有剥夺另一些人幸福的权利。

第三，没有限度的宽容将毁灭社会的秩序。对秩序的需要是人的基本需要之一，但秩序的维系需以有形与无形的法律与道德规范为前提，它要求所有的人都必须遵守。如果对那些目无法律、道德规范的"特殊人物"网开一面，对他们的行为采取宽容的态度，那么一切秩序都有可能会被破坏掉。

第四，没有限度的宽容将毁灭社会的正义。如果对社会不公正采取宽容的态度，那就等于助纣为虐，正义的价值最终将无家可归①。

总之，社会的公平、正义，个体的自由与幸福就是一条宽容与不宽容的界限。有社会的公平与正义为条件，宽容则有助于构建社会秩序的良好和人与人之间的和谐共处；反之，纵容破坏社会公平与正义、伤害个体自由与幸福的行为，则不仅不能达到用宽容来达至和谐共处，反而有可能走向底线伦理的丧失和社会混乱。

四、宽容内涵的教育意蕴

通过上面对宽容内涵的分析不难发现，作为一种美好的价值原则，宽容的内涵在中西方语境之间有着较大的差别，内涵的差别意味着西方关于宽容的理论研究成果并不能直接拿来为我所用，我们需要构建出自己的宽容理论与宽容教育。

第一，理性的宽容观：宽容教育的前提。

通过对宽容的内涵、实践要素以及条件与限度的分析我们发现，理论上

---

① 贺来. 宽容意识 [M]. 长春：吉林教育出版社，2001：54.

对宽容的认识存在着一定程度的模糊和混乱，也正是因为这种学理上的模糊和混乱导致宽容在实践中不尽如人意。鲁迅曾言"损着别人牙眼，却主张宽容，反对报复的人，万勿和他接近"。这种话曾经被解读为鲁迅是一个睚眦必报、为人苛刻不够宽容的人。事实上，鲁迅这种对宽容的理解可以说是非常理性的宽容观。因为宽容并不是一个无条件实施的美德，宽容的概念也有着非常确定的内涵和外延。宽容价值原则在实践中未经理性反思的应用，很可能会导致对他人的自由与权利、对社会的公正与秩序的不利影响。

我们经常听到西方人很宽容，中国人不够宽容这样的话语，但实际上按照我们对宽容的理解，将宽容视为一种不追究他者责任的话，西方人可能还不如我们宽容。西方的自由主义传统和法制社会现实决定了个体的自由和幸福与社会的正义与秩序受到更多制度层面的保障，而这种不追究他者责任的宽容在很大程度上是与个体的自由与幸福与社会的正义与秩序相左的。

对宽容的内涵缺乏清晰的把握，对宽容实践要素缺乏理性的认识，对宽容实践条件和限度缺乏明确的思考，必将导致宽容在实践中被误用。因此，教育者自身树立起理性的宽容观可以说是宽容教育得以开展的最重要的前提之一。

第二，培养学生的道德主体意识。

宽容意识的产生同人们的道德主体性意识的觉醒和增强是分不开的。培养学生的道德主体意识，使之具有道德主体的自觉意识、自主意识和责任意识，可以使他们更好地学会宽容。在道德问题上具有自主意识，也就是说主体有选择的自由和能力，能够作出自己的选择和决定。只有主体有能力进行自己的选择，他才会对该宽容哪些人、哪些事情，不该宽容哪些人、哪些事情，作出自己的选择，从而正确把握宽容的对象，促成宽容的实现。我国传统的道德教育注重教导学生"应该如何按照社会给定的规范去做"，而忽视了道德教育最重要的一点是"应该明确为什么要这样做"。这种"客体性道德教育"下培养出来的学生大多数循规蹈矩，因循守旧，盲目服从，被动接受，唯唯诺诺，没有主动性，更没有主见，将来有可能无法主宰自己的命运，更别说宽容别人了。

要培养学生的道德主体意识，就必须把每一个学生都看成是有生命、有个性、有思想、有情感的健全人，建立一种平等、坦诚、和谐的课堂教学氛围，师生在课堂上要平等地交流思想、交流情感，教师要鼓励学生大胆地真实地表达自己的观点和看法，教师要理解学生，引导学生，尊重学生的情感、道德判断和道德选择。

第三，培养学生的宽容限度意识。

宽容的实践不是无条件的，宽容的实践有着自己的条件和限度。也只有实践这种有条件和限度的宽容，宽容作为一种积极的价值原则，其意义和功能才能彰显出来。宽容实施的条件必须是建立在社会公正和秩序的基础之上，宽容实施的限度必须是在不影响社会的公正和秩序，不影响他者的自由和幸福的基础之上。因此在宽容教育中，必须培养学生的这种宽容限度意识，强调宽容不是纵容。没有限度意识的宽容在实践中很容易与纵容画等号，缺乏限度意识的宽容在实践中很难得到宽容主体的价值认同。·

培养学生的宽容限度意识，要求教育者把每一个学生都看成道德实践的主体，把每一个学生都看成理性的主体，在教育过程中重视对理性能力的培养。理性不是一种知识的记忆与学习，而是一种批判性思维的习得与内化，是一种反思性思维模式的形成。教师要通过自身的批判性思维来积极引导和影响学生的思维，培养学生的理性能力。作为一种美好的价值原则，宽容只有在宽容主体的主体意识与理性思维的基础之上，才能被学生真正的接受和认同；宽容也只有建立在宽容主体的主体意识和理性思维的基础之上，才能在实践中发挥出宽容应用的积极意义。

自我：道德教育的起点

北京师范大学教育学部　李西顺

内容摘要：本文从心理学的角度，阐释"自我"概念的重要性，并从功能分析角度论证"自我"概念作为人类道德的起点、道德教育的起点及人类幸福的起点。在此分析框架之内，本文关注"自我"概念在道德教育研究中的合理性及合法性地位，关注道德教育的幸福功能，力求实现道德教育研究领域内继"精神享用功能"超越之后的再超越：回到人性本身。

关键词：主体自我　客体自我　道德　道德教育　幸福

许多人认为，自人类产生以来就有"自我"这个概念，但事实并非如此[①]。近代早期（1500—1800 年）之前，人的身份是由社会地位、职业、家族等因素确定的。直到近代，尤其是 18 世纪启蒙运动之后，人们才开始意识到应该由自己选取领导者而不应该由上帝来为他们决定，民主主义开始取代君主制，"自我"概念开始发展。长期以来，"自我"常被误解为"自私"的同义语。然而，当代心理学许多关于"自我"的研究，例如自我知觉、自尊、自我效能、自我评价、自我调节等[②]，使人们开始重新审视"自我"这个概念广泛的积极内涵。

从心理学角度看，"自我"并非指"自私"，而是指由作为客体的自我和作为主体或拖动者的自我，共同构成的对自身存在的确认与认同。在客体自我方面，高自尊和强效能感可以促进个人力量和顺应能力的发展；在主体自我方面，运用应对策略面对生活挑战、运用恰当的防御机制看待社会冲突引

---

① Baumeister R. Identity, self-concept and self-esteem：the self lost and found ［M］ // R. Hogan, J. Johnson and S. Briggs （eds）. *Handbook of Personality Psychology*. New York：Academic Press, 1997, pp. 681 – 710.

② ［美］卡尔. 积极心理学：关于人类幸福和力量的科学 ［M］. 郑雪等，译校. 北京：中国轻工业出版社，2008：182, 68.

起的焦虑，可以使我们的生活更加美好幸福①。客体自我与主体自我的相互配合，才能成就完整意义上的个体，成为组成人类社会的最基本单位。出现两个及其以上的个体"自我"身份之后，道德的产生才成为可能。如果能够在关注"自我"概念基础上进行道德教育研究，则会使关于"人"、关于"生命"的"主体道德教育研究"建立在更加坚实的基础之上。本文从"自我"的功能分析角度出发，试图论证"自我"是人类自身道德发展、道德教育及人生幸福的起点。

一、自我：道德的起点

（一）何谓"道德"

德者得也。得什么呢？得道。故此，"道德"一词的原意是"道"的获得。那么，何谓"道"？在中国古代哲学中，"道"有五种含义：一是有目的地行走；二是道路；三是道理；四是正确的价值观；五是言说。除第五种含义之外，前四种含义是相互关联的。有目的地行走，指的是在正确的方向（价值观）指导下的行走，行走产生的痕迹便是道路，对路的描述与再现便是道理。道理，或明显地表达或暗含着某种价值观。这样，行走、道路、道理、价值观是贯通的。所以，对于人来说，"道"便是人性、生存、事件、陈述与善恶（言说的形式）等②。由是观之，人之"道德"即为人对"自我"之人性、德行的获得，是所谓"率性之谓道"也。

在西文中，道德（morality）一词源于"风俗（mores）"一词，而 mores 又是 mos（拉丁文"风俗、性格"）这个词的复数。所以，道德一词亦源自风俗习惯③；此外，道德还源于自然禀赋，类似于中国古人所说的人性、德性，即人之本体是谓"道"。故"道德"者，道的展现、德行之证明也④。换言之，"道德"者，本体"自我"之自得也。

（二）从道德的发生机制看"自我"的概念

道德是如何发生的？从进化论的角度讲，道德的产生是人类生存及发展

---

① Conte H. and Plutchik R. *Ego Defences: Theory and Measurement* [M]. New York: Wiley, 1995.
② 沈顺福. 论道德的基础——从仁与孝的角度出发 [J]. 社会科学, 2009 (2).
③ 张传友. 伦理学引论 [M]. 北京：人民出版社, 2006: 2, 6.
④ 沈顺福. 论道德的基础——从仁与孝的角度出发 [J]. 社会科学, 2009 (2).

的需要。人类为了生存和发展，必须合作；合作就必须讲道德，因为不讲道德就会面临没有人愿意跟自己合作的危险；而没有人合作就会被淘汰①。从这个意义上讲，道德属于一种人类生存发展的防御机制②，是维系人类自身生存和发展的必备要素。在此过程中，实际上已经牵涉到"个体自我"概念，以及以之为基础的"社会自我"概念。

一般认为，只有人类才存在道德③，道德是人类标志自身、区别于动物界的重要标志。人之所以为人，除道德标志外，还在于有自我意识：每个人都能意识到自己是由自然力量创造的独一无二，这是人的天性之一④。看来，人与动物的区分标准至少可以归纳为"道德"与"自我"两个方面。

费尔巴哈认为，所谓人是一个自然本质，是一个生物的人。人有维持生命的一切本能的需要，即所谓的利己主义。但费尔巴哈特别强调，这并非那种成为伧父和市侩之特征的利己主义，它植根于人的本质中，为人所不知道和不自意，托根在机体上面——体内生活资料的新陈代谢上面。没有这种利己主义，人就不能够生活。而正是这种植根于人的自然本质之中、与人的生存不能分离的、以追求自身幸福为实质和核心的利己主义本能，构成了全部道德的基础。值得注意的是，费尔巴哈把属于"客体自我"的"生物的人"作为道德的起点而非道德本身。当然，费尔巴哈离开人的社会性来抽象地议论人的自然本质，并把这样一种自然本质作为全部道德的基础，当然值得商榷，因为它不能够说明道德的阶级性、民族性和时代性。但是，他肯定人的自然本质，认为道德只能顺应而不能背离人的自然本质，并没有错。与此相反，否认和离开人的自然本质去杜撰人的社会本质，由此演化出各种道德教条，并以它们去对抗、扼杀人的自然本质，那才是天大的错误。人的社会本质不是别的，正是人的自然本质在社会条件下的表现。舍弃了人的自然本质，

---

① 茅于轼，徐景安．伦理·道德·幸福 [J]．社会科学论坛（学术评论卷），2009（5）.

② 防御机制（Defence mechanisms），心理学术语，指调节与内部心理因素有关的消极情绪的一种无意识加工过程，把创伤事件的记忆排除在意识之外，从而达到保护自身的目的。参见 [美]卡尔．积极心理学：关于人类幸福和力量的科学 [M]．郑雪等，译校．北京：中国轻工业出版社，2008：220.

③ 虽然存在兽有兽"德"的说法，但目前仍缺乏广泛的证据与认同。参见檀传宝．德育原理 [M]．北京：北京师范大学出版社，2007：117－119.

④ 任俊．积极心理学 [M]．上海：上海教育出版社，2006：102.

就永远也搞不清人的社会本质①。换言之，人的客体自我是道德产生的起点和基础。

在我国的儒家经典中，历来非常注重"自我"之修身。《大学》所言"三纲领八条目"的核心即为"修身"。格物、致知、诚意、正心是为了"修身"，齐家、治国、平天下的根本是靠"修身"。"修身"即修养"自我"之身心，提高"自我"之道德修养水平。儒家自孔子始，就十分重视修身。并认为修身是本，齐家、治国、平天下是末。实际上，"反求诸己"的"修身"就是对"主体自我"及"客体自我"的深刻反思与洞察，从而保证个人行为同道德要求相吻合；同样，《孟子·梁惠王上》倡导道德应以"自我"做起，从"孝悌"做起，"老吾老以及人之老，幼吾幼以及人之幼"，方能达至"天下可运于掌"的治国理想。因此，从道德的发生机制来看，道德的起点和重要基础之一是人类形成并逐步完善"自我"。以完善的"自我"为基础，才能处理好人与自身、他人、国家、社会、自然，乃至宇宙之间的和谐关系，从而达到道德修养的至高境界。

二、自我：道德教育的起点

（一）自我："利他"的重要起点

道德的本质在于"利他"。道德教育的本质在于引导"自我"达到"利他"。从逻辑上看，"利他"的起点是"自爱"，即所谓"爱自我"。如果一个人连"自我"都不懂得尊重和爱，就很难真正做到去关爱他人，做到"利他"。实际上，换个角度来看"利他"中的"他"之内涵，就会发现这个"他"的第一层含义是指"主体自我"观照下的"客体自我"，而所谓的"他者"在道德发展的高级阶段会与"自我"等同，甚至超过"自我"。

从"利他"的发生机制看，"自我"之所以能够长久做到"利他"，原因在于这种"利他"行为能够获得一种对于"自我"的积极性的崇高价值体验，一种主观的"自我"幸福感受，一种来自超我之神圣感召唤的精神性享受。从心理学角度分析，是由于获得了"自我决定连续性"（Self-determination continuum），即从

---

① 俞正山. 道德是幸福的手段——费尔巴哈伦理思想述评 [J]. 宝鸡师院学报（哲学社会科学版），1989（1）.

无动机伴随或不同形式的外在动机而达到内在动机的持续发展过程①。也就是说，要想使"利他"获得长久内驱力，必须经过对"自我"的积极的崇高价值体验这一环节，才能使道德利他行为（即使会使自己遭受损失）由无动机或外在动机状态转化为内在动机（比如"自我"对精神价值享受本身的积极取向而非功利目的）状态，从而实现"自我决定连续性"，以保证道德"利他"在认知、情感、行为等方面的内源性及长久内驱力。可见，"自我"是道德"利他"的重要起点。

（二）道德教育：主体"自我"与对象"自我"的协作

当代道德教育反对"灌输"，强调"主体德育"②。道德教育主体（发出者）的"自我"与道德教育对象（承受者）的"自我"需通过心灵的"相遇"来完成。犹如广泽池中的水与月，需是"润物无声"式的，在"欣赏"式的立美、审美过程中自然而然完成。换个角度思考，道德教育主体自身是否也同时作为被教育者呢？并且，道德教育对象是否也在对"自我"进行"自我"教育呢？在此过程中，道德教育主体与对象都是在反复调适自身的"主体自我"与"客体自我"的动态过程中，为了完成共同的道德教育目标而不断地重建"自我"。在道德教育过程中，"自我"实际上扮演了非常重要的必不可少的角色，即德育中介物的作用。道德教育的环境、课程等，都必须首先作用于道德教育主体和道德教育对象的"自我"，并通过不断的调适和重建"自我"，才使道德教育过程得以完成。因此，道德教育之所以能够发生，"自我"起到了至关重要的作用。可以说，道德教育始于"自我"。

（三）道德教育："个体自我"到"社会自我"的升华

道德教育最基本的矛盾是道德教育主体"价值引导"，与道德教育对象"自主建构"之间的矛盾。解决这一矛盾的关键是实现从"转化"理论到"生长"或"建构"理论的范式变革，清除"转化"或宽泛意义上的"灌输"理论留下的障碍。这些障碍首先包括：内容上，必须对德育内容进行清理，清除那些没有任何证据的"教条"，还德育对象一个开放因而可以自由选择的价值空间；方法上，摒弃强迫和反理性的教育方式，引导德育对象作理性的判断，

---

① ［美］卡尔. 积极心理学：关于人类幸福和力量的科学 ［M］. 郑雪等，译校. 北京：中国轻工业出版社，2008：182，68.

② 为了避免"德育"概念泛化引起歧义，本文中所有的"德育"概念，都是指"道德教育"，特此说明。

而不是越俎代庖代作结论和排斥学生的道德批判①。也就是说，必须从德育内容角度及德育方法角度为德育对象的"主体自我"腾出自由的价值空间，充分发挥德育对象的"自我"力量，才能解决道德教育的最基本矛盾。

德育对象的"自我"有"个体自我"与"社会自我"之分。道德教育的基本任务是帮助德育对象完成其社会化的道德发展历程，该历程一般可概括为"无律—他律—自律—自由"四个阶段②。在"无律"阶段，德育对象的许多行为属于"nonmoral"（非道德）而不是"immoral"（不道德）。这主要是因为德育对象对周围世界的认识尚处在"自我"中心阶段："主体自我"与"客体自我"还没有很好分化，还不能很好地判断除"个体自我"之外还存在着非常重要的"社会自我"。在"他律"阶段，德育对象借助成人的权威去体认道德规范。在此阶段，"主体自我"开始从"客体自我"中分化出来，但只是处于初级水平，自主性差，"客体自我"对成人权威的依赖性强。在"自律"阶段，德育对象借助自身的道德判断、情感因素，自觉体认道德价值与规范。"主体自我"水平明显增强，了解到道德规则是共同约定而不是绝对的。与此同时，"客体自我"的"自尊"与"自我效能感"也得到进一步发展，能够较好地实现与"主体自我"的分工合作，达到"自我"对"自我"的管理，即"自律"。在"自由"阶段，已经达到了所谓的化境，即道德人生的至高境界："个体自我"与"社会自我"、自我与世界、爱人与自爱完全融为一体，达到了道德教育的"精神享用"③境界，即冯友兰先生所言之"觉解"的"天地之境"。

三、自我：人生幸福的起点

（一）道德及道德教育的终极目的④：人生幸福

人生幸福是道德及道德教育的终极目的。

---

① 檀传宝．德性只能由内而外地生成——试论"新性善论"及其依据，兼答孙喜亭教授 [J]．清华大学教育研究，2001（3）．

② 檀传宝．德育原理 [M]．北京：北京师范大学出版社，2007：97 - 99．

③ 鲁洁．试论德育之享用性功能 [J]．教育研究，1994（6）．

④ 此处使用"目的"而非"目标"，主要是因为"目的"一词可以涵盖精神领域，强调终极性。而"目标"则多强调"目标—手段关系"，强调达到目标的手段。参见 [德] 沃尔夫冈·布列钦卡．教育科学的基本概念：分析、批判和建议 [M]．胡劲松，译．上海：华东师范大学出版社，2001：96．

恩格斯认为，"每个人都追求幸福"是一种"无须加以论证的"、"颠扑不破的原则"①，即"没有人愿意舍弃幸福而换取别的目的"（赵汀阳语）。亚里士多德认为，只有那由自身而被选取，而永不为他物的目的才是最后的。看起来，只有这个东西才有资格作为幸福，我们为了它本身而选取它，而永远不是因为其他别的什么②。也就是说，幸福对于每个人而言具有"终极目的性"、"价值自足性"和"绝对性"。不仅如此，历史地看，人类的发展史就是一部"幸福追求史"。幸福不仅是个人生活的终极价值追求，也是人类社会的终极价值追求。人类社会一切美善的活动，包括政治活动、经济活动、文化活动、宗教活动、伦理活动，抑或物质活动、精神活动、交往活动等，其主观意愿和价值指向都是为了成就一个更加美善的社会，使人类过上更加幸福的生活③。不论是人类个体，还是人类社会，其终极目的都是人生幸福。

那么，究竟什么是幸福？在康德看来，"幸福的概念是如此模糊，以至于虽然人人都想得到它，但是却谁也不能对自己所决意追求或选择的东西，说得清楚明白、条理一贯"④。尽管如此，对于"幸福"，有一点是确定的，即幸福是所有人，包括整个人类生活的内驱力及终极价值追求。从心理学角度看，幸福（Happiness）是一种以高水平的生活满意度、高水平的积极情绪和低水平的消极情绪为特征的积极的心理状态，其重要标志是建立在生活质量、心理幸福感、社会幸福感之上的主观幸福感（SWB）。可以看出，幸福是对需要的满足程度的主观评价与心理体验。换言之，幸福是一种建立在客观物质基础上的"自我"状态，幸福是"自我"的幸福。没有对"自我"状态的积极体验与满足，即使腰缠万贯，仍然与幸福无缘。对"自我"的体验才是走向幸福的起点。

（二）人生幸福如何实现："自我"是调节"高低远近"的原点

追求人生幸福的历程，实际上就是处理好"高与低"、"远与近"两个重要范畴的历程。

所谓高与低，是就对"幸福目的"的设定高度而言的。人的需要既有基本的物质生活需要，也有真善美圣等精神生活需要，对这些需要的满足程度

① 马克思恩格斯全集（第1卷）[M].北京：人民出版社，1979：372-373.
② [古希腊] 亚里士多德.尼各马可伦理学 [M].廖申白，译注.北京：商务印书馆，2003：10.
③ 扈中平.教育何以能涉人的幸福 [J].教育研究，2008（11）.
④ 周辅成.西方伦理学名著选辑（下卷）[M].北京：商务印书馆，1987：366.

往往构成"主观幸福感"（SWB）的基础。但基础并非"主观幸福感"（SWB）自身。当用高层次精神需要去否定基本物质生活需要时，就会出现"礼教杀人"、"假大空"等问题①，就会患上道德问题上的恐高症，使幸福变得遥不可及，道德教育要想取得实效便会非常困难。当然，不同背景的人所设定的"幸福目的"的高度不同，但其高度都必然处于其"自我"可控范围之内。也就是说，不同的"自我"对自身幸福"控制点"（locus of control）②的调控是设定"幸福目的"高度的基本参照物。

所谓远与近，是就"未来幸福"与"现世幸福"的关系而言的。在处理两者的关系时，会出现四种不同的幸福观。第一种可称为"享乐主义型"：及时享乐而出卖未来幸福的人生，格言是"及时行乐，逃避痛苦"，注重的是眼前的快乐，不为任何可能发生的负面后果而担忧；第二种可称为"忙碌奔波型"：为追求未来目标而牺牲眼前的幸福；第三种可称为"虚无主义型"：对人生幸福丧失了希望和欲望，既不享受眼前的事物，对未来也没有任何期望③；第四种可称为"幸福人生型"：不但享受当下所从事的事情，而且通过目前的行为可以获得更加满意的未来，其格言是"使幸福更幸福"④。

看来，可以画一个"幸福生活象限"，以横坐标表示"远与近"：左边代表过去，中间代表现在，右边代表未来。那么，第一种类型只顾及中间，第二种类型只顾及右边，第三种类型只顾及失落与无助的左边，只有第四种类型是把三种统合起来。幸福不会只存在于单独的任何一段，而是融汇在整个人生的"积极自我"的塑造与体验之中。既然幸福的最主要衡量指标是主观幸福感（SWB），那么可以断定，选择哪一种人生，或者说是否能够获得幸福人生，个体对"自我"的调控力、"自我"状态的体验力就决定了最终的幸

---

① 檀传宝. 高低与远近——对于"德育回归生活"的思考［J］. 人民教育，2005（11）.

② 心理学术语，由 Rotter 创立，指个体预期强化的重要来源是来自个体内部控制还是受外部因素（如机会、命运或者重要人物的帮助）的影响的程度。参见［美］卡尔. 积极心理学：关于人类幸福和力量的科学［M］. 郑雪等，译校. 北京：中国轻工业出版社，2008：220.

③ "虚无主义型"人生是"习得性无助"的受害者。"习得性无助"是美国心理学家塞利格曼1967 年在研究动物时提出的，他用狗做了一项经典实验，起初把狗关在笼子里，只要蜂音器一响，就给以难受的电击，狗关在笼子里逃避不了电击，多次实验后，蜂音器一响，在给电击前，先把笼门打开，此时狗不但不逃，而是不等电击出现就先倒地开始呻吟和颤抖，本来可以主动地逃避却绝望地等待痛苦的来临，这就是习得性无助。

④ http://wenku.baidu.com/view/fdef08175f0e7cd1842536fb.html.

福抛锚点（Happiness set-point）[①]。同样，这个"幸福象限"的纵坐标可以用来表示"幸福目的"设定之高度，上段代表高层次的精神需要，即"超我"；下端代表低层次的物质及生物需求，即"本我"；中间代表对"本我"及"超我"的张力与调适，即"自我"。在这个象限的纵坐标上，与横坐标一样，"自我"依然决定了最终的幸福抛锚点（Happiness set-point）。

整个人类对幸福的追求类型与过程亦大体如此。

因此，当道德教育研究开始关注"精神享用功能"时，道德教育已经具有了可以避免囿于道德底线的超越性高度，使道德教育具有了崇高的意义与境界。进一步地，如果道德教育研究开始关注"幸福功能"，关注"自我"对幸福的追求在道德神圣殿堂中的合理及合法地位，那么道德教育才真正具有了继"精神享用功能"超越之后的再超越：回到人性本身。

---

① 由主体自我与客体自我（有实证研究证明主要是遗传自我）共同决定的个体情绪的稳定值，个人在较长时间内的心情及幸福感受都围绕这个值进行。参见［美］卡尔．积极心理学：关于人类幸福和力量的科学［M］．郑雪等，译校．北京：中国轻工业出版社，2008：40.

正当而有效的美善德育

南京师范大学道德教育研究所　严从根

内容摘要：美善德育是致力于帮助个人过上美善生活的道德教育。重视美善德育是必要的，但又是危险的。"温和化的极端至善的美善德育"才是我们所需要的正当而有效的美善德育。适合我国的"温和化的极端至善的美善德育"是"通三统"的美善德育，是走"外王内圣"之道的美善德育。培育具有现代性精神的仁义之士是这种美善德育的目标所在，重启中国古典学教育，从"中西之争"重返"古今之争"是这种美善德育的践行之路。

关键词：正当　有效　美善德育

人要想成长和成熟起来，总离不开对美善的追求。因而，要使人不断地成长，我们不能忽视美善德育。何况作为一种面向未来的现代化教育本身就应该具有一种理想的美善情结。"教育是我们时代少有的伟大希望之一。在一个理性的世界中，教育取代了许多古老的神话和信仰。正是通过教育，现代人才相信美好的将来掌握在自己的手中。教育就是塑造未来。"① 总而言之，我们需要重视美善德育，但是我们反对这样一种危险常识：只要是美善的理想就是正当且有效的理想，就是值得追求的理想；美善越高远，就越应该追求，道德教育理应愈发重视。其实，美善德育具有很大危险性，它必须置于一个恰当位置之上，我们只应该追求正当而有效的美善德育。

一、我们为什么需要美善德育

为了人类的发展，我们需要重视美善德育。动物一生下来就为其自然性所规定，永远生活在必然的自然世界之中。人则不同于动物。人除了具有自然性之外，还具有超越性：超越自然性的束缚，按照自己的意志对自己的人

---

① 贺来. 边界意识和人的解放［M］. 上海：上海人民出版社，2007：4.

生之路进行选择和规划。超越性存在意味着人能够不断超越"是"其所"是"的限制，不断超越自己，拥有一个与动物生活世界完全不同的自由的可能世界。因而，在不断超越中超越自己是人的本真存在①。德性能够使人不断超越自然性对自己的束缚，它是使个体品格日趋高尚、意义日益充盈的超越性品质。正是由于德性，人才能过上美善的超越生活，才能与动物区别开来。德性是人区别于动物的关键所在，作为培养人的道德教育，理所当然要帮助个体追求卓越德性，过上美善生活。

之所以重视美善德育也是国家责任所在。"人们关心他们生活的质素，而且能够过一种美善的生活是他们的利益所在"，如果现代性国家存在的一个重要目的"是为了帮助公民追求他们的利益，那么国家应该通过促进有价值的美善生活来帮助他们"②。道德教育是帮助个体过上美善生活的重要工具，因此国家理应要重视美善德育。

之所以重视美善德育，也是促使共同体（特别是国家）变得优秀的关键所在。只有当每个人都在追求美善生活的时候，共同体（特别是国家）才能摆脱庸俗，变得优秀。在现今这个"俗不可耐"的社会，国家及其道德教育更应该帮助个体追寻美善境。导演陆川就坦言，中国人开始"自觉放弃了通往崇高的道路，而彻底拥抱了低俗"③。追求卓越德性已经逐渐被边缘化，整个国家的品位都在趋于低俗。高层都不得不为之震撼。2010 年 7 月 23 日，中共中央政治局就深化我国文化体制改革研究问题进行了第二十二次集体学习，中共中央总书记胡锦涛强调，一定要坚决抵制庸俗、低俗、媚俗之风。

二、我们为什么又要警惕美善德育

美善德育很重要，但是国家不可能为每个人都量身打造一种适合个人的美善德育。现实中，国家能够通过学校提供的美善德育只能是一种或有限的几种。这意味着现实中的美善德育只能帮助部分人追求其美善生活，因而美善德育也是一种危险的道德教育。如果道德教育只强调有限的一种或者几种

① ［德］M. 海德格尔. 存在与时间［M］. 陈嘉映，王庆节，译. 北京：生活·读书·新知三联书店，1987：24.
② 应奇. 自由主义中立性及其批评者［M］. 南京：江苏人民出版社，2007：278－279.
③ 肖雪慧. 从"禁低俗"说到权力的边界［J］. 书屋，2010（3）.

美善生活，这种或这些美善生活很可能只是国家及其代表教育者的理想生活，它（们）很可能与其他个体所理想的美善生活不可通约，从而否定了其他美善生活的价值和存在的合理性，个人独特的美善追求很有可能会遭到忽视，甚至被剥夺。为了实现这种或这些美善追求，教育者会潜意识地认为个体的其他追求不值得尊重，这很有可能会促使他们不择教育手段，不顾个体天性，用一些枯燥的教条发展个体官能，使学校成为学生心灵的屠宰场。为了促使每个人都追求预定的美善生活，教育暴力还可能发生。教育暴力有可能使得受教育者身心受到严重摧残，乃至死亡。例如，在力图构建人间道德天堂的"文化大革命"中，为了使所有人都认可一种至高无上的美善追求，教育暴力盛行，于是构建道德天堂的努力最后却造成了人间灾难。

此外，很多美善生活不可能在当下实现，为美善生活作准备往往都意味个体要为未来作准备。强调美善生活未来的合理性还有可能忽视道德教育的现实性，使得受教育者生活在对未来的想象中而不是生活在当下，从而牺牲了当前幸福，使受教育者可能拥有一个辉煌未来的同时却对过去只有灰暗记忆与现实痛苦①。总之，美善德育具有危险性，我们需要对美善德育持审慎态度，保持警惕心理。

三、我们需要什么样的美善德育

由于美善德育危险性的存在，诸多自由主义者强调，道德教育要保持价值中立，追寻美善生活是个人和公民社会社团的责任，国家及其道德教育则不可建立在任何美善生活的观念之上②。自由主义者看到美善德育的危险性是非常有洞见的。但是，主张完全摒弃美善德育则是一种偏颇的主张。美善德育容易导致不正当、不宽容和教育灾难，但是这并不意味着每一种美善德育都会导致这些问题。

（一）极端至善的美善德育和温和至善的美善德育：两种不合理的美善德育

对美善生活的认识主要有两种观点，分别为极端至善论和温和至善论。极端至善论认为只有一种美善生活才是真正的美善生活，国家有必要按照这

① 黄启兵. 教育理想：必要的乌托邦与危险的乌托邦 [J]. 教育理论与实践，2006 (8).
② 应奇. 自由主义中立性及其批评者 [M]. 南京：江苏人民出版社，2007：278－279.

种真正美善生活的理想对各种具体美善进行严格排列组合，并强制所有人遵循；温和至善论则认为有很多种美善生活，而且它们之间无上下高低之分，国家至多只能使人们掌握一些核心价值观（所有美善生活都共同具有的一些基本价值观），但对人们如何排列组合这些核心价值观则不应该予以关注，个人有权根据自己所理想的美善生活自由排列组合这些价值观，例如个人可以利用这些核心价值观追求佛教徒的生活，也可以利用它们追求基督教徒的生活。与此相应，美善德育观就可以分为极端至善的美善德育观和温和至善的美善德育观。这两种美善德育观会有如下不同。在目的方面，前者认为只有一种美善生活，后者认为有多种美善生活。在主要推动者方面，前者认为如果美善生活只有一种，那么它自然是有利于共同体（特别是国家）发展的美善生活，共同体（特别是国家）是推动人们过上美善生活的主要和直接的行动者，甚至认为共同体（特别是国家）可以通过强制和诱骗的手段要求人们追求这种美善生活①；后者则认为美善生活有很多种，共同体（特别是国家）不可强制或诱骗个体只追寻一种美善生活，只能提供一些核心价值观及其"德目"让个体自由排列组合。

极端至善的美善德育，由于强调美善生活指引，所以它能够为避免虚无主义的泛滥，提高道德教育实效作出一定贡献。但是，它无疑是一种不正当的道德教育，它会排除宽容，强调一元追求，忽视人们的正当性意愿，会引起教育灾难。但是这并不意味着温和至善的美善德育就是一种合理的道德教育。不过初看起来，它倒是非常合理的道德教育：它不仅重视宽容，强调个体有权对其美善生活进行自由选择，而且还强调国家的引导作用，强调核心价值观教育。然而深究起来，我们可以发现，温和至善的美善德育并不是一种合理的道德教育，它是一种能够尊重个人道德自由权的正当道德教育，但却不是一种有效的道德教育。

高尚的道德行为之所以能够产生，乃是由于个体通过与其他个体的交往，产生了"同情"，从而使自己能够从他人的角度来认识世界和认识自己，体验他人之所感，发他人之所情。可见"同情"是高尚道德产生的心理基础。同情又是如何产生的呢？"'同情'是自由生活在共同体社会中才能获得的一种认识他人的形态，它来源于关于他人直接的、不通过媒介的认识和体验。在

---

① 马基雅维利、霍布斯、施密特以及施特劳斯学派都认为，为了实现国家所意向的某种美善生活的理想，国家完全可以采用强制和诱骗的方式对个体实施教化。

这种直接的认识和体验中，'我'和'你'合为一体，'我们'是先于'我'而存在的，并不是先有'我'的意识，然后才形成'我们'的意识，它只有在共同体中才能形成"。① 易言之，个体之所以能够对另一个体实施高尚行为，是因为个体认为他们属于同一个共同体。其实正是如此，与其他人相比，我们更爱我们的家人；与他国公民相比，我们更爱我们的同胞；与动物相比，我们更爱人类。为什么诸多博爱的宗教徒（如佛教徒）能够对所有人，甚至对所有生物都能够产生慈悲、爱怜、奉献之心呢？这是不是意味着道德行事可以不依赖于共同体而产生的"同情"呢？其实并非如此，这些宗教人士实际上认为所有的人和生物都属于同一个共同体。按照佛教徒的话语来说，人和动物都生活在"三界"这个共同体之内。正因为此，麦金太尔认为，"这样，我就从我的家庭、我的城邦、我的部落、我的民族的过去中继承了多种多样的债务、遗产、正当的期望与义务。这些构成了我的生活的既定部分、我的道德的起点"②。德国的布雷钦卡也因此说，如要提高（道德）教育实效，要从共同体的传统的信仰出发，因为能够使人具有高尚德性的影响都植根于共同体及其相关的情感和价值观③。

每个共同体都有其独特的美善追求，都会对各种具体美善进行特定的排列组合。例如，中国儒家就认为"爱人"要胜于"敬鬼神"，基督教国家则认为"敬鬼神"则要胜于"爱人"。温和至善的美善德育却只提供一些核心价值观，不对此进行排列组合。这意味着温和至善的道德教育没有从特定共同体出发，因而它不能有效地促使个体产生"同情"，并因此而高尚行事，它是一种无效的美善德育。我国实施的核心价值观教育之所以很难取得实效，或许其根源正在于此。温和至善的美善德育（或核心价值观教育）只是一种能够尊重个体道德自由选择权的正当道德教育，而不可能成为有效的道德教育。有效的美善德育必须是能够促使人产生"同情"的道德教育，因而它只能是极端至善的，从特定共同体出发的。

（二）温和化的极端至善的美善德育：正当而有效的美善德育

极端至善的美善德育可能是有效的道德教育，但却是不正当的道德教育；

① 李佑新. 走出现代性道德困境［M］. 北京：人民出版社，2006：177，191－192.
② A. 麦金太尔. 追寻美德——伦理理论研究［M］. 宋继杰，译. 南京：译林出版社，2003：279.
③ ［德］沃夫冈·布雷钦卡. 信仰、道德和教育：规范哲学的考察［M］. 彭正梅，张坤，译. 上海：华东师范大学出版社，2008：7.

温和至善的美善德育虽然正当，但却不有效。因此这两种美善德育都不是我们所需要的。什么样的美善德育是既正当又有效的呢？笔者认为"温和化的极端至善的美善德育"是既正当又有效的。

所谓"温和化的极端至善的美善德育"是指：一方面，同"极端至善的美善德育"一样，它会从人们生活的共同体（特别是国家）出发，对具体美善进行严格的排列组合，追求一种符合绝大多数人所意愿的美善生活；另一方面，为了顺应现代性追求的趋势，它又不同于"极端至善的美善德育"，它吸取了"温和至善的美善德育"尊重个人道德自由权的优点。它有以下三个方面的规定性：（1）立足于共同体（特别是国家）之上，基于广泛的群众基础以及相应的历史渊源，重构一种美善德育，即便如此，任何个体都可以选择接受这种德育，也可以选择不接受；（2）不违背普适的道德伦理要求，即不侵犯和妨碍个体的基本自由权利、公共决策参与权和日常生活权，并且当这种美善生活追求与人们协商达成的共识发生矛盾时，以协商共识作为行为调适准则；（3）实施这种德育的学校必须对于其他美善生活观持开放态度，并提供协商讨论的时间和空间。

显然，"温和化的极端至善的美善德育"可以成为有效的道德教育，因为它是从共同体出发的，能够对人的德性进行引导，能够为避免道德失范、维系社会稳定、促进社会发展作出应有贡献。问题是这种美善德育是正当的吗？这种德育利用很多公共资源帮助绝大多数人追求他们所信奉的美善生活，不认可、不选择这种美善生活的人则得不到同等资源的帮助。这难道是正当的吗？的确，"温和化的极端至善的美善德育"倡导的美善生活不可能是每个人都愿意接受的美善生活，但是每个具有公共理性的人都会认为，国家如要担当起帮助个体追求灵魂卓越的责任，提高民族素养，拒绝庸俗、低俗和媚俗的蔓延，打造本国文化的软实力，既然不可能兼顾所有人的美善追求，就有必要从本国最大多数人的美善观出发，选择适宜绝大多数，同时又不侵犯少数人权利的一种美善生活作为追寻目标，实施美善德育。何况国家推行这种美善德育，并不意味着国家认为只有这种美善生活才是唯一的美善生活。之所以选择这种美善生活，更多是由于这种美善生活具有广泛的群众基础以及相应的历史渊源。总之，"温和化的极端至善的美善德育"追寻的美善生活尽管不可能照顾到所有人的道德意愿，但实施总比不实施要妥当。因此，这种美善德育能够得到所有人基于公共理性的认可，因而它具有人人道德同意的正当性。恰如在现今西方很多国家一样，不信奉基督教但具有公共理性精神的人，不会反对学校推行基督教教育。

四、我们需要的美善德育是什么样的美善德育

如前所述，"温和化的极端至善的美善德育"才是既正当又有效的美善德育。"温和化的极端至善的美善德育"强调从共同体出发。共同体是多样的，因而"温和化的极端至善的美善德育"也是多样的。问题是，什么样的"温和化的极端至善的美善德育"才是我们所需要的美善德育呢？

（一）我们所需要的美善德育是"通三统"的美善德育

"温和化的极端至善的美善德育"首要特性是坚持从共同体出发，因此我们需要的美善德育必须是从我国共同体出发的美善德育。共同体是由传统道德伦理为核心的精神和文化维系的。儒家道德伦理无疑是我国道德伦理传统的重要组成部分，但它不能代表我国所有的优秀道德伦理传统，我国优秀的道德伦理传统至少还包括毛泽东时代的道德伦理传统和邓小平时代的道德伦理传统①。毛泽东时代和邓小平时代的道德伦理传统都应该引起我们的重视。在强调中国经济改革高度成功的时候，很多人总是首先隐含着对毛泽东时代的全面否定，似乎只有全面否定中国前三十年才能解释后三十年中国改革的成功。同时也有一些人用"毛泽东时代来全面否定邓小平时代的改革，即用新中国的前三十年来否定后三十年"。"邓小平时代的改革，从总体上来说是成功的，这一点是不可否认的。改革开放以后，我国人民的生活水平有了明显的提高。世界银行行长说，过去25年来全球脱贫所取得的成就中，约67%的成就应该归功于中国，因为中国经济的增长使得4亿人摆脱了贫困。"② 但是，20世纪90年代以后的改革却导致了贫富差距日益扩大，从而使社会公平问题成为当代中国的头号问题，所以毛泽东时代的平等主张及其道德伦理追求是值得我们去珍视的。正如甘阳所说，我们目前在中国可以看到如下三种传统。一个是改革开放以后形成的传统。虽然时间很短，但是改革开放以后形成的很多观念都已经深入人心，成为中国人日常观念的一部分，基本上形

---

① 儒家道德伦理传统只是中国古代道德伦理传统的一部分，在此之外，中国古代的道德伦理传统中至少还应包括道家和释家的道德伦理传统。但是，很显然，在古代占绝对统治地位并对现今中国人产生深远影响的是儒家道德伦理传统。为了分析问题的方便，在此，笔者只能遗憾地舍弃对道家和释家道德伦理传统及其教育进行分析。

② 甘阳. 通三统 [M]. 北京：生活·读书·新知三联书店，2007：1-49.

成了一个传统。这个传统基本上是以"市场"为中心延伸出来的，诸如"自由"、"权利"等。另外一个传统则是新中国成立以后，毛泽东时代所形成的传统。这个传统的主要特点是强调平等，是一个追求平等和正义的传统。20世纪90年代以后，强调平等，重新评价毛泽东时代成就的呼声越来越大。"毛泽东时代的平等传统已经成为当代中国人生活当中的一个强势传统"①。甘阳指出的最后一个传统就是以儒家道德伦理传统为主体的中国传统道德伦理及其文化。因此，我们所需要的美善德育是统合上述三种传统的"通三统"的美善德育。

（二）我们所需要的"通三统"的美善德育是走"外王内圣"之道的美善德育

如前所述，尊重个体道德自由权是"温和化的极端至善的美善德育"的第二个特性。我们所需要的"通三统"的美善德育如何才能尊重个体的道德自由权呢？

邓小平时代的自由、权利传统强调每个人都有道德生活自由选择的权利，因而秉承这种传统与尊重个体基本自由权是不相矛盾的。如果去除毛泽东时代平等传统中的极端平等主义色彩，把其平等限定为基本权利的平等，那么这种道德伦理传统与尊重个体基本自由权利也是不矛盾的。问题是儒家的道德伦理传统如何才能尊重个体的道德自由权？

儒家道德伦理和儒家道德教育不强调权利，也不强调自由，它强调"仁"（"任意两人的人心之间的普遍有效的良好关系"）和"义"（义是仁的实现方式，"以实际行为与他人共命运"），强调人与人之间不能纯粹是利益和权利的关系，人与人之间应该以"孝悌"或"恻隐之心"为驱动力，"创造良好的恩情循环关系"乃至"人与万物一体"的良性关系。② 因此，为了建构正当而有效的美善德育，有必要在注重践行协商德育的前提之下，重构儒家道德伦理及其道德教育。

"内圣外王"之道是儒家的主要思想。一般来说，"内圣"就是力求通过修身养德，成为一个有"仁义"德性，乃至能够体悟到"天人合一"境界的君子圣人；"外王"则是齐家、治国、平天下。"内圣外王"是指圣人君子通

① 甘阳. 中国道路：三十年与六十年 [J]. 读书，2007 (6).
② 赵汀阳. 共在存在论：人际与心际 [J]. 哲学研究，2009 (8).

过仁义之道来治理家庭、国家和天下，即"修己以敬"、"修己以安人"、"修己以安百姓"，最终达致"天人合一"境界。易言之，儒家认为最好的治理是统治者通过自己的仁义德性感化天下所有百姓，促使他们自愿顺从和追随。

"内圣外王"之道很理想，没有充分意识到现实社会中的阴暗面：首先，现实政治强调利益和权力博弈，"内圣"者一般不可能成为"王"；其次，"内圣"者即便成为了"王"，也容易出现"人存政举，人亡政息"的窘境；再次，现实中的"王者"一般都不是圣人君子，无法通过道德感化使民众自愿顺从，但是为了坚持"内圣外王"的德治之道，他们会坚持要求个体按照各种道德要求行事，由于个体不会自愿服从，各种不近人情的"礼教"就会出现，以至于鲁迅痛骂这些礼教为"吃人的礼教"；最后，最重要的是"内圣外王"之道由于太过于强调感化的作用，把希望都寄托在"王者"的德性修养上，不注重限制"王者"的权力，也不注重立法以保护个体的自由权利。这容易导致治者以道德理想主义的名义剥夺人的道德自由权，实行极权主义控制。正因为如此，"内圣外王"之道不可能开出牟宗三先生期望开出的"新外王"，即权利、自由和民主①。既然"内圣外王"之道不可能开出权利、自由和民主，追寻权利、自由和民主又是我国实现现代性的重要追求，因此我们只能基于现代权利政治的基础之上，在优先坚持邓小平传统和毛泽东传统的情况下，重构儒家道德伦理及其美善德育：在尊重个人平等权利的前提下，在注重建构自由和民主制度的前提下，追求"内圣"。这条路径恰恰与古代儒家的"内圣外王"之道相反，因而可以称之为"外王内圣"之道。

五、我们需要的美善德育使我们成为什么

培养仁义之士是儒家美善德育的至高目标。但是由于我们所需要的美善德育遵循的不再是"内圣外王"之道，而是"外王内圣"之道。因此，我们所认可的仁义之士已经不是古代美善德育所向往的，只重视道德义务的圣人君子了，而是懂得尊重个人权利，注重维权意识的"现代仁义之士"了。

在古代，一般而言，个体只能生活在特定的共同体之中，个体没有选择共同体的权利。脱离既定共同体，个体物质需求和精神需求都将无法得到满足。只有依靠既定共同体，个人物质需求和精神需求才能够得到满足。因此，

---

① 胡伟希．"内圣"如何通向"外王"——未完成的反省与批判［N］．中华读书报，2007 - 02 - 14.

共同体内的普适性道德伦理要求就成为个体不得不遵循的要求。不计较权利而履行义务的道德行为被儒家认为是一种崇高的"仁义"行为。

到了现代社会以后，由于个人权利意识和利益意识的觉醒，个体开始认为个体没有必要一定要归属于某个共同体。如果一个共同体不能有效尊重和满足个体的权利要求、利益要求和精神要求，个体可以自由选择共同体。即便是国家，个人都有选择加入和退出的权利。因此，共同体再没有资格要求个体必须诚服它所设定的各种道德伦理要求，只能要求个体在享有权利的同时，履行对称的义务。"在这种情况下，真正能够具有普遍性的只能是公共领域中所形成的法律与公共伦理，任何共同体的特殊性规范都不足以成为整个社会的行为准则。如果将某个共同体的特殊的行为规范普遍化为所有共同体及其成员的规则，就违背了公共领域中的平等原则。"① 也就是说，共同体及其道德教育能够强制要求个体践行的德性只能是"正义"（权利和义务对称的德性），而非"仁义"（不太强调权利但异常强调义务的德性）。虽然现代国家不能将"仁义"这类高标的德性普遍要求于个体，但是现代国家可以提供各种资源，帮助个体在自觉自愿的基础之上，追寻仁义的人生境界。因而，现今美善德育培育的仁义之士，不再仅仅是"仁义"之士，而是"基于正义之上的仁义"之士。具体而言，这种仁义之士至少要具备如下品质。

（一）己所不欲，勿施于人

有人曾经问孔子有没有一句话可以终身遵循的，孔子回答说："其恕乎，己所不欲，勿施于人。"可见"己所不欲，勿施于人"是儒家最基本的道德伦理要求。我们所需要的现代仁义之士自然要具有相应的道德品质。

其实，"己所不欲，勿施于人"不仅仅存在于儒教中，还存在于犹太教、伊斯兰教、基督教等宗教里。犹太教里有一个异教徒问拉比西勒：你能否把犹太教的所有律法在我单腿站立的时间内告诉我？拉比西勒回答说：己所不欲，勿施于人。基督教的《马太福音》里说："无论何事，你愿意人家怎样待你，你也要怎样待人。"其实，正如孔汉斯等人所宣称的，不管是什么民族、文化和宗教信仰，这条规则都起了核心作用，所以它已经被称之为"金律"。

"己所不欲，勿施于人"为什么能够成为金律呢？"己所不欲，勿施于人"本身是有缺陷的。由于所处情境不同，所以每一个人的需求也不一样。

---

① 李佑新. 走出现代性道德困境［M］. 北京：人民出版社，2006：177，191 - 192.

"己"不需要的东西,可能别人正需要。可是按照"己所不欲,勿施于人"的逻辑,一个人有权利任意损坏自己不想要的东西,也不应该把这个东西送给别人。这使那些急需要这些东西的人感觉到社会荒谬。但是"己所不欲,勿施于人"之所以被称之为"金律",就是因为它能够有效地保障个体最基本的权利。对他人而言,个人不想要的东西虽然有可能是很有价值的,但是它更有可能是无价值的。如果自己不想要,他人也不想要,个体却强行把这样的东西施予他人不仅是不道德的,还会导致二人之间良性关系的破裂,严重有违仁义的本意。

(二)"己之所欲,观需施人"

儒家思想的核心概念是"仁",仁也可以称之为"爱人",但如何爱人,这就涉及两大基本原则,一是"忠",一是"恕"。在《论语·里仁》篇中记载:"子曰:'参乎!吾道一以贯之。'曾子曰:'唯。'子出,门人问曰:'何谓也?'曾子曰:'夫子之道,忠恕而已矣。'""恕"就是"己所不欲,勿施于人";"忠"就是"己欲立而立人,己欲达而达人"。如前所说,"己所不欲,勿施于人"已经成为全球伦理的金律。但是仅仅做到"己所不欲,勿施于人"是远远不够的。"己所不欲,勿施于人"只是一种底线伦理要求,只是要求个人不要以不道德的方式去干涉别人,不得破坏和谐,它不能促使个人主动地去帮助别人,主动地去构建和谐关系。因此,儒家强调"爱人"不仅要有"恕",还要有"忠"。朱熹直接说:"忠者天道,恕者人道;忠者无妄,恕者所以行乎忠也;忠者体,恕者用,大本达道也。"(《朱子集注》)可见,儒者不仅强调"忠"(即"己欲立而立人,己欲达而达人"),而且把它放在"恕"(即"己所不欲,勿施于人")的前面,作为"恕"的本体。之所以如此,是因为只有先具有帮助别人的仁义之心,个体才会自由自觉地做到"己所不欲,勿施于人"。

尽管"己欲立而立人,己欲达而达人"非常重要,但是我们需要对此做一些修正。自己所欲的,不一定是别人所欲的。如果不考虑别人的意愿,强行要求别人按照自己的"善意"行事,则会导致强制。强制别人道德行事往往都是一种"恶"的行为。极权专制的暴行无不以冠冕堂皇的名义施行,纳粹灭犹行动就是为了弘扬纯雅利安人种的优越文化。强制人行善不会带来和谐的人际关系,更不会带来和谐的社会。因此,在道德行事的时候,必须遵循"己之所欲,观需施人"的原则,从而摒弃"己欲立而立人,己欲达而达人"中蕴涵的"一相情愿"的意味。

(三) 实与文不与

"实与文不与"是《春秋》中孔子设立的"书法条例"之一,即评价历史事件的一种智慧。"所谓'实与',是指根据当时具体的历史境况承认之、肯定之、赞许之;所谓'文不与'是指根据《春秋》经文(孔子王心)所体现的政治理想与道德追求拒斥之、否定之、反对之。"① 例如,对诸多行使霸道的战争,孔子从"实与"方面给予了肯定,但是却从"文不与"方面给予了否定。为什么既要肯定又要否定呢?"王道是理想,是最高的精神价值;霸道是现实,是必须正视的问题。只坚持王道,否定霸道,理想固然高,却不能在现实中建立一个相对合理的政治秩序,因为霸道虽然'以力服人',但毕竟比相互杀戮的'无道'好。但如果只承认霸道,否认王道,则社会现实就会缺乏理想的提升与指引,历史中就会缺乏'向上一几',人类的政治生活就不会有希望";"在孔子看来,王道就是理想主义,霸道就是现实主义,肯定王道并不必然否定霸道;反之,肯定霸道也并不必然否定王道。王道霸道可以在一个统一的'历史观法'中综合起来,这一'历史观法'就是'实与文不与'的'《春秋》书法'所揭示的'时中智慧'。按照这一'《春秋》书法'的'时中智慧',对霸道'实与之',即根据当时的历史现实(天下大乱各国攻伐不已生民涂炭)承认霸道比无道好,因霸道还可以有一个建立在强力上的秩序,比国际无政府主义下的相互杀戮好,因而有其时代的某种合理性,故'与之',即承认;但对同一霸道事实,因其'以力服人'不'以德服人',违背了人类的道德理想(《春秋》之'文'所体现的王道理想),故根据《春秋》之'文'的王道理想'不与之',即不承认之。也就是说,对同一历史事实,从现实的层面肯定其霸道的现实主义价值,同时又从最高的理想上不承认这一霸道的现实主义价值。"②

"实与文不与"虽然曾经只是评价历史事件的一种"时中智慧",但是现代美善德育需要帮助个体拥有这种智慧。因为,"实与文不与"的智慧能够帮助个人正确应对恶人恶事。儒家强调仁义,主张要以善治善(具体表现就是"己所不欲,勿施于人"和"己欲立而立人,己欲达而达人")。可是面对不

① 蒋庆. 政治儒学 [M]. 北京:生活·读书·新知三联书店,2003:210.
② 蒋庆. 中国文化的危机及其解决之道 [OL]. http://www.cncasky.com/get/lltt/fxll/000611980_7. htm,2010-09-11.

屑于觉醒良知的"恶"人，面对一次又一次犯罪的"恶"人，儒者是不是只能对其进行说理、感化呢？儒家认为纯粹的以善治善的"托尔斯泰主义"是可爱而不可信的。有时候为了保护个人和团体的正当利益，可以在手段上行使一些"恶"（例如强制、利诱等），也就是"实与文不与"中的"实与"。但是为了防止个体产生误解，以为为了善的目的，个人可以不择手段地行使"恶"，道德教育时刻都有必要让个体意识到这种"恶"是万不得已的，不是最理想的处理事情的方式，只要有可能都要用以善治善的方式，或者尽量用最小的"恶"的方式来处理问题。这就是"实与文不与"中的"文不与"。可见"实与文不与"对于德性的培育具有重要作用，强调"实与"能够帮助个体有效地对待"恶人恶事"，而不至于迂腐到一味地强调以善治善，明晰为了大局可以在必要的时候行使必要的"恶"；强调"文不与"又使这种"恶"不至于演化为大恶。

六、我们如何展开我们所需要的美善德育

在美善德育中，如何才能做到"通三统"，并培养出"通三统"的现代仁义之士呢？这个问题是非常复杂的问题，任何简单化的论断都是一种狂妄。笔者在此只是尝试性地做一些原则性的思考。

（一）重启中国古典学教育

具有正义精神的现代仁义之士是，既知道现代性精神的美善及其不足，也知道传统儒家道德伦理精神的美善及其不足。他们是通古今之变的人才，他们不仅具有良好的现代性学问的素养，也具有良好的中国古典学素养。曾经，中国人具有很好的中国古典学素养，但是由于"新文化运动"和"文化大革命"对传统儒家的毁灭性批判，现今真正读过儒家经典、了解儒家伦理、践行儒家精神的人变得越来越少。相比于现代性学问的素养而言，现今中国人严重缺乏的是中国古典学素养。因此，现今道德教育的首要任务是培育个体中国古典学修养。如此，"要在各个层面上加强中国古典文化的教养，全方位重建通经致用、经纶天下的经学，修身齐家治国平天下的大学，通情达性、知情知权的礼学"①。只有通过这种古典文

---

① 童世俊．西学在中国：五四运动 90 周年的思考 [M]．北京：生活·读书·新知三联书店，2010：75.

化的教养化育，个体才能进入大儒心灵，才能逐渐知晓"内圣外王"之道和儒家"天人合一"境界的美善，才能知晓为何只有通过践行仁义才能达致美善的"天人合一"境界，进而获得儒者的安身立命之感。而且，也只有通过这种教养化育，了解古典学美善，个体"才能渐渐消退那种虚骄怨戾，激进卖直的主义风气，实事求是地看问题，博古通今地看历史，从那种左右对立、激进保守对立、理性非理性对立的现代性主义论说死胡同中解放出来，重新学习古代圣贤的自由心灵和审慎判断，真正完成这个文明和文化传统的现代新命"①。

然而，不仅在我国道德教育中，甚至在整个教育中，都缺乏中国儒家古典学教学。教材中充斥着各种各样的实用性知识，"无用"的古典学往往都不受重视。例如在我国大学，且不论理科、工科远甚于文科，即便就文科而言，"中国语文学系（中文系）的规模远不如西方语文学系（英语系）——如果再加上俄国、法、德、日、西、意语系，任何一个大学的外语学院的规模都远远超过中文学院。但这些西方国家的语文至多不过五六百年的历史，而且我们的外语系偏重的并非文学性的语文，而是实用性的语言，从而是实用性学科，不然就不会出现哪个国家强势或有生意可做，就开设哪个语种的现象"②。在教材中，儒家古典学的一些片段虽然会出现，不过由于这种"片段摘录"，儒家古典学的知识体系会被破坏，再加上教师普遍缺乏古典学素养（很多教师只知道释词解意，根本没有能力向学生讲解儒家古典学知识的整体性蕴涵及其精髓所在），学生根本无法领悟到儒学经典的美善。由于不了解儒家古典学美善之所在，所以对于儒学经典，学生普遍产生枯燥感和厌恶感。现今虽然兴起了读经热和国学热，"但是问题很多，泥沙俱下，低俗化、商业化，远不足以担当文化复兴的使命"。"在有识之士的呼吁和推动下（中国文化论坛与各位理事即是其中的重要力量之一），近年来在大学里开展古典文化通识教育蔚然成风，发展趋势激动人心。不过，随着古典通识教育的推广，师资不足的问题逐渐暴露出来。当前很多所谓古典通识教育，不过是由文史哲各专业的教师拼凑而成，教师本身就缺乏经典知识和整全视野，学生私下膜拜的经典通识教育偶像仍然是商业媒体炒作的明星。因此，

① 童世俊. 西学在中国：五四运动90周年的思考［M］. 北京：生活·读书·新知三联书店，2010：75-76.
② 刘小枫. 重启古典诗学［M］. 北京：华夏出版社，2010：4.

在读经热、国学热和发展通识教育的良好形势下，隐藏着深刻的问题，不容乐观。"①

之所以出现不重视中国儒家古典学教学的现象，其根源在于"五四"以后，我国学术教育体制不重视古典学研究和教育。正是由于没有学术体制的支持，所以今天无论是反传统道德伦理的激进者，还是迷恋传统道德伦理的保守主义者，抑或是一般的教师，其古文功底都远不如"五四"之前的学者（无论是支持传统道德伦理的保守者，还是反传统道德伦理的激进者）和教师。正是由于没有教育体制的支持，很多受教育者都望"古文"而生畏，体会不到传统道德伦理美善之所在。正因为如此，为了重建中国古典学教育，我们需要相应的学术教育体制：从儿童抓起，让儿童逐渐熟悉儒学经典。只有如此，才能让个体"从小在心中埋下中国圣贤义理之学的种子"，逐渐"明白中国历代圣贤教人做人做事的道理"，诸如"成己成物、知性知天的道理"，"从而固守之、践履之、证成之，将圣贤的教诲融入自己生命成长的历程，积极地去参加历史文化的大创造，努力做到赞天地之化育而与天地参"②。

（二）从"中西之争"返回到"古今之争"

只重视中国古典学教育会导致个体顽固守旧，只重视现代性学说教育则会导致个体无视传统、盲目激进，这两种教育都是不妥当的，都会妨碍个体形成融通古今的视野和智慧。因此，为了培育通古今之变的现代仁义之士，我们不仅要重视中国古典学教育，也要重视现代性学说教育，并且促使个体能够在古典学和现代性学说之间寻求一种平衡。只有在重视"古今之争"的道德教育中，个体才有可能逐渐放弃对现代性精神及其道德伦理的迷信，也舍弃对古典精神及其道德伦理的迷恋，并养成在二者之间求得平衡的慎思智慧和审慎品质。

"古今之争"曾经是我国道德教育关注的主要话题，养育"通古今之变"的人才曾经也是我国道德教育持之以恒加以求索的目标所在。但是，清末以后，特别是"五四"以后，"中西之争"取代了"古今之争"。在"中西之争"中，仿佛只要是中国的就是古代的、落后的，只要是西方的就是现代的、

---

① 童世俊. 西学在中国：五四运动 90 周年的思考 [M]. 北京：生活·读书·新知三联书店，2010：76.

② 胡晓明. 读经：启蒙还是蒙昧？[M]. 上海：华东师范大学出版社，2006：4.

先进的①。"中西之争"取代"古今之争"导致了以下几方面的消极影响。
（1）由于误认为中国的就是古代的、落后的，西方的就是现代的、先进的，西方当下的就是最现代的、最先进的，所以这易于误导人们认为，为了实现现代性追求，为了赶超西方，有必要批判乃至拒斥传统（不仅包括中国的传统，也包括西方的传统），这促使国人逐渐形成盲目崇拜西方的心理，进而走上全面反传统的激进之路。"'五四'以来，虽然各路中国学人都急于引进各种现代西方思潮并因所引不同而互不相让，但是在这些主义之争背后，我们可以发现一个大致的共同点：凡是那些激烈批判西方传统的思想家，都容易受到引进者的青睐"②。（2）现代性精神萌生于文艺复兴时期的西方，因此在为了实现现代性的"中西之争"中，人们还通常会把西方简单指称为文艺复兴以后的西方，把西学仅仅理解为文艺复兴以后的西学，没有充分意识到现代性西学和现代性精神是在批判和继承古希腊、古罗马、中世纪学说及其精神的基础之上形成的。因此，在"中西之争"之中求索现代性和学习西方，并不能准确了解现代性形成的实质缘由和西学实质所在。

为了消解"中西之争"所带来消极影响，道德教育有必要从"中西之争"重返"古今之争"。只有在"古今之争"中，在力图通古今之变的求索中，道德教育才能帮助个体意识到：不能简单地认为现代的就一定是先进的，古代的就一定是落后的；也不能简单地认为古代就是指中国古代，西方就是指文艺复兴以后的西方。通过这样的"古今之争"，个体最终会懂得古今中西的智慧都值得珍视和借鉴。如此，我们才有可能逐渐培育出我们所需要的"通三统"的现代仁义之士。为了重返"古今之争"，我们也有必要建立起支持现代性学说教育的学术教育体制，并使该体制与支持中国古典学教育的学术教育体制相融合。

---

①② 童世俊．西学在中国：五四运动90周年的思考［M］．北京：生活·读书·新知三联书店，2010：1－9，81．

基于"现代性"批判的德育反思

北京师范大学教育学部　钟晓琳

内容摘要：现有德育研究对现代性的批判主要包含：功利主义批判，表面化、知识化和标准化批判，意义与信仰失落批判三个方面。其批判的现代性理论基础是一套关于科技现代化的理论。基于这种理论认识的批判视角是在宏观和中观层面去讨论现代性对德育的影响，而忽略了德育生活土壤中的现代性生长。基于现代性与德育生活世界的关联，有两个"现代性"问题值得关注：一是现代性在师生生活世界中由内而外的影响；二是个体"历史感"的培养。

关键词：德育　现代性　生活世界　历史感

一、现有德育研究对现代性的批判

20世纪80年代末以来，伴随着社会经济转型与人们生活观念的转变，"现代性"及其相关的争论已成为当前人文社会科学研究中不可回避的一个问题。在德育研究领域，对于"现代性"及其对德育影响的反思始于20世纪90年代中期。一方面，基于现代性中工具理性对人的精神层面的遮蔽和影响，由此带来的社会道德问题以及人们对道德危机的反思，凸显出德育的时代意义和德育所面临的新挑战；另一方面，在教育现代化过程中由于过度推崇效率、标准，过于热衷或迷信外在制度性因素，以至于忽略或遮蔽了个体道德成长的内在精神性因素，从而使得德育现实与德育目的相去甚远。对此，鲁洁先生早在1994年就基于市场经济与德育的关系，提出市场经济条件下德育的价值取向问题，并相继发表多篇论文进一步探讨现代化语境中的德育问题。此后，德育研究领域对现代性的反思不断深入，至今已形成较为丰硕的研究成果。

总体看来，已有德育研究成果中对现代性的批判主要包括三个方面：批判功利主义对德育的影响，批判德育的表面化、知识化和标准化，批判德育中意义与信仰的失落。其中，对功利主义（后演变为工具主义）的批评主要有两个方面。一是由于教育的功利化所导致的德育在学校教育中的边缘化境遇，换言之，一种现实的"经济功利"使教育成为其手段（如应试教育、升学教育），从而将与其无直接关联的德育排挤在学校教育的主阵地之外①。二是德育目的趋于功利性，德育被作为应对种种社会现实问题的工具，对德育的评价也以其是否"有用"于社会为标准。德育中的表面化将道德诠释为外在化的行为规范和规则，并把强制性附加于个体身上，使得道德学习成为对班校规矩条令的遵守；知识化忽略了德育的生活化特性而将德育等同于智育，德育被局限于思想品德课本的学习以及课堂内的品德主题活动；标准化使得德育评价狭隘于学生的操行评分、思政学科考试成绩等。德育的表面化、知识化与标准化是相互关联的，之所以受到批判是因为它将德育简单地等同于一种抽离于生活的活动、外在行为可以全部表现的活动和可以立竿见影的呈现效果的活动。这种简单的等同背离了德育的根本宗旨，不仅使道德和德育难以深入个体的心灵，还极可能引起个体的疏离感和对立感。关于德育中意义与信仰失落的批评，主要源自现代性给德育带来的精神内容层面的困境。"意义"失落表征为德育在科学化和功利化中与生活的脱离，其根源于理性对终极实在的消解、世俗化对个体内心生活的消解，以及极端个人主义对人的关系性存在的消解②。同时，"信仰"作为一种非理性存在，代表着人类精神的某种普遍意义，理性对信仰的去魅使得个体心灵在超越意义上无所皈依。由此带来的困境是学校德育中的"价值真空"，即"可教的"道德价值观念体系的缺位。

可以认为，上述批判是立于德育理想而出于对德育现实的焦虑，是对现代性给德育带来的负面影响的反抗，其所呼吁的是一种能够关注人的心灵成长和内在精神性发展的德育，体现出对德育自身内在属性的捍卫。从这个意义上说，这些批判是值得肯定的。然而，伴随着人文社会科学领域中学者们对"现代性"的深入讨论，且基于德育研究的自觉性，我们不得不思考：这些批判本身是如何来认识和理解"现代性"的？这种认识和理解在应对德育的现实困境时是否存在问题？

---

① 鲁洁. 道德教育的当代论域 [M]. 北京：人民出版社，2005.
② 李菲. 学校德育的意义关怀研究 [M]. 北京：教育科学出版社，2009.

二、德育批判的"现代性"理论基础及其反思

什么是"现代性"？人文社会科学研究对于"现代性"概念的一个基础性共识是：现代性是伴随着近现代社会发展而产生的一种区别于传统性及传统精神的观念系统、思维方式及其精神意识形态。换言之，"现代性"就其外部边界而言，是一种时代意识并有其特定的历史时空，"通过这种时代意识，该时代将自身规定为一个根本不同于过去的时代"①。然而，关于"现代性"的内涵以及它是如何发展的问题，至今仍有争论。分析上述三个方面的"现代性"批判，不难发现批判本身包含着对"现代性"的界定与认识。就批判的具体内容而言，它直接呈现出批判本身对"现代性"的界定，即将其内涵具体表征为：工具理性、知识性、科学性、世俗性、确定性等。这种界定与当前关于现代性表征的一些共识相一致。从批判的自身逻辑来看，其中至少包含了两个价值预设。第一，无论是对功利主义、表面化、知识化和标准化的批评，还是对意义和信仰缺失的批评，现代性都是从"外"影响德育的。在这种"外"的影响下，德育是被动受制于现实困境，或者说德育困境是迫于一种不可避免的"客观"趋势而产生的自然结果。第二，对于德育而言，这种"外在"的现代性是不好的，甚至是与之截然相反的，因为它背离了德育的根本属性。这些逻辑预设隐含着一种对于"现代性"发展和发生机制的认识与态度：现代性的发展是现代社会一种不可避免的现象，源自西方的启蒙主义，经由理性的发展，工具理性、工业革命，到科技发展，甚至到民族国家的建立，到市场经济的发展，资本主义全球化等一系列的潮流②。据此，可以认为在德育中的"现代性"批判是以某种现代性理论作为前提（或者说标的）。这种"现代性"理论基础是西方自韦伯的思路发展而来的一套关于科技现代化的理论。

针对于这一套理论基础的批判，让我们看到德育在其心灵影响的根本属性上展开对现代性的反抗，其所揭示的是随着现代性发展的必然趋势（rationalization）所导致的西方宗教意义上精神性的幻灭（disenchantment）和一系列世俗生活中个体精神生活的改变，而后者与德育有着根本性的关联。然而，它没能有效地解释和说明现代性何以能够影响德育现实，对于现代性

① 唐文明. 何谓现代性 [J]. 哲学研究, 2000 (8)：44-50, 80.
② 李欧梵. 未完成的现代性 [M]. 北京：北京大学出版社, 2005.

在德育事实中的发生机制还不够关注，这就使得批判本身在面对德育困境时显得无能为力。究其根源，其受制于所批判的现代性理论认识本身，这一理论基础所呈现的是一种西方一元化、霸权式的理论体系，它将西方世界以外①的现代性发展视为西方现代性"殖民"的结果，更多强调西方现代性潮流的不可抵挡以及东方现代性发展的被动性与无根状态。基于这种认识所带来的视角与心态更侧重于对西方现代性潮流批评与反抗，使得德育始终以一种从内而外的视角来观望现代性。诚然，这种视角的一个好处在于可以清晰明确地抓住现代性给德育造成的病征及其外部影响因素，但它似乎并不质疑德育自身是否含有现代性的土壤。因此，这种视角只是停留于宏观和中观层面去讨论现代性对德育的影响，而无力从微观层面去反观德育过程中现代性的影响及其发生机制。由于它更多是将"现代性"抽离于德育活动的生活土壤来批评，所以这种批评很容易将自身演变为一种"道德审判"，而无益于面对德育现实。

那么，德育自身是否可能包含现代性的土壤呢？或者说现代性是否可能滋生于德育活动的生活土壤之中而非其外呢？针对西方传统的现代性理论②，加拿大学者查尔斯·泰勒（Charles Taylor）曾提出一种观点：所谓现代性，表面上看来是从欧洲发展而来的，事实上它蕴涵着非常复杂的文化内涵，即当西方现代性的文化模式接触到其他文化时，很自然就会产生不同的变化③。换言之，文化本身具有复杂性，交织着不同的观念体系，一种文化模式要在其他文化中衍生发展，就必须根据其他文化的内在特点进行自我调适和改变。这种调适和改变的过程不是一种自上而下的"影响"过程，而是一种自下而上的"生长"过程。从这个意义上讲，"现代性"也有"文化性格"，它有其自然生长的文化生活土壤。相对于西方而言，现代性在中国的发展有其独特的文化根基和生活土壤，并因此而呈现出一些不同于西方现代性的特点。如果以这种文化模式来认识现代性，我们就不能否认教育文化和教育生活本身就成为德育中现代性问题的基础。对于德育而言，现代性是内在发生的。据此，我们所做的就不仅是将"现代性"作为一种德育的外物来反思和批判，而更应探寻它在教育生活和教育文化中的发生机制，关注它在德育的微观层

---

① 比如中国、日本、印度等东方国家。

② 自韦伯以来所形成的一套西方一元化、霸权式的现代性理论，Charles Taylor 称之为"科技的传统"模式。

③ 李欧梵. 未完成的现代性［M］. 北京：北京大学出版社，2005.

面的具体样态，并在这一层面探讨如何面对问题。

三、德育中两个值得关注的"现代性"问题

当现代性作为一种观念系统、思维方式，内在于个体的生活事件之中时，它就不再是一种社会"强加于"个体的东西，而是个体与社会互动过程中自觉或不自觉的选择与表达。当现代性内在于德育生活中，它必然影响并体现于德育生活世界本身的改变，以及置身其中的个体的思考与感受生活方式的改变，而这些内容是德育的基础并贯穿于整个德育过程。因此，德育要面对现代性所带来的一系列现实教育问题，就不能不关心现代性与德育在微观生活层面的关联。

（一）德育应关注"现代性"在师生生活世界中由内而外的影响

生活世界并不是一个抽象空洞的概念，它有着鲜活丰富的现实内容。德育的生活世界是教师的生活世界与学生的生活世界在特定德育时空中的交融。不可否认，所谓现代性其实是人对现代生活的一种认识和理解。师生的生活世界所呈现的是一种现代生活，教师和学生个体在家庭生活、学校生活和社会生活中的所见、所闻自然有其时空的局限性，不可能展现出现代生活的完整样态，但是他们基于这种所见、所闻而获得的感受（即"所感"）其实为个体提供了一种关于现代生活的整体投射或想象。换言之，师生对现代生活的认识源于他们基于现实生活材料而形成的某种想象。这种投射或想象产生于师生个体对自身生活的感受过程，而其自身生活又是一连串具体的、琐碎的生活事件的联结。然而，这种投射或想象既不能表征人类现代生活的整体理想，也不是个体现实生活的真实呈现，它逐渐衍生成为一种认识观念系统，进而影响着个体与自身生活世界的认识与互动。现代性作为一种观念系统，正是生成于个体这一"所感"对"所见"、"所闻"的心理加工过程，而内在于个体关于生活的投射和想象中，并以此由内而外地影响师生个体对于生活世界和德育活动的认知、情感与态度。具体就教师而言，现代性所表征的观念体系以教师个体的文化认同、价值信念为支撑，成为教师认识和理解外部世界和教育活动的一种方式。它关系着教师对自我的认识与定位、对职业的态度与信念、对学生的情感与评价、对德育内容与德育形式的理解和把握以及对德育活动的基本态度等。就学生而言，它关系着学生对道德学习活动本身的看法、对德育内容的认识与评价、对具体道德价值观念的态度与选择，等等。

同时，师生个体关于生活"所见"、"所闻"的"所感"，包含着极为复杂的、具体的内容，它既要以现实的"所见"、"所闻"为客观基础，也需要以个体已有的文化背景和价值观念体系为主观基础，并在投射或想象的过程中不断调整或更新价值观念系统。对于师生个体而言，新的见闻感受与已有的观念体系之间并不总相互协调，而可能是相互冲突甚至是对立的，这使得个体的价值观念系统包含着内在的冲突与矛盾。而对于师生群体而言，"所感"的个体差异与对内在冲突调整能力的个体差异，使得他们对现代生活的想象与理解各有差异。因此，在德育的生活世界中，现代性自身又具有复杂性，是充满矛盾的。个体内的冲突与矛盾同群体内的冲突与矛盾，给师生个体的一系列认识活动带来烦恼和困扰，这些烦恼和困扰正是现代性问题在德育生活最微观层面的表现，并影响着特定时空中的德育活动。比如，在具体的德育活动中，当教师对现代生活的想象以及由此获得的对德育本身的理解与现实的外部制度性规约相冲突时，当学生基于现实感受而形成的生活想象与自上而下的德育内容相冲突时，师生的德育积极性就会受到冲击，德育自身的合理性将受到质疑。当这种质疑被表达为一种漠不关心时，它或许可以成为德育表面化、知识化或功利主义的另一种基于生活世界的主观解读。

（二）德育应关注个体"历史感"的培养

"历史感"是对历史存在的感受，它表达着对待历史最基本的态度。对于德育而言，"历史感"似乎还是一个不太引人注意的主题，但它与现代性、与德育生活世界都有着紧密的关联。作为一种时代意识，现代性有其特定的历史时空，它将自身规定为一个根本不同于过去的时代。这种规定隐含着一种古今截然两分的时间观念并赋予其价值判断。即过去的是旧的、现在的是新的；新优于旧，现在胜于过去。这种时间观念在现代生活中的一个具体表现就是不断追求新潮、时尚，甚至将怀旧也演变成为一种时尚。一定意义上说，这种追求对追求物本身并没有真正的兴趣，而是只在乎这一过程中的某种现代的感觉。另一个具体表现是强调"今天"的意义，使得现代生活不断追求效率和快节奏，但它最终给人带来的是一种压迫感。"每日生活中的焦虑感把时间压缩到现在，而现在又是很不稳定的，让人觉得我们的生活只有现在，没有过去，没有将来。"①这种时间观念及其具体表现不断消解着历史对于个人

① 李欧梵. 未完成的现代性 [M]. 北京：北京大学出版社，2005：166.

的意义，腐蚀着个体与过去的关系。在德育的生活世界中，这种时间观念将道德范畴局限于现时代的空间范围即各种"现实"关系中，而遮蔽了道德的时间范畴。道德是人自身的需求，这种需求中包含着对各种关系的处理，个体与自我、他人、社会等关系范畴是一种基于空间展开的范畴，而个体与过去、现在、将来的关系则是一种基于时间延伸的范畴。就个体与过去的关系而言，它以肯定历史存在为前提并影响着个体与自我、他人、社会等方面的关系。据此，历史感应是德育的一个重要内容。但值得注意的是，历史感的培养不等同于历史知识的学习。换言之，历史知识的记诵并不意味着历史感的获得，前者注重某种客观知识性呈现的准确性，而后者则关注一种主观感受和体验及其背后的时间观。

此外，当前德育较多关注个体的意义感、责任感等主题，这些主题都根源于现实生活，是德育面对时代发展与社会进步中的价值和道德问题提炼出来的，旨在直面现代性所导致的个体内在精神危机。其实，历史感与意义感、责任感之间有着深层次的关联。在特定的文化价值体系下，个体在关系性的存在中体会自身对于他人与社会等的价值。当这种价值成为主体对自身存在的确证时，个体获得了意义感；责任感是基于意义感而生成的，当意义感作为一种正面刺激肯定了个体对于他人与社会等的价值行为时，这种行为就被个体赋予一种合理性或正当性，对于这种合理性或正当性的体验便生成责任感。因此，意义感的获得需要两个前提，即特定的文化价值体系和个体的关系性存在。对于个体而言，特定的文化价值体系包含着文化的连续性和历史的沉淀，它离不开传统和秩序，只能基于历史感而获得认可；而完整的关系性存在是包含时空范畴的，它肯定历史存在以及在此基础上个体与过去的关系。从这个意义上说，没有了历史感也就没有了意义感，进而失掉了责任感，这是对德育乃至整个教育的极大挑战。

做人、会做人与做事：一种对日常
伦理观念的分析

北京师范大学价值与文化研究中心　康建伟

内容摘要：日常言谈更多关注"做人"观念而非"人"的观念，强调"做"的含义。"做人"观念对于人际间的关系具有灵活的调节性。"会做人"既是"做人"的题中之义，又可能因为失去动机、心念与言行之间的一致性，而成为一种令人不安的行为品质，它接通着长久历史中的"质"与"文"、"仁"与"礼"之间的紧张关系，成为理解"做人"的枢纽性观念；"做事"观念或受道家影响或受儒家思想影响，对"做人"观念形成约束；注意到日常伦理观念与经典观念的相通更有分析上的意义；日常观念有稳定性，但新知及其维护体系会对这些日常观念发挥作用的空间产生影响。

关键词：做人　会做人　做事　日常伦理

　　日常言谈中表达出来的伦理观念，对我们贴切地理解人们的精神世界很有助益。这一工作是文化自觉的题中之义，能够揭示观念所负载和积淀的文化信息。日常伦理观念诸如面子、关系、礼都已经受到重视。在之前的研究中，廖申白先生首次展示了对"做人"和"做事"两个日常观念进行分析的可行性，认为"做人"和"做事"区分开了中国人日常生活中的私人领域和公共交往领域，要从这两个观念所揭示的伦理观念出发，本着一种历史的连续性来思考未来中国社会现代转型所要面对的课题①。吴飞先生在研究自杀现象时，为避免借用西方学界术语导致的观念误植，用"做人"来刻画中国人对生命的理解②。这些观念对理解我们的生活具有提纲挈领的作用，在对日常

---

　　① 廖申白. 我们的"做人"观念——涵义、性质与问题［J］. 北京师范大学学报（社会科学版），2004（2）：76－81；廖申白. "做事"：日常语言中朦胧的公共交往伦理观念［J］. 哲学研究，2005（7）：68－74.

　　② 吴飞. 自杀作为中国问题［M］. 北京：生活·读书·新知三联书店，2007：33－48；吴飞. 浮生取义——对华北某县自杀现象的文化解读［M］. 北京：中国人民大学出版社，2009：39－54.

伦理话语的讨论中具有重要地位。本文关注"做人"、"会做人"和"做事"这一组相关性很强的观念，分析它们的含义和可能变迁。由于对日常伦理观念的讨论可以在日常语境中获得印证，这使得相关讨论会留有争辩的余地，但不管怎么说，类似的讨论注重理解而不是理论建构，在扩大其争辩性的同时不自说自话。

一、"人"与"做人"

由于在久远的思考路向中，我们没有以"种加属差"的方式定义"人是什么"的传统，各学派关于"人"的争论亦可归于教化之道、为学之方以及成德路径的差异，是在一个大致相同的起点上展开讨论，表达对"人之间"的看法，对"人本身"的含义并无特殊关注。即使是谈论"天人之际"这样最容易产生宗教情感和对个体单独认知的时候，也往往马上由此过渡到"人人之际"。所以，"人"不足以成为单独的一个课题，我们关于"人"的观念主要是关于"做人"的观念。这在一定程度上也解释了为什么西方小说中细腻曲折的心理描写在中国如此缺少。

若说"做人"就是以"像个人"的方式来"做人"，那么举凡种种或高贵难得或平实却一贯的品质和德性诸如正直、勇猛、智慧、上进等，都应属于"做人"的内涵。但这个回答失之于简，在日常语境中，一个人单纯在业务上的智慧并不落在"做人"观念范围内。如果从正面不容易看出"做人"观念的含义的话，我们可以试着从反面看，比如对一件事情作出拒绝时会说"如果我同意，那让我在大家面前怎么做人啊"。

"做人"特别强调"做"的含义。我相貌不出众，社会地位低，会影响我在众人之前的面子，于是见人遮遮掩掩，甚至自觉"见不得人"、"没法做人"。但中国人常常不关心人的自然禀赋和命运造弄，起码不止于此而论短长，比如就有"输阵不输人"的说法。也就是说，"人"的呈现并不滞于种种既成之事。中国人看的正是能不能盘活种种既成事态，时时处处见出人的风貌、气象、精神。像风、气、神都可以看做是隐喻，表明人品格中灵睿、含蕴、自尊、自持、待时而成的那一部分。一个不同于自然生态的文化系统必须对此有所表述方成其为文化，并且正是靠着这一部分而自我更新。在这个意义上说，让自己觉得"没法做人"的自然条件或碰上的命运甚至不足以构成反省的材料，这种"自谦"除了是对实情的确认和反应性的态度之外，也不具有与别人积极交流的意义。我们常说的"让我怎么做人"却是一种更积极的反省，"人"是在这个"做"的过程中呈现出来的，这句话是对那些将由"做"而待成的事觉得有欠负。正因为关注"做人"，中国人对现代社会理论中平等的关注是附带性的，但在实际上能超越此种平等，普遍能突破身份带来的隔阂：在政治上，居上位者与在下位者能说彼此听懂的同一番话，能坐下来聊人世常情；在感情上，中国人也没有彻底到邪恶程度的仇恨，"不打不相识"，在命运造弄出来的身份的敌对之外还能看到这个"人"，旗鼓相当的仇敌与相互欣赏、彼此相通的知己相差只是一步。"王侯将相宁有种乎"所诘问的并不是在社会理论框架下，以国家为中介而理解到的平等，而是"做人"意义上的志气。在此，"做人"观念脱离种种规范带来的身份界定而表示出了独立性，与原始的"道德"的含义相通，即不是从是否合习规常俗来看行为是否合道德，而是看其生命是否能展开，是否能向上。"做人"观念不以地域、宗教、命运等外部标定局限其身，而是标示出自我发动的力量和生命的姿态在通情达理基础上行之而成。

"做人"是在人与人之间形成的观念。但凡人莫不处在一个局面中，此时"做人"就要把身份、角色这些变量考虑进来。"叫我怎么做人"关注我的身份和角色所赋予个人的期待、个人的自我期待与"做"的事实状况之间的冲突所带来的负疚和不安。一个人摔了一跤住了院，看了场电影很高兴，很会安排自己的业余生活，还谈不到"做人"问题。"做人"观念对应的是在人与人的关系中的事。举两个例子：我"应当"帮助我的朋友，但我却分文无有等待救济故而"不能"，我可以于人无咎却于己有愧，生起"让我怎么做人"的感慨；我有些资财"能够"帮助你，但人海茫茫擦肩而过并不相识，我天然地"应当"帮助，但若不帮助，我的悔疚还不至达到"怎么做人"这样的紧张。由此可见，"应当"观念和"做人"有着极大的牵连，这种"应当"正对应着人与人之间的关系所形成的各种程度的相互期待，这种期待因时势而异，又因人可异。比如在更早的传统中，人与人之间的中介和边界是顺应自然之情而设的"礼"，做人就要考虑怎么样不违应当之礼。"让我怎么做人"的日常语提示出"做人"是就人际关系而言，还表示出"做人"观念希求达到的是平衡、妥帖。同时，我们不应把"做人"的"应当"仅仅看做有规可循的简单的条例。如果是那样，"做人"观念便不会像我们在日常语境中所看到的那样，如此地引发人们深切的思考和一言难尽的感慨。因为即使是父子之间，这个"应当"也没有一个固定的模式，它包括了极丰富的互动的可能性，其言行情感的表达不仅是反应性的，还是创造性的回应、生发。在更变动、丰富的人与人之间，甚至要去发现"做人"的机会。牟宗三先生称中国理性重在"运用之表现"，是在生活中具体来说的。他认为中国人的心思"顺应生活实体上的事理之当然，无论转到哪里，似皆有其一定的关节，一定的分际，一定的节拍；这一切都好像是自然的，而又是很定然的；一切都有其一定的限度……这些关节、分际、节拍、限度所表示的界限，没有经过概念的思考，理性之外延的表现，予以形式的确定，所以一方面是很实际的、具体的全靠实际的直觉心灵来展现，同时另一方面，又好像是很隐微的，很微妙的，若有若无，若隐若现，很不容易把握，而又互相渗透牵连，很不容易割断"①。这正是人际间"做人"的特点。

"做人"观念即使包含着诸种可贵的品质，也不是那些品质的简单加总，起码是要在这些品质之间寻求稳妥的理解。比如正直就会遇到以慷慨为名义的责难，比如还有应机而为的问题。正如廖申白先生所见，"做人"观念是一个总体性的观念，它并没有和那些品质、德性的全体或其中具体的某一种建立清楚的联系②。这种总体性的特点使"做人"观念始终与个人的生活实践相关从而具有调节性。每个人都能在这一观念的引导下得出切合自身的教益——尽管这些教益对每个人而言不尽相同。

所以，在中国语境中，"做人"观念既包含一种对人格的号召，对人际间平衡的期待，又启示在生活实践中不局于一域，不陷入刻板套路，暗示了因应变化的意思。

二、"做人"与"会做人"

"做人"必然要不断学习，因为即使将"爱"作为"做人"的准则，并不意味着从此所做的一切就都是"爱"的表达。李书磊对正义的评论的一段话几乎会说中每一个以高尚目标为自任的人："正义只代表正义自身，并不代表智慧、见识尤其是对复杂现象的洞察能力，而这些恰恰是主持正义的人们格外需要的。对主持正义的人往往要求特别高：这又是一件没办法的事。"③

---

① 牟宗三. 政道与治道 [M]. 长春：吉林出版集团有限责任公司，2010：126 – 127.
② 廖申白. 我们的"做人"观念——涵义、性质与问题 [J]. 北京师范大学学报（社会科学版），2004（2）：80.
③ 李书磊. 说什么激进 [M]. 北京：中国文联出版社，2003：53.

爱有厚薄，有时"厚"并不一定好，"薄"并不一定坏，施爱者要看对象，或者说要以适宜接受为准，所以必要有一种纯客观的学习。

"做人"观念必然展现为现实生活中的"会做人"。"会做人"的观念在日常言说中经常出现，历史也很久远。比如《红楼梦》第六十七回"见土仪颦卿思故里，闻秘事凤姐讯家童"中，赵姨娘因见薛宝钗送贾环些东西，心里想道："怨不得别人都说那宝丫头好，会做人，很大方。如今看起来，果然不错！他哥哥能带了多少东西来？他挨门儿送到，并不遗漏一处，也不露出谁薄谁厚。连我们这样没时运的，他都想到了；若是那林丫头，他把我们娘儿们正眼也不瞧，哪里还肯送我们东西？"按照这个例子并联系日常言谈，所谓的"不会做人"主要不是说一个人的意念和心愿，或者说一个如何对待自己，而是针对言行上的不灵活、不周全，不能在处理各种关系的过程中应对恰当，使各种关系得其应得。而当一个人长于安排和应对，尤其是他通过顺应四面八方形势的方式而掌握形势时，我们用"会做人"来评论他。

许多场合下，这一评论暗示着一种有所保留的认可。这表明我们对"会做人"的心态是复杂的，我们在此是对动机心念与言行之间的一致性或连续性有所保留。这里的复杂心态甚至可以遥溯人们在"质"与"文"、"情"与"礼"、"为己"与"为人"之间所体会到张力的关系。"文质彬彬，然后君子"不光是人们所希求的自我修养目标，也是观察别人的一个视角，而"礼云礼云，钟鼓云乎哉"对表情达意的确实性保持着敏感。同理，"为己"与"为人"能不能相接通，也表现人是否内外一贯从而敞亮自然。当我们对形势和场面有所把握并依顺形势而表达言行时，表示用了心思，这会令人感动。但因为"会做人"针对形势和场面，所以多多少少都是有意的安排。在另一些情况下，人们会把这里的用心思理解为心机、老到，并自然地产生警觉和戒备意识。拉罗什·福科甚至说："很难判断一个干净、诚实和正当的行动是出于正直还是出于精明。"这里的很难判断正相应于人们对"会做人"的复杂心态。可以看出，我们对"会做人"的警觉在《论语·学而》中的"巧言令色，鲜矣仁"和《论语·子路》中的"刚、毅、木、讷，近仁"有其渊源。另外，"会做人"往往不能执守原则，单从生活或合作的策略上考虑，也使人不安和警觉。

当我们讨论了"会做人"观念后，就容易看到与"做人"观念相连的"做人难"意味着什么。"会做人"观念本身的内涵直接连通着人们时常感叹的"做人难"。一方面，仅有诚心善意不够，而且只用这种意念和心愿引导、解释自己的行为，辩护自己的过失，直至堕入自己都欺骗自己的境地，既不能增加行为的有效性，也不能得到广泛的认可。更重要的是，单单秉持这一方面，不能在心灵的成长中走得更远。于己而言，与这种单纯靠主观意念积累起来的道德感相伴随的，往往是觉察力的退化，过分突出这一方面还会增加别人的感情负担。另一方面，虽然生活必然会是一个又一个的局面，但仅仅在安排人际的形势和生活的场面上做表现，或者堕为小聪明，或者成了老好人、"乡愿"，看似头头是道、面面俱到，实则失去了感情上的相通。尤其在技巧上不足时，更容易被认为是虚假和刻意。我们离不开对生活形势和场面的安排、营造，但又不能局限于此，使感情不能自然呈现进而自然地形成生活的形势和场面。所谓"做人难"，就是把握好这两方面之间的度很难。

也正因为此，在理解日常言说中的"做人"观念时，"会做人"成了一个具有枢纽意义的观念。它既是"做人"的题中之义，因为"做人"就是要与人相交往，包含着以"成人"的方式"成己"的意思，并没有一个单独的自己可以做、值得做，并且要以创造的眼光因应时机寻求沟通；同时它又确实容易扭曲"做人"的意义，使"做人"的"做"成为矫揉造作、敷衍应对，见不出人的品格，而人们不只在意是否能在话上说到，在行为上做到，还在意感情是否自然、真实、稳定。"会做人"这一观念的内在紧张因应着传统所说的"质"与"文"、"情"与"礼"、"为己"与"为人"之间的张力关系，是在中国语境中"做人"的漫漫长途上必然时时经历的一个十字路口。

三、"做人"与"做事"

"做人"要在"做事"上呈现。尽管"做事"就包含了"做人"的活动，甚至把"做人"的外延等同于"做事"的外延也未尝不可。但日常言谈中两个观念存在区别。如"学会做人，学会做事"，如"光'做人'了，还要不要'做事'呢？"如为自己可能会伤害他人情感的行为做说明时会说"我这么做，对事不对人"。这些言谈表明"做事"在一定的情况下比"做人"具有优先性和独立性，"做事"成为"做人"的度。

"做人"观念是在人与人之间产生的。由于"做人"对应着做那些合于"人所应当"的形象的事，它特别会引导人们关注彼此之间的情感维度和人作为行为主体的品性方面，也就容易引发对"会做人"的疑虑。在此一范围内的考虑最容易牵动个人对外界的评价，以及由之而来的个人的自我评价，但这远远不是生活的全部。如果说"做人"考虑的是"关系之内",那么"做事"考虑的是"关系之外",对关系亦从功能的角度进行观察。仅仅从"做人"出发,树立不起事体,也不是值得称赞的。人们常用"对事不对人"来为自己树立事体的行为做辩护。树立事体——"做事",表明了一种形势思维,它和"会做人"观念对形势的敏感又不太一样,人们常常对"做事"所具有的形势思维表示肯定。

日常语言表示出"做人"与"做事"的区别:如果说前者代表了儒家思想,那么后者与道家思想的联系更多。老子说"天地无亲",是从"天地"这一更大的视角来看人,"知常容,容乃公,公乃全,全乃天,天乃道,道乃久",表现出了非常大的眼界,是从"道"的视角来看人。道家思想在感情之外而发展出自己的视野。诸葛亮出山辅佐刘备之前隐居河南,淡泊安宁,而他带兵征讨时又表现出了"道家式的严厉"。林同济认为道家信徒"在担起人世的责任之后,直觉地追求一种衡量人类行为的不偏不倚的方法",所以"道家和法家在此出人意外地找到了共同点:对大公无私的标准的看重"①。胡兰成也说:"法家在历史上是儒与黄老的接点。"②而法家出于道家,这在历史上是确实的。林同济对道家信徒在人世间担当事务时的心理有精彩的描述,有益于我们理解相比于"做人","做事"是什么状态:"从心理而言,他是'下凡'的仙人,自愿到人间指引人们,他的洞察力也因而高出他人。这种洞察力是一个精神自由的人的洞察力,因为尽管世界需要他,但他不需要从世界得到什么。因此他就能保持客观,看穿人们复杂、盲目的心理行为和反应,自己也不会为其所困。他一眼就看到了人类问题之所在,面无难色地以大刀阔斧的办法去解决问题。深受道家思想熏陶的政治家的战略通常直截了当。"③受道家思想影响的儒者邵雍主张搁置自己受制于情的以第一人称表述的见地,面向事、物的本来面貌,变偏为公,转暗为明。他说:"以物观物,性也,以我观物,情也;性公而明,情偏而暗。"④

如果说"做事"观念的思想特点是形势思维,"明"就是"做事"观念所要求的做事人的状态。《老子》《庄子》都提到"明"。为了表示出"做人"和"做事"观念的区别,我们可参考兼用儒家和道家资源的《人物志》。在

---

①③ 林同济．天地之间——林同济文集［M］．上海:复旦大学出版社,2004:191-192.

② 胡兰成．中国文学史话［M］．上海:上海社会科学院出版社,2004:82.

④ 邵雍．观物外篇.

《人物志·材能篇》中，刘邵认为仅在一种"能"上显其用，是"偏材之人"，只有"一味之美"。他由此十分精彩地解释了做一官与治一国的不同："夫一官之任，以一味协五味"，"一国之政，以无味和五味"。我们当然可以推知，做一官本身亦有"以无味和五味"的问题，但治一国是更大的场面，它便需要有更大的调度空间，做一官就相对的功能化了。只有做到这一点，才能"君众材"①。对应着"君众材"的职能，君的品性也有相应的要求。在《人物志·体别篇》中，刘邵认为偏材之人本身就有所偏，又凭依着此种偏向之心逆推人情，所以"信者逆信，诈者逆诈"，完全是以己观物，不能以物观物。所以刘邵对其批评说"学不入道，恕不周物"，而"中庸之德""变化无方，以达为节"②。再进一步就主体本身来说，君就要有"明"的品性。《人物志·八观篇》提到，若分论仁、义、礼、智、信，仁是最重要的，"各自独行，则仁为胜"，但"合而俱用，则明为将"，"以明将仁，则无不怀；以明将义，则无不胜；以明将理，则无不通；然则苟无聪明，无以能遂"③。就每种品质单独而论，"仁"的品性是首先需要的，这和我们日常所说的"先学做人，后学做事"是相一致的。但我们在日常碰到的多是"合而俱用"的情形，所以"明"对"仁"的优先性才是刘邵特别要彰明的。《大学》里有"为人君止于仁，为人臣止于敬，为人子止于孝，为人父止于慈，与国人交止于信"。《人物志》里对君的想象有"仁"，但并不止于"仁"这一品性，"仁"尚有待"明"的规定和指引。并且，既然对理想之君的想象和设计是从品性上来说，那么完全可以将君的这一套作为推向每一个普通人。日常生活中的每个人都是一个个的"小君王"，他们在或炽烈或温和的情感之后，还有"明"的引导，而这同时也为"做人"之外的"做事"提供了引导。

儒家思想中也有一部分思想，不拘泥于"做人"的层面。如《论语·宪问》中，子贡对管仲是否"仁"提出疑问："管仲非仁者与？桓公杀公子纠，不能死，又相之。"子贡是对管仲的"做人"有保留，孔子回应说："管仲相桓公，霸诸侯，一匡天下，民到于今受其赐。微管仲，吾其被发左衽矣。岂若匹夫匹妇之为谅也，自经于沟渎而莫之知也？"孔子是在"做事"的意义上肯定管仲的"仁"或"做人"。之所以有这样的情况出现，是因为"做人"

---

① 刘邵. 人物志·材能篇.
② 刘邵. 人物志·体别篇.
③ 刘邵. 人物志·八观篇.

观念并没有固定的关于"人本身"的观念，无法明确地形成对"做事"的约束，而从实用的角度看，"做事"显然比"做人"的格局要大。

当"做事"不顾及"做人"方面的考量时，从"做人"观念的角度看，"做事"观念就会变得冷酷无情，算计十足；但若理解到那是对"事"不对"人"，则在正视"做事"所呈现的客观性之后减轻在人格尊严上的纠结。这对人们的日常伦理生活是一种疏解。如果"做事"所代表的形势不足以让人撇开"做人"方面的考量，那么"做事"对"做人"观念的约束就失效了，人就会离开此种形势进入另一种形势。"做事"观念的调节性和"做人"的观念一样灵活。

四、日常观念的地位及变迁

"做人"、"会做人"和"做事"都是日常观念。像爱面子、丢人等观念一样，它们更大程度地提示了人们生活中的所思所想，值得我们重视。这些观念都能联通到经典，表明它们并不是作为经典之外的另一个传统。这些日常观念是民间伦理的一部分，其与主流话语是在同一平面上展开思考的。有学者注意到民间伦理既有与正统教化一致的方面，同时关注民间伦理被压抑而处于边缘地位[1]。这一模拟现代社会思想格局的判断是有条件的，尤其在积累了这些观念的传统中国，由阶级分隔而来的分别独属一家的意识形态之间的竞争并不存在。在农业社会的基底上，观念在就事论事上呈现，"没有类似西方的柏拉图学院派的纯粹思想习惯和传统，也没有基督教的那种超越的精神导向，因此，从皇帝至平民的所有社会阶层，从文人到文盲的所有精神阶层，思想取向（价值观系统、规范理解和世界观）是非常一致的，或者说，官方、文人和民意思想是非常一致的"，"理解只有精粗之分，却无原理之异"[2]。一般来说，所谓主流话语在引导理想方面有就高不就低的取舍，它不言说的并不是被压抑的，也许只是出于体面、地位和照顾整体的需要，这种取舍和选择的灵活性本身也分享着与日常观念共同的特点。

作为验证，可参考一个资料："新安某富翁，挟千金至吴门做小经纪。后家日泰，抱布贸丝，积资巨万。常大言曰：'致富有奇术，愚夫不自识耳。'有数人款其门，乞翁指授……翁命之坐曰：'求富不难，汝等先治其外贼，后治其内贼，起家之道，思过半矣。'众曰：'何谓内贼？'翁曰：'内贼有五：

---

① 贺宾. 由谣谚所见的民间伦理观念 [J]. 南京师范大学学报（社会科学版），2006（5）：24-30.
② 赵汀阳. 长话短说 [M]. 北京：东方出版社，2001：202.

仁、义、礼、智、信是也。'"① 此例在我们的分析中可入"做事"之"明"。若以此例说明商人之道与正统教化处于尖锐对立之中，并且"正统教化伦理的高压政策……在民意激起强烈反弹，导致道德虚无主义泛滥"②。如此，一则忽略了这则例子的幽默，二则过于强调所谓正统与非正统的紧张关系。在我们的语境中，日常观念与经典观念的相通更具有分析上的意义。它既是一个以伦理为本位的结构松散的社会在政治—文化话语上的表征，也对比出了现代社会理论兴起并担当社会的指导之后，可能会出现的日常观念与精英观念的裂隙。被挤出公共空间的不光是像"做人"、"做事"这样的日常观念，与之相伴的还有与之相应的传统经典观念。

"做人"、"会做人"观念都已经包含了形势思维，同时，在形势思维的考虑下，主导"做事"行为的是维持更大局面、引领更大的形势、促成更大规模的合作的欲望，这些观念追求的圆满境界无固定的表示，需应时应势而即情即事而有在行为上的表示。虽然这些观念的具体内容变动不居、因人而异，但是从这两个观念，包括"会做人"观念所因应的场景来看，它们处理着凡人群所必然要面临的问题，而且带有深厚的文化积淀。所以，它们仍然会代表着人们的一些基本考虑，不会轻易泯灭。比如婚姻制度变了，仍然有"做人"的问题。有了法律作为中介来调整人与人之间的关系之后，"做事"对"做人"的约束仍然是每个人会面对的一种心理上的真实状态。

如果说在现代以前的背景下，"做人"和"做事"基本上代表了"求知"的内容和指向，那么在以自然科学为代表的知识兴起，并大规模地塑造了知识生产和传播体制之后，"求知"的过程尽管还会交叉着"做人"和"做事"的心曲，但由于知识具有的自洽性特点，"求知"将因其独立性而改变"做人"和"做事"观念在人们心目中的位置，至少提供了另外一种展示个人的可能性。知识的确定性以及随之而来的知识生产、传播体制对确定性的依赖，将会削弱"做人"、"做事"的灵活机动大规模地向各个领域扩张的力度。无论是"做人"体现的关系之中的人，相应而来的对"会做人"的疑虑，以及"做事"观念对"做人"方面的思考的限制，都进一步表明了我们长久以来的思考着力于关系中的人、作为功能的人。而知识自洽带给求知者的独立性和尊严感不大等同于"做人"与"做事"中相应的感觉，由之而来的是新型主体地位的诞生。

①② 转引自贺宾. 民间伦理的特征 ［J］. 中州学刊, 2006 (2)：123.

德育研究述评

2010 年道德教育研究述评

南京晓庄学院　　严开宏　　王本余

学术研究自有其内在延续的理路，而这理路需要长期的积累才能看得明朗。以年度报告的形式述评道德教育的研究成果，未免人为地分割了道德教育各研究领域的内在发展关系，难以瞻前顾后。我们只能把述评的范围操作性地界定为 2010 年度公开发表的有关道德教育的研究论文。

根据对相关研究论文的检索，本着我们对道德教育的识见，我们把 2010 年度道德教育研究成果分为七个主题：生活论德育研究、价值多元与道德教育研究、公民道德教育研究、德性伦理与道德教育研究、心理—道德教育研究、道德教育目标研究、道德教育方法研究。道德教育研究林林总总，上述主题显然无法涵盖已有成果，特别是一些实践或经验性较强的论文。因而本文只是对主要研究成果，尤其是道德教育中理论性研究成果的概括，希望这个分类框架能够勾勒出 2010 年道德教育研究的基本面貌。对于各个主题内的研究论文，我们以"述"为主，所谓"评"主要显示在为该主题选择的概述框架，这些框架是由特定的概念、观点构成的，这些框架对于多数论文是合适的，少部分论文则需要参考相应的论文才能理解该框架的意义。限于篇幅和我们的能力，述评在研究成果的取舍上难免挂一漏万，在论点概括上亦可能以偏赅全，需要准确完整地了解相应研究的读者，请阅读原文，我们在脚注中已经标出了每篇论文的出处。

一、生活论德育研究

生活论德育研究总是和道德教育的工具化、外在化和知识化等现代征候的批判关联在一起，实际上就是对知识化、工具化和外在化道德教育的批判和矫正。生活论德育主张道德教育应当回归生活世界，道德教育的根本作为就是引导人进行生活的建构。在生活论德育的研究中，研究者们关注的焦点主要集中于生活论德育的根本作为问题、生活论德育与生命关怀问题、生活论德育的理性进路问题等。

第一，生活论德育的根本作为。

王啸先生认为，"人在社会中生活"意味着是"人"在生活，而不是"社会"在生活，在价值论上"人"高于"社会"；它也表明人的生活无法脱离"社会"，那种离开"社会"的生活是不可想象的。因此，"人在社会中生活"是考察道德教育功能的主线。"人在社会中生活"具有三个向度，即社会的、个体的和生活的。就道德教育与社会的关系而言，它主要表现为正义功能，侧重于好公民的培养；就道德教育与个人的关系而言，它主要表现为意义功能，侧重于好人的培养；就道德教育与生活的关系而言，它主要表现为幸福功能，侧重于创造幸福生活①。道德教育的正义功能表现为培育人的民主意识、人权理念、公共理性和公共责任。人们需要正义是为了更好地实现人生的意义，追寻生活的意义是人的本然的存在方式。那种唯理主义的道德教育抹杀了人的精神向度，现在则需要建构一种侧重人性的全面的道德教育模式。道德教育的意义追寻需要道德教育人性化，这就是说，道德教育不仅要尊重人，而且要培养完满人性的人，培养个性化之人和创造性之人。现代道德教育是一种创造人生意义的精神实践和可能生活，赋予学生个体生命成长的意义，正是道德教育存在意义的体现。道德教育还应当有助于引导人创造幸福，创造幸福是人生活的根本目的。在生活德育的视阈中，引导人选择和建构好的生活方式是道德教育的目的。好的生活方式自然包括幸福和德行两个方面。道德是为着人而存在的，它的存在不是为了对个人进行控制和不必要的干预，而是要引导人过更好的生活，关注人生的幸福是道德教育的应有之义。追求幸福的生活也是人的道德权利。道德教育的正义功能、意义功能和幸福功能，从某种意义上说，都是讨论道德教育的作为。这里所谓的功能不是指社会学意义上的客观结果，而是指人们对道德教育的结果预期，是人们对道德教育作为的理解。

鲁洁教授认为，道德和道德教育的核心问题就是"怎样去做成一个人"的根本生存方式问题，而不是具体行为规范问题②。道德、道德教育的根本作

① 王啸. 人在社会中生活：道德教育的三重功能 [J]. 教育研究，2010 (6).
② 鲁洁. 道德教育的根本作为：引导生活的建构 [J]. 教育研究，2010 (6).

为是在引导我们以人的存在方式去生活。道德教育回归生活，究其根本而言就在于使其回到人自身，回到成人之道的原点上来。在生活论的视阈中，道德教育就是要帮助人用道德作为参照点来确定生活的方向和道路，使人得以自觉设定和筹划自己，使原本自然的、本然的存在方式因有道德灵魂的"附体"而成为自觉和自为的存在方式，以使客观的、自在的善和主观的、自觉的善相统一。道德教育使人摆脱自然性，使偶然之人成为必然之人。人的生存只是一种自发性的存在，生活则从根本上有别于生存，生活乃是人的自我生成的过程。人只有在生活中才能认识到自己的属人特性，认识到自己的自由本质。不仅如此，人只能在各自生活的建构中生成为人。因此，生活乃是人的自我创造，人在生活中生成。人通过他的生活建构活动，不仅仅构建起了他所选择的生活，同时也构建了他自身。

基于上述对于人、生活和道德关系的理解，鲁洁教授指出，道德教育的根本作为在于引导生活的建构①。自然的人只是被抛入实存的生存性存在，他需要靠学习和经验的积累不断向人的本质回归，即成为主体建构的生活性存在。人所建构起的生活是各不相同的。教育和道德教育的引导之所以成为必要，是因为它要使人在多样的可能生活中选择和实现一种好的生活，从而创造一种更有价值、更有意义的生活，并通过生活建构活动把自己造就成一个有德性的人。生活论德育引导人去建构和重构的是一种全面、丰富的生活。德育引导的根本要旨是把人培养成自觉的生活建构者。道德学习要使人学会的是关注生活、反思生活、改变生活。所谓关注生活，就是把自己的自在生活主题化，在意识层面加以检讨和省思，使之成为自觉学习的对象。道德学习所关注的不只是生活事实，更为重要的是基于生活事实的生活意义。关注不仅仅是知性、理性的活动，还涉及情感、愿望、体验等非理性因素。关注生活还意味着对生活的关心和操心。"反思"使人得以"超越"于现存的生活，也即是"不在"现存生活中，以此生发出建构更好生活的愿望和指向。反思要探问的主题是：现在的生活还有可能使它变得更好吗？在探问中，现存的生活被打上问号，更好、更合乎人性的可能生活从问题中出现。这需要不断丰富和扩大学生的生活领域，在多种主体间的对话和交往中、在学习人类所积累的各种文化知识的过程中，拓展和转换自己的生活视阈。对于生活的关注和反思都是指向于生活的改变—改善，即生活的重构。生活重构不只

① 鲁洁. 道德教育的根本作为：引导生活的建构［J］. 教育研究, 2010（6）.

是一种思想活动，更重要的是通过行动去改变现实境遇、现实的关系。引领人以实际的活动去重构生活，这是道德教育中至为关键的一步。只有当人的现实生活变得更有意义、更为合理，也就是更有利于人之生成和发展时，生活论德育才可说是实现了它的最终目的。完成这一使命不仅需要学习者理性认识的提高，还需要他们具有相应的意愿、意志、能力和努力。

第二，生活论德育与生命关怀。

生活论德育除了在上述原理层面的进展之外，人们还探讨了生活论德育中的具体问题。从某种意义上说，王啸提出的道德教育的意义功能和幸福功能，吕前昌提出的道德教育的生命关怀以及谭斌对"面死而生"的道德教育意蕴的现象学解读，都可以看做是人们对生活论德育的具体内容的研究。

道德教育关怀人的生命，这是回归生活世界的道德教育题中应有之义。人的存在不是一种抽象的存在，而是一种生命的存在，是一种生命在生活中的具体存在。追寻生活的意义是人的本然的存在方式，追寻生活的意义实质上就是追问生命的意义。引导人进行生活建构的道德教育必定要关怀人的生命的意义。道德教育作为培养人的社会实践活动，应该对人的生命进行终极关怀，承担起提升人的生命境界、提高人的生命质量的重大历史使命。[①] 但是，近年来道德教育的工具化和功利化，遮蔽了道德教育对生命的关怀，道德教育脱离了生活世界，成为一种目标过于理想化、内容过于抽象化、方法过于知识化的道德教育，强制和灌输成为道德教育的重要方法。凡此种种，都导致了道德教育的异化，原本应当关怀人的生命、提升人的生命境界、提高人的生命质量的道德教育，却忽视了人作为生命的存在。而生命关怀本身却是道德教育的基本价值诉求。道德教育首先关注的应该是人，道德教育应该以生命为起点和基础，遵循生命的内在原则，回归生活世界，关注人的生命发展，尊重个体的自由、个性、人格与情感，引导人们认识生命的意义，指导每个生命体学会关心生命、尊重生命、敬畏生命、理解生命和珍惜生命，形成健全的人格和健康的人生态度，获得人生的意义，实现自由而全面的发展，从而实现对生命的超越与升华。道德教育要回归生活世界，必须确立起生活化的原则，使道德教育生活化，使日常生活富有道德性。道德教育应当把生命体验确立为起点，既要重视个体的生活体验，同时也要把这种生活体

---

① 吕前昌. 生命关怀：道德教育的基本价值诉求 [J]. 探索与争鸣，2010（6）；吕前昌. 悖离与重建：走向生命关怀的道德教育 [J]. 理论学刊，2010（7）.

验上升到更高的伦理层面，从而引领个体对当下生活的超越。道德教育应当把敬畏生命作为其核心内容，引导人在内心树立生命神圣的信念，尊重、理解、同情一切生命，对生命保持敏锐的感受性，使人摆脱生存的困境，实现自身的完善。这样的道德以及道德教育才是为人的存在，才能够真正凸显生命和生活的意义与价值。

谭斌从现象学的角度指出，存在问题是道德教育的根本问题，对存在之本质的思考直接指向个体对死亡的体验，道德教育应该以儿童对存在问题的思考为出发点。一方面，儿童对死亡的体验引导着儿童自身道德感的形成，这是道德教育的形而上基础；另一方面，成人对死亡的体验构成了成人对儿童的责任感，这是道德教育在存在论意义上的保障。在此基础上，谭斌通过对各种死亡话语进行现象学的描述和分析，呈现"面死而生"在道德教育中的重要意蕴，尝试寻找一种以生活体验研究为基础的道德教育。"面死而生"是道德实践及道德教育的基本保障和基本前提。在特定的情境中，选择如何去死，能够使个体真正体验到一种存在的自由。死亡现象的存在、不得不面对死亡，成为道德实践的一个重要前提，从而在一定程度上构成道德教育的基本内容，并限定了道德教育所应遵循的方法。死亡体验是道德教育的一个重要内容，与儿童一起解读死亡的意义，最终会导致儿童的感动，而这正是道德教育在情感上的根本保障①。

第三，生活论德育的理性进路。

道德教育要回归生活世界，要引导人追寻生活和生命的意义，指引人进行生活的建构，追寻美好生活，需要对先验理性化的和工具理性化的道德教育批判，需要实现由先验理性、工具理性向交往理性的转变②。在先验理性中，理性要么被视为超时空、超历史和超实在的本体以及世界与存在秩序的终极依据，要么被视为主体与生俱来的先验能力，要么被视为主体和世界共同具有的本质，要么被视为人的精神先天固有的内在逻辑。由于先验理性是一种未经反思的和自我封闭的理性，它会导致各种基础主义、逻辑控制和技术统治，以及诸多的中心主义。在道德教育上，要么坚持教师中心论，要么坚持学生中心论，这两者在本质上具有一致性，是独白的、单向度的、中心

① 谭斌. 生活体验研究：论"面死而生"的道德教育意蕴［J］. 首都师范大学学报（社会科学版），2010（2）.

② 胡良军. 走向交往理性的道德教育［J］. 西北大学学报（哲学社会科学版），2010（4）.

化的傲慢理性的产物,其中的教育者和受教育者不是平等的对话关系。工具理性在道德教育领域内的首要表现是,使得道德教育落入唯智主义的窠臼,迷失了道德教育自身所固有的人文本性。同时,工具理性化还使道德教育沦为服务于某种特定目的的工具,偏离了道德教育使人成为人的旨归。

　　基于对道德教育先验理性化和工具理性化的批判,道德教育走向交往理性、价值理性和实践理性,成为必然的选择。交往理性的特征表现为语言性、程序性和多维性,它不是排他的、单维的和独白的,而是包容的、多维的和对话的。走向交往理性的道德教育既可悬置中心,又可消解权力话语,还可彰显人文本性。一是要在交往理性的进路中实现其从"强制式灌输"到"对话式启导"、从"接收主体中心"到"去中心化的主体间性"的转向。二是道德教育要在价值理性的进路中实现其从"智性言说"到"德性叙事"、从"成才之教"到"成人之育"的跃迁。只有保持对工具理性的警惕和批判,方能不致让道德教育成为功利主义的一时之需,而成为使受教育者回归完整的人、全面发展的人之不可或缺的恒常门径。三是在保持对先验理性、工具理性批判的同时,要实现以"躬行践履"、"崇实尚行"、"形下关切"为旨归的"实践理性"对以"思维认知"、"观念思辨"、"形上诉求"为宗依的"理论理性"的超拔,要在实践理性的进路中实现其从"理论世界"到"生活世界"、从"文本依赖"到"实践诠释"的嬗变。生活世界才是道德教育的根基,道德从根本上说,是人类共同体在生活世界(社会世界)中进行活动与交往的一种实践理性表达与价值理想诉求,是人们在社会生活中的行为准则与行为规范的总和。缺少生活世界根基的道德教育是无法理解的①。

　　值得一提的是,冯文全教授曾在2009年第11期的《教育研究》杂志上以"关于'生活德育'的反思与重建"为题②,对生活德育进行了批判,认为生活德育是一个极端的提法,否定了学校德育的作用,违背了青少年品德成长的基本规律,并且尝试摆脱政治教育的影响。高德胜教授就此逐一展开了反驳,试图澄清生活论德育中的一些基本问题③。这是2010年道德教育研究领域少有的学术争论之一。

　　① 胡良军. 当代道德教育的三重理性进路 [J]. 陕西师范大学学报(哲学社会科学版),2010(1).

　　② 冯文全. 关于"生活德育"的反思与重建 [J]. 教育研究,2009(11).

　　③ 高德胜. 为生活德育论辩护——与冯文全教授商榷 [J]. 教育研究,2010(9).

二、价值多元与道德教育研究

作为道德教育研究的一个重要议题，价值多元之所以持续受到关注，和当前学校道德教育"话语权"式微密切相关①。在价值多元的背景下，当教育者要求或希望受教育者采纳特定道德价值时，其话语的权威到底还有多大？换言之，道德的权威还有多大？由此不难推出道德教育面临的两个"困境"或"问题"：在实践上，社会主流道德价值弱化；在理论上，陷入道德相对主义的圈圈②。

可以发现，国内几乎所有研究价值（文化）多元背景下的道德教育的论者，都不接受道德相对主义——否定存在着普遍有效的、客观的道德标准。道德相对主义的论证通常取决于两个论点③。第一，多样性论点：不同的价值间不可公度，不同的文化间无法比较优劣，即价值或文化多元论；第二，依赖性论点：一个行为在道德上是否正确，取决于行为所发生的那个文化或社会的性质。显然，拒斥道德相对主义的论者有两种选择，要么不接受价值多元论，把道德判断的有效性建立在某种"至善"或"自明"的价值上；要么否定道德判断的有效性依赖于特定的价值、文化，即道德原则在某种意义上独立于具体的价值欲求或文化类型。据此，可以把本年度的相关研究分为两类。

第一类，在否定价值多元论的基础上探讨普遍有效的道德标准，进而阐述道德教育主张的研究。这类研究多强调作为精神价值的道德价值要优越于其他价值，研究者持有的是不同程度上的价值一元论。

从传统文化中寻"根"。有论者从儒家"万物一体"（仁爱）的思想中开掘道德教育的根本所在④，该文将道德教育分为规范的训育和培养的"德育"，以及理想与信仰教育的"道育"，道德教育尤其是指使人领悟、尊崇并在生活中落实"道"。德有多样，道当一元，然而在价值多元的冲击下，导致价值困惑、价值乱象，似乎有多种"道"并存。论者认为，道德教育应当反"本"寻"根"，传统儒家"万物一体"的仁爱思想与仁教策略不仅可以为个

---

① 王传峰. 当前我国学校道德教育话语权的式微 [J]. 教育科学研究，2010（5）.
② 冯永刚. 多元文化背景下道德教育的困境及应答 [J]. 教育理论与实践，2010（2）.
③ 徐向东. 自我、他人与道德 [M]. 北京：商务印书馆，2007：60.
④ 彭正梅. 道德的力量从哪里来——儒家"万物一体"论对道德教育的"根"的作用 [J]. 教育科学，2010（6）.

体道德教育奠定基础，为个体道德提供内在力量、神圣性和绝对性，同时也可以为社会奠定一种价值纽带，一种共同的理想和信仰。万物一体、仁爱的确是一种超拔的精神境界，与多元共存的道德原则具有一定的相容性，然而这样一种超拔的境界如何能为互竞乃至冲突的价值诉求提供道德原则与规范，的确也十分困难。道德教育之"根"可不可以有多个？论者提到转型时代的当代中国社会有三种基本力量：崇尚平等和公平的马克思主义之道，强调人权、生态、民主与法治的世界之道、强调"万物一体"的儒家传统之道，并认为儒家万物一体论应当是应对困境中的道德教育之"正确的方向"。如何理解并整合这三种跨度极大的价值体系是一项重要的课题，它们能否整合成统一的"道育"并不明朗。

在崇高处寻"核心"。道德价值是多样性的还是多元的？有论者从善的级序提出，在多元文化发展中，道德教育应当追求的是"一元多层"①。道德是与人性关联的善的实现活动，人性被分为自然性、社会性和神圣性三个层次，分别名之物性、理性和圣性，因而推演出如下的价值级序：圣性最高善、理性基本善和物性底线善。其中，"圣性"是各种崇高品质的合体，圣性崇高善是一元的核心价值、最高价值；理性善大致对应于以自利为动机、表现为互利合作的社会道德规范，主要是公平正义；物性善则是人的自然本性所欲望的东西，主要体现为快乐。三种价值善呈现为以圣性崇高善为核心的一元多层格局。论者既反对把圣性崇高善当做唯一善的过时的德育，更反对把不同层次的价值善"混"为多元关系的庸俗的德育，认为在多元文化发展中的现代中国道德和德育应该形成一元多层的目标、价值和方式。即以圣性最高善为核心价值取向，全面追求圣性最高善、理性基本善和物性底线善和谐统一的多层面的目标、价值和方式。成问题的是，圣性崇高善恰是多元的，它并不比公平正义或快乐更加一元。价值多元论特别是指在人生根本目标上存在不可公度的多元性，价值一元论并不能告诉我们所有人都应当实现的终极人生目标是什么。其次，在道德价值上，普遍有效的"一"并不等于价值上的"高"。对于当下中国道德教育而言，"崇高的"、"基本的"、"底线的"三者之间是什么关系，何者具有优先性，尚是需要研究的重要问题。

从价值论的绝对与相对关系中寻求"辩证统一"。有论者从价值哲学的视

---

① 郝文武. 多元文化发展中德育的终极关怀与多层面价值和方式——兼论当代中国德育哲学的变革 [J]. 华东师范大学学报（教育科学版），2010（6）.

角探讨了多元文化背景下道德教育应坚持的价值论①。作者分析了两种影响道德教育的价值论立场，一是传统绝对主义价值论的合理性及其当代适应性缺陷，一是西方现代主流价值论（即价值相对主义）的优势与理论困境。对于社会道德规范而言，道德价值具有客观性（绝对性），对于个体而言，其主体性选择过程又具有主观性（相对性）。故而，道德教育应坚持的价值论立场当是动态选择与静态价值的辩证统一。道德教育在于培养道德主体，生成改善道德生活的真正的道德人，而非简单的道德律令接受者，道德教育在于培养道德主体的价值判断与选择能力。论者在对待道德价值上是"弱的"价值一元论，因为只有人们愿意选择的、值得追求的道德价值才能赢得人们的自愿信奉并躬行。换句话说，道德价值并不像一些人所坚持的那样代表着神圣不变的秩序。可以发现，本研究具有杜威式"进步主义"的道德教育价值论。

从直观体验中寻"明察"。 或许道德并不像理论上那样复杂，如同康德所讲的一个平常的善良理性都能发现它。有论者认为直观的道德体验便可以为道德教育奠基，该论点是从舍勒的质料伦理学的分析中加以阐发的②。道德虽然依赖于价值判断，但人类认识价值的方式不是理性抽象而是情感的直观体验，道德价值作为直观的内容而被给予，即类似于孟子所言"恻隐之心"式的伦常明察。伦常明察是道德价值的直观、洞见，它把对善的价值经验回溯到最初的意义上去，道德价值秩序奠基于人类普遍而深厚的爱的情感，因而并不存在相对于特定个体或文化的多元性。如是，价值多元便不能消解道德存在的绝对性，"多元"是建立在文化基础之上的，而用现象学方法还原至直观对象之后，道德的存在是跨文化的普遍趋同的人类情感体验。于是在这个在多元性中几乎丧失了方向的时代里，基于人性的最为可靠的道德与道德教育的起点只能是"心的直观"。基于此，道德教育应该摒弃相对主义的伦理观，重视直观道德体验对于道德建构的意义，重点是道德教育中的情感因素特别是对学生价值感受力的培养。然而，尚不明朗的是道德教育中的情感体验如何兼容于道德判断中的认知维度，进一步，舍勒式的在道德价值上追本溯源的价值一元论又如何应对价值多元的基本事实，也是亟待研究的问题。

第二类研究是在不否定价值多元论的基础上探讨普遍有效的道德标准，

① 刘丙元. 多元文化背景下德育的终极关怀与多层面价值和我国学校道德教育应坚持的价值论 [J]. 全球教育展望，2010（3）.

② 娄雨. 伦常明察与道德教育的奠基——舍勒价值现象学对道德教育的启示 [J]. 首都师范大学学报（社会科学版），2010（4）.

进而阐述道德教育主张的研究，重点在于如何处理道德的文化（价值）依赖性问题。即如果我们合理地接受价值多元论，又如何能够避免道德相对主义。

普遍性的道德价值与特殊性的道德文化。道德文化的确存在着事实差异，但这是否就意味着人类没有某些共同具有的道德价值呢？有论者从道德价值的普遍性与特殊性视角探讨了道德与文化的关系，提出了"类道德价值"的概念①。在类道德价值范畴中既存在特殊性和时代性的东西，同时也存在普遍性和永恒性的东西。前者是指各个民族和国家在具体历史时期的道德理论和具体伦理实践，它们在某些方面不同于其他民族和国家的道德理论和伦理实践；后者是指各个民族和国家经过长时间的实践而认识到的共同道德底线，是为了维系人类作为一个族类存在下去而必须遵守的责任和义务。作者认为，在道德教育中，类道德价值的发展不同于传统一元论的道德霸权，它是在平等、民主、相互尊重的基础上，通过多元对话来实现的。这就要求我们必须平等地善待不同民族、社会和群体，通过对话和协商，实现人类社会的共同进步。值得注意的是，"类道德价值"主要是指社会公德，而不是个体私德；主要是指维系社会运行的基本道德原则和规范，而不是终极性的价值。因而它相对于特定道德文化类型，仅仅具有"弱的"依赖性。

公共生活与个人生活的领域分化。如果人生目标这样的根本价值是多元的，道德规范是否可以独立于个人生活而具有有效性呢？有论者从后现代主义对传统形而上学的整体主义的批判中试图阐明价值多元而共识何以可能的问题②。该研究虽然不是以道德教育为直接的研究对象，但它提供了一种不同于教育学中把道德教育理解为人生价值观教育的视角，其核心观点是"领域分化"、"边界意识"：自觉地确立起一种领域分离意识，在公共领域与私人领域之间划清界限，确立群己边界。关于人生意义、人生目的和人生价值的问题完全属于私人的信仰，个人坚持何种价值信念，秉承何种生活态度完全属于他一己之事，没有任何外在力量提供先定的价值知识。如是，公共生活领域的道德规范就可以不依赖于个人生活的价值选择而建构，这种使道德祛价值之魅的观点显然与众多教育学者的古道热肠、浪漫情怀不合，但它确实提出了一个非常现实的问题：学校道德教育中，公德是否应当优先于私德？

---

① 杨韶刚. 道德价值的文化溯源与道德教育 [J]. 思想教育研究，2010（1）.
② 闫顺利，郭鹏. 价值多元何以可能——后现代主义的价值困境及其消解策略 [J]. 伦理学研究，2010（3）.

公共价值与个人价值。公共生活能够超越个人的价值偏好和利益取向，提供道德生活的形式吗？有论者在批评学校价值教育因个人化而被"稀释"其道德内涵的基础上，提出了公共价值教育何以必要的问题①。在现代性的多元主义和相对主义的社会和文化背景中，价值教育的重心发生位移：价值教育的重心放置在个体对私人生活领域中的价值及其选择方式上，价值指向个人生活的私人领域，而非公共生活领域，价值成为个人偏好与个人倾向性。忽视了普遍性的公共价值的认同感与归属感的培养。相对于促进个人的自我生活的价值叫做个人价值，促进个人的公共生活的价值就是公共价值。公共价值表现在共同生活和公共生活中。尽管公共价值的承担主体是公民个人，但是它是所有公民共同追求的价值，是普遍的价值。区别于那些来自不同传统、不同习俗和不同社会背景的第二性价值，公共价值是第一性的价值。第一性的公共价值的实现是每一个人生活福祉的根本需要，因而是基础的、普遍的，包括正义、公平、自治、政治平等、希望，和平、生活中免除恐惧、公民友爱、公共安全、参与、认可、尊重等。公民的价值教育的目标是保护和促进人的基本能力和人格的健全发展，在此基础上，培养实现公共生活道德实践的公民美德与公民风范。

"对"与"善"。如果我们根据"善"（价值）定义什么是"对"（道德），而价值善又是多元不可公度的，那么我们就无法判断什么是道德上正确的行为。相反，如果"对"不依赖于"善"，那么一种兼容价值多元论的道德原则便是可能的。有论者从政治自由主义视角论述了什么是普遍有效的道德原则②。价值一元论的道德理想是"善"优先的"吸引式"的道德，乃古代人的道德；价值多元论的道德理想是"对"优先的"命令式"的道德，它是现代人的道德。价值多元论说明伦理生活包含有无法合理解决的价值冲突是一个我们必须接受的事实，而不是某种我们为了理论的一致性而应该清除的东西。故此，我们首先应该思考的问题不再是"我如何能过上良善生活"，而是"我们如何生活在一起"。进而作者认为不是伦理学为政治哲学奠基，而是政治哲学为伦理学提供一个框架。只有在这样的框架下，对"良善生活"的实践才是可能的。这个政治哲学的框架就是罗尔斯论述的政治自由主义，

---

① 金生鈜. 公共价值教育何以必要 [J]. 华中师范大学学报（人文社会科学版），2010（4）.
② 王艳秀. 价值多元论与伦理学的政治哲学转向——兼论政治自由主义与价值多元论的相容性 [J]. 伦理学研究，2010（3）.

这个政治社会并不是完全"中立的",而是一个接受了自由、平等、公平、互惠等现代基本理念的现代社会。因此,与价值多元论相容的、能够很好地解决多元价值冲突的社会,其普遍而基本的道德价值就是以正义为核心的自由、平等、公平、互惠等观念。这些普遍性的价值观念实质上就是公民美德。有论者详细地论述了四种公民美德:正义感、文明礼貌、宽容和爱国主义①。这些美德具有两个明显的特征,即公共性和政治性。在政治哲学的方向上,研究价值多元背景下的道德教育即与公民道德教育研究合流。

三、公民道德教育研究

公民道德教育研究主要探讨以下几个问题:从历史文化的角度以及与政治教育、品德教育比较的角度,廓清公民教育的内涵;基于对公民生活领域的划分建构公民道德的基本维度和内容;公民价值教育对于公共生活的意义,公民道德教育对于和谐社会建设的作用;中国传统伦理文化资源对于公民道德教育的作用。

第一,公民教育的内涵。

檀传宝教授认为,公民既是一个特殊性的概念,又是一个普遍性的概念。公民身份的特殊性表现为历史特殊性和文化特殊性。从历史演变的角度来看,很多学者认同马歇尔在《公民身份与社会阶级》中的观点,即公民身份主要包括公民、政治和社会三大要素。以此作为分析框架,可以看出在历史演进中存在三种形态的公民身份,即拥有公民与政治权利的公民、拥有公民与政治以及社会经济保障权利,以及拥有公民、政治、社会经济保障、良好环境权利的公民。从文化的角度来看,公民身份又有着"属地主义"与"血统主义"之分。前者以法国为代表,强调的是自由主义的公民传统;后者以德国为代表,强调的是保守主义的传统。公民身份界定影响着公民教育的内涵,公民教育的一个重要的维度集中在对于国家或其他共同体的忠诚、团结等共同体成员美德的培育上。"血统主义"国家希望用血统来达到国家的团结和确保国民对于国家的民族认同。"属地主义"国家则希望将居住在自己国土上的人"融入"共同体的方式去塑造本国公民②。

---

① 吴俊. 论公民美德 [J]. 哲学研究, 2010 (3).

② 檀传宝. 论"公民"概念的特殊性与普适性——兼论公民教育概念的基本内涵 [J]. 教育研究, 2010 (5).

公民概念的普适性既可以从否定性的层面理解，也可以从肯定性的角度理解。尽管在不同历史时期和不同文化背景中的公民、公民教育概念存在着特殊性，但是从否定性的角度来看，一个基本的共识就是"公民不是从属于他人的没有独立人格的'私民'"，"公民不是公共生活中完全被动、消极的人"；"公民不是臣民"①，这意味着公民教育要拒绝培养奴仆人格和消极退缩的私民。从积极的层面上理解，人们对公民身份的理解存在着普遍的一致性，即公民身份首先要确认和确保公民的个人自由和权利，要确保公民法律和道德的双重或者多重身份，公民身份的边界包括国民意义的公民身份，次国家意义上的社区公民和超国家意义上的世界公民等身份。公民身份的形成必然意味着适切的公民教育理念与实践模式的建立。

公民教育与政治教育。檀传宝教授认为，公民教育的界定应当包含造就公民的教育、对公民的教育和通过公民的教育②。王东强认为，公民教育虽然可以追溯到古希腊，但是公民教育概念的提出却是民族国家兴起以后的观念，最早由德国的凯兴斯泰纳明确提出，"政治教育"则是缘起于政党的政治工作，两者在逻辑起点、基本内涵、性质特征、主要内容、实施方式上都存在着差异。从逻辑起点上看，公民教育的逻辑起点是公民社会；政治教育的逻辑起点则是阶级意识形态。从基本内涵上看，公民教育是传递公民知识，培养公民意识、社会参与能力以及良好的公民品性的教育；政治教育则关注政治文化、政治素质的培育，凝聚社会力量推进社会文明。从特质特征上看，公民教育具有基础性、广泛性、层次性、渗透性、隐蔽性的特点；政治教育则具有阶级性、文化性的特点。从内容上看，公民教育主要包括爱国主义教育、法制教育、公民意识和个人道德品质教育、权利义务教育、价值观教育和历史教育等；政治教育主要包括爱国主义教育、社会主义教育、党的方针、政策、路线教育等。从实施方式上看，公民教育往往依托于以"个人—社会—国家"为轴心的公民教育目标模式，学校是公民教育的主要阵地；政治教育方式众多，基本上都具有"灌输"的特性。其实，在看到上述区别的同时，人们也能够从价值取向、教育内容、发展趋势上发现两者之间的内在联系。③

---

①②　檀传宝. 论"公民"概念的特殊性与普适性——兼论公民教育概念的基本内涵［J］. 教育研究，2010（5）.

③　王东强. 论公民教育和政治教育的关系及当代价值［J］. 中国德育，2010（3）.

公民教育与品德教育。公民教育与品德教育既有着共享的区域，也存在边界上的差异。公民教育和品德教育的共享区域表现为：都与道德问题相关，可以互相促进；在当代学生品德成长的意义上，两者都不可或缺；在教育内容上存在着共通面，譬如都强调道德知识教育，在所要培养的道德品质方面存在重叠和共享区域。但是，公民教育和品德教育存在着重要差异，在现实当中却在一定程度上受到人们的混淆和忽视。公民教育与品德教育差异表现为：学术传统上，前者源自英国学者马歇尔的公民权利理论，后者源自英美20世纪90年代的品格教育运动思潮；教育目标上，前者强调培养学生的民主价值观，培养好公民，后者主张培养学生成为好人；存在形态上，前者以课程形式存在于学校之内，多局限于教材范围，后者不局限于学校和教材，涉及校内外与道德有关的情境；在教育方式上，前者关注社会性知识以及民主社会生活技能，后者通常包括日常道德实践、角色榜样示范以及精英教育；在教育结果上，前者侧重于理解，后者侧重于确定品格的养成；在学段分布上，前者要晚于后者[1]。

第二，公民道德及其表现领域。

要明了公民究竟应当具备哪些道德素养，就必须对公民的公共生活领域进行划分，从分析的角度建构公民道德。在这个问题上，学者们多采用马歇尔对公民身份理论的划分，提出市民领域、政治领域和社会领域。金生鈜教授的划分则强调公民个人的公共生活表现领域。

基于马歇尔传统的分类，既表现在公民权利也表现在公民义务的理解上。檀传宝引用马歇尔的观点，将公民权利划分为三个方面：公民权利、政治权利、社会权利[2]。余维吾认为，一般意义上理解的公民权利主要包括市民权利，如言论自由和宗教自由的权利；政治权利，如选举权和被选举权；社会权利，如接受公共教育、卫生保健、失业保险、养老抚恤的权利。[3] 不难看出，这些分类的基本依据都来自于马歇尔的公民权利理论。余维吾还把民主公民的基本德性分为一般德性、社会德性、经济德性、政治德性，一般德性

---

① 卜玉华.试析学校公民教育与品德教育的共享区域与差异边界 [J].教育理论与实践，2010 (9)。

② 檀传宝.论"公民"概念的特殊性与普适性——兼论公民教育概念的基本内涵 [J].教育研究，2010 (5)。

③ 余维吾.公民教育与公民道德教育——对当前我国公民教育与公民道德教育的一种解读 [J].思想理论教育，2005 (7－8)。

如勇气、遵纪守法、忠诚等,社会德性包括独立性和开放精神等,经济德性包括职业伦理、节制与自制(延缓自我满足)等,政治德性如辨明并尊重他人权利的能力,评价公职人员表现的能力,从事公共讨论的能力等①。上述理解都是将公民生活的领域划分为公民领域、政治领域以及社会领域。

金生鈜教授认为,公民的生活其实是与他人的共在,公民的公共生活内在于个人生活之中,公民个人的公共生活表现领域包括国家领域、私人领域、市场领域和公众领域。公共生活领域不单纯是一种社会领域,也不单纯是完全脱离个人生活的政治生活,它把部分市场领域的生活以及个人生活的一些品质的行动也看做是公共生活的形式,因此,公共生活的范围不仅仅局限于政治领域和公民组织。从四个领域来理解公民的公共生活,实际上整合了公民的生活实践,将公民的多种生活领域和多种行动领域联系起来,而不是把公民的生活截然分离为私人领域和公共领域,不是把私人领域看做与公共善的促进无关的领域,也不是把公民的公共生活仅仅限于政治领域。公民生活的四个领域都依赖于公民面向公共生活的实践活动,国家领域中的正义、公共领域的自治、市场领域的有序和公平、私人领域的节制和得当,都是公民的公共美德②。

对公民道德表现领域的划分让公民道德具有诊断学的意义。余维吾根据对公民权利和公民义务的领域划分,检讨了我国公民道德教育中存在的问题。这些问题表现为首重公民义务的教育。参与共同体生活的权利必须优先于责任,也就是说,只有在参与权得到保障之后提出履行责任的要求,才是恰当的在西方语境中的统一的公民权利与公民责任的教育,在中国被简化为公民义务教育。我们的公民道德教育侧重的是公民义务而非公民权利的教育。除此而外,公民道德教育的重心更多地集中在前述划分的前三个方面,却忽视了对于民主社会而言最为核心的政治德性。正是质疑和批判权威的能力,以及从事公共讨论的能力,构成了公民德性理论的最重要的特点。因此,我们的公民道德教育,从另外一个角度看,其实重视的是服从的价值。

与上述基于对公民生活领域划分建构公民道德不同,有学者根据西方公民学中的公民不服从理论,探讨了公民不服从与公民道德教育。与余维吾的

① 余维吾.公民教育与公民道德教育——对当前我国公民教育与公民道德教育的一种解读[J].思想理论教育,2005(7-8).
② 金生鈜.公共价值教育何以必要?[J].华中师范大学学报(人文社会科学版),2010(4).

观点一致，严从根认为，我国的公民道德教育过于强调了公民服从的义务，不太强调公民不服从的权利，几乎完全忽视了公民不服从的公民道德意蕴。所谓公民不服从，并不是一般的反抗和不服从，而是指一些公民以自己的良心判断为基础，诉诸多数人的正义，对被自己判断为已偏离正义的政策、制度或法律的公开违反，以期达到纠正不正义的目的。作者认为，公民不服从是一种公民道德行为，培养具有不服从品质的公民，理应成为公民道德教育的重要一维。首先，公民不服从是一种积极参与政治的公民道德行为。其次，公民不服从从不反对整体的制度，只是希望通过公共论坛纠正某种非正义，它是一种体现公民道德理想的行动。最后，公民不服从的非暴力特征突出体现在它对和平的追求。如果公民不服从是公民道德的重要维度，那么学校教育中也应当相应关注公民不服从的教育。学校公民道德教育不仅要允许学生一定限度的不服从，甚至要创造一些不服从的机会，让学生在不服从中习得公民道德，学会公民不服从。如要尊重学生的不服从权利，学校公共生活需要民主化。学校公民道德教育要从三个方面培养公民不服从品质：第一，觉醒学生良知；第二，引导学生形成公共意识，养成运用公共理性进行正义思考的习惯；第三，培养学生为了实现正义而进行公民不服从的勇气和审慎的品质[①]。

第三，公民道德/价值教育的意义。

金生鈜教授认为，公共价值在引导公民个体美好生活和公共美好生活方面具有重要的作用。公共价值是公民在共同生活中共享的、在理性上共同认可的价值。公民的公共生活的实践必须选择和认同公共价值。公民所具有的公共价值观，表达了一个社会在公共生活中的什么是值得追求和实现的，什么是值得敬重的。一定意义上说，公共价值的认同和实践是公民的道德实践的内容。公共价值是普遍的，对公共价值的认同是公民的价值承担的普遍义务。否认或拒绝公共价值，就会消解个人的价值承担的公共维度和道德维度。塑造公民的公共价值观是促进文明社会的道德建设和公民生活的福祉的必需条件。没有对公共生活的价值承担的教育，公民的道德品格的发展是非常困难的。只有通过公共价值观的教育，公民才能理性地形成公共价值认同，才能在公共生活中付出符合价值的行动。教育必须包含对于公共生活的实质性价值的教育，仅仅程序性的价值教育根本就不是价值教育，它放弃了对公民

---

① 严从根. 公民不服从与公民道德教育 [J]. 全球教育展望，2010 (11).

的价值引导的责任。公民的价值教育的目标之一就是保护和促进人的基本能力和人格的健全发展，在此基础上，培养实现公共生活道德实践的公民美德与"公民风范"①。

冉亚辉认为，中国公民社会的形成依赖于公民道德教育，公民道德教育在和谐社会的构建中起着独特的作用。和谐社会中的道德，从根本上表现为公民道德，公民道德以社会主义核心价值观作为指导。公民教育必须从培养公民道德入手，最终达到全体成员的和谐。因此，公民道德教育必须要注重公民人格的养成，要培养公民的现代人格，消除传统的熟人道德。公民道德教育要重视社会私德与公德的和谐接轨，要帮助个体树立平等、民主、正义的价值观，促进私德与公德的共同发展，消除两者之间割裂和对立的基础。公民道德教育要注重法治国家构建的基础的构筑，要注重公民素养的形成，涵养公民的民主、平等、公正、责任等品格。同时，公民道德教育还应当注重社会公共精神的养成。公民道德教育的目标之一在于通过平等的现代公民价值观，呼唤个体的公共精神，并通过国家制度建设，促进社会公共精神的发育和形成②。

刘志山等则认为，公民道德对于和谐社会建设具有意义。和谐社会是社会的各种要素和关系相互融洽的状态，它涵盖了人们的经济生活、政治生活、文化生活和日常生活。和谐社会必然是一个有序的社会，人与自然、人与社会、人的身心之间的关系是以社会秩序为保障的。道德生活是一种超功利的精神生活，道德生活是有关人们利益关系的实践理性生活，是追求人格完善和人生幸福的创造性生活。道德教育的作用就是规范和引导日常生活，使人们在追求幸福中过上一种有道德的生活。和谐社会公民道德生活的基本导向就是要引导人们过一种和谐的、有道德的生活，这也是和谐社会公民道德教育的主要目的。具体而言，要通过生态伦理教育培养人与自然和谐发展的价值取向；要通过政治/经济伦理教育培养人与社会、人与人和谐发展的价值取向；要通过文化伦理教育培养人的身心和谐、全面自由发展的价值取向③。

第四，传统思想文化资源与公民道德教育。

正如檀传宝教授对于公民具有的历史、文化特殊性以及普遍性的分析所

① 金生鈜. 公共价值教育何以必要？[J]. 华中师范大学学报（人文社会科学版），2010（4）.
② 冉亚辉. 公民道德教育在和谐社会构建中的作用 [J]. 南通大学学报（社会科学版），2010（4）.
③ 刘志山，胡跃娜. 和谐社会公民道德生活探讨 [J]. 伦理学研究，2010（2）.

指出的那样，对中国社会的公民道德具体而言，一方面我们不能脱离我们的历史文化传统，另一方面我们也不能忽视人们对于公民道德教育的普遍性理解。那么，究竟如何看待中国传统伦理资源、文化资源在公民道德教育中的作用？这大致形成了两种不同的观点，一种认为传统伦理文化资源与现代公民道德教育相容，另一种则认为相冲突。

王鹏在分析了中国近代公民教育推进所遭遇的困境的历史、社会和政治原因之后，从中国传统德育的视角剖析了公民教育的本土化选择。王鹏认为，首先，从人性论出发阐释传统德育与公民教育的一致性，中国传统德育资源普遍强调德育的必要性，重视外在教化过程对个体道德的养成作用。在公民教育本土化的进程中，公民教育在内容上必然更多地强调个体道德的养成，在形式上必然更多地借助外部灌输，在目标上也将更多提及人性中"善"的回归。就此而论，中国传统德育可以为现代公民教育提供重要的思想资源。其次，从人伦关系着眼，可以推进公民教育的本土化。传统道德教育中的"关系本位"思想对于现代中国公民教育具有方法论上的借鉴价值。传统人伦关系思想虽然对公民社会的形成在一定程度上构成了某些障碍，公民关系不是抽象关系，公民关系首先是从人际关系开始的。在这个意义上，中国社会的人伦关系也对现代公民道德教育的推进起到一定的积极作用。最后，中国传统社会中的道德情感因素对公民教育的本土化选择也有着积极意义[①]。

冉亚辉认为，中国社会独特的历史文化和现实境遇，导致了熟人社会和熟人道德。所谓熟人社会，就是在熟人/生人面前呈现不同的道德标准。个体在熟人面前讲道德、遵从道德、以道德行为为荣；而在外人面前则无视道德规范，道德标准大大降低。所谓熟人道德关系，则是指人们在处理与他人的关系时，在道德观念意识上以是否与自己相熟作为价值判断的尺度，对相熟和不熟的人区别对待，适用不同的道德规范准则，采用不同的行为，进而形成了一系列相应的道德行为习惯。不难看出，这样一种道德关系是境遇性的，而不是一种可普遍化的道德关系。它所必然导致的严重后果就是社会公德的缺失，这将成为和谐社会构建中的巨大障碍。因为现代国家构建于公民之上，现代国家的正义基于公民对正义的理解和社会主流价值倾向之上，现代社会需要的是构建以平等、民主和正义为基础的公民社会，而不是强调个人身份以及不可普遍化的道德准则。公民社会的建设内在地要求公民追求平等和正

① 王鹏. 本土化视域中的公民教育及其概念解构 [J]. 中国德育，2010 (3).

义，公民社会构建的基础就是公民道德。熟人社会的内外有别将会导致公民个体的认同危机、漠视他人、社会分裂、道德标准多重化。熟人社会和熟人道德从根本上来说是一种私人的立场，缺乏公共理性精神。当公民不能将自身的权利寄托于政府的保护之下，而只能寄托于熟人社会加以维护时，我们就无法发展一种现代民主公民社会所要求的品格。这也决定了当前公民社会建设迫切需要在国家法律政策层面构建公平和正义，需要建立国家道德荣誉体系，建立国家层面的道德维护保险措施，并且重视推进健康的网络文化[①]。

四、德性伦理与道德教育研究

在道德教育研究中，作为道德教育哲学基础之伦理学的研究似乎一直未曾受到应有的关注。例如，如果我们不清楚现代道德哲学中所谓德性伦理的复兴，在讨论美国品格教育的"复兴"时就不一定能切中要点[②]。美德伦理学的复兴是当代伦理学发展中的一件大事，倡导德性伦理的美德伦理学对现代道德哲学的批评引人注目。道德不同于美德，在现代，"道德"主要是指由那些规则或者规范构成的体系，在这个意义上，有人称之为"规则伦理学"或"规范伦理学"[③]，主要代表康德伦理学（义务论）和功利主义（后果论）。

现代道德哲学的核心问题是"什么是正确的行为"，而美德伦理学要回答的核心问题是"我应该成为什么样的人"，二者的差异主要有这样几个方面[④]：第一，美德伦理学关注的焦点是有美德的人，而不是行动的道德原则、规范；第二，美德伦理学评价的是个体，而不是行为；第三，美德伦理学认为道德上的善和非道德价值有很强的连续性，如幸福、人生目标，而不把道德上的善看做孤立的领域；第四，美德伦理学强调个体生活环境的重要性，强调个人幸福对整体环境的依赖性，而不把个人看做是具有独立意志的个体。德性伦理在道德教育上的应用，主要就反映在这些方面。

道德教育是行为及其规范的教育还是德性培养？有论者从道德价值的载

---

① 冉亚辉．公民道德教育在和谐社会构建中的作用［J］．南通大学学报（社会科学版），2010（4）．

② 肖怿．从美国新品格教育谈我国学校道德教育效能的提高［J］．南华大学学报（社会科学版），2010（2）．

③ 严格地说，规范伦理学是指与元伦理学及应用伦理学相区别的伦理学研究领域，并不是特指现代道德哲学。

④ 徐向东．自我、他人与道德．［M］．北京：商务印书馆，2007：625．

体批评了以规范伦理为基础的道德教育，提出当代道德教育应回归德性伦理①。它包含三个论点。第一，规范伦理学（指义务论和功利主义）是基于行为、责任和规则讨论道德善恶，忽视了行为者及其动机，因而道德价值载体是"徒见规，不见人"的"非人化"。第二，以这样的规范伦理学为哲学基础的道德教育导致了"主体性缺失"的不良后果，包括道德的意义被僭越，道德教育陷入无根；道德教育的方法变成外在的手段约束、规则的教育，教育与道德疏离成为异己的力量。第三，道德教育的意义在于生成能够向善、行善的人格或者品性，回归德性不仅是对规范式道德教育的矫正，而且是当代道德教育培养真正的道德的人的不二法门。作者认为就作为"道德教育"这一活动的哲学根据而言，德性论更有其优越性，因为它更关注品质与选择，更强调道德存在于人身上所形成的稳定特征，这更有利于道德和教育在价值上的相容和融通。

如论者所言，德性与教育更加相容。然而，尚有几个问题需要着重研究：第一，道德规范或道德原则是"非人化"的？还是说它本身就奠基于并倡导人的主体性？第二，现代规范伦理学是如何对待道德德性的？如何培养？第三，在道德教育中，奠基于人生意义的非道德德性与奠基于行动规范的道德德性是什么关系？道德教育研究者必须严肃地看到，当前无论是在生活中还是在教育中，我们并没有形成良好的规范伦理。

道德教育应基于何种人性观来培养人的德性？德性伦理分外强调对完整人性的理解，而不把道德上的善看做某种孤立的人性。有论者从亚里士多德自然人性的角度探讨了德性复兴的问题及其对道德教育的启示②。首先，德性伦理对现代规则伦理的拒斥，其关键在于反对后者的抽象人性观，如功利主义的"趋乐避苦"或康德伦理学的"纯粹理性"。抽象的人性论假设看到的只是人性的某个侧面，德性伦理学则立足于"行为者"而不仅仅是行为来对道德做德性论的"还原"，它要把行为者看做是一个统一的人性整体，从而给行为评价提供前道德的评价依据。其次，论者分析了从安斯库姆到麦金泰尔再到斯洛特的现代德性伦理复兴线路，认为他们为了迎合现代人的思维方式，背离了亚里士多德式的自然主义德性观，即生物学式的人性之形而上学理解

---

① 刘丙元．从规范到德性：当代道德教育哲学的本真回归［J］．理论导刊，2010（1）；基于规范伦理学的道德教育之检讨［J］．思想教育研究，2010（7）．

② 方德志．德性复兴与道德教育——兼论亚里士多德的德性论对德性伦理复兴的启示要求［J］．伦理学研究，2010（3）．

上的古典德性观。论者详细分析了亚里士多德的基于形而上学的自然主义德性论，得到的启示是：伦理学不应该以抽象的人性论假定来仅仅研究人的行为，伦理学要关注对作为整体的人或人性的研究；同时，人不应该以独立于自然的意义来研究伦理学，独断人生的意义。最后，作者把这个思想运用到道德教育上，得到如下几点结论：第一，道德教育是源于呵护人之德性的发挥或灵魂的呈明，道德是德性的内在需要而不是外在的规则。第二，人性与德性、自然性是统一的，人性是对自然性的饱涵或呈明，这种饱涵或呈明即是德性。第三，通过把道德还原为德性，作者认为道德教育的目的不是培养"道德的人"，而是培养"德性的人"，道德教育根本上是灵魂的教育。

德性伦理在道德教育上的"复兴"的确不是说要培养孩子的德性就可以了，德性论往往需要一种对人性的整全性的学说作为基础，然而这个基础会是亚里士多德式的吗？这个问题涉及道德教育与价值多元关系的研究。

道德教育如何对待个人与集体的关系？现代道德哲学大致都具有以个人权利为起点的自由主义倾向，其探讨的主题是如何确立普遍有效的道德规范。与之不同，美德伦理学一般都强调个人生活的幸福取决于是否拥有一个好的环境，旨在德性复兴的当代美德伦理学在政治上的立场是社群主义。有论者系统地阐发了社群主义的道德教育观[①]。在伦理学上，论者分析了社群主义两个特征。第一，区别于原子主义的整体主义世界观。这种观点认为个人对于社群具有依赖关系。离开了社群，个人就不能确认自己的身份，也不知道自己的人生方向、价值目标以及职责和义务。只有在社群整体之中，个人才能拥有完整的生活。第二，公益至上的价值观。在一个有机的社群中，个人的利益和共同体的利益是完全一致的，不是我的利益或你的利益，而是共同利益具有完全的重要性。由上述两个特征，作者分析了公民教育的两个论点。第一，以培养有德性的公民为教育的目标。社群主义认为，国家就是一个为了实现某种至善或最大的公共利益而组成的政治社群。政治社群的至善或公共利益只有通过美德实践才能实现。因此，教育的目的就是培养具有美德实践能力的人，公民教育不是规范教育，而是道德教育。第二，以促进公民参与实践为教育的途径。社群主义强调人的道德能力是在后天的社群或社会生活实践中逐渐培养而成的，人们居于其中的社群就是培养美德的温床，应该鼓励青少年积极参与志愿活动及社区服务。

---

① 何霜梅. 试论社群主义的道德教育观 [J]. 中国人民大学学报, 2010 (3).

当下中国道德教育到底是应建基于群己之别的规范教育，还是应建基于个人与集体统一的美德教育？这个实践上的重大问题在理论上也是一个重要研究课题。如果我们认为中国当下道德教育的问题症结在于规范教育之累，并且提议"回到"美德教育，以回应当下的德性伦理复兴，其中的一个要点就是要弄清楚古典美德教育何以变成了现代规范教育，这是否意味着道德和道德教育的"退化"？有论者从道德教育的现代性视角考察了西方道德教育的境遇和中国道德教育的问题①。

道德教育的当代困境到底是什么意义上的困境？论者首先从逻辑上提出了这样一个问题：道德教育在古代是否存在困境？或者说，道德教育自身是否存在问题，亦即任何时代都存在困境？这样就存在两种意义上的困境。一种是现代性境遇下的道德教育困境，一种是背离现代性而产生的道德教育困境。中国的问题恰是两种困境的叠加。论者进而从古典作品中分析出如下结论：道德及道德教育的困境古已有之，古希腊伦理学肇始就发出了"美德是否可教"的疑问。具体而言，道德高尚实为少数贤人可达到的境界，"人人可以通过教育至善"乃是哲学家的道德虚构。于是推论如下：既然道德教育自身的难题总是存在的，而不是因为现时代才出现困境，因而如果把道德教育困境归结为现代性境遇，寻求一种返回前现代或古代的思路，则是没有出路的思路。具体而言，人性走向卓越并无普遍的规律，人性的卓越表现实属偶然，如果把偶然性的东西当成必然性来规划教育，道德教育的困境就出现了。

西方道德及道德教育是如何解答这一困境的？论者其次分析了启蒙运动以来致力于现代性的思想家的观点。其基本思路是：现代性用"权利"置换"德性"，在人性的低处重新构建起一个有别于德性社会的全新社会。这样古典德性概念发生了急剧变化，德性不再是指勇气、节制等，而是指基于权利之上的现代意义上的正义，即把德性等同于道德法则，把实质性的道德价值（德性卓越）置换成形式化的普遍承认（权利平等）。在道德教育上，表现为在公共领域放弃道德虚构，把道德归属于政治，不再相信人性的最高可能性，转而寻求在一个政治社会中获得普遍的正义。于是不得不降低道德的目标，以普遍承认或以权利为主的道德规范成为现代性道德教育的全部内容，道德教育由德性教育转变为公民教育，遵守道德规范而不是培养德性成为现代道德教育的最低也是最高的诉求。这些就是西方道德教育的现代性境遇。

① 潘希武. 道德教育的现代性：西方的境遇和中国的问题［J］. 教育学术月刊, 2010（10）.

中国道德教育面临的问题是什么？论者最后阐发了中国道德教育独有的现代性问题：不是因为我们"现代了"才出现问题，而是由于我们"背离了"现代性才使得问题重重。一方面我们背离了古典德性教育，把针对少数人的德性教育推及全体大众，把某种偶然性的德性获得当做理性的规划与普遍的要求。另一方面我们又没有走入西方道德教育的现代性，我们没有像西方道德教育那样通过降低道德目标从而放弃道德虚构，而是在公共领域建立起道德虚构，并以道德虚构作为道德教育的重要目标。论者得出的核心论点是：中国当下道德教育最根本的问题在于把德性教育泛化。我们教人道德崇高，但很少考虑我们所处的现代性大众社会对道德的要求，这必然产生道德教育的困境。道德虚构导致道德虚伪、道德说教。论者给出的正面论点是：如果在公共领域确实需要道德虚构，那么也一定不要把德性教育泛化。如果把道德虚构留给私人领域，则似乎可以避免德育中的根本性的问题。为此需要重新建构道德教育体系。

当代中国道德教育是要"回归"德性伦理，还是要"走向"规范伦理，研究者争论迭出。一方面，需要我们深入地把握当代道德哲学的基本问题；另一方面，也需要认真体察中国社会正在发生的巨大变迁。

五、心理—道德教育研究

心理教育与道德教育的关系及其融合形态——"心理—道德教育"是本年度一项重要研究专题。《教育科学研究》为此配发了一组论文。在中小学德育指导性文件及众多教育学教科书中，心理教育被列为"大德育"中继思想教育、政治教育和道德教育之后的第四部类。也就是说心理教育是与道德教育并列而相异的内容。然而在什么意义上它们又都同属于德育呢？如果说国内心理教育在起步阶段重点讨论的是二者的差异，本年度的这组研究更强调的是心理教育与道德教育的相似性，进而产生"心理—道德教育"这一特别的概念。其中讨论的主题包括心理—道德教育的学科属性、价值立场与课程及教育模式三个问题。

第一，关于心理—道德教育的学科属性。

班华教授详尽地描述了"心理—道德教育"如何从我国学校实践中自下而上产生的过程[①]。"心理—道德教育"是在我国的文化背景下，在我国中小

---

① 班华. 对"心理—道德教育"的探索——兼论中国自己的心理教育之道 [J]. 教育科学研究，2010 (1).

学教育实践中生长出来的，探索适应我国国情的心理教育模式的成果。一线教师在心理教育的实践中发现，心理品质和道德品质并无明确区分的界限，一些积极心理品质或明或暗地具有"道德性"。例如，"勇敢"既是一种积极的心理品质，又是一种重要的美德。同样的现象我们在亚里士多德著名的德性表中也能看到，其中有很多德性在今天看来并不具有明显的道德性。在中国古代的德性教育文化中也是如此，也即在德性伦理学中，道德品质是融合在一般意义上的德性或品质之中的。所以论者断言："心理—道德教育"是在中国文化和教育土壤上形成的一种新的心理教育形态，它是心理教育与道德教育相结合的一种教育模式。然而正如作者在另一篇论文中引述的康德的观点，指向心理品质的"训育"与道德陶冶毕竟不同，"一个恶徒的沉着冷静，比起没有这一特质来，不但更加危险，而且在我们看来，也更为可憎"①。可见，心理—道德教育并不"就是"道德教育。

班华教授在《再论"心理—道德教育"》一文中讨论了"心理—道德教育"三种可能的学科属性。② 一是以心理教育为主，融进了道德因素，即心理教育学科；二是以道德教育为主，融进了心理内容，即属于德育学科；三是心育德育融合，难分主次，这是心育学科与德育学科交叉学科视野中的心理—道德教育。判别心理—道德教育学科属性的标准有三个：（1）教育影响直接作用的主要对象是心理机能还是德性结构；（2）教育目标主要定位于心理品质还是道德品质；（3）教育内容与上述教育作用的对象和教育目标定位是否相适应。其中，根据前两个主要标准，论者的结论是：心理—道德教育是心理教育的一种"新的"形态，即融入了道德教育的心理教育。心理—道德教育不论属何种学科属性，其最重要的优越性在于，它有机地融合了心育与德育，借助丰富多彩的心理教育，从而有助于更好地发挥道德教育的整体性功能，有助于道德教育走出目前的困境；融入了德育因素，心理教育具有了道德导向。所以，心理—道德教育的核心是"以心育心，以德育德，以心育德，以德育心"。

有论者从心理教育、道德教育和德心融合三重视阈讨论了心理—道德教育的学科属性，认为它是在兼有心理教育与道德教育性质的基础上产生的具

---

① ［德］康德. 道德形而上学基础 ［M］. 孙少伟，译. 北京：九州出版社，2006：5.
② 班华. 再论"心理—道德教育" ［J］. 教育科学研究，2010 (6).

有新质的教育形态，是心理教育与道德教育交叉、融通、共生的准学科领域①。在心理教育视阈中，心理—道德教育是以"心理教育学"为理论支点，以培育人的"心理机能"为指向，旨在通过对人的心理机能的开发、培养、优化，提升人的生命质量和精神品质。在道德教育视阈中，心理—道德教育是以"品德心理学"为理论支点，以培养"道德的人"为指向，旨在通过教育和自我教育，培养个体与个体、个体与群体、个体与社会、个体与自然的适当的行为规范。在德心融合的视阈中，心理—道德教育是以"人格心理学"为理论支点，体现了心理—道德教育自身的属性，德心融合不是心理教育与道德教育的简单结合，而是两者的内在融通，因而心理—道德教育是把心理教育与道德教育融为一种新质。显然，论者对心理—道德教育的学科定位是融合的、具有"新质"的"准学科"。

总体而言，把心理—道德教育划归在心理教育的学科中比较清晰，而能否作为一门独立的学科尚待观察。

第二，关于心理—道德教育的价值立场。

心理教育与道德教育的重要分歧在于各自价值立场的判别，两者都关注价值问题，但在如何处理价值的立场上，前者强调"价值中立"，后者则须"价值干预"。传统的心理教育的确要求不针对受访者的价值作好坏、对错评价，其"教育"的成分较弱，主要是辅导、咨询或治疗；心理—道德教育则鲜明地提出了必须进行价值引导。

有论者分析了心理教育偏执价值中立带来的实践困境，认为研究心理教育与道德教育的关系应以价值问题为主线②。作者认为同作为"教育"，心理教育与道德教育一样，是一种有目的和有计划的教育活动，是整体教育的有机组成部分，在引导发展方面应当有一致的"价值导向"和"价值干预"。总体而言，应将作为"主体"的人与作为"对象"的人相统一，将"事实"与"价值"相融合，促进两种教育形式的有机结合，建构融心理教育与道德教育为一体的"心理—道德教育"新形态。在另一篇讨论价值立场的论文中，论者明确地提出，事实与价值融合是心理—道德教育的核心价值形态、"独立"的价值立场，是心理与道德发展的内在诉求以及追求人性完满的教育目

---

① 沈贵鹏. 心理—道德教育的三重视域 [J]. 教育科学研究, 2010 (1).
② 王丽荣, 刘晓明. 心理—道德教育：心理教育与道德教育的有机结合——价值问题的分析视角 [J]. 教育科学研究, 2010 (1).

标的现实体现，它构成了心理与道德结合的价值前提①。具体在目的性价值中，就是帮助人完成对自身的自我生成、自我超越与自我实现的过程，帮助人由现实世界向理想世界不断迈进的过程。

也有论者从儒家传统文化中寻找心理—道德教育的价值依据②。该文以为，"天人合一"的方法论是心理—道德教育形成的文化根基，具体可以发挥为：其中的"天"是儒家所关注的带有道德意志的天，是作为世间一切道德价值的终极源头的"天"；其中的"人"是以群体为关注点的心理意义上的人。所谓"天人合一"就意味着将道德理性作为人性的重要组成部分，将社会现实伦理与个体自然欲求结合起来，以"天人合一"的整体思维来实现真、善、美的人生境界。

比之上述较为宏大的立场，班华教授清晰、直接地阐明了心理—道德教育所应秉持的价值立场。区别于咨询、治疗意义上的心理教育，"心理—道德教育"是主体—发展性的教育③。心理—道德教育是以人为本，促进人的现代性精神发展，增进人的福祉的教育。就发展的内容而言，主体—发展性心理教育，包括作为主体人的各种属性的发展和具有各种属性的人的发展。就发展的对象而言，主体—发展性心理教育，是面向所有人的教育，而不是只面向少数有心理问题或道德问题的人的教育。就发展的重点而言，主体—发展性心理教育，是主动的积极的教育，更强调人的积极心理和德性的发展。就发展的方向而言，主体—发展性心理教育具有鲜明的时代特色，体现现代性精神，集中表现在尊重人、关爱人、理解人、发展人，体现以人为本的精神，是促进人格现代化的教育。心理—道德教育的价值宗旨被概括为四点：优化心理机能、提升精神品质、促进人格和谐、服务人生幸福。

由上述研究可以发现，心理—道德教育与德性伦理学对"道德"的理解较为接近。现代道德哲学的发展使得规范、原则意义上的道德越来越远离人的整体的德性，出现了令人担忧的道德与人性的分裂，心理—道德教育的研究有助于深入思考这一时代伦理问题。当然，心理品质中的价值问题与道德品质中的价值问题还是有所区别的，尚需深入地研究。

---

① 刘晓明. 心理—道德教育的价值论纲 [J]. 教育科学研究，2010 (6).
② 王丽荣. 心理—道德教育的文化智慧 [J]. 教育科学研究，2010 (6).
③ 班华. 再论"心理—道德教育"[J]. 教育科学研究，2010 (6).

第三，关于心理—道德教育的课程与教育模式。

有论者从"大课程"的角度论述了心理—道德教育课程的具体形式①。心理—道德教育课程是心理教育与道德教育的有机融合，是以道德教育为导向，以心理教育为基础，以促进学生的整体素质发展为目标的一种教育进程。具体而言，包括一般课程的基本类型：学科性课程、活动性课程、隐性课程；以及专属的一种课程类型：矫正性心理—道德教育。论者分析了心理—道德课程的建构方式及其具体操作，概括了它的特殊性：（1）心理—道德教育课程是以人的心理—道德发展为中心，通过情境设计以促进学生的发展；（2）心理—道德教育课程是人的认知的、情感的、个性的整体协调发展；（3）心理—道德教育课程是以学生的活动为中心设计与运作；（4）心理—道德教育课程是以学生为中心的经验的组织；（5）心理—道德教育课程重视通过一定的"引导"，注重学生内在的"自我教育"，通过自我调节和自我监控促进心理—道德的自我完善。

有论者从哲学理念、建构范式与操作方式三个角度阐述了心理—道德教育的教育模式②。心理—道德教育模式，就是把心理—道德教育的哲学思想、科学机理和操作工艺的不同层次的研究统一为一个理论有机体。具体而言，在教育模式的哲学方面，包括人性哲学、行动哲学和价值哲学三大理念；在教育模式的基本理路方面，核心问题是如何将心理教育与道德教育有机融合起来，把握内容与形式的辩证关系；区分积极型心理—道德教育与消极型心理—道德教育的主次关系；统一学校教育与社会教育的内外关系。在教育模式的操作策略方面，包括目标设计策略、课程改革策略、队伍优化策略、行动研究策略、特色创新策略等。

既然心理—道德教育的产生主要是由自下而上、从一线教师的实践中发生的，那么在课程和教育模式上的研究就应特别注重对实践成果的归纳、提炼。如是，心理—道德教育不仅是一种新的教育形态，而且能够成为一种稳定有效的教育方式。

六、道德教育目标研究

道德教育的目标旨在回答道德教育活动的结果预期问题，就是说，道德

---

① 沈贵鹏，卢瑞雪．心理—道德教育：课程的视域［J］．教育科学研究，2010（6）.
② 崔景贵．心理—道德教育模式的建构策略［J］．教育科学研究，2010（6）.

教育目标要回答接受过道德教育的人应当具有何种道德品质的问题。道德教育目标是整个道德教育的灵魂，有什么样的道德教育目标，将会在很大程度上决定了道德教育实践的品格。有人对从 1989—2009 年人们对德育目标的研究进行综合考察，认为道德教育目标的研究集中探讨了三个问题，即德育目标分层研究、德育目标过高问题研究、德育目标的社会本位倾向研究。① 对道德教育目标的分类可以从不同领域展开。如道德认知领域的目标，道德情感体验领域的目标等，也可以从道德教育目标的不同层次展开。在本年度有关道德教育目标定位的研究中，许多研究者都纷纷聚焦于讨论目标定位"高"与"低"的问题，大体而言，形成了三种观点，即信仰说、规范说、层次说。

第一，重建道德信仰。

有研究者认为，道德教育就是引领人超越现实的生活，因此对道德教育来说，仅仅进行规范教育，或者是幸福教育，都不能完成道德教育引人超越的使命，道德教育必须重建道德信仰。

现代性的后果之一是人的精神信仰的缺失，这反映在道德教育中则表现为道德教育目标定位中信仰的缺失，而道德信仰则是人之为人的"魂"。没有道德信仰，就会导致无法形成对道德法则的敬畏，从而使得为恶成为必然。道德教育目标中的信仰缺失表现为两大方面：一是"规范教育目标的无根化"，二是"幸福教育目标的去道德化"。无根化的道德教育既可能导致道德主体性受到压抑，也可能导致个体无法面对规范之间的冲突，从而危及人的自我同一性。尽管道德规范教育是必要的，但是只是将规范教育作为道德教育的出发点和归宿则是错误的，因为这将导致孩子只是止于规范而并不明了道德之本意。幸福教育使道德教育回归其生活的本性，以幸福生活为其根本的指向，有其明确的现实针对性和重大现实意义。但幸福教育并不必然重视道德教育价值引领的使命，因为一个人的幸福往往并不相容于他人的幸福，幸福感也不能作为普遍的道德教育原则。

基于对规范教育及幸福教育的批判性分析，刘华杰认为，必须实现道德教育目标的信仰化重构，即"培养信善、乐善和求善的道德信徒"。道德信仰教育是以培植道德信仰为追求和使命的教育，它期待受教育者在情感和行为上都能做到自觉地遵循自我内心的道德准则，受教育者对道德规范的遵循不是道德信仰教育主要的关注点，而只是道德信仰教育水到渠成的结果和目标

---

① 刘冬梅. 我国德育目标研究述评 [J]. 中国德育，2010 (11).

的实现手段。道德信仰教育本质上也是引导人向善的教育，而不单是一味追求个人幸福感受的去道德化的教育。既然道德教育的目标是培养"信善、乐善和求善"的道德信徒，那么道德信仰教育就必须发展出受教育者的敬畏感、自律性、超越性这三个品性，这样才能真正达到道德信仰教育的目标①。

第二，回归道德底线。

与上述对于道德教育目标定位的理解不同，有研究者认为，我们的道德教育目标设定不是不高，而是太高了，侧重培养道德完人，培养道德圣徒，结果不但致使崇高的道德教育目标没有实现，反而养成了道德教育中的形式主义及伪善人格。

程建坤认为，道德教育现代病的表现之一，就是把道德目标设定为培养"道德完人"，也即所谓道德的"人上人"。道德本源于人的现实生活，源于人的实践，这也决定了道德教育无论是目标设定还是方法选择都必须根源实践。因此，德育目标的设定应该根源于生活世界。道德教育不能以培养没有七情六欲、毫无道德瑕疵的"道德完人"或"人上人"为目标，而应该以培养生活世界中的具体的人，即以培养"人中人"为德育目标。道德教育的目标根源于人类的实践，并不排斥道德理想，因为失却了道德理想的引领人就很难超越现实生活，但这不意味任何道德理想都是可能的。对道德教育来说，它所需要的道德理想乃是一种可能的道德理想。德育目标领域的"人上人"其实是要培养道德"完人"和"超人"，是想造就道德精英。一方面，确定培养道德"完人"的德育目标必然导致所选择的德育内容"高、大、空"，脱离学生的实际生活。另一方面，"人上人"的德育目标，要求每一个个体都不存在道德瑕疵，这是作为社会存在的个体很难达到的。"人中人"的德育目标要培养的是具有德性的个体，即"道德"之人。道德人不行不道德之事，即保证个体是"道德"的，但绝不是毫无道德瑕疵的"完美"个体或道德精英。"人中人"的德育目标追求在道德领域人之为人的基本要求。在这个目标指导下，对学生而言，"道德"即使谈不上是一种享受，也绝对不再是一种负担。②

张洪高认为，人类的道德行为，从平等交换的维度来看，大致可以区分为三种：无私利他、等利交换、单纯利己。这三种行为依序表现人类伦理行

---

① 刘华杰. 现代性背景下道德教育目标的信仰缺失及重构 [J]. 教育学术月刊, 2010 (6).
② 程建坤. 理想化、功利化、虚无化——道德教育的现代病 [J]. 思想理论教育, 2010 (10).

为由最高到最低的三种境界。中国传统道德教育，由于受儒家伦理思想和共产主义思想的影响，而以崇高境界为主导境界。它具体表现在：把道德内涵理解为"纯粹的义务"；把道德教育的目标设定为崇高人格的培养；道德教育实施中，高、大、全榜样的制造和频繁宣传。这种对崇高境界的追求不仅在理论上是有问题的，在当下的现实社会历史背景中也面临正当性和合理性的危机。首先，它否定了人的利己之心所具有的正当性和合理性，将道德教育理解为纯粹义务，忽视了人的利己之心的合理性，这有违人的自然本性。其次，崇高人格的培养也不适合当代社会和所有人的需要，而仅仅满足那些有着较高精神渴望和追求的人的需要。再次，高、大、全的榜样塑造疏离了受教育者的实际生活，所塑造的榜样人物虽然值得敬仰，但失却了作为学习榜样的现实合理性。这既容易导致形式主义，也容易使人表现出伪善的面孔。基于上述原因，道德教育必须要调整其精神追求，重新确定道德教育的目标定位。中国道德教育的主导境界必须实现从"崇高境界"向"基本境界"回归。基本道德境界体现了等利交换的特征，等利交换有利于人际交往中的每一个人，并最大限度地保护着每一个人的利益。这就意味着人们必须把道德的内涵理解为道德权利和道德义务的统一。道德教育的目标应当被设定为公民道德人格的养成。道德教育的实施应当以回归生活为指导，道德教育的内容要来源于并且贴近学生的生活。中国当代社会及其人际交往结构的变化，决定了道德教育由"崇高境界"向"基本境界"的回归是一种必然，唯有道德教育回归"基本境界"才会有利于统一道德权利和道德义务，道德内涵的理解更具有合理性，道德教育的目标由此获得存在的正当性，道德教育的实施获得了有效性与合理性。[①]

即便将道德教育的目标设定为"公民道德人格"的养成，对于当下的中国道德教育来说，由于我们独特的道德教育境遇，我们依然面临着独特的问题。潘希武认为，就道德教育现代性而言，由于我们没有像西方道德教育那样通过降低道德目标从而放弃道德虚构，而是在公共领域建立起道德虚构，以道德虚构作为我们道德教育的重要目标。并且，道德虚构在我们这里不是哲学上的编造，而是意识形态的产物，这意味着道德教育似乎要把道德虚构变为现实。我们把原本属于少数人的德性教育推及全体大众，把某种偶然性的德性获得当做理性的规划与普遍的要求。我们的道德虚构把公共领域与私

---

① 张洪高. 道德教育从"崇高境界"向"基本境界"的回归［J］. 教育评论, 2010（4）.

人领域的道德混为一谈，没有保持明显的区别——有些道德问题本属于公共领域道德但没有转变为公德，反过来说，有些本属于公德领域问题但又把它归为私人领域，于是在强调公民教育的过程中，渗入了过多的道德传统教育，即个人道德修养教育——从而淡化了作为公民的基本道德规范的教育。所以，道德教育的根本问题不在于道德说教，而是要从根本上区分个人美德教育和公共道德规范教育，不能将个人美德教育中的追求崇高的道德虚构，推及公共生活领域。①

第三，分层：崇高与底线之间。

更多的研究者认为，道德教育应该是分层次的，道德教育的目标展示的是一个价值的序列，崇高目标与底线目标之间存在着张力，所以必须建立分层次的道德评价体系和有重点的道德原则教育。简单固守非此即彼的逻辑，则是对道德教育的错误理解。

翟楠认为，道德至善论把道德上的至善作为人的最高追求，如果道德至善论被机械地引入道德教育中，就会培养儿童的伪善人格，甚至使得理性能力薄弱的儿童因为践行道德而付出沉重的代价，它在教育中所造成的结果就是"使人成为道德的工具"，"道德的社会意义凌驾了人的其他所有价值"。道德底线的教育以否定、禁止的形式限制人和规训人，只教人不要成为什么，却不教人成为什么。对于道德底线学说而言，人们"将自身的权利和利益作为唯一值得追求的终极目标"，放逐群体的道德规范，道德不再成为需要追求的高尚之物，而被降低为伦理生活的底线。道德教育的要求之所以从"至善"降低为"底线"，从根源上说，一是因为权利诉求本身的要求，二是因为道德至善的高标难以实现。如此，道德教育就面临着两难的选择，到底是要教人追求崇高的道德美德和人格的卓越，还是要引人维护至上的权利和人性的诉求？翟楠认为，应当坚持善的优先性和权利诉求的合理性，道德教育不能压抑人的正当和合理的诉求，而是要在承认权利的正当性的基础上引导人追求良善的生活，权利本身不能成为自足的目的。善本身也是有秩序和等级的，道德中的至善是一种引导性的理念，它不能够为人们直接去践行。道德底线的教育教人固守人的最低层次的需要，但它不能脱离和抛弃至善的引导，否则就会颠覆价值的秩序。如果我们能够在学校教育中理解和认识到善或者价值的等级秩序，那么我们就会走出道德教育的两难选择，能够对道德教育进

---

① 潘希武. 道德教育的现代性：西方的境遇与中国的问题 [J]. 教育学术月刊，2010 (7).

行合理的目标定位。就道德教育目的而言，至少可以区分为三个层次：崇高的道德理想、普遍的道德原则、基本的道德规范。道德教育应当基于上述三个层次展开，形成一个从低到高的价值序列，逐步达到道德教育的目的。①

刘丙元引述施特劳斯在其《自然权利与历史》中所阐述的一个中心问题，即人类社会的建制应该以善优先还是以权利优先？施特劳斯认为，西方古典政治社会是以善为基础的，做一个好人绝对高于做一个好公民。但从马基雅维利之后，权利和正义获得了优先地位，权利优先于善，好人的问题成为私人领域的问题，好公民作为对现代道德人的最高要求成为首要关注的问题。在现代社会中，好人与好公民问题似乎是不可通约的，只能两者居一。对当代中国道德教育而言，试图在现代社会背景下生成传统的道德人是不现实的，完全诉诸西方社会的现代道德和道德人概念也不可取，中国道德教育必须生成现代意义上的道德人概念。所谓"好公民"作为道德人的最高要求，其在逻辑上对社会生活秩序的要求只能力图通过高度合理化、制度化、程序化等加以保证，这必然诉求把人类的道德生活变成某种形式的纯规范化操作行为。这样就会导致人的本质的扭曲和人的超越性的丧失。而人在本质上是完整之人，即具有类本质的、追求人格的不断完善和自我超越的真正的人。一个真正的现代人，首先是一个遵守公共规则、信用守法的好公民，从人的本质来说，这只是体现了人的现成存在，而不是完整的本质人的表现。遵守规范的好公民从道德意义上讲只是达到了真正道德人的最低要求。因此，从完整人的角度，我们可以把好公民看成是道德人的一个层次，道德人的一个基本起点，而不是终点。把好人看成是道德人的最高层次，而非道德人的唯一表现形态。当代中国道德教育在道德人的概念上应该抛弃好人与好公民孰为优先的争论，从现实出发，以现代好公民为起点，以整体的视角寻求好人与好公民的统一。进而言之，也就是在社会道德的境界上建立一种层次感，或者说为社会认可而又为人们可欲求的某种距离感，而非简单地划分为高尚与卑劣。当代中国道德教育需树立一种清晰的现代中国道德人格形象。其树立的基本原则应该是，既要保持道德理想人格的先进性和社会道德境界的层次感，同时又要防止超越人们现实认同能力的人为拔高，更不可使道德的理想人格形

---

① 翟楠.追求道德"至善"，还是退守道德"底线"——对当代道德教育的反思 [J]. 华东师范大学学报（教育科学版），2010（1）.

象与社会的基本道德要求产生价值取向上的背离和冲突。①

　　道德义务通常是指否定性的义务，即不伤害他人和侵犯他人利益的义务。但道德义务同时也包括一些诸如帮助他人的肯定性义务。超道德义务则是道德主体可以选择的，既可以去做，也可以不做；倘若去做，则必定是有道德价值和值得人们称颂的。一般而言，否定性的道德义务是绝对的、无条件的、排除选择的；肯定性的道德义务则是相对的和有条件的，允许个人选择的。超道德行为是指超出肯定性义务的条件所限定的范围的自愿行为，譬如放弃自己的生命以挽救他人的生命等。超道德行为往往是英雄式的行为，值得人们称颂和赞美。超道德行为必须基于道德行为主体的自愿。一个行为是否道德，在于它是否符合道德义务，而不在于它是否符合超道德要求。将超道德的行为看做普通的道德义务，违反了"应该"蕴涵"能够"的原则，使人承受了不堪承受的道德重负，最终使得超道德义务和普通道德义务都归于无效。将道德义务混同于超道德义务也会降低超道德行为的价值。从行为的道德价值的角度看，道德评价至少包括三个层次，即不道德行为、道德行为和超道德行为。不道德行为理当受到批判和谴责；道德行为应当受到人们的肯定；超道德行为应当受到尊敬和赞美，并能够得到额外的和相应的补偿或奖励。欲速则不达。道德教育的基本出发点应是教育人们遵守基本道德规范，不违背普通道德义务的要求；在此基础上，对超道德行为给予高度的评价，使人们形成达到英雄的崇高的理念更好。长期以来，我们的道德教育原则一直深受"完人"理念的影响，总是以培育"圣人""完人""君子"而不是"常人"为目标。可以说，这种道德教育其实质是超道德教育。这种有违人之常情，有违常人能力和义务的英雄式道德教育方式，势必会导致这种道德教育本身归于无效。②

　　叙事是道德教育的一种重要的方式。在20世纪80年代以前，我国道德教育往往采用"宏大叙事"的方式，灌输给学生"绝对真理"和"绝对价值观"。而故事的讲述者往往被定位于某一制度、国家、民族集团、人民和他们的观念及信仰的"代言人"，以全知的视角，豪迈、宏大的口吻讲述着领袖人物、时代英雄、历史名人以及普通劳动者平凡生活中的"不平凡"，"个人的

　　①　刘丙元. 新时期我国道德教育的路向选择 [J]. 当代教育科学, 2010 (19).
　　②　周升普. 建立分层次的道德评价体系和有重点的道德教育原则 [J]. 教育学术月刊, 2010 (6).

事再大也是小事，集体的事再小也是大事"，个体的人的日常道德修养就这样被强行纳入某种宏大的社会历史目标中。在宏大叙事中，道德教育的目标就是要把人培养成为"一个有道德的人，才能成为高尚的人、纯粹的人、脱离了低级趣味的人，成为一个'有精神的人'"，这种空洞的宏大叙事最终导致了学校教育实效低下的问题。随着人们对宏大叙事的批判，道德教育又不可避免地走向了人们的生活叙事，强调道德教育必须关注学生现实的和具体的生活，主张道德教育要从抽象的道德观念世界走向关注当下的现实生活世界。道德教育必须生活化，必须关注学生的生活世界，明确学生在道德教育中的主体地位，从生活中发掘道德教育的内容，使道德教育的目标贴近生活。生活叙事因其真实、可信、可感、鲜活而易引起学生的兴趣，宏大叙事逐步淡出道德教育。消解了宏大叙事的道德教育虽然受到人们的青睐，但却不可避免地产生了一些问题，譬如我们只是注目于现实的生活而忽视了可能的生活，失却了道德的精神含义，疏离了道德教育的形上意蕴。

道德教育本身就应该展示崇高与卓越，引导人超越现实生活。如果道德教育只是注目于现实的生活，那么道德教育就无法引领人超越。不仅如此，消解了宏大叙事的道德教育难以展示出一种真正持久的力量和崇高、神圣感，难以产生感召和激励作用。因此，在道德教育中，不能没有宏大叙事至善的道德理想，否则人的一切现实的活动都不可能有意义，都是一些无谓和无序的起哄、赶潮、浮躁，面对纷繁、复杂的世界时，人们就会迷茫和无所适从。可见，对任何一种的舍弃都将导致道德教育的缺陷与不足。道德教育的进行既需要依托宏大叙事，也需要依靠生活叙事，要在宏大叙事与生活叙事之间保持必要的张力。[①]

七、道德教育方法研究

大致来看，道德教育的方法可以分为"内发"或"外铄"两类。侧重"内发"的方法强调受教育者某种内在要素在道德教育中的重要性，这类研究往往对相应的道德教育方法做道德辩护，意在以道德的方法进行道德教育。侧重"外铄"的方法则强调某种外在要素在形成受教育者的态度或品质中的重要性，这类研究特别在意教育方法的实际效用。总体上看，前者是主流，

[①] 王鲜萍. 道德教育：在生活叙事与宏大叙事之间保持张力 [J]. 教育导刊, 2010 (2).

后者是侧枝，这反映出道德教育与知识教育的不同之处。因为在道德教育中，我们并不能根据某种方法"实然"有效而认为"应然"如此。

第一类，以"内发"为方法要旨的研究主要集中在"道德能力"、"理性"、"理解"、"对话"等一些关键词上。

众所周知，知行问题是道德教育中的核心难题。"知而不行"的一种理解是"知而不信"，即道德知识没有内化为道德信念；另一种理解是"知而不能"，即道德知识没有转化为道德能力。有论者从道德能力角度探讨了道德教育中的知行问题，提出了道德教育的"内容结构"的三个组成部分。① 该文认为道德教育应是由道德知识、特定社会的道德现实和主体的道德能力构成的有机统一体。只讲道德知识的道德教育只能培养"道德书生"，他"愿做"但不"会做"道德人。道德教育应以培养道德能力为轴心，道德能力指的是主体进行道德选择和价值实现的能力，是由思维（道德智慧）能力和实践（道德经验）能力两个部分构成的道德"实践能力"。因而在道德教育的方法上，作者主张要围绕社会的道德现实训练学生的道德思维能力，锻炼学生的道德实践能力。

道德能力是在实践中运用理性的能力，然而什么是道德理性，颇多不同理解。有论者分析了道德理性的三重含义或曰道德教育的三重变革，在此基础上提出了诉诸理性的道德教育方法。② 第一重是从先验理性变革为交往理性。在道德教育方法上，就是要从"强制式灌输"走向"对话式启导"；从"接收主体中心"走向"去中心化的主体间性"。值得注意的是，交往理性的道德教育既反对教师中心的"满堂灌"，也反对学生中心的"独角戏"。第二重是从工具理性变革为价值理性。在道德教育方法上，就是要从"智性言说"走向"德性叙事"；从"成才之教"走向"成人之育"。可以注意到，德性叙事的教育方法和引导学生"成为什么样的人"的教育目标有着直接的关联。第三重是从理论理性变革为实践理性。在道德教育方法上，就是要从"理论世界"走向"生活世界"；从"文本依赖"走向"实践诠释"。道德本是规范性的实践理性，道德教育自然也应当重视道德文本中的实践引导。

按照现代人的理解，道德是调节人们交往关系的规范体系，道德理性特别突出地体现为交往理性，那么，交往理性是否同样也适合于道德教育呢？

---

① 钱广荣. 道德教育之道德的内容结构探讨［J］. 道德与文明，2010（5）.
② 胡军良. 当代道德教育的三重理性近路［J］. 陕西师范大学学报（哲学社会科学版），2010（1）.

和知识教学不同，道德教育活动自身蕴涵着特定的道德意义。有论者比较了"灌输"和"对话"两种对立的道德教育方法各自的道德意蕴①。作为不同的教学范式，对话与灌输各有自己的世界观和价值观，在实施过程中通过暗示与明示等方式对牵涉其中的学生和教师产生着道德影响，进行着"道德教育"。第一，对话是人性使然，滋养、丰富着人性；灌输则有非人性化的倾向，是对人性的扭曲。第二，对话是敞开性的，反对权威，与创造性密切相关；灌输则是封闭性的，依赖权威主义，压抑了生命活力，堵塞了创新可能。第三，对话本身就是一种美德，对话涵养着爱与信任、平等与民主、勇气与共享等美德；灌输则表现出对人的漠然，其背后的价值逻辑是专制与服从，教唆人们自恋和利己，对德性有贬损作用。换言之，灌输是把人当做"物"，对话是把人当做"人"。对话的教育方式显然与普遍的道德原则相契合，道德教育应当以合乎道德的方式进行。

对话式的教育是要建立在相互理解的基础上的，否则就成了"对峙"。人与人的相互理解本是"己所不欲，勿施于人"这一普遍道德原则的体现，但是"理解"的含义要超过"将心比心"。有论者论述了道德教育中"理解"的几重含义，认为从主客两分的单一主体性模式向师生主体间相互理解的范式转型，是当代道德教育发展的新路向②。该文的基本论点是，道德教育视阈下的"理解"范畴并不简单等同于认识论上的"认识"或"说明"，而必须从本体论意义上去诠释。具体而言包含如下几个特征。第一，理解的本体性："理解"是人的一种基本存在方式和对人生意义的体认，该论点意在强调道德教育视阈中的理解不仅是手段，更是目的。第二，理解的交互性："理解"是在一种双向的交互性关系中进行的主体与主体之间的沟通和对话，该观点突出了理解在道德教育中的方法运用。第三，理解的实践性："理解"总是一定情境中的理解，离不开人们的实践活动，因而师生间的理解必须在一定的交往实践活动中才能发生。第四，理解的相对性："理解"充满了张力，是在误解与理解的矛盾张力中前行的曲折而复杂的过程，在这个过程中，教师要学会与学生建立一种双向、交互的理解型关系，让学生在和谐融洽的人际关系中逐渐养成沟通习惯与理解能力。

诉诸交往理性的对话、理解诸方法是在道德的意义上谈论道德教育，研

① 高德胜. 对话与灌输：道德教育的视角 [J]. 全球教育展望，2010 (3).
② 陈志兴. 道德教育视域中"理解"范畴的特性 [J]. 教育评论，2010 (1).

究的意义已经超越了单纯方法的层面，而是对"不能讨论，只能执行"的传统德育观念的挑战。有论者严厉地批评了这种德育中权力垄断的观念，提出了建立在"道德为公"基础上的"德育权利"论点①。作者认为，在传统观念中道德是高于其他文化的文化，德育成了一个不可以自由讨论的领域，因而我们的德育是我要"德育"你，学生是"被德育"的对象。与此对立，德育新观念是要明确德育是"我的权利"，包括道德知情权和道德使用权。从道德垄断到道德开放，建立民众的道德权利，形成道德为公的思想，应当是现代德育应有之观念。

上述诸研究基本上是基于现代道德哲学的道德教育方法研究，具有明显的对传统道德教育方法的批判意识，究其实质，是立论于道德教育的道德性研究。

第二类，以"外铄"为方法要旨的研究主要集中在"惩戒"、"道德权威"等问题上，研究的焦点是道德教育的"有效性"。

惩戒是最古老的道德教育方法之一。有论者从社会心理学中关于"恐惧唤起"的实证研究，探讨了道德教育中的惩戒方法②。惩戒法是运用某种惩罚措施唤起人的恐惧，从而达到态度改变的目的，戒除错误的行为。什么样的恐惧唤起能够有助于态度改变？恐惧唤起在态度改变中的作用呈倒 U 曲线特征，即在某一限度内，恐惧唤起越强，态度改变就越大。至于何为"中等程度"的恐惧唤起并无确证。作者据此研究论证了道德教育中的惩罚既不能"过"也不能"不及"的常识观念。一方面，道德惩戒之"过"践踏儿童尊严，往往使儿童把惩戒与施罚者联系在一起，而非与自身的道德过错相联系，从而引发其态度逆反、心理怨恨甚至报复行为。另一方面，道德惩戒"不及"则不能及时矫正儿童的道德过错，使其对自己的道德过错无法进行正确归因，对道德规则、自由、责任关系的理解出现偏误。作者认为既足以警醒儿童，又避免伤及其自尊的"平衡"的道德惩戒应有两个原则：因人而异和因事而异。可见，道德教育中要达到所谓"中等程度"的恐惧唤起，并无定则可循。

惩戒可以出自人，譬如教师，也可以出自制度规则。后者近于对违规行为的自然惩罚。有论者论述了作为他律手段的"制度"在道德教育中的作

---

① 毕世响. 德育观念：道德知情权和道德使用权——道德为公 [J]. 中国德育，2010 (1).
② 郭毅然. 道德教育中恐惧唤起的社会心理学分析 [J]. 教育学术月刊，2010 (12).

用①。作者的核心论点是：制度是支撑与规范道德及道德教育活动的外在形式和条件，作为一种他律手段，制度是实现道德自律的必要前提和基础保障。作为一种道德教育的手段，制度有激励和惩戒两种作用。一个社会只有建立起赏罚分明、扬善惩恶的利益调节机制，才能使人认识到自己的权利和义务，明确行为的边界。值得注意的是，在现代人的道德观中，遵守规范制度就是道德行为的基本含义。然而，制度既有善的制度，也有恶的制度，所以遵守制度并不一定就是扬善惩恶。

惩罚是"力量"的运用，不难发现，只有在力量悬殊的两方间才会有道德惩戒的应用，譬如教师与学生。道德惩戒中的力量通常来自于施加惩罚者的"权威"。有论者从社会心理学中关于"权威效应"和"睡眠者效应"的实证研究探讨了教育者的权威与受教育者态度改变的关系②。"权威效应"证实了越具权威的说教者越易使受教者发生态度改变；"睡眠者效应"则发现低权威者虽然短时间效果不佳，但长时间却效果上升。说明传达的信息的价值才是促使态度改变的主要因素。综合两者，论者得到的结论是：教育者既要提高权威性，又要科学选用和组织信息。只有权威性、缺乏信息的科学性，其影响只是暂时的；只有信息的科学性、缺乏传达者的权威性，则不能及时实现受教育者的态度改变。据此的推论是，要在道德教育中提升教师的权威性，一是提升自身的道德人格，使教育对象产生敬佩感；二是融注积极情感，使教育对象产生亲切感；三是注重自身专业发展，使教育对象产生信赖感。尚不清楚的是，什么样的"专业发展"能够使从事道德教育的教师提升其传达信息的科学性。

道德教育中的权威不仅仅是教师的权威性，还包括社会环境的支持。缺乏社会道德环境的支撑，学校道德教育难以有其权威性。有论者论证了国家伦理意识对重塑学校道德教育权威的价值③。道德教育是使人信服的活动，因而是需要权威的事业。道德教育需要的权威是道德的权威，或使人相信道德的权威性，因而是能够使受教育者产生对道德的内在价值认同的力量。作者关于扭转道德教育不力或提升道德教育的权威的核心论点是：国家要成为实现道德教育权威重构的积极条件，并成为最大限度地产生积极结果的源泉，

① 冯永刚.制度：作为道德教育的一种手段［J］.当代教育科学，2010（21）.
② 郭毅然.教育者权威性与道德教育对象的态度改变［J］.学术交流，2010（10）.
③ 刘丙元.论国家伦理意识与学校道德教育权威的重塑［J］.教育学术月刊，2010（12）.

就是要提升国家伦理信念和伦理精神，充分自觉地建构国家的伦理功能，增强国家的伦理聚合力和伦理认同感。只有国家对自身的伦理本性加以觉悟和现实体现，才能保证社会伦理安全，才能赢得人们对道德权威的信任，由此，道德教育的实质权威才能得以确立和证明。所谓国家伦理意识的觉悟与构建，就是树立道德在生活秩序中的权威性，彰显政治的伦理意义，维护道德共同体的现实存在。然而，国家政治在营造道德共同体时，又必须避免道德强制的危险，因而国家伦理意识体现在以伦理导向形成的社会风尚。那么什么是国家伦理意识要形成的社会风尚呢？核心是"正义"。只有正义不仅体现在个人的灵魂里，也表现于国家的意志中，个体、社会、国家才能在价值共识基础上建构道德意义的同一性，才能营造产生道德信任与安全的环境。概言之，只有道德在共同体生活中有其权威性，道德教育才有其令人信服的力量。国家应当担负起道德责任，否则不论什么方法，道德教育都难以培养知行合一的"在道德上受过教育的人"。

上述诸项研究皆是有关道德教育方法的宏观叙述，这似乎都忽视了道德经验的个体性，即道德学习的微观叙事。个体道德经验加工的基础是什么？有论者借助奥地利女作家克里斯蒂娜·涅斯特林格在其漫笔《道德的路途上》中回忆她自己道德社会化过程的各阶段，探究了"模仿"与"建构"两种不同的道德学习技术①。有趣的是，这篇文章探讨的"模仿"说对应于"外铄"的教育方法，而"建构"说大致对应于"内发"的教育方法。

模仿和建构是教育过程的两种不同描述模式。"模仿观"断定一切学习同世界有关，它把道德教育过程描绘为通过模仿和练习可经验的行为来获得道德观念的过程。在教育过程中，就是学习者通过练习和应用礼仪与文化示范，以开辟通向整个世界的途径。而激进的"建构观"则是从自组织的教育过程出发的，这种过程既不受外界影响，也不受教育者的影响，强调道德观念是个体的某种自主选择，儿童只有通过自己并分析自己的建构行动才能学习。模仿和建构是相互排斥的两种观点。模仿观否认从塑造自己的主体及其在设想自我和世界出发的自由建构行动的可能性，而激进的建构主义只承认自组织的大脑的自我信念，而否认对别人的模仿。然而模仿观和建构观都难以令人信服地说明道德学习的过程。道德不仅是被模仿的，而且是可选择的，同时又是可迁移的和重建的。道德判断能力与行为能力是既不能通过模仿有关

---

① D. 本纳，李其龙. 在模仿与建构中的道德教育［J］. 全球教育展望，2010（11）.

人的道德，也不能通过建构自己的道德来获得的。作者通过细致分析得到的核心论点是：模仿与建构不仅是学到善的道德技术，而且也是学到恶的道德技术。那么我们如何区分善与恶呢？这促使我们不仅在模仿与激进建构之间，而且在它们之外来说明道德教育的过程。因此，无论是模仿还是建构都不是道德教育的核心，发展道德判断力和行为能力才是道德教育和教养的核心。在教育作用下如何能促进道德判断力和行为能力的产生，是一个超越模仿（外铄论）与建构（内发论）两者的问题。

生活德育的研究综述

南京师范大学道德教育研究所　章　乐

内容摘要：国内关于生活德育基本理论问题的研究表明，生活具有属人性、劳作性、主体间性、整体性及意义建构性，而且对于生活的理解有实然和应然之分。此类研究还表明，生活与道德具有本体论上的联系，但是道德并不是生活的全部。德育回归生活就是要求德育不仅要关注学生的生活，更要超越学生的生活，而且生活的过程就是道德学习的过程。在生活德育的实践研究领域，国内研究主要集中于德育课程的创新及学校日常生活细节的审视。而在反思生活德育的过程中，学者们主要质疑了以"生活"为基础是否意味着对其他"基础"的否定，是否意味着生活就是自足的。

关键词：生活　生活德育　研究综述

　　生活德育是近些年来道德教育领域的一个热点话题。在德育课程改革中，生活德育也是一个重要的理论基础。当然任何一个理论都不可能是完美的理论，人们对生活德育也提出了一些质疑。但总体来看，支持生活德育的呼声要高于反对的。本文旨在对国内生活德育的研究做一个总体性的客观描述，尽量不做主观的评价。

一、生活德育的基本理论问题研究

（一）生活与生活世界

　　"生活世界"的概念最早由胡塞尔对科学主义世界观的反思而提出。目前，学者对生活及生活世界的理解没有一个完全统一的认识，其特征概括起来主要有以下几个方面。

1. "属人"性

　　生活是人的生活，区别于动物的生存，学者一般认同生活的"属人"性。鲁洁认为，之所以将生活、生活世界称之为人存在的"基本"的事实，是因为它是一个本原性的事实，在我们所面对的世界成为我们的认识对象以前，我们已经存在于生活世界之中，与它水乳交融，不分彼此①。高德胜认为，"生活是指处在主体间际的人与环境相互作用、满足需要、创造意义的过程"②。唐汉卫认为，"作为道德教育之根基的生活在内涵上基本可以表述为：人与人之间能动而现实的交往实践过程"③。肖川更明确地指出了生活的"属人"性，由于我们谈论的生活是人的生活，因此它的含义就远远超出了生物学上"生存、活着"的意义，而有着深厚的文化旨趣与价值内涵④。

2. 实践性或劳作性

既然生活是人的生活，而人又是实践的存在，所以不少学者认为生活及生活世界的另一个特性是实践性或劳作性。鲁洁认为，生活世界的基本属性是实践性。生活是人类特有的改变客观现实的活动。人的生存实践活动构成了生活世界，生存实践和生活世界是同一、同构的⑤。高德胜认为，生活具有劳作性，即生活具有身体性和主观性。身体性使劳作可以为他人所感知，可以在客观的时空中被记录，具有不可逆转的特性。主观性是指在劳作活动中，主体对自己的行动相当清楚，他完全处在清醒状态。生活的劳作性促使人与环境相连接，使沟通成为可能，也是意义建构的基础⑥。

3. 主体间性

站在批判主客对立思维的立场上，学者们认为，生活既然是人的生活，因此是主体间性的。高德胜认为生活具有主体间性。因为与他人共在是人存在的基本境遇，生活的关系性在人类和个体的童年生活中就已经奠基，而且一个人"只站在自己的双脚上"是无法生成自我，无法过人的生活的⑦。唐汉卫认为，"生活是以交往实践的形式存在的……交往实践，是人与人之间互为主客体的实践模式，凸显的是同样具有主体性和能动性的两个主体间的相互作用"⑧。毕红梅认为，以实践为基础的交往行动，是"生活世界"的核心之所在。从胡塞尔、海德格尔到哈贝马斯关于"生活世界"概念的嬗变中可

①⑤　鲁洁. 生活·道德·道德教育 [J]. 教育研究，2006 (10)：3-7.

②⑥⑦　高德胜. 生活德育论 [M]. 北京：人民出版社，2005：1，1-5，5-11.

③　唐汉卫. 生活道德教育论 [M]. 北京：教育科学出版社，2005：69.

④　肖川. 道德教育必须关照学生的生活世界 [J]. 教育研究与实验，2005 (3)：9-12，17.

⑧　唐汉卫. 生活道德教育论 [M]. 北京：教育科学出版社，2005：71.

以看出，人与人的交往活动越来越成为"生活世界"视角的中心①。

4. 整体性

生活是一个不可分割的整体。海德格尔认为，"生活世界"是指在无限的宇宙中人生活其中并活动所及的那部分世界。这是一种万物一体的世界，是人与自然互相信赖，人能够在自然中宁静安眠，自然也能够得到细心看护的世界，人与世界是不可分割、彼此依赖的整体。即"意义的生活世界"②。高德胜认为生活具有整体性。这是由生活的"属人"性，生活形式与生活领域人为切割的相对性，生活具有时间统一性所决定的。

5. 意义建构性

生活的过程是一个意义建构的过程。鲁洁认为，人的生活过程是一个不断发现意义、生成意义、实现意义的过程。人不是简单地按照自然所规定的那样活着，他要按照他所理解的生活意义活着③。高德胜也认为生活具有意义建构性，这是由于追问生命和生活的意义及死亡意识所激发的④。唐汉卫认为生活是动态的过程，而不是静态的实体或者某种一次性的活动。由于"生活本质上是不完善的，并且如我们所知，是难以忍受的，因此，它就不断试图以新的形式重建生活秩序"⑤。

6. 生活世界理解的两种取向：应然与实然

国内有学者认为，生活世界有应然和实然两个维度。唐汉卫认为现代西方哲学对待生活世界的态度主要有两种：一种认为，生活世界实际上是"日常生活"，即处于自在状态的个体性的日常活动。由于其具有重复性、自在性、封闭性等一些消极的方面，因此持这种态度的人对生活世界持批判态度；另一种认为，生活世界比科学世界更具有基础性和本原性，向生活世界回归是救治各种危机的必由之路⑥。檀传宝认为不同的话语体系对生活世界的指认是不一样的。生活世界本身并不具有自明性，它只是思维对科学世界（现实世界）的一种历史还原的产物，即哲学视阈中的生活世界，更多地指向一种超现实的应然存在，我们日常所指的生活世界，则是一个现实存在的、具体

①② 毕红梅. 生活世界：道德教育的生成之域 [J]. 教育评论，2007（4）：41-45.
③ 鲁洁. 生活·道德·道德教育 [J]. 教育研究，2006（10）：3-7.
④ 高德胜. 生活德育论 [M]. 北京：人民出版社，2005：1-26.
⑤⑥ 唐汉卫. 生活道德教育论 [M]. 北京：教育科学出版社，2005：71-72，50.

的、可感的、善恶混合的世界①。

（二）生活与道德

1. 生活与道德具有本体论上的联系

国内学者认为，生活与道德的联系是本体论意义上的：一方面生活离不开道德，另一方面生活也是道德的存在形态。鲁洁认为，生活是道德存在的根据。因为道德就是对于生活方式、生命实践的理解和选择，它是生活的解释系统，它所要破解的是人的生活意义，它的存在就在于使人对生活意义有更合理、更深刻的理解。道德又是生活的目的系统，道德是一种目的行为，它所指向的是生活的展开与提升，是更为合理的生活方式、更为完善的生命实践。生活就是道德存在的依据，只有在生活中道德才会展示。她还认为，道德内在于生活，是"生活族"中的一员，为此它必具有生活的性状。它的存在形态、结构、过程等所遵循的是"生活的逻辑"而不是抽象理性的原则。生活形态的道德具有以下几方面的特征，即整体性、实践性、生成性②。

高德胜认为，从形式上看，"合乎道德的结合"是人的"原初场景"，也就是说，"从终极或根本的意义上说，人是道德的存在"，"即使从'理性'选择的角度看，人必然、必须选择伦理存在或者作伦理存在的选择"③。从社会生物学上看，动物的"原型道德"是人类道德的雏形，是人类道德的生物遗传基础。它让人类先天就具有了本能性的情感和道德直觉，这成为后天道德学习的基础④。他还进一步认为，道德是生活的构成性要素。也就是说道德就像行棋规则对于行棋一样是生活不可缺少的一个要素，没有道德的生活就不再是人的生活。反过来，道德是生活中的道德，道德同样离不开生活，生活作为道德的"基础事实"是和道德一体的；脱离了生活，道德也就成了僵死的条文和抽象的原则⑤。

唐汉卫认为，道德与生活具有内在的本体意义上的密切联系。从历史的角度看，人类社会最初的道德教育实践便是和生活融为一体的。从逻辑的层面来看，生活是道德的基础与源泉。所谓生活是道德的基础，主要是指道德源于生活、存在于生活之中且为了生活。从社会生活现实的角度看，现时代

① 檀传宝，班建武. 实然与应然：德育回归生活世界的两个向度［J］. 教育研究与实验，2007（2）：1-4，25.

② 鲁洁. 生活·道德·道德教育［J］. 教育研究，2006（10）：3-7.

③④⑤ 高德胜. 生活德育论［M］. 北京：人民出版社，2005：30-33，34-39，40-41.

的生活已经发生了巨大的变化，而道德教育要想维护其在现时代条件下的合理性，就必须时刻关注生活的变化。从价值的层面来看，道德教育以生活为基础，表明了我们所持有的以人为本的教育价值观①。

张忠华在梳理生活与道德的关系的基础上认为，道德源于人们生活中的社会交往活动，是人们在生活中形成的。道德与生活融为一体，世界上不存在无道德的生活，也不存在没有生活基础的道德，道德弥散在生活的各个领域和各个角落。生活的过程就是道德学习的过程，个体道德的生成也必须融于生活之中，在生活中体验、感悟和建构②。

糜海波认为，从道德与生活的关系来看，生活对道德具有本体论的意义；从道德与人的存在关系来看，道德作为一种特殊的意识形态，是通过社会舆论、传统习俗、内心信念等方式来调节人与人、人与社会之间各种关系的行为规范，它引导人们以实践精神的方式来把握现实世界③。

2. 道德不是生活的全部

虽然生活与道德具有本体论意义上的联系，但是学者们也认为道德不能涵盖生活的全部。高德胜认为，虽然生活离不开道德，但道德并不是生活的全部，道德也并不参与我们所有的行为，道德在生活中有自己特定的功能限域，所以有"道德的"和"非道德的"行为区分。生活中的道德也不能"同质化"。"同质化"包括两个方面：一是对象化或理论化；二是全神贯注于这一对象而忽略其他领域④。王应泽认为，就生活与道德的关系而言，可以说生活需要道德、包含了道德，但不等于道德，生活涉及的内容比道德要更为宽泛和复杂，道德只是生活的一个方面，尽管是必须而应该有的方面，但却不是一切方面⑤。

二、生活德育的基本构想

（一）回归生活就是要关注学生的生活世界

学者们一般认为，回归生活首先就要关注学生的生活世界。肖川认为，道德教育之所以应该观照学生的生活世界，是因为只有在学生的生活世界中，

① 唐汉卫. 生活道德教育论 [M]. 北京：教育科学出版社，2005：73-91.
② 张忠华，耿云云. 对生活德育理论研究的反思 [J]. 教育科学研究，2009（10）：62-66.
③ 糜海波. 道德教育回归生活世界的若干思考 [J]. 思想理论教育，2007（2）：16-21.
④ 高德胜. 生活德育论 [M]. 北京：人民出版社，2005：42-44.
⑤ 王泽应. 论道德与生活的关系及道德生活的本质特征 [J]. 伦理学研究，2007（6）：18-22，37.

在学生的现实遭遇中，在学生内心世界的价值冲突中，才真正蕴藏着宝贵的教育时机，才能够真正开掘出学生道德人格生成与确立的源头活水①。刘铁芳认为，一是生活德育是对传统的无"人"的德育的矫正，使德育转向对生活个体的关注，回到人的世界，凸显儿童在个体道德发展中的主体地位；二是对传统大而空的道德教育目标模式的矫正，使德育回到对普通个体日常生活伦理世界的关注，引导个体提升个体生存的德性品质；三是针对那种脱离生活实际的灌输式的德育方式方法，力求回到生活情景之中，在儿童真实可感的生活场景之中去发现生活、感悟生活，领略生活的伦理要求，拓展个体的价值视界②。祁振伟等认为，德育回归生活世界是指回归真实的生活世界，而不是理想的生活世界；回归开放的生活世界而不是自我封闭的生活世界；回归充满价值冲突的生活世界而不是故意掩盖矛盾冲突的生活世界③。

（二）回归生活更要超越生活

回归生活不是最终目的，最终目的是要超越生活。鲁洁认为，"生活世界并不是一个自在自足的纯粹经验领域，它必然趋向于一种自觉的意义探寻，这种意义的探寻和主体在生活中与不断生成的生存需求、自我超越相互关联。生活不仅是'实是'，同样也是'应是'；生活不仅是现实的，同样也是可选择的、可超越的；生活总是在不断进行内在的超越（人自身的超越）和外在的超越（对象世界的超越）。因此，生活在本质上是趋善的，它总是趋向于人自身的自由和全面的发展、人与世界的和谐共在"④。也就是说，道德教育要让人在生活中不断地超越实然的生活，走向应然的生活。

刘志山认为，道德教育要回归生活，但更要超越生活，主要体现在两个方面：一是社会性超越；二是个体性超越。社会性超越，是指超越现实生活世界，走向可能生活世界。道德教育引导人们在现实生活世界的基础上，在对真、善、美的追求中，创造出更有利于人的全面发展的可能生活世界，并不断用可能生活世界去取代现实生活世界。个体性超越，是指超越人的生物

---

① 肖川. 道德教育必须关照学生的生活世界 [J]. 教育研究与实验, 2005 (3)：9–12, 17.

② 刘铁芳. 面向生活，引导生活——回归生活的德育内涵与策略 [J]. 教育科学研究, 2004 (8)：48–51.

③ 祁振伟，杨松峰. 道德教育回归何种"生活世界" [J]. 中国德育, 2007 (6)：12–14.

④ 鲁洁. 生活·道德·道德教育 [J]. 教育研究, 2006 (10)：3–7.

性与精神性的实然组合，走向人的生物性与精神性的应然组合①。

檀传宝和班建武认为，在当前的德育改革中，回归生活世界显然应该包含实然和应然两种向度。回归实然的生活世界，即日常所指的生活世界，德育要做的是实现与社会现实的视阈融合，克服学校教育与现实社会的脱节，贴近学生生活实际，赋予学校德育更多的生活趣味，丰富和扩展学校的德育资源。回归应然的生活世界，即现象学话语中的生活世界，德育要做的就不仅仅是对现实生活的简单回归，而是在回归现实的基础上，培养和发挥学生道德成长的主动性和创造性，使之能够对现实进行主动的扬弃，建构生活，使应然的生活世界得以在现实中不断展现和生成②。

（三）生活的过程就是道德学习（教育）的过程

学者们一般认为生活的过程就是道德学习的过程，而且还较为细致地探讨了通过生活进行道德学习的机制。鲁洁认为，"回归生活世界"的道德教育要走进方方面面的生活、生活的方方面面；道德的学习应当是生活的、实践的，而不能简单归结为知识的、思想的；道德教育要培养的是不断去生成新的道德世界，并不断自我超越的生成性的人③。

高德胜不仅明确指出了生活德育的基本理路就是通过过"有道德的生活"来学习道德，还进一步分析了通过生活进行道德学习的机制。在生活中，道德学习"以我们拥有的道德本能为基础，通过接受暗示、非反思性选择和自主选择的交互作用而实现的"④。此外，接受暗示、非反思性选择和自主选择这一道德学习的基本机制在生活的不同领域有不同的组合表现⑤。

唐汉卫也认为，生活道德教育就是要让学生在热爱生活、了解生活、亲自去生活的过程中培养德性，学会过一种道德的生活，而不是在现实生活之外的另外一个世界里去培养一个人的道德。但是，由于生活自身并不能标明生活是善的还是恶的，因此，道德教育应从促进学生道德发展的角度对生活进行审视，以充分挖掘不同的生活之教育意义；同时，通过对生活的积极干

---

① 刘志山．道德教育向现实生活的回归与超越［J］．北京师范大学学报（社会科学版），2005（4）：29－33.

② 檀传宝，班建武．实然与应然：德育回归生活世界的两个向度［J］．教育研究与实验，2007（2）：1－4，25.

③ 鲁洁．生活·道德·道德教育［J］．教育研究，2006（10）：3－7.

④⑤ 高德胜．生活德育论［M］．北京：人民出版社，2005：58，60.

预来改善生活，使生活为人的生成和发展服务①。

张忠华认为，生活德育作为一种新的德育理念和德育模式，是相对于知性德育提出的，它立足于现实生活，以现实生活为基础，在生活中教育个体，培育个体的德性，从而使个体养成良好的道德品质，使个体在善的生活世界中追求德性的不断提升②。

唐凯麟和刘铁芳认为，德性养成教育必须通过生活发出力量才能成为真正的德性教育，日常生活是个体德性的养成之所。生活养成就是学习者把个人的价值启蒙与道德理性与生活结合起来，在生活中验证、丰富、实践个人的价值理念，并且逐步形成稳定的道德行为习惯，形成个人在日常生活中稳定的道德思考、判断、选择、行动的基本方式。因此，需要加强学生对个人生活世界的体悟；引导学生在复杂多样的价值冲突中作出审慎决断；进行行为习惯的指导与训练；注重学生道德行为的自我反思与评价③。

毕红梅指出，道德教育与生活世界的同构性，不能也不应当被理解为完全等同或可置换意义上的同构性，因为道德教育与生活世界各自具有的内涵，不能被相互归结和还原。说它们同构，只是说二者在人的对象性活动中，在本质方面具有相同的结构和性质，对人的本质存在来说具有一种内在相关性④。

（四）生活德育的架构

对于生活德育的基本架构，学者们也做了较为细致的探索。高德胜认为，生活德育带来了整个德育范式的转变，具体包括：德育目的由培养"伦理学者"到生成"有道德的人"；德育内容由"大德育"、"小德育"到与生活的综合；德育过程有"搬砖式"、失去自我到过"有道德的生活"；德育思维有专门转向整体（德育是有用人员的事情；学校的所有活动都具有德育意义）；教育者和教育对象都成为德育主体和德育对象⑤。

唐汉卫认为生活道德教育的基本框架是：（1）在性质上凸显生活性。（2）其目的是实践道德生活。也就说生活本身是自成目的性的，道德教育的

① 唐汉卫. 对生活道德教育的几点追问 [J]. 全球教育展望，2004 (8)：19 - 23.
② 张忠华，耿云云. 对生活德育理论研究的反思 [J]. 教育科学研究，2009 (10)：62 - 66.
③ 唐凯麟，刘铁芳. 价值启蒙与生活养成——开放社会中的德性养成教育 [J]. 当代青年研究，2005 (3)：1 - 5.
④ 毕红梅. 生活世界：道德教育的生成之域 [J]. 教育评论，2007 (4)：41 - 45.
⑤ 高德胜. 生活德育论 [M]. 北京：人民出版社，2005：89 - 100.

目的是完整的且没有一个唯一的、终极性的目的。（3）在内容上要求取材于现实生活。这首先意味着对各种"宏伟叙事"的拒斥；其次应按照儿童生活的逻辑来组织道德教育的内容；第三应从儿童的所有生活空间、从儿童人际交往的方方面面选取道德教育的内容。（4）在方式上要求通过实际的生活。（5）在师生关系上强调主体间的对话。①

三、生活德育的实践探索

（一）生活德育与德育课程的创新

在生活德育的基本理论研究的基础上，不少学者以生活德育理论为基础对德育课程做了进一步的思考。鲁洁认为，在道德存在观上，从知识形态道德转向生活形态道德。新课程认为，道德是人所选择的生活方式，生活是它存在的基本形态，"人应当如何生活"是道德的基本提问。德育课程的根本目的是引导人们建构有道德的生活。在课程观上，从唯知识论转向生活经验论。新课程认为，道德学习的过程是学生们不断丰富、提升、反思他们的生活经验的过程。德育课程就其本质而言不是传授知识的课程，而是经验课程。在学习观上，从单向认知转向多向互动。新课程倡导在互动中进行学习，课程中的互动表现为：师生间、生生间的交往，学习者与教材等的对话，学习者自我经验的反思。②

高德胜认为，要解决"直接道德教学"的困局，就要"重建与其他课程和教育活动的联系"；"重建与儿童生活的联系"③。课程价值应该由培养"道德研究者"转向有道德的人；课程的逻辑由学科逻辑转向生活的"逻辑"；德育课程虽然不能涵盖儿童的整体生活，但是力求反映儿童的整体生活④。此外，德育课程教学应该从问答走向对话。因为问答式教学仍然是封闭的单向交流；学生仍然是教学活动的被动参与者；仍然无法落实新课程所倡导的"促进学生良好品德形成和社会性发展"这一课程目标⑤。他还认为德育新课程有这样一些理念上的革新：在目的观上，由"见闻之知"走向"德性之知"；在结构观上，强调"在场"与"不在场"因素的互动；在文化观上，

---

① 唐汉卫．生活道德教育论［M］．北京：教育科学出版社，2005：129－162．

② 鲁洁，德育课程的生活论转向——小学德育课程在观念上的变革［J］．华东师范大学学报（教育科学版），2005（9）：10－16，37．

③④⑤ 高德胜．生活德育论［M］．北京：人民出版社，2005：238－239，240－242，249－256．

强调教材文化应是青少年文化与成人文化的融合；在功能观上，强调教材是学生探索生活世界和文化世界的平台；在学术观上，目的是引领学生初涉学术殿堂①。

唐汉卫认为，在德育新课程中，师生关系由主客体关系模式走向以对话与协作的主体间关系模式，意味着对道德教育本性的理解由科学化、知识化的预设走向了对道德教育生活化的判定，也正是因为对道德教育之生活本性的认可，才使得道德教育中的师生对话关系得以可能和实现②。

（二）学校日常生活细节的审视

这方面的研究主要集中在高德胜的《生活德育论》和《道德教育的 20 个细节》两本专著中。他在《生活德育论》中认为，"学校日常生活的点点滴滴对学生道德成长的影响，无论在深度还是在广度，都超过了学校为了学生的道德发展所刻意安排的各种'轰轰烈烈'的活动"。应然的学校生活首先应该具有儿童生活的特性，即无外在目的性、日常性、游戏性和独立性。然而，实然的学校生活却具有过度的人为性，即强烈的外在目的性和控制性。实然的学校生活粗暴中断、改变了儿童本已的生活，让学生在潜移默化中过上了不道德的生活③。

高德胜在《道德教育的 20 个细节》一书中又进一步细致地分析了学校生活中 20 个不道德的细节。例如，从学校发生了事故却不能打 110 这一细节出发，论述了学校作为群体的自私性及其带来的负面道德影响（教学生自私、教学生说谎、教学生老于世故、教学生热爱权力）。④ 从人们常说的"女生学不好理科"出发，剖析了教育中的性别偏见现象，认为性别平等、尊重差异以及自由选择是实现性别公正的三个维度。⑤通过对 20 个细节的分析，高德胜认为从中可以得出这样几个基本的结论：德育思维由专门转向了整体；德育重点由德育活动转向了"非德育活动"；德育范式是提高学校生活道德质量的保障。⑥

① 高德胜. "思想品德"教材理念的革新［J］. 课程·教材·教法, 2006（6）：58－61.
② 唐汉卫. 回归生活与师生对话关系的建立——品德课新课程中的师生关系研究［J］. 课程·教材·教法, 2005（5）：5－54.
③ 高德胜. 生活德育论［M］. 北京：人民出版社, 2005：102－149.
④⑤⑥ 高德胜. 道德教育的 20 个细节［M］. 上海：华东师范大学出版社, 2007：69－78, 149－159, 196－202.

（三）其他研究

1. 学校生活中的道德教育

高德胜从学校的日常生活、制度生活、生活空间和时间伦理四个方面详细论述了学校生活中的道德教育。学校生活日常性可以孕育师生的人格，日常交往也可以发挥道德教育的作用，但是学校日常生活道德作用的发挥也会受到制度的限制，因此学校应该有所不为；掌握情况，适度干预；借用日常生活的形式进行有目的的教育。① 学校制度既有人性和善的维度，也有功利的维度。功利维度具体表现为教师的脱域立场与祛魅化；学校社会分层功能加强；学校教育的商品化倾向。由于学校制度向功利化维度的倾斜，造成了学校制度的去道德化倾向；道德教育在学校的制度下没有生存空间②。研究学校生活空间具有重要意义，学校空间是一个制度的空间，一块净土，在这个空间生活的学生与老师从"相处"走向了"相依"。学校空间可以发挥巨大的伦理功能，因为熟人社会提供了德育的便利，在制度的空间中有利于规则的学习，作为"净土"的学校生活空间还可以发挥暗示和保护作用③。对于学校时间伦理，他认为学校存在这样几个问题：过度珍惜时间，使人成了时间的奴隶；遗忘休闲与娱乐至死④。

2. 课堂教学生活与道德发展

郭思乐研究了教学生态对于德性形成的重要意义。他认为，儿童在良好的教学生态中会自动形成德性。其本质就是，我们不是主要靠外来力量改造孩子，而是让孩子们在良好的学习生活中"自己成为好孩子"。他还认为，认识素朴的"德"的存在、特性和生成机制，是认识良好教学生态在德育中的地位的关键；认识教学—学习在整个儿童生活中的核心地位，是认识良好教学生态在德育中的真正基础地位的前提。教学生本化是形成良好教学生态和建立德育真正基础的关键⑤。

邬冬星认为，回归儿童生活的基本理念要通过教学回归儿童生活来实现。（1）从儿童的生活实际出发。首先要求教学主题的生成源自儿童实际生活；其次要求教学目标的定位力求切合儿童身心特点和发展需求；最后要求教学

---

①②③④　高德胜．生活德育论［M］．北京：人民出版社，2005：150－175，176－192，193－219，220－236．

⑤　郭思乐．德育的真正基础：学生的美好学习生活——论教学生态在德育中的地位［J］．教育研究，2005（10）：3－10．

内容的选取应满足儿童的真实生活需要。（2）通过儿童的生活进行教学。一方面可以通过儿童的生活经验进行教学，另一方面可以通过真实的生活实践进行教学。（3）教学以提高儿童的生活能力为依归。①

四、对生活德育的反思

"生活基础论也并不是完美无缺的理论，它同样会遇到一些诘难。"② 国内有学者对生活德育进行了一定的反思和质疑，焦点主要集中于这样几个方面。

（一）以生活为基础是否意味着对其他"基础"的否定

唐汉卫在其《生活道德教育论》一书中指出，生活德育论可能遇到的一个诘难就是"以生活为基础是否就意味着对其他'基础'的否定"。当然他认为，答案是否定的。他认为，"提倡道德教育的生活基础，并不意味着完全否弃历史上对道德教育基础的其他认识和探讨的价值，但比较而言，我们认为生活更能全面、真实、贴近地概括道德教育的本性或特质"③。不过，冯文全则认为，针对我国学校德育"课堂化"、"知识化"、"政治化"、"说教化"等弊端而提出德育要面向儿童生活的主张是值得肯定的，但是，其提法本身带有去知识化、去政治化、去学校化乃至否定道德知识的普适性和确定性的形而上学和相对主义的思维色彩，加之缺乏厚实的理论基础和德育实践的检验与支持，在一定程度上造成了德育理论的混乱和德育实践的迷茫。从哲学角度来看，"生活德育"论的提法从一个极端跳到另一个极端，因而具有浓重的形而上学色彩④。邵广侠认为，目前"生活德育"的实施也存在着非此即彼思维方式，即割裂生活德育与传统德育的关系，全盘否定传统德育中的合理因素⑤。张忠华认为，生活德育不是万能的，知性德育是必需的⑥。

（二）以生活为基础是否意味着生活就是自足的

唐汉卫还指出，生活德育论可能遇到的另一个诘难是"以生活为基础是

---

① 邬冬星. 品德与生活、品德与社会课程回归儿童生活的教学策略［J］. 课程·教材·教法，2006（9）：56－60.

②③ 唐汉卫. 生活道德教育论［M］. 北京：教育科学出版社，2005：93.

④ 冯文全. 关于"生活德育"的反思与重构［J］. 教育研究，2009（11）：92－96.

⑤ 邵广侠. 生活德育实施中存在的问题及成因分析［J］. 教学与管理，2007（6）：36－37.

⑥ 张忠华，耿云云. 对生活德育理论研究的反思［J］. 教育科学研究，2009（10）：62－66.

否就意味着生活就是自足的"。具体地说就是生活对道德教育来说是否是完美无缺的、自足的？所有的生活对道德教育来说是否都具有同等重要的意义？我们提倡学生过一种怎样的生活？① 王鲜萍认为，伴随着道德教育强调生活化，生活本身所附着的琐碎、肤浅、低下和庸俗也随之而来。此外，缺少了震撼性的"宏大叙事"，道德教育也就难以展现出崇高、神圣的感觉，难以产生感召和激励作用。因此她认为，道德教育在生活叙事与宏大叙事之间保持必要的张力至为重要②。冯文全认为，从教育学的角度来看，"生活德育"论否定了学校教育在青少年品德形成与发展过程中所起的主导作用，因而严重违背了教育规律和青少年品德形成发展的规律；从德育社会学的角度来看，"生活德育"论企图在幻想中摆脱社会对德育的政治影响和价值引领，因而是一种非理性的德育主张③。张忠华认为，对生活界定得太泛，缺乏价值上的判断④。郑富兴从生活空间的角度思考了这个问题，他认为，"人们一旦把眼光转向学生的生活，却又产生了许多问题。学生在哪里生活？如果关注的是学生现在的学校生活和家庭生活，那么学生以后在家庭和学校之外的生活又如何看待呢？这里存在一个学校道德教育的生活空间问题"。由于个体的道德发展不仅应具有时间上的发展性，也具有空间上的迁移性（情境性）。因此他认为，学校道德教育应该通过反思性道德学习，帮助学生形成初步的道德智慧，为学生适应在熟悉与陌生、虚拟与现实的空间中穿行的现代生活做准备⑤。

（三）其他问题

张忠华通过梳理国内生活德育的相关研究认为，目前的研究还存在这样几个问题：（1）生活德育概念有待提升。（2）生活德育模式研究贫乏。（3）生活德育实施策略空泛且缺乏可操作性。⑥邵广侠认为生活德育在实施中也存在一些问题：（1）新瓶装陈酒。（2）教育内容偏离德育目标。一味地标新立异，失去了正确的价值导向。（3）回归生活简单化。此外他还分析了问题的成因：一是，对生活道德教育解读有误；二是，理论本身存有瑕疵（理论自身还存

① 唐汉卫. 生活道德教育论 ［M］. 北京：教育科学出版社，2005：94 – 95.
② 王鲜萍. 道德教育：在生活叙事与宏大叙事之间保持张力 ［J］. 教育导刊，2010 (2)：76 – 78.
③ 冯文全. 关于"生活德育"的反思与重构 ［J］. 教育研究，2009 (11)：92 – 96.
④⑥ 张忠华，耿云云. 对生活德育理论研究的反思 ［J］. 教育科学研究，2009 (10)：62 – 66.
⑤ 郑富兴. 论学校道德教育的生活空间 ［J］. 教育理论与实践，2005 (10)：41 – 46.

在模糊的东西，易于使人产生歧义；理论界简单地移植、借用了大量西方生活教育理论的概念术语和僵化呆板的文字，缺少充满着个体体验的真诚的教育实践话语）。①

---

①　邵广侠．生活德育实施中存在的问题及成因分析［J］．教学与管理，2007（6）：36 – 37.

出版人 所广一
责任编辑 李宗喜
版式设计 沈晓萌
责任校对 曲凤玲
责任印制 曲凤玲

图书在版编目（CIP）数据

道德教育评论.2010／朱小蔓，金生鈜主编．—北
京：教育科学出版社，2011.12
ISBN 978 - 7 - 5041 - 6136 - 9

Ⅰ.①道… Ⅱ.①朱… ②金… Ⅲ.①德育 - 中国 -
文集 Ⅳ.①G41 - 53

中国版本图书馆 CIP 数据核字（2011）第 231123 号

道德教育评论 2010

DAODE JIAOYU PINGLUN 2010

出版发行　　教育科学出版社

社　　址　北京·朝阳区安慧北里安园甲 9 号　市场部电话　010 - 64989009
邮　　编　100101　　　　　　　　　　　　编辑部电话　010 - 64981259
传　　真　010 - 64891796　　　　　　　　网　　址　http://www.esph.com.cn

经　　销　各地新华书店
制　　作　国民灰色图文中心
印　　刷　保定市中画美凯印刷有限公司　　版　　次　2011 年 12 月第 1 版
开　　本　169 毫米×239 毫米　16 开　　　印　　次　2011 年 12 月第 1 次印刷
印　　张　19　　　　　　　　　　　　　　印　　数　1—2 000 册
字　　数　315 千　　　　　　　　　　　　定　　价　38.00 元

如有印装质量问题，请到所购图书销售部门联系调换。